Evert Ysbrants Ides

Dreijährige Reise nach China

Von Moscau ab zu Lande durch groß Ustiga, Siriania,

Permia, Sibirien, Daour und die große Tartarey (1707)

weitsuechtig

Evert Ysbrants Ides

Dreijährige Reise nach China

Von Moscau ab zu Lande durch groß Ustiga, Siriania, Permia, Sibirien, Daour und die große Tartarey (1707)

ISBN/EAN: 9783943850628

Auflage: 1

Erscheinungsjahr: 2013

Erscheinungsort: Bremen, Deutschland

@ weitsuechtig in Access Verlag GmbH, Fahrenheitstr. 1, 28359 Bremen. Alle Rechte beim Verlag und bei den jeweiligen Lizenzgebern.

weitsuechtig

Dreyjährige reise
Nach

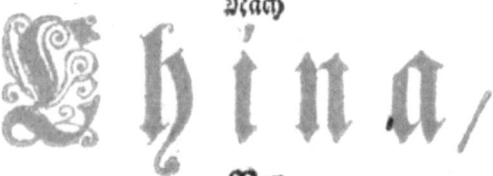

China,

Von
Moscau ab zu lande durch groß
Ustiga/ Siriania/ Permia/ Sibirien/
Daour/ und die grosse Tartarey;
gethan durch den
Moscovitischen Abgesandten
Hrn. E. Yßbrants Ides:
Nebst einr landcharte und vielen kupffer-
stichen/ so von dem abgesandten selbst auff der
reise auffgezeichnet worden;
Wie auch
Einer beschreibung von China durch einen
Chineser in seiner sprache geschrieben.
Alles aus dem Holländischen übersetzet.

Franckfurt/
bey Thomas Fritschen/ 1707.

Drey-Jährige reise nach
CHINA
zu Lande gethan durch den
Moscovitischen Abgesandten
E. Ysbrand Ides.

Beschreibung
einer drey-jährigen Reise
nach
dem Kayserthum China.

Das I. Capitel.

Die gelegenheit des Gesandten zu der reise nacher China. Sein abzug von Moßkau
auf der schlitten-bahn/ und ungemach/ so er
durch den regen biß Vollogda ausgestanden.
Seine reise von Vollogda/ und beschreibung
des Duina stroms. Seine ankunfft bey der
stadt Grooß-Uskuga; zu Sosswitzjogda;
in der Spreener land oder Wolloskusgi.
Beschreibung dieses volckes/ welches eine
besondere sprache hat. Muthmassungen
von ursprung dieses volcks/ so ihnen selbst
nicht wissend. Grösse und gelegenheit ihres landes und wohnungen. Weiteres un-
gemach/ so durch einen schweren regen ver-
ursachet. Ankunfft zu Raigorodt/ allwo
sich die Gesandschafft einige wochen aufgehalten. Plünderung der stadt Raigorodt/

A   durch

durch einige räuber mit grossem wüten verübet. Abreise von dar/ und ankunfft zu Solikamskoi. Mühsamkeit von hier abzurei-
sen. Abreise des Gesandten zuwasser. Viele saltz-brunnen und saltz-pfannen zu Solikamskoi. Wie das saltz von dar zu schiffe
geführet wird. Die Gesandschafft fähret
auf dem Kama strom aus Europa in Asien.

Ie Allerdurchlauchtigste Grosse
Czaren und Groß-Fürsten/ der
Herr Johann Alexewitz/ und der
Herr Peter Alexewitz/ meine aller-
gnädigste Herren/ hatten in ihrem
sehr klugen Estaats-rath beschlossen/ eine ansehnliche Gesandschafft/ wegen wichtiger Reichs-
affairen/ an den grossen Bogda-chan/ oder regenten des berühmten königreichs Kitai/ bey
uns Europeern gemeiniglich China genant/ ab-
zuschicken. Dieses war für mich eine erwün-
schete und gute gelegenheit/ als wodurch ich das
glück haben solte/ die schönen berühmten/ aber
biß auf diese zeit her wenig bekandte und von keinem Teutschen jemahls durchreisete Sibirische
und Kitaische länder/ zum theil selbst durchzurei-
sen/ oder doch desselben eigentliche beschaffenheit
durch sichere und glaubwürdige berichte genau
zu untersuchen/ als wovon man biß auf gegenwärtige zeit nicht gnugsam und gründlich unter-
rich-

richtet war. Dann ich genoß durch GOttes
Väterliches geschick und durch die niemahls
gnugsam gepriesene grosse gnade Ihrer Czarischen Majestäten die ehre / daß ich als ihr Envoye
oder Abgesandter an den Kitaischen oder Chinesischen hoff/ mit gebührenden credentialen oder
glaubs-brieffen / und andern benöthigten sachen
versehen und abgefertiget wurde.

Die zurüstung meines gefolges/und was darzu gehöret/ nahm mir so viel zeit weg / daß ich allererst den 14 Mertz 1692 mit der aufgehenden
schlitten-bahn meine reise recht anfangen konte/
da sich denn dieselbe zuerst sehr unangenehm an-
ließ / absonderlich wegen des grossen regens/ welcher von Moscau biß nach Vollogda ohne aufhö-
ren anhielt/ und solch groß wasser verursachte/
daß man über das nachgebliebene eiß in flüssen
und bächen/ wie auch in tieffen wegen/durch das
hoch aufgelauffene wasser mit dem schlitten beynahe schwimmen muste/ GOtt halff uns dennoch!so weit / daß wir endlich die stadt Vollogda
erreichten/ allwo ich drey tage stille lag / und auf
gutes wetter wartete: welches mir auch nicht
fehl schlug / indem nach verfliessung zweyer tage
ein so grosser nach-winter und starcker schnee ein-
fiel/ daß alles wasser binnen 24 stunden biß auff
den grund ausgefroren war. Indem nun alle
fluthen und gruben ohne gefahr nach wunsch wie-
der-

Derumb konten befahren werden: begab ich mich
den 22 dieses monats von Vollogda auf die reise
nacher Suchina/ allwo wir den 23 ankamen/
und ohne einiges verweilen biß an die stadt Groß-
Ustiga fortzogen/ da die flüsse Suchina und Ir-
ga aus demselben wasser ablauffende/ zusammen fliessen/ und durch solche vereinigung den
berühmten Duina strom machen/ welches auf
teutsch einen doppelten strohm bedeutet.

Was die Suchina ins besondere betrifft/ so
laufft dieser fluß bey nahe recht gegen mitter-
nacht/ und zwar in einem fruchtbaren lande/ ist
mit vielen volckreichen Dörffern an beyden ufern
bebauet/ hat auch an dem ufer zur lincken hand
eine ziemliche stadt/ Totma genant/ liegen/ und
fahren sehr viel passagiers oder reisende von Vo-
logda nach Archangel in kleinen schiffen/ mit
gnugsamer ladung diesen strohm jährlich hinab/
so lange es offen wasser ist; doch fliesset er über
einen sehr steinichten grund/ dergestalt/ daß die-
jenige schiffe/ so ihn befahren wollen/ mit guten
brettern/ so wohl hinten am steuer-ruder/ als an
übrigen theilen des schiffes müssen versehen seyn/
wegen der verborgenen klippen und schnelligkeit
des ablauffenden strohms/ widrigen falls sie
leicht auf den grund stossen und zerscheitern möchten.

                                                An

An dem munde dieses flusses lieget die stadt Groß-Ustiga/und muste ich mich allhier zum theil wegen erfrischung / theils auch dem herrn Woy-woden zu gefallen/ als welcher mein bekandter freund war / und mich zu mittag treflich tractirte/ ohngefehr 24 stunden aufhalten. Von hier reisete ich und kam den 29 Martii in die stadt Solowitzjogda; dieses ist eine grosse stadt/ und wohnen allda viele ansehnliche kauffleute/. wie auch gute handwercker/ vornemlich die in silber/ kupffer und knochen arbeiten; auch sind daselbst viele saltz-kothen/ die einen überfluß von saltz aus-geben/ welches nacher Wollogda und rund-umb-her ins land verfahren wird.

Von hier reisete ich den 1 Aprill ab/ und kam desselben tages in das Sireener land oder Wol-lostUsgy. Dieses volck hat seine eigene sprache/ welche mit der Moscowitischen im geringsten nicht überein kommt/ sondern hat vielmehr eine gemeinschafft mit der Lettischen oder Unteutschen Liefländischen sprache; dann etliche von meinen leuten/ welchen diese sprache bekant war / konten auch das land-volck in vielen dingen verstehen. Sie haben zwar den Griechischen glauben/ u. le-ben unter dem gehorsam Sr. Czarischen Maje-stät/ geben auch an selbige ihre jährliche schatzung und tribut; sie wissen aber von keinen Land-voig-ten und Woywoden / jedennoch aber erwehlen

A 3 sie

sie unter sich selbst Richter/ und wann bey selbigen eine sache von grosser wichtigkeit fürlaufft/
wird solche nacher Moscau in das Posolsche aus-
ländische/ oder der Gesandten rechts-banck ge-
bracht/ umb allda verabschiedet zu werden. Ihre kleidung und gestalt/ so wohl der männer als
weiber/ist von der gemeinen Rußischen nicht viel
unterschieden; daher kan ich nicht anders urthei-
len/ als daß diß volck von denen Lifländischen
gräntzen vor alten zeiten/ entweder durch krieg
oder umb anderer ursachen willen dahin muß geführet worden seyn. Ich habe zwar einige unter ihnen aus neugierigkeit wegen ihrer allerseits
ursprung und herkunfft gefraget/ aber sie wusten
mir nicht die geringste nachricht zu geben/ ob ihre
vor-eltern aus frembden landen dahin kommen
wären oder nicht; konten mir auch keine ursach
sagen/ warumb sie mit denen Russen keine gemeinschafft in der sprache haben. Sie leben
vom ackerbau/ ausgenommen daß an der einen
seiten des flusses Zizol etwas grau peltzwerck gefangen wird. Die landschafft/ welche sie be-
wohnen/ ist ziemlich groß/ und erstrecket sich biß
an die stadt Kaigorod auf die 70 sumkas/ (eine
sumkas ist eine grosse deutsche meile.) Sie be-
wohnen nicht viele städte und flecken/ sondern
meist lauter kleine dörffer/welche hier und dar in
denen büschen gelegen. Ihre häuser kommen mit
der Russen ihren überein. Die-

Diese landschafft endigte sich in einem grossen busch/ allwo wir abermal einen schweren thau-regen bekamen/ und lieff das wasser in einer nacht so hoch auf/ daß ich grosse mühe hatte durch-zukommen; Ich muste in diesem mühseligen zu-stande vier tage lang tapffer arbeiten/ zumaln die schlitten stätig im wasser schwommen/ und die kleinen ströhme der bäche auf beyden seiten in dem walde dergestalt eintrangen/ daß man fast weder vor-noch hinterwerts kommen konte. Das eiß in den grossen strömen wolte auch nicht mehr aushalten/ dennoch brachten wir es endlich so weit/durch brücken und andere hülff-mittel/ daß ich letzlich ziemlich durchnässet/ den 6 Aprill die stadt Kaigorod erreichte; diese ist von mittel-mäßiger grösse/ aber darbey fest/ und lieget an dem fluß Kama.

Nun hätte ich gerne meine reise weiter auf Solikamskoi/ (welches die haupt-stadt in Groß-Permia ist/) fortgesetzet/ umb meinen weg zu lande über die Werchaturische gebürge nacher Siebirien zu nehmen; aber das thau-wetter/ welches am ende des winters immer anhielt/ zwang mich/ mein vornehmen zu ändern/ und must ich allda einige wochen still liegen/ biß der fluß Kama auffgieng/und ich selbigen hinab schif-fen konte; Hieselbst rüstete ich mich indessen wie-der zur reise/ so viel mir möglich war/ und hier-

zu bewegte mich noch mehr das grosse unglück/ in
welches diese gute stadt Kaigorodt nicht lange
zuvor durch böse räuber gestürtzet worden.

Dieses unglück (welches auch den herrn Com-
mendanten/ welcher zu meiner zeit noch daselbst
war/ mit betroffen) trug sich auf folgende weise
zu: Auf einen sonntag/ ohngefehr zu mittage/
kamen einige schiffe mit vieler mannschafft/ flie-
genden fahnen/ trommeln und schalmeyen/ den
fluß Kama herunter/ und naheten sich der stadt/
die mannschafft sprang bey der stadt ans land/
wiewohl die einwohner nichts böses argwohne-
ten/ zumalen in friedens-zeit/ und in einem geru-
higen lande/ vermeynende/ daß selbige ihre
nachbarn und freunde wären/ so aus denen dörffern sich zusammen gezogen/ umb sich mit einander lustig zu machen; aber die andern stacken indessen den theil der stadt gegen mittag in brand/
gegen mitternachtwerts überfielen sie die einwoh-
ner/ hieben alles nieder/ was ihnen vorkam/ lieffen auch endlich nach denen Woywoden/ plün-
derten derselben häuser/ verübten auch über das
allerley feindschafft/ muthwillen und boßheit an
ihren bedienten; führeten mit sich hinweg/ was
ihnen anstund/ giengen darauff wieder in ihre
schiflein/ und fuhren auf dem fluß Kama ungehindert wieder hinweg. Man hat zwar nicht un-
terlassen/ diese raub-vögel auffzusuchen/ und be-
fun-

funden / daß es ein zusammen gerottirtes gesin-
del gewesen / so von verschiedenen herren weggelauffen / darvon man auch endlich hier und dar
etliche / wie mir nachgehends berichtet worden/
ertappet/ und den räuber=lohn nach verdienst gegeben. Ich ließ mir indessen holtz bringen / mich
zu wärmen / und stellete so wohl zu lande als zu
wasser/ mit grosser vorsichtigkeit gute wacht aus.

Nachdem nun mein schiff verfertiget / und
das eiß von dem fluß Kama hinweg war / reiseten wir von dar den 23 April / und kamen den
27 hujus glücklich in die stadt Solikamskoi. Von
dieser stadt nun hätte ich zu lande über die Wa-
chaturischen gebürge gehen müssen / indem aber
solches des winters nur allein geschehen kan/denn
dieser weg des sommers wegen des morastes und
der tieffen wege sehr unbrauchbar ist / und müssen umb dieser ursachen willen alle reisende be-
fehlshaber/ auch kauffleute / nothwendig den
gantzen sommer hindurch in Solikamskoi stille
liegen bleiben / wann sie nicht bey anhaltendem
winter=wege über die gebürge kommen können.
Man kan zwar wol diese gebürge zu wasser/ sonderlich gegen abendwerts / umbreisen / aber der
weg ist gäntzlich verboten/ und dürffen so wenig
die befehlshaber als kauffleute sich dessen bedienen. Indem aber der Stadt=voigt von Solikamskoi wuste / daß meine gesandschafft keinen

verzug oder auffſchub litde / ließ er mir alſobald
ſo viel kleine fahr=zeuge geben / als ich auf dem
fluß Suzawaja von nöthen hatte.

Solikamskoi iſt eine ſehr ſchöne / groſſe und
reiche ſtadt / worinnen viele vornehme kauffleu=
te ſich aufhalten.　Abſonderlich ſind daſelbſt
viele ſaltz=ſoden und kothe / und werden über die
50 ſaltz=brunnen gefunden / ſo 25 biß 35 ellen tieff
ſind / woraus eine ſehr groſſe menge ſaltz jährli=
chen gekochet / und von dar in ſehr groſſen / abſon=
derlich hierzu verfertigten ſchiffen abgeſchicket
wird / darvon jedes ſchiff 100 auch wohl 120000
pfund / das iſt / von 800 biß 1000 laſten laden
oder führen kan.　Es fahren auch auf jedem
ſolchen ſchiff 7 biß 800 mann arbeits=leute / und
ſind darauff allerley gemächer / als küchen / bad=
ſtuben ꝛc. auffgebauet.　Dieſe ſchiffe ſind 35
biß 40 ellen lang / und führen einen maſt / woran
ein ſegel von 30 faden breit feſt gemacht iſt / mit
welchem ſie mit gutem wind den ſtrom hinauff
fahren können.　Wann ſie ſtrom unter fahren /
gebrauchen ſie ſich nur eines riemens / und zwar
vornemlich / darmit ſie das ſchiff gerade halten /
weilen das ſteuer alleinig zu ſchwach iſt.　Die
ſchiffe haben einen platten boden / und findet man
an denenſelben keine eiſerne nägel / noch ſonſt ei=
niges eiſen=werck / ſondern lauter holtz daran.
Sie fahren den fluß Kama hinunter biß dahin /

da

da er in die berühmte Wolga fällt; daselbst
müssen sie den strom hinauff gezogen werden/
oder bey gutem winde sie seglen.   Ihr saltz
wird in Kasan/ und biß an Nisna an der Vol=
ga/ auch anderen gelegenen plätzen verbraucht.

Den 14 May satzte ich meine reise von So=
likamskoi zu wasser fort/ und kam auf dem klei=
nen fluß Usolkat/ ohngefehr eine halbe meile von
der stadt wieder in die Kama/ und fuhren wir al=
so auf diesem strom aus Europa in Asien/woselbst
ich am ersten pfingst=tag mich aus dem schiff ans
land begab/ und auf einem hohen schönen berge
das letztere mittags=mahl auf dem Europäischen
grase hielte.   Darauff begab ich mich/ nachdem
ich auf die wohlfarth Europä ein gläßlein wein
getruncken/wieder umb zu schiff/unsere reise durch
diesen strom fortzusetzen/ welches aber nicht mit
geringer mühe vollbracht worden / wovon
in folgendem capitel gehandelt
werden soll.

Das

Das II. Capitel.

Ankunfft an dem Asiatischen fluß Suza-
waja/ welcher bey weitem nicht so lustig
als der Kama=strom/so oben beschrieben worden. Ankunfft bey den Siberischen Tar-
tarn/welche ein schön land inne haben. Nähere beschreibung dieses volcks/ desselben
gottes=diensts und lebens art. Sie beten
des jahres nur einmahl. Ihr glaube/ und
gespräch mit dem Gesandten von ihrem got-
tes=dienst. Sie kennen keinen teuffel. Ihre begräbnisse/ wie auch der hunde ihre. Die
Tartarn haben viel weiber. Die weise und
art ihrer kindbetterin; ihre art zu heyrathen. Genauer gespräch von ihrem gottes-
dienst. Ihre tracht kleidung und wohnung.
Ihre handthierung/ so in der jagd bestehet.
Eine artige manier/ das wild zu fangen.
Diese Tartarn leben unter dem schutz Seiner
Czarischen Majestät.

Als wir nun aus Europa in Asien und zwar
an den fluß Suzawaja gekommen waren/
fanden wir diesen strohm bey weitem so lustig
nicht/als die schöne Kama/ welches ein vortreflicher fluß ist/ gesegnet mit allerley art von fischen/
und von Solikamskoi biß hieher mit schönen
volckreichen ufern versehen/ auf welchen man fast
an einem stücke vortreffliche grosse dörffer/ flecken
und

und mit ſchweren koſten angelegte ſaltz-ſiederey-
en ſahe; der acker iſt ſehr fruchtbar / die lände-
rey ſchön / und die groſſen felder ſind mit allerley
blumen gezieret / an büſchen und andern luſtigen
proſpecten ꝛc. iſt kein mangel / welches da alles
würdig und luſtig anzuſehen iſt.   Und ob gleich
die ufer des fluſſes Zawaja / welcher gegen abendwerts in die Kama laufft / eben auch ſchön / lieblich und ſehr fruchtbar ſind / ſo fiel uns doch verdrießlich auf dieſen ſtrohm zu fahren.   Als wir
nun wegen des hohen waſſers in einigen tagen
nicht weit kamen /   denn man ſich mit dem ſeile
muſte ziehen laſſen; kamen wir endlich an ein
gutes ufer / und gelangeten / nachdem wir 12 tage dieſen ſtarcken ſtrohm auffwarts gefahren / den
25 May bey denen erſten Sibieriſchen Tartarn /
Wogulſki genannt / an.   Ich muß gerne geſtehen / daß die an dieſem fluß liegende ziemlich be-
wohnte länder / mit von den ſchönſten in der welt
ſeyn.   Dann wenn ich des morgens oder des
abends / mich ein wenig zu erluſtigen / ans land
trat / und voran auf das gebürge gieng / fand ich
überall allerley von der ſchönſten art blumen und
kräutern ſtehen / ſo einen treflichen geruch von ſich
gaben; über diß ſahe man daſelbſt allerhand
groſſe und kleine wilde thiere in groſſer menge
lauffen.   Die Wogulſche Tartarn aber / zu
welche uns dieſer ſtrohm gebracht hatte / ſind gro-

be

be Heyden/ welches mich dann bewog/ nach ihrem
gottes-dienst/ manier zu leben/ und anderen umb-
ständen genauer zu fragen.   Ich gieng darauff
ans land/ umb bey ihnen die nacht zu verbleiben.

Sie sind leute von natur starck/ haben ziemlich dicke köpffe.   Ihr gottes-dienst bestehet
allein darin/ daß sie jährlich nach ihrer art einmal opffern; dann gehen sie hauffen-weise in
den busch und schlachten von jeder art viehes ei-
nes/ worunter sie die pferde und tyger-böcke als
die vornehmsten zehlen: sie ziehen ihnen die haut
ab/ hängen solche an die bäume/ fallen für sie
nieder auf ihr angesicht zur erden/ und hierin bestehet all ihr beten.   Das fleisch essen sie mit ein-
ander/ und gehen wieder nach hauß/ wormit sie
ein gantz jahr von beten wieder frey sind.   Sie
sagen/ worzu es nöthig wäre/ daß man des jahrs
mehr als einmal bete? sie wissen keine rede und
antwort von dem ursprung oder beschaffenheit
ihres glaubens im geringsten nicht zu geben; sondern sagen allein/ daß ihre voreltern also gethan
haben/ welchen sie nachfolgen/ und auch also
thun.

Ich fragte sie nach ihrer erkenntniß von GOtt/
ob sie nicht glaubten/ daß droben in dem himmel ein GOtt und HErr wäre/ der alles geschaffen habe/ erhalte und regiere/ regen und gut wetter

ter gebe? Darauff sagten sie: wir können dieses
wohl endlich glauben/ dann wir sehen/ daß sonn
und mond/ die zwey helle liechter/ welche wir ver-
ehren/wie auch die sternen/an dem himmel seyn/
und daß einer ist/ welcher dieselbe regieret.

Von dem teuffel aber wolten sie im geringsten nichts hören noch ihn kennen/weil er sich unter ihnen nicht offenbare oder sehen lasse. Eine
aufferstehung der todten bekennen sie/ was aber
vor lohn sie oder ihre leiber dereinst bekommen
sollen/wissen sie nicht.

Wann jemand unter ihnen stirbt/ scharren
oder begraben sie denselben ohne sarg unter die
erde mit allen seinen besten kleidern und zierra-
then/ es sey mann oder frau/ anbey geben sie dem
verstorbnen/ nachdem er vermögend gewesen/
etwas geld mit/ damit nach ihrer meynung/ bey
der aufferstehung sie etwas am leibe/ und auch
etwas zu verzehren haben mögen. Uber einem
verstorbenen heulen und schreyen sie sehr/ und
muß ein mann/ nach dem absterben seiner frauen
ein gantzes jahr ein witwer bleiben.

Wann ihnen ein hund stirbt/ welcher ihnen
auff der jagt oder sonsten einen dienst gethan hat/
dem machen sie zu ehren ein klein häußgen von
holtz/ siebendhalb fuß hoch/ stehend über der erden auf vier pfählen: dahinein legen sie den todten hund / und lassen ihn so lang darinnen liegen/
als das häußgen währet. Wei-

Weiber nehmen sie so viel als sie unterhalten können/ und wann eine von ihnen schwanger
wird/ und die geburts-stunde vorhanden ist/ muß
sie sich in einen busch begeben in eine hütte/welche
zu dem ende auffgebauet ist/ allwo sie gebieret/
worauf dem mann in zwey monaten nicht zu ihr/
noch ihr zu ihm/ zu kommen erlaubet ist.

Wenn sie heyrathen wollen/ müssen sie die
braut von ihrem vater erkauffen: bey der hochzeit haben sie wenig ceremonien/ ausser daß die
nächsten freunde darzu genöthiget und tractiret
werden; darauff der bräutigam ohne einige andere umstände mit seiner braut schlaffen gehet.
Sie haben keine priester/ und heyrathen nicht
näher als im vierdten glied.

Unter andern mit ihnen gehabten unterre-
dungen vermahnte ich sie/ daß es zeit sey/ Christum den Heyland der welt zu erkennen/ und
sich zu ihm zu bekehren/ alsdenn sie nicht nur ihrer
zeitlichen/ sondern auch ewigen wohlfarth durch
ihn könten versichert seyn. Darauff antworteten sie: was das zeitliche wohlseyn anlangt/ so
sehen wir täglich vor unsern augen so viel arme
Russen/ welche/ ob sie wohl an Christum glau-
ben/ dennoch kaum ein stück trocken brod erühri-
gen können; was aber die dinge der ewigen
wohlfarth anlangt/ die werden sich von sich selbst
wol finden; und erklärten sich anbey/ fernerhin
                                                  also

also zu leben und zu sterben wie ihre voreltern/ sie
möchten gut oder übel geglaubet haben.

Ihre tracht und kleidung/ so wol der männer
als weiber/ und ihre gestalt/ wie auch ihrer kinder / zeiget nachfolgendes kupfferstück an / darinnen uns nichts heßliches noch ungeschicktes vorkommt.

Ihre wohnungen seynd höltzerne und vier-
eckigte behältnüsse/ wie die Rußische bauren haben; nur daß sie an statt der ofen einen heerd ha-
ben/ darauff sie holtz brennen und so ihre speise
kochen. Das rauch-loch/ welches oben im dach
ist/ wird/ so bald das holtz zu kohlen gebrennt ist/
mit einer decke von eiß zugedecket / da dann die
wärme in dem gemache bleibt/ wie auch das ta-
ges-licht / welches durch das helle und klare eiß
hinein fället. Sie gebrauchen sich keiner stühle/
sondern einer gewissen art einer breiten banck/
rund umb in dem gemach / welche einer ellen hoch
ist von der erden/ und zwey ellen breit/ darauff sitzen sie gleich denen Persianern / die beine unter
sich geschlagen habende / auf eben diesen bäncken
schlaffen sie auch des nachts.

Sie leben von demjenigen was sie mit ihrem
pfeil und bogen bekommen/ das vornehmste so sie
fangen/ seynd die elend-thiere / welche bey ihnen
in grosser menge gefunden werden; das fleisch
dieser thiere hängen sie/ wann sie es in stücken zer-
thei-

B

theilet/ umb ihre häuser herumb/ in der lufft es zu
trocknen: wann es nun darauff regnet/ daß es
brav anfängt zu stinck. u/ v .n ist es ihnen/ wann
es wiederumb trocken worden ist/ eine schmackhaffte speise. Hüner und ferckel essen sie nicht.

Wann sie wild fangen wollen/ so stellen sie in
denen wäldern auf/ eine art eines grossen bogens/
machen darumb eine schleiffe/ legen hinein etwas
korn und etwas von einem aaß/ und lassen nur
den eingang offen; wann dann das elend oder
einig anderes wild hinein gehen will/ so kan es
bey der aufgestellten schleiffe nicht vorbey/ ohne
dieselbe anzurühren/ da dann der bogen loß gehende einen pfeil dem thier von fornen in den leib
schiesset/ daß es zur erden fället. Sie graben
auch in denen wäldern grosse löcher/ welche sie
mit gesträuche und graß bedecken: wann nun
ein thier darauff kommt/ so fällt es hinein und ist
gefangen.

Diese Tartarn wohnen sonsten in gewissen
dörffern an dem fluß Juzawaja biß an das schloß
Utka/ sie geniessen Sr. Czarischen Maj. beschir-
mung/ welchem sie schatzung bezahlen/ und leben
in guter sicherheit und friede. Der umkreiß ihrer
wohn-städten erstrecket sich auf 800 teutsche meilen gegen Siberien nach Norden/ ja gar biß an
die Nordische Samoieden.

Das

Das III. Capitel.

Ankunfft in dem schloß Utka/ welches beschrieben wird. Weg-reise von dieser Vestung. Ankunfft zu Neujanskoi. Ankunfft in Tumeen. Gewisser busch/ allwo köstlich grau peltz-werck gefunden wird. Grosse furcht der Tumeen vor denen Calmakschen Tartarn. Vorsichtigkeit gegen dieselbe abreise von dieser stadt auf dem Tobol-strohm. Ankunfft zu Tobolesk. Beschreibung dieser stadt. Fischreichheit des Irtis-Flusses. Raubereyen der Tartarn in des Czars gebieth. Wie die stadt Tobolsch und gantz Siberien unter das gebieth Sr. Czarischen Majestät gekommen sey/ durch den räuber Timofeiewitz. Fernere verrichtung dieses räubers. Seine niederlage und tod. Beschreibung des gottes-diensts der Tartarn.

Nachdem wir von diesen Heyden weggereiset waren/ kamen wir glücklich in dem schloß Utka an/ den ersten tag des monats Junii: dieser ort ist eine gräntz-festung wider die Baskirsche und Uffimische Tartarn. Während der zeit daß ich da war/ kam ein Uffimisch-Tartarischer Edelmann/ welcher unter Ihrer Czaarischen Majestät gebiet wohnhafftig war/ und suchte seine frau/welche/da er sie nur vor kurtzer zeit geheyrathet hatte/ ohne ursach von ihm weg-

weggelauffen war.   Als er sie nun bey denen
bauern nicht finden konte/ tröstete er sich selbsten
sehr leichtlich/ sagende: Ich bin nun der siebende
mann/ den sie lebendig verlassen hat / es scheinet/
daß ihr öffters mit was frisches gedienet ist.

Als wir den 10 dieses monats von Utka mit
pferden und wagen abreiseten/ zogen wir bey der
vestung Ajada vorbey/ über dem fluß Nevia/ welcher allda rund herumb fliesset/ ferner giengen
wir fort an dem strom/ Reesch genannt / biß an
das schloß Arsamas/ und von dannen kamen wir
zu dem schloß Nevianskoi/ gelegen an dem vorgemeldten fluß Nevia.   Die reise zu lande biß
Nevianskoi habe ich mit der grössesten lust und
vergnügen verrichtet / dann ich traff die angenehmsten felder/ wälder/ seen und stehende wasser an/ über dieses die fruchtbaresten und schönsten frucht-äcker / so irgends gefunden werden
mögen/ wohl gebauet / auch überall von denen
Russen wohl bewohnet / dabenebst auch alle lebens-mittel sehr wohlfeil waren.   Zu Nevianskoi begab ich mich wiederumb auf das wasser/ da
wir dann den 21 des obbenanten monats mit dem
strom zwischen sehr volckreichen / und von Rußischen Christen überall bewohnten ufern/ so mit
dörffern und schlöffern sehr wohl bebauet waren/
niederwarts hinschifften / biß an den fluß Tura/
welcher endlich in den Tobol-fluß / aus Westen
her-

herabſchieſſende / ſich ergeuſt. Den 25 dieſes
monats kamen wir bey die ſtadt Tumeen/welche
nach ihrer gelegenheit und ſituation ziemlich
ſtarck und ſehr volckreich iſt/ meiſtentheils von denen Ruſſen bewohnt / doch beſtehet beyläufftig
der vierdte theil der einwohner aus Tartarn/ die
den Mahometiſchen glauben haben. Dieſe leute treiben groſſe kauffmannſchafft in die lande der
Kalmiker/ Bugarien ꝛc. Viele von ihnen wohnen auch in dem lande hin und wieder herumb/
und nähren ſich vom ackerbau und fiſch=fang.
Peltzwerck hat man wenig in dieſer nah angelegenen landſchafft/ auſſer rothe füchſe/ wölffe und
bären ; Aber einige meilen von hier iſt ein ge-
höltze/Heetkoywollok genannt/darinnen das köſt-
liche graue peltzwerck gefangen wird/welches des
winters und ſommers einerley farbe behält/
weiln die thiere ſo es haben/nicht wie andere thie-
re/ abhären ; diß graue peltzwerck iſt noch einmahl ſo groß/ als das von der gemeinen art ; hat
ein ſehr ſtarckes leder / wird auch in dem gantzen
Moſcowitiſchen Reich nirgends anders als am
benannten ort gefangen/ darumb auch bey hoher
ſtraffe verboten iſt/ daſſelbe an kauffleute zu ver-
handeln / ſondern es muß verwahrlich aufgeho-
ben/ und an des Czaars hofſtadt geliefert werden. Auch iſt das thiergen dieſes koſtbahren
grauen peltzwercks der art / daß es anderes ge-

B 3 mei-

meines grau/ das nicht von seiner gattung ist/
wanns in das gehöltze/wo es sich aufhält/kommt/
todt beisset und auffrisset.

Da ich mich in dieser stadt aufhielt/ war allda
und unter denen umbher wohnenden land-leuten
eine grosse furcht/ wegen der Kalmakischen und
Kosakschen Horden-Tartarn/ welche sich zusammen rottiret und einen einfall in Siberien ge-
than/ viele dörffer verwüstet/ und viele menschen
niedergehauen hatten/ so gar/ daß sie dergleichen
auch dieser stadt/ wovon sie nur noch 15 meilen
entfernet waren/ androheten. Doch hat der
Gouverneur aus Tobolska und andern städten
alsobald darauff eine krieges-macht zusammen
gebracht/ und sie dahin gesandt/ welche diese her-
umbschweiffende Tartarn mit grossem verlust
wiederumb zurück getrieben.

Dieser ursachen halber hatte ich keine lust in
diesem ort still zu liegen/ sondern/ so bald als ich
frische ruder-knechte/ und soldaten zur convoy bekommen hatte/ reisete ich den 26 dieses monats
von dannen/ den Tobol-fluß ferner hinunter-
werts. Dessen ufer sind an beyden seiten niedrig und naß land/ welches im früh-jahr unter
wasser/ und darumb fast gar nicht bewohnt wird;
sonsten aber einige meilen von dem fluß ab zu beyden seiten/theils mit Mahometanischen Tartarn/
theils mit Russen besetzt ist; doch mangelts dem
fluß

fluß an allerhand arten von schönen fischen nicht.
Den 1 Julii bin ich zu Tobolesk glücklich ange=
kommen. Diese stadt hat auſſer ihrer eigenen
festigkeit / noch ein groſſes steinernes kloster / so
mit hohen wach=thürmen versehen ist/und an statt
einer vestung dienen kan. Sie liegt auf einem
hohen berge; unten aber an dem fuß des berges/
bey dem fluß Rittisch / wird ein groſſer bezirck des
strandes von denen Mahometanischen Tartarn
und Bucharen bewohnet / welche auf dem fluſſe
Rittisch groſſen handel treiben / so gar / daß sie
durch das Kalmikker land ferner in China ihren
handel treiben. Wann es sicher zu reisen ist in
denen Kalmakkischen örtern/so ist dieser weg über
die Jamuschowa Osera oder Jamuser Meyer der
allernächste / so man auf China nehmen könte.

Tobolesk/ welches wir hier/ so wie es sich prä=
sentiret / abgezeichnet vor augen legen / ist die
haupt=stadt in Siberien/derer ihr gebiet sich aus=
strecket gegen Süden über Barrabun von Wer=
chaturia biß an den fluß Oby/ gegen Osten hat es
Samojedia / gegen Norden erstrecket es sich an
Ostiaki/ und gegen Westen biß an Ussa und dem
fluß Zuzawaja. Das gantze land ist durchge=
hends sehr volckreich/ so wohl von Russen/die den
ackerbau in acht nehmen/ als von allerley andern
völckern / Tartarn und Heyden 2c. welche Sr.
Czaarischen Majestät schatzung bezahlen müssen.

Das korn ist allda so wohlfeil/ daß man hundert deutsche pfund vor 16 cops kauffen kan/ deßgleichen einen ochsen vor 2 biß 3tehalb reichsthaler. Ein ziemlich groß schwein vor 60 biß 63 kreutzer. Der fluß Irtis ist so fisch-reich/ daß man einen stör von 40 biß 50 pfund vor 5 oder 6 cops oder 10 kreutzer kauffen kan; welche fische so fett sind/ daß in dem kessel/ wann sie abgesotten werden/ eines finger dicks fett oben auf schwimmet. Man hat auch allda eine grosse menge von allerhand wildpret/ als elende/ hirsche/ rehe/ hasen/ rc. und von feder-wildpret/ als phasanen/ rebhüner/ schwanen/ wilde gänse/ störche/ alles viel wohlfeiler als das rind-fleisch. In dieser stadt ist eine grosse besitzung/ so aus wohl gewaffneten soldaten bestehet/ welche/ so bald von Sr. Czaarischen Majestät ordre kommt/ über 9000 mann ins feld stellen kan. Uber dieses seynd auch daselbsten einige 1000 Tartarn/ welche Ihrer Czaarischen Majestät alle zu pferd auf einen nothfall dienen.

Zu sommers-zeit geschiehet es öffters/ daß gegen Westen durch die Kalmukken und Cossackische Horden/ die unter dem Testicham stehen/ welcher das ober-haupt der Bucharischen Tartarn ist/ ein räuberischer streiffender einfall in Sr. Czaarischen Majestät gräntze gethan wird. Dergleichen raubereyen auch von denen Uffimer-und

Ba-

Bakirschen Tartarn vielmahls verübet werden.
Dargegen von Tobolsk alsobald widerstand geschiehet / und diese raub-vögel verjaget werden.
In dieser haupt-stadt hält sich auf der Metropo-
lytanus oder Ober-Kirch-Vogt/ welcher aus der
Moscau dahin gesendet wird/ und in gantz Siberien und Daurien das geistliche Ober-haupt ist.

Es seynd ohngefehr 100 jahr verflossen / daß
diese stadt / so wohl als gantz Siberien / durch
nachfolgenden zufall unter des Czaars gebiet gekommen ist. Ein gewisser räuber/ mit nahmen
Jeremak Timofeiewitz / hatte währender regierung des Czaars Jtam Wasilewitz/ in seinen landen und deren umbliegenden gegend geraubet/
und denen unterthanen Sr. Czaarischen Majestät grossen schaden zugefügt; Als man ihm aber
mit einer grossen krieges-macht nachsetzte/ flüchte-
te er mit seinen bey sich habenden räubern den
fluß Kama auffwerts/ und von dannen nach dem
-uß Juzawaja/ welcher in den Kama-strom hin-
einfällt/ woran der land- und feld-reiche Stroginoff seine ländereyen und andere güter hatte/ und
das grösseste theil des ufers / biß auf 70 Deutsche
meilen lang dieses stroms besitzet. Bey diesem
seinem groß-vater suchte er schutz und vorbitte/
daß ihm Se. Czaarische Majestät vergeben
möchten/ mit dem erbieten/ gantz Siberien unter
die gewalt des Czaars zur aussöhnung seiner be-

B 5   gan-

gangenen raubereyen zu bringen;   Er bekam
auch von dem gemeldten Stroginoff beystand
von schiffen/ gewehr und nothwendigen arbeits-
leuten; darauff gieng er mit seinem raub-gesindel in leichten schiffen den fluß Serebrenkoy hin-
auff/ welcher aus Nord-Osten von denen Wer-
chaturischen gebürgen herab fliesset/ und in die
Juzawaja einfällt; darauf schleppete er sein fahrzeug ferner über land biß an den fluß Tagin/ trieb
diesen fluß hinab biß in die Tura; nahm die vestung Tumeen ein/ welche daran lag/ allwo er alles nieder machte; darauff begab er sich ferner
den fluß Tobol hinauff/ biß an Tobolsk/ allwo
zur selben zeit ein Tartarischer Printz von ohngefehr 12 jahren/ Altanaj Kutzjumowitz genant/ re-
sidirte/ (dessen nach-enckel oder sohnes sohn biß
auf diese stunde noch in Moscau lebet/ und mit
dem nahmen des Siberischen Zaarewitz geehret
wird) welche stadt gleichfalls von ihm überstie-
gen/ ohne grossen verlust erobert/ und der gefangene Printz nacher Moscau gesandt/ wie auch eine bessere besatzung in den eroberten ort geleget
wurde.

Nach dieser glücklichen kriegs-verrichtung
gieng er ferner den fluß Jetisch hinunterwarts;
nicht weit aber von Tobolsk wurde er von einer
partey Tartarn in der nacht überfallen/ welche
viel von seinem volck niederhieben; er selbst wolte

te sich von seinem schiff auff ein anders begeben/
da er aber zu kurtz sprung/ gieng er alsobald ohne
einige hülffe/ wegen seiner schweren rüstung zu
grunde; auch ist sein leib/ weiln der strom sehr
starck war/ nimmer wieder gefunden worden.
Inzwischen überschrieb der gemeldte Stroginoff
alles an den hof/ und erlangte gnade vor Jeremak: über dieses kamen einige 100 Moscowitische Obersten und soldaten in die von dem oben-
genannten Jeremak eroberte örter/dieselbe zu be-
setzen und zu verstärcken: auf welche weise der
Czaar von selbiger zeit an anfieng Siberien zu be-
herrschen.

Die Tartarn/ welche viel meilen wegs rings
umb Tobolsk bey einander wohnen/bekennen sich
alle zu dem Mahometanischen glauben: weiln
ich nun neugierig war/ ihren gottes-dienst zu se-
hen/ so gieng der Woywode mit mir/und gab mir
durch seine autorität darzu gelegenheit/ indem
solches sie sonsten niemanden gestatten. Ihre
metschets oder kirchen hatten rings herumb grosse
fenster/ welche alle offen stunden. Der boden
war mit tapeten belegt/ ohne daß andere zierrathen darin zu sehen waren. Die leute/ so hinein
giengen/ liessen vor der thüre ihre schuhe oder bos-
makken stehen/und setzten sich ordentlich in gewissen reihen mit unter sich geschlagenen füssen nieder. Der oberste priester saß in weissen carton-
nenen

nenen kleidern / auf seinem haupt habende einen
weissen tulband oder Türckischen bund / darauff
fieng jemand hinter dem volck an mit einer brül-
lenden stimme zu schreyen / und nachdem er demselben etwas zugesprochen hatte / fielen sie alle auf
die knie / darauff sprach der Priester einige worte /
und rieff darauf aus: Alla / alla Mahomed / welches die gantze gemeine ihm stracks nachschrie / uñ
sich 3 mal nach einander zur erden bückte: Darnach sahe der Priester in seine beyde hände / als ob
er etwas aus denenselben lesen wolte / und rieff
zum andern mahl: Alla / alla Mahomed. Hierauff sahe er erst über seine rechte / Darnach über
seine lincke schulter / doch still schweigens / welches
nachdem solches alles das volck ihm nachgethan /
der beschluß des gottes-dienstes war. Der oberste Priester oder Mufti war ein Araber von geburt / auf welchen sie viel hielten / so gar / daß sie
umb seinet willen / denjenigen / der Arabisch lesen /
schreiben und verstehen kan / hochachten. Der
Priester nöthigte uns in sein hauß / dicht bey der
Kirche / und tractirte uns mit einem köpgen thee ;
Es befunden sich auch in dieser stadt und in diesem strich landes eine grosse menge Kalmaksche
Tartarn / welche als sclaven gebraucht wurden /
wie auch einige vor alters gefangene Kalmaksche
Prinzen.

Das

Das IV. Capitel.

Wegreise von Tobolsk. Beschreibung des flusses Jrtis. Gewisser casus, der sich zugetragen mit einem grossen bär. Was vor menschen an dem Jrtis wohnen. Hundeschlitten und deren gebrauch. Wegreise von denen Samorofischen Jemschikken. Ankunfft bey der stadt Surgut, in deren gegend man viel köstlich peltzwerck findet. Begebnüs und list eines schwartzen fuchses/ welcher zweymal denen hunden entlaufft/ doch zum dritten mahl gefangen wird. Vielfrasse werden beschrieben. Beschreibung der biber/ wunderliche doch unwahrscheinliche erzehlung von denselben. Biber-fang.

NAchdem ich mit schiffen und mit einer convoy von soldaten nebst andern nothwendigkeiten allhier versehen war/ reisete ich in GOttes nahmen/ den 22 Julii von dieser stadt Tobolsk ab/ und zwar auf dem fluß Jrtis niederwerts; da ich dann an der mittags-seite viele Tartarische und Ostakische dörffer/ wie auch die flecken Demionskoi/ Jamin und andere vorbey fuhr/ allwo ein kleiner fluß/ Pennonka genannt/ in die Jrtis fällt. Den 28 dieses monats kamen wir glücklich nach Samaroskoijam/ allwo ich verschiedene ruder-knechte bekam/ und in denen

nen groſſen ſchiffen maſt-bäume auffrichten ließ/
mit denenſelben bey gutem wind den fluß Oby
auffwarts zu ſegeln/ weiln die Irtis nicht weit
von dem flecken Samaroskoijam ihr waſſer
durch verſchiedene ausflüſſe in dieſen berühmten
Oby-ſtrom ausſtürtzet.

Der fluß Irtis hat ein weiſſes und helles waſ-
ſer/ er entſpringet in dem land der Kalmakken
aus dem gebirge/ flieſſet von Süden hinab nach
Nord-Oſt; fällt durch zwey ſtehende meere Ka-
bako und Saiſan genannt. Die Sud-Oſt ſeite des gantzen ufers iſt von anfang biß zu ende
durchgehends mit hohen bergen beſetzt/welche hie
und da mit ceder-bäumen bewachſen ſeynd; aber
die Nord-Weſt-ſeite iſt niedrig weyde-land. An
der Nord-Weſt-ſeite ſeynd erſchrecklich groſſe
ſchwartze bären/ wölffe/ auch rothe und graue
füchſe. Allda laufft auch nicht weit von dieſem
flecken Samaroskoijam eine kleine bach vorbey/
Kaſunka genannt/ und flieſſet in den Oby-ſtrom/
an deſſen ufer das beſte graue peltz-werck in gantz
Siberien fället/ ausgenommen das oben bemel-
dete in dem buſch Heetkoywollock/ und wird ſelbiges auch nach dem fluß Kaſimka genennt.

Ich muß im vorbey gehen anmercken/was mir
die innwohner allda vor eine gewiſſe warheit erzehlet haben; wie nemlich im vergangenen jahre
in dem herbſte/ in der frühen morgen-ſtunde/ ein

über-

überausgrosser bär in diesen flecken und in einen
gewissen stall/ welcher nechst an dem felde lag/
eingebrochen/ da er eine kuh erhascht/ sie lebendig
zwischen seine zwey foderste klauen vor die brust
gefast/ und so auf seinen beyden hinter-beinen ge-
hende/ dieselbe weggetragen hätte: als aber der
wirth und die nachbarn/ auf das gehörte blöcken
dieser kuh/ hinaus kamen und solches sahen/seynd
sie zugleich mit geladenem gewehr und prügeln
auf den bär zugelauffen/ welcher/ dem ohngeach-
tet/ seine beute nicht hätte verlassen wollen/ biß
daß sie feuer gegeben und die kuh todt geschossen.

Die meisten leute so hier wohnen/seynd Ruß-
sische Jemschikken/ welche von Sr. Czaarischen
Majestät jährlichen besold geniessen/wovor sie die
abgesandte Woywoden und auch alle andere/
welche in denen geschäfften Sr.Czaarischen Majestät nach Siberien reisen/ mit freyer fuhr und
arbeits-leuten versehen/ so daß sie/ so wohl des
sommers zu wasser/ als des winters über das eiß
vor einen billigen fuhrlohn die reisende biß an die
stadt Surgut/ an der Oby gelegen/ bringen müssen. Diese leute halten viel hunde/ deren sie
sich/ wann eine reise zur winters-zeit vorfällt/ be-
dienen/ dann mit pferden und schlitten in diesem
strich landes zu reisen ist blatterdings unmüglich/
indem auf dem Oby-fluß zuweilen mehr dann 7.
schuh hoch schnee zu fallen pfleget.

Die

Dieser hunde werden zwey in einem narta oder schlitten gespannet / welcher darzu von leichten holtz bereitet ist; können sie also 2 biß 300' pfund / nach Deutschem gewicht / fortschleppen / weil weder die hunde / noch der schlitten jemahls in den schnee hinein sincken / sondern beyde sehr fertig nur etwa einen dicken finger breit hinein schneidende / drüber weglauffen. Einige von diesen hunden sollen es zuvor wissen / (wie vorgegeben wird) wann sie etwas zu thun bekommen werden: dann rotteten sie sich des nachts hauffen-weise zusammen / und machten ein schreckliches geheule einige nächte nach einander / woraus ihre herren ir sgemein schliessen wollen / daß eine reise nächstens zu thun / ihnen vorstehe. Wann sie sich auf den weg machen / etwas auszurichten / so nimmt der herr solcher hunde sein gewehr auff seine schulter / ziehet seine liezen oder lange darzu bereitete schlitt-schuhe an / womit er über den schnee hinlaufft / mit sich nehmende seine hunde / darauff gehet er ein stück weges ins gehöltze / und fället allerley wild / auch wohl zuweilen einen schönen schwartzen fuchs: die felle nimmt der herr vor sich selbsten / das fleisch aber giebt er seinen hunden zu fressen. Haben also die einwohner dieses landes von diesen ihren hunde-pferden einen gnugsamen grossen dienst / und guten gewinn.

Diese

P. 32.

Schlittenfart mit hunden in Siberien.

Diese itzt benannte hunde sind von mittelmäs-
siger grösse/ haben spitze mäuler/mit aufgereckten
spitzen ohren/ den schwantz tragen sie gantz krum/
und einige sehen recht aus wie wölffe und füchse/
werden auch zuweilen / wann sie in denen wäldern liegen/ vor wölffe oder füchse geschossen. Es
ist auch gewiß/ daß diese hunde sich mit denen
wölffen und füchsen belauffen/ weiln befunden
worden ist/ daß/wann in einem dorff hunde läuf-
sisch seynd/ sich auch sehr viel wölffe und füchse
nahe bey den dörffern sehen lassen/ welches von
vielen offters wahrgenommen ist.

Da nun alles von denen Samorosischen Jem-
schiffen zu meiner ferneren reise verfertiget war/
ließ ich den 29 Julii von dannen wegschiffen/und
fuhr mit meinen zwey grossen doscheniken oder
strom-schiffen auf dem bequemsten arm des flusses Irtis hinunterwerts/ biß an den grossen und
weitberühmten Oby-strom/ welchen ich bald den
nechstfolgenden tag erreichte. Ich sahe seine
ufer an der Ost-seite mit hohen bergen umgeben/
aber an der West-seite war das ufer überall flach
land/ so weit als man sehen konte/ und der fluß
an sich selbsten war an diesem ort eine grosse halbe
meile breit.

Den 6 Augusti kamen wir bey die stadt Sur-
gut/ welche auf der Ost-seite des ufers am Oby-
fluß gelegen; in diesem strich landes gegen mor-
gen/

C

gen/ein stück weges von Surgut landwarts/und
ferner den Oby=strom aufwarts/ biß an die stadt
Narun/ findet man zobeln/ so theils bleicher/
theils pech=schwarßer farbe seynd/ wie auch die
schönsten und grössesten hermelinen/ so in gantz
Siberien und Rußland gefangen werden: ins
besonder giebt es auch hier schwarße füchse/ die
man an diesem ort besser und schöner als anders=
wo findet.   Die besten felle/ welche vor Jhrer
Czaarische Majestät und zum nußen deroselben
müssen geliefert und aufgehoben werden/ kom=
men zuweilen eins auf 2 biß 300 rubels zu stehrn/
oder werden wenigstens so hoch geschäßet/ und
sind so schwarß/ daß das beste fell von denen al=
lerschwärßsten Daurischen zobeln nicht damit
verglichen werden kan; es werden aber gedach=
te füchse mit hunden gefangen/ und erzehlen da=
von die einwohner nachfolgende sehr anmer=
ckens=würdige geschichte.   Jm jüngst vergan=
genen jahr hat sich nahe bey einem dorff/ nicht
weit von der stadt Surgut gelegen/ bey hellem
tage ein vortreflicher schwarßer fuchs sehen las=
sen/ auf welchen dann ein bauer mit seinen dar=
auff abgerichteten hunden loßgegangen/ ihn zu
fangen; er bekam auch nicht allein den fuchs zu
sehen/ sondern die hunde hohleten ihn auch ein.
Als nun dieses arglistige thier sahe/ daß es denen
hunden nicht entlauffen konte/ lieff er mit einer
                                        freund=

freundlichen gebehrde denen hunden entgegen/
legte sich vor ihnen auf seinen rücken nieder/ leckte
ihnen das maul/ und lieff eine lange weile als
spielende mit ihnen hin und her. Da nun die
unbedachtsamen hunde solch eine freundschaffts-
bezeugung sahen/ thaten sie dem listigen fuchs
kein leids/ und der lose schelm entwuschte also in
den busch/ so daß der arme bauer/ welcher kein
schieß-gewehr bey sich hatte/ zu seinem grossen verdruß diese köstliche beute aus seinen augen ver-
lohr/ und dazumahl/ wie fleißig er auch nachspür-
te/ den listigen schwartzen fuchs nicht wieder ins
gesicht bekommen konte. Aber 2 tage darnach
stellte sich dieser arglistige gast wiederumb an
dem vorigen ort ein; der bauer/ als er ihn gewahr wurde/ nahm einen andern hund mit sich/
welcher weiß von haaren und sein bester hund
war/ gieng also auf dieses listige thier mit dem
hunde loß/ voller hoffnung/ einen köstlichen fang
zu thun/ welches ihm auch fast geglückt hätte;
Dann/ obschon die schwartzen hunde den fuchs ein-
hohlten/ und der listige fuchs zum zweyten mahl
wie vorhero sich freundlich anstellte/ so war nichts
desto weniger dieser weisse hund/ welcher die
fuchs-streiche besser kennte/ so vorsichtig/ daß er
sich zwar anfangs auch freundlich stellte/ da er
aber nahe an ihm war/ that er einen wackern
sprung nach dem schalck/ und würde ihn auch oh-

C 2 ne

ne zweiffel erhaschet haben/ wann er nicht geschwind auf einen schuß seitwarts aus entwichen/
und so entkommen wäre/ da er sich dann glücklich
in einem dicken gesträuche verbarg/ so daß er zur
selben zeit nicht mehr zu finden war. Dem ohngeacht war endlich der bauer dem schlimmen
fuchs zu schlau/ dann er färbte diesem seinen weissen hund die haut gantz schwartz/ auf daß dadurch
der fuchs/ welcher einmahl scheu gemacht war/
ihn nicht kennen möchte; gehet derowegen zum
dritten mahl auff diese jagt mit seinem gefärbten
hund aus/ hat auch das glück/ daß der hund
durch seinen geruch den fuchs aufsuchet und
glücklich findet. Der fuchs/ als er den gefärbten hund sahe/ liesse sich gefallen/ wiederumb ohne furcht auff ihn loß zu gehen/ sich einbildende/
es sey der vorige schwartze hund/ mit welchem er
itzo noch wie vor diesem meynte zu spielen: sie kamen hierauff immer näher an einander/ biß der
hund seine gelegenheit so wohl in acht nahm/ daß
er den sorglosen fuchs zwischen seine zähne bekam/
und also diß listig-kluge thier mit seiner schönen
haut dem bauer zu theil wurde/ welcher sie vor
100 rubels verkauffte.

Von denen halb-schwartzen mit grauen haaren gemengten so genannten creutz-füchsen seynd
auch viele daselbsten/ die aber so überall schwartz
seynd/ werden selten gefangen. Rothe füchse
und

und vielfraße/ auch biber sind in grosser menge in
diesem strich landes: die vielfraße ins besonder
seynd sehr böse thiere/ welche ihren unterhalt
durch rauben suchen: sie setzen sich gleich denen
luchsen in die holen bäume/ und seynd darinnen
gantz still/ biß daß ein hirsch/ ein elend/ rehe oder
hase unter dem baum weglaufft/ dann springen
sie ihm auff den leib/ fressen ein loch hinein/ biß
das thier vor schmertzen niederfällt/ und so ihnen
zu theil wird. Einer von den Woywoden hatte
zur kurtzweil einen lebendigen vielfraß in seinem
hofe/ den ließ er einsmahls ins wasser werffen
und 2 wasser-hunde auff ihn loßgehen; aber der
vielfraß sprung alsobald dem einem hund auf den
kopff/ und hielt ihn so lang unter dem wasser/ biß
der hund ersoff; darnach schwumm er nach dem
andern hund zu/ mit welchem er eben so würde
umgegangen seyn/ wann man durch holtz werffen
ihn davon nicht abgehalten hätte/ biß der hund
von ihm geschwummen.

Von denen bibern/ welche sich hauffen-weiß
hier zu lande auffhalten/ werden einige besondere dinge vor gewiß erzehlet/ so seltzam seynd/ und
viele die unwahrhafftig scheinen; deßhalb ich es
der mühe werth achte/ einige von ihren eigen-
schafften zu berühren/ die mir für wahrhafftig
sind berichtet worden. Dieweilen ihre meiste
speise in fischen bestehet/ so halten sie sich insge-

mein an denen ufern der fiſchreichen flüſſe auff/
allwo wenig überfahrt iſt/ und,dahin wenig menſchen kommen; Im früh-jahr verſammlen ſie
ſich nicht nur bey einander/ ſondern kommen
hauffenweiß zu einander/ ſo viel ihrer in einer
nachbarſchafft beyſammen ſeynd; ziehen alsdann aus/ und nehmen andere ihres gleichen ge-
fangen/ führen ſie mit ſich in ihre hölen/ da ſie ihnen als ſclaven dienen müſſen.   Sie fällen mit
ihren zähnen gantze bäume nieder/ führen dieſelbe an ihre wohnungen/ und hacken höltzer von gewiſſer länge daraus/   welche ſie in ihren hölen ſo
wiſſen zuſammen zu fügen/ daß es der arbeit eines zimmermanns oder einem kaſten gleich wird/
darinn ſie ihre ſpeiſe von einer jeden art/ nebſt allerley vorrath des ſommers zuſammen tragen:
gegen die zeit daß ſolches fertig und verſehen iſt/
kommt die zeit heran/ daß das weibgen junget;
dabey man mir dann ferner wunderliche/ſehr un-
wahrſcheinliche und unglaubliche dinge von ihnen erzehlet hat; dann man ſagt/ daß ſie gegen
ſolche zeit mit ihrer gantzen nachbarſchafft zuſammen lauffen/ mit ihren zähnen einen baum/ ſo zuweilen an dem unterſten ſtamm ohngefehr einer
ellen dick/ und 15 fuß lang iſt/ abzuſchneiden/ denſelben bringen ſie auf dem waſſer an ihre hölen/
und wiſſen denſelben in dem waſſer/recht vor dem
loch oder eingang der hölen in die höhe zu richten/
                                        ſo

so daß der baum einer ellen tieff im waſſer ſtehet
und dennoch den grund nicht berühret; Da ſie
dann ſo nett und accurat das centrum oder mit-
tel-punct zu treffen wiſſen / daß der baum unbe-
weglich ſtehet / ſo daß/ ob ſchon der wind noch ſo
ſtarck wehet/ und der ſtrom noch ſo ſchnell flieſſet/
dennoch der baum unbewegt auf ſeinem ort ſtehen bleibet. Diß alles nun ſcheint unnatürlich;
nichts deſto weniger wurde mir es von allen denen / die ich in gantz Siberien darnach gefraget
habe/ einmütiglich berichtet; über dieſes erzehlen ſie noch mehr dinge von dieſen thieren/ welche
mehr einem menſchlichen verſtand als der natur
unvernünfftiger beſtien zukommen/ welches alles
ich nicht weitläufftig anmercken will. Indeſſen
ſeynd einige/ welche die auffrichtung des baumes
vor denen biber-hölen der zauberey der Oſtiakken
und anderer Heyden/ ſo hier überall wohnen/ zu-
ſchreiben: was eigentlich daran ſey/ iſt GOtt bekandt. Indeſſen iſt diß gewiß / daß diejenigen/
welche ſclaven unter ihnen ſeynd/ überall von denen bauren/ weiln ſie ſehr mager ſeynd/ und ihre
haare durch viele arbeit verlohren haben / gnugſam erkandt werden.

Die Ruſſen ſo wohl als die Oſtiakken/ welche
auff den biber-fang ausgehen/ wiſſen ſich wohl in
acht zu nehmen/ daß ſie kein gantzes neſt ausrot-
ten/ ſondern/ wann ſie dieſe thiere erſchieſſen oder

todt schlagen/ so laſſen ſie allzeit ein paar/ nemlich ein männchen und weibgen überbleiben/ damit ſie das nachfolgende jahr wiederumb auff eben demſelben platz eine jagd anſtellen können.

Das V. Capitel.

Fernere beſchreibung der reiſe und an⸗ kunfft zu Narum; abbildung der Oſtiakken und ihres gottes⸗dienſts. Nahmen der Oſtiakſchen abgötter/ und begebnüs einer ſi⸗ chern machine. Der Oſtiakken heyrathen/ begräbnüſſe und armuth. Fiſch⸗reichheit des Oby⸗ſtroms. Der Oſtiakken gewöhnli⸗ che kleidung und tracht/ ſo aus fellen beſte⸗ het. Wie ſie zuweilen in dem ſchnee umb⸗ kommen. Der Oſtiakken jagd/ und wie ſie mit denen bibern umgehen. Kleine Fürſten unter dieſem volck/ davon der Geſandte ei⸗ nen beſucht. Beſchreibung ſeiner hütte und ſeiner weiber/ ſeines Fürſtl. geſchencks und hausraths. Art und weiſe des toback⸗rau⸗ chens und was darauff erfolget. Mehrere gebräuche dieſer Oſtiakken. Ihre ſchiffe und winter⸗wohnung. Chalouſie der Oſti⸗ akken über ihre weiber/ und ihre art und wei⸗ ſe derſelben ſchuld oder unſchuld zu unterſu⸗ chen. Der ufer des Oby⸗ſtroms/ ſo unbebau⸗ et iſt.

Als

ALs wir einige meilen auff dem Oby zum theil fortgesegelt / zum theil aber durch die zieh-leine fortgefahren waren / fuhren wir den 13 Augusti den eingang des flusses Wagga / welcher seinen ursprung aus dem Truganischen gebürge hat / vorbey. Diß ist ein grosser fluß / und hat schwartz-braun wasser / und ergiesset sich ohngefehr aus Nord-Nord-Westen / disseits des städtgens Narum in den Oby / in welchem städtgen wir den 24 dieses monats glücklich ankamen: dasselbe liegt an der seite dieses flusses in einer schönen gegend / ist mit einem schloß oder castell / und mit einer ziemlichen besatzung von Cossaken versehen. Rund umb diese landschafft seynd viele creutz- und rothe füchse / biber / hermelinen / zobels 2c. Der Oby-strom ist biß hieher bewohnet von einem volck / Ostiakki genannt: dasselbe dient irrdischen götzen / dabenebst sie bekennen / daß der natur gemäß / oben in dem himmel ein HErr seyn müsse / der alles regieret / dem sie aber keine ehre anthun / sondern haben ihre eigene gemachte höltzerne und erdene götzen / in mancherley menschlicher gestalt / denen sie dienen. Einige / welche gutes vermögens seyn / ziehen diesen abgöttern schöne seidene kleider an / welche nach der weise der Rußischen weiber-röcke gemacht seyn. Diese götzen hat ein jedweder in seine hütte gestellt / welche von baum-bast mit hirsch-därmen

zusammen gefüget seyn.　An der seite des ab-
gotts hängt ein zopff pferd- und menschen-haar
und darneben ein höltzern becken mit einem milch-
brey/ damit sie die abgötter täglich speisen/ welche
speise sie mit einem löffel/ der dazu gemacht ist/ ihnen in ihren mund stecken ; weiln aber die abgötter diesen milch-brey nicht können verschlucken/ so
laufft ihnen die weisse milch-speise zu beyden seiten aus dem munde/ den gantzen leib hinunter/ so
daß dem der dieses siehet / das brey-essen davon
wohl vergehen möchte.　Wann sie diese ihre
schöne götzen ehren oder anbeten wollen/stehen sie
gerad auff/ und schlagen/ ohne den rücken im geringsten zu biegen / das haupt auff und nieder/
über dieses zischen sie mit dem mund durch die lip-
pen/ eben als ob jemand einen hund zu sich lockte.

Diese ihre götzen nennen sie Saitan/ sie möchten wohl sagen Satan.　Auf eine gewisse zeit
kamen verschiedene Ostiakken zu mir auff das
schiff/ fische zu verkauffen/ da hatte einer meiner
bedienten einen Nürnberger bären/ welcher inwendig mit einem uhrwerck versehen war/ so daß
wann das uhrwerck auffgewunden war/ der bär
trommelte/ und den kopff hin und wieder beweg-
te/ und die augen verdrehete.　Zu der zeit ließ
man den bär ein wenig spielen : sie aber die Osti-
akken/ so bald sie solches sahen/ fiengen alsobald
sämtlich ihren gewöhnlichen gottes-dienst an/
tantz-

tantzten zu ehren des bärs über die massen/beweg-
ten ihre köpffe/ und verstellten sich nicht wenig für
demselben/ rühmten auch diß schöne kunst-werck
vor einen rechten und warhafftigen Saitan/ und
sagten: was sind doch unsere Saitans die wir
machen gegen diesen? wann wir einen solchen
Saitan hätten/ so wolten wir ihn mit zobeln und
fellen von schwartzen füchsen behängen. Sie
fragten auch / ob diß kunst-werck zu kauff wäre/
aber ich ließ es über die seite bringen / keine gelegenheit zu mehrerer abgötterey zu geben.

Was ferner diese Heyden betrifft/ so halten
sie so viel weiber als sie ernehren können / machen
auch keine schwierigkeit in blut-freundschafft zu
heyrathen: wann ihnen ein naher freund abstir-
bet/ schreyen sie einige tage lang ohne auffhören/
haben ihre häupter bedeckt/ uñ sitzen in ihren hüt-
ten/ ausser denen sie sich nicht wollen sehen lassen/
auff den knien; Ihre leichen tragen sie auff stecken zur erden. Es ist ein armes volck / welches
in geringen und schlechten hütten wohnet; Sie
könten wohl ein gutes leben haben/ weiln an diesem ort bey dem Oby-fluß überall schön peltzwerck
in grosser menge zu bekommen ist: über dieses
haben sie einen herrlichen fisch-fang in diesem
strom / indem darinnen vortrefflich schöne störe/
schnöcken ꝛc. gefangen werden; so daß man von
ihnen wohl 20 grosse störe/ vor ein stück taback/ so

zwey

zwey kreutzer werth ist/ kauffen kan; aber sie
seynd so faul/ daß sie im geringsten nichts mehr
begehren zu sammlen/ als nur allein so viel/ womit sie sich jährlich mit genauer noth den winter
hinbringen können.   Wann sie auf der reise
seynd/ essen sie die meiste zeit fisch/ vornehmlich
wann sie zu wasser seynd/ umb zu fischen/ essen sie
anders nichts.   Sie seynd durchgehends von
einer mittelmäßigen länge/ meistentheils blond
und roth von haaren/ schwaches leibes und zu der
arbeit nicht bequem/ heßlich und breit von angesicht und nasen/ nicht geneigt zum krieg/ und un-
geschickt zu aller waffen-übung.   Bogen und
pfeile seynd wohl ihre waffen/ damit das wild zu
schiessen/ aber auch darinn sind sie nicht allzuwohl
abgerichtet.   Ihre kleidung bestehet aus fisch-
fellen / und wird vornemlich von stör- und weltz-
häuten bereitet/ so daß sie sonst kein leinen oder
wöllen zeug am leibe tragen.   Ihre strümpffe
und schuhe sind aneinander aus einem stück/ darüber tragen sie einen weiten kurtzen rock/ welcher
oben eine kappe hat/ die sie/ wann es regnet/ über
den kopff ziehen.   Ihre schuhe sind auch von
fischfellen an die strümpffe angenähet/ doch seynd
sie nicht dichte/deßhalb sie allzeit nasse füsse haben
müssen.   Wann sie auff dem wasser seyn/ können sie überaus grosse kälte in solcher schlechten
kleidung ausstehen/ dann wann es nicht ein gar
                                              har-

p. 44.

harter winter ist/haben sie nicht mehr als die oben
gemeldte einfache kleider an/ wann es aber ein
harter winter ist/ so werden sie gezwungen/ noch
einen andern rock von dergleichen fisch-fellen darüber anzuziehen; ja sie wissen eben daran sich selbiger zeit zu erinnern/ denn sie pflegen zu sagen:
gedenckt ihr noch des winters/ da man zwey röcke
von fellen tragen muste? Sie gehen des winters
zuweilen auf die jagd/ mit einem solchen einfa-
chen ungefütterten rock angethan/ und mit ent-
blöster brust/ sich darauff verlassende/ daß sie auf
ihren schlitt-schühen/ womit sie über den schnee
lauffen/ bald warm werden können; wann sie
aber zuweilen auf dem wege von einem ungemeinen harten frost überfallen werden/ und nicht sehen wie ihr leben zu retten/ (indem es auff dem
Oby-fluß unglaublich hart frieret) so ziehen sie
mit geschwindigkeit ihren ungefütterten rock von
fisch-haut aus/ fallen so gantz nacket in den tieffen
schnee/ und frieren freywillig zu tode; daß sie
aber den rock ausziehen/geschiehet dieser ursachen
halber/damit sie geschwind ohne viel empfindung
der schmertzen sterben mögen.

Die weiber haben fast eben solche kleider als
die männer; die meiste lust der männer bestehet
in der bären-jagd/dazu sie sich trouppenweiß ver-
sammlen/ brauchen darbey kein ander gewehr
als ein gewisses scharffes eisen/ gleich einem gro-
sen

sen

sen messer/ ohngefehr 6½ fuß lang/ welches gesteckt wird auf einen stiel. Wann sie nun einen bär ausgespüret haben/ so gehen sie mit ihren
kurtzen spiessen auf ihn loß/ und wann er todt/
hauen sie ihm den kopff ab/ stecken denselben auff
einen baum/ lauffen rund umb denselben herum/
und thun ihm allerley ehre an; darnach lauffen
sie umb den todten leib/ mit dieser klage/ welche
sie öffters wiederholen/ indem sie den bär fragen:
wer hat dich doch todt geschlagen? darauff antworten sie selbst: die Russen. Wer hat dir den
kopff abgehauen? Ein Rußisch beil. Wer hat
dir den bauch aufgeschnitten? Ein messer/ das
die Russen gemacht haben; und dergleichen mehr.
Mit einem wort: die Russen haben die schuld/sie
aber wollen/ so zu reden/ an dem todten bär un-
schuldig seyn.

Sie haben auch einige Fürsten oder kleine
Fürstgens unter ihnen/ davon der eine genennt
wird Kneska oder Fürst Kurza Muganak/ welcher über etliche 100 hütten zu gebieten hat/ und
die contributiones von ihnen einfordert/ welche an
den Woywoden Sr. Czaarischen Majestät müssen bezahlet werden. Dieser kleine Fürst kam
mit seiner gantzen fürstl. freundschafft/nebst allen
seinen bedienten zu mir ins schiff/ grüste mich/
und brachte mir etwas von frischen fischen zu einer vetehrung mit; dagegen ich ihn mit etwas
brand-

brandtewein und taback begabte/ womit er sehr
wohl vergnügt war und wieder an land fuhr/kam
aber alsobald wieder/ und nöthigte mich hertzlich
in seinen fürstlichen pallast zu gaste. Ich war
neugierig/ diesen grossen Herrn in seiner wohnung oder fürstlichen gebäu zu sehen/ und ob ich
schon keinen besondern appetit zu seiner taffel
hatte/ fuhr ich doch zu ihm hin. Da ich zu lande kam/waren die umstände und vorbereitungen/
welche meiner einholung vorher giengen/ nicht
besonder; der Fürst selbst präsentirte die person
eines Ceremonien-meisters/ und brachte mich
ohne viel wesens in sein prächtig gebäu/ welches
von baum-bast/ gleichwie die andere gemeine
hütten der Ostiakken/und das noch schlecht gnug/
auffgebauet war; darinnen fand ich 4 seiner
weiber/2 junge und 2 alte: eine von den jungen
hatte einen rothen tuchenen rock an; war auch
mit allerley gläsernen corallen umb den halß/
umb den mittel-leib und in denen haar-zöpffen/
die an beyden seiten vom haupte in 2 reihen herunter hiengen/ reichlich gezieret und auffgepuzet;
in den ohren hatten sie grosse ringe von drath-
werck/daran lange schnuren von oben-bemeldten
corallen herunter hiengen. Diese fürstliche Damen nun reichten mir jede ein gefäß/ welches von
birckenen baum-bast gemacht war/ darinnen gelegt waren getrucknete fische; aber die jüngste
über-

überlieferte mir ein gleiches gefäß mit stör=fett/
welches so schön gelb war / als ducaten=gold.
Nachdem ich dieses hatte angenommen / ließ ich
sie mit brandtewein und taback tractiren/welches
sie vor eine grosse delicatesse halten: In dem
gantzen fürstlichen zimmer sahe ich kein ander
haus=geräthe/ als einige wiegen und kasten von
baum=zweigen zusammen geflochten / darinnen
lagen die betten/ so aus geschabten holtz bestun-
den/ welches nichts desto weniger ziemlich weich/
und fast denen federn gleich war: Diese wiegen
stehen am ende der hütte des feuers halben / welches mitten in der hütte angezündet wird/ Die kinder aber liegen gantz nackend in der wiegen. Ich
habe auch bey diesem Fürsten gesehen einen küpf-
fernen kessel/ und noch einige andere kessel/ so von
baum=bast gemacht waren/ darinnen sie die speisen wohl auf kohlen / aber nicht auf der flamme
des feuers kochen konten.

Den taback zu rauchen (dazu sie alle/ so wohl
manns= als frauens=personen/ sehr geneigt seyn)
gebrauchen sie an statt einer pfeiffe/ einen steinernen kessel/ dahinein sie eine pfeiffe/ welche dazu
gemacht ist/ stecken/ und können in 2 oder 3 zügen/
nachdem sie etwas wasser in den mund genommen
haben/ eine gantze pfeiffe aussaugen; den rauch
aber schlucken sie hinunter in den leib/ und dann
fallen sie auf die erde/und liegen da gantz sinnloß/
                                              wie

wie todte menschen/gantz auſſer ſich ſelbſten/wohl
eine halbe ſtunde/ mit verdreheten offenen au-
gen/ zitternde an händen und füſſen: auch ſtehet
ihnen der ſchaum vor dem mund/ ſo daß ſie denen/
ſo die fallende ſucht haben/ gleich ſind; dabenebſt
merckt man nicht/ wo der rauch von ihnen ausge-
he/ und auf ſolche weiſe gehen ihrer viele von ihnen verlohren/ dann wann ſie auff dem waſſer
oder auff der reiſe ſeyn/ oder bey dem feuer ſitzen/
ſo fallen zuweilen einige von dieſem ſtarcken ta-
back-rauchern/ entweder ins waſſer und erſauf-
fen/ oder in das feuer und verbrennen; einige
aber laſſen den rauch/ wann ſie denſelben ver-
ſchluckt haben/ auff einmahl wieder aus dem hal-
ſe heraus ziehen/ und dieſe bleiben etwas geſchick-
ter dann die andern/ welche aber ſchwacher natur
ſeynd/ die erſticken zuweilen von dem rauch/ den
ſie in den leib einziehen.

Ferner iſt von ihren ſitten anzumercken/ daß
ſie ſehr zornig werden/ wann jemand ihrer anver-
wandten/ obſchon dieſelben eine lange zeit todt
geweſen ſeynd/ gedencket/ oder ihre nahmen nennet; ſie wiſſen nichts von denen dingen/ ſo vor ihrer lebzeit geſchehen ſeyn/ zu erzehlen/ ſie können
weder ſchreiben noch leſen; befleißigen ſich auch
im geringſten nicht äcker oder gärten zu bauen/ ob
ſie ſchon ſehr begierig nach brod und lebens-mitteln ſeyn.

D   Sie

Sie haben keine kirchen noch Priester. An
ihren schiffen oder booten ist das äusserste von
baum-bast gemacht/und die rippen inwendig sind
von sehr dünnen holtz/ die schiffe seynd etwa 2
oder 3 klafftern lang und 1 elle breit. Mit diesen schiffgen können sie sich selbsten auch bey grossen sturm-winden auff dem wasser ohne schaden
behelffen/ biß daß sie ans land kommen.

Des winters wohnen diese Ostiakken sämtlich
unter der erde/ da dann oben ein loch ist/ durch
welches der rauch hinaus ziehet/ und welches der
eingang in die erde ist; Wann nun des winters
der schnee auf der erden vom wind herumbgejagt
wird/ und hin und her stöbert/ geschieht es offt-
mahls/ daß/ weiln sie nackend auf ihre weise rund
umb das feuer schlaffen/ ein theil des leibes/ welches von dem feuer weglieget/ ein oder zwey finger dick mit schnee bedeckt wird; wann sie nur
fühlen/ daß sie kalt werden/ kehren sie sich umb zu
dem feuer/ und geben die andere seite auch eine
zeitlang zum besten; woraus erhellet/ daß es ein
sehr hartes volck sey.

Wann ein Ostiak eine von seinen weibern in
verdacht hat mit einer andern manns-person/ so
schneidet er von einer bären-haut etwas haar ab/
und bringt es demjenigen/ welcher nach seiner
muthmassung es mit seiner frauen hält; ist derselbe nun unschuldig/ so nimmt er das haar an/ ist
er

er aber schuldig/ dann wird er nach ihrer meynung nimmermehr das hertz haben/ es anzugreif-
fen/ sondern bekennt die warheit/ und vergleicht
sich mit dem andern in der güte/ wodurch die frau
verkaufft wird: so aber jemand so ruchloß wäre/
daß er diß haar annehme/ da er sich doch schuldig
befindet/ müste derselbe/ nach ihrem anssagen/
versichert seyn/ daß die bären-haut/ wovon das
haar geschnitten worden/ ihme in einer lebendigen gestalt des bären/ dem die haut zugekommen/
nach verflossenen 3 tagen in dem gehöltze erscheinen werde/ und den meineidigen/ welcher sich
nicht gescheuet hatte/ das haar/ die warheit zu
verleugnen/ betrüglich auzunehmen/ zu überfallen und zu zerreissen. Sie bieten auch wohl bey
solcher gelegenheit dem/ welchen sie in verdacht
haben/ bogen/ pfeile/ beil und messer an/ und wollen versichert seyn/ daß derjenige/ welcher an der
missethat schuldig ist/ und eines von diesen an-
nimmet/ von eben dergleichen/ das er angenommen hat/ in wenig tagen gewißlich werde getödtet
werden; wie dann solches nicht allein von ihnen
selbsten/ sondern auch von denen Russen/ welche
allda herum wohnen/ einstimmig bekräfftiget
wird. Doch gnug von diesen Ostiakken. Der
fluß Oby/ welcher von ihnen bewohnet wird/ ist
von der see an/ biß an den fluß Tom unbebauet/
wegen der grossen kälte; so daß weder korn/ weder

der obst noch honig / sondern nur allein auff den
cedern-bäumen eine gewisse art nüsse wächset.

Das VI. Capitel.

Wegreise von dem Oby-strom. Das absterben eines gewissen kunst-mahlers. Ankunfft zu dem dorff Makofskoi/ und auff dem
Keta-strom / welcher mit grosser müh zu beschiffen ist. Mangel der lebens-mittel auff
dieser reise/ und das elend der Ostiakken.
Wegreise von Makofskoi/ und beschreibung
des flusses Keta. Mammuts zähne und bei-
ne/ wie sie an dem ufer gefunden werden.
Die schwerigkeit eines fusses. Verschiedene
meynungen über diese thiere. Sie leben
nach einiger einbildung unter der erde. Die
ursach ihres todes. Die meynung der alten
Russen von dieser sache/ welche nicht un-
wahrscheinlich. Sehr schwere Mammuts-
zähne. Fortsetzung der reise zu lande. Ankunfft zu Jenizeskoi. Beschreibung dieser
stadt. Zubereitung zum wallfisch-fang.
Nähere beschreibung der stadt Jenizeskoi.

DA wir nun auff diesem fluß Oby / unter denen barbarischen Ostiakken einige wochen
zugebracht hatten/ kamen wir den 1 Sept.
bey die stadt Ketskoy/ auff dem fluß Keta/welcher
nach Nord-Westen in den Oby-strom sich ergiesset.

p. 65.

Tobolesk.

Tobol flu:

ſet. Den 28. dieſes monats kam ich bey das kloſter St. Sergii/ und den 3 October bey das dorff Worozeikin/an demſelben tag ſtarb Johann George Weltzel/ einer von meinen bedienten/ ſeiner profeßion nach ein kunſt-mahler/ aus Schleßwig gebürtig/ da er kaum 14 tage an einem geſchwür über dem hertzen/ nebſt zugeſtoſſenem hitzigen fieber/ bettlägrig geweſen war.

Den 7 Octobr. kam ich glücklich in das dorff Makofskoy/ und ließ allda die leiche des verſtorbenen Weltzels bey dem fluß auff einem hügel mitten im dorff begraben. Ich muß bekennen/ daß mir dieſe reiſe auff dem Keta-ſtrom die allermühſamſte und verdrießlichſte geweſen iſt des gantzen weges/ den ich biß hieher gereiſet war; indem wir 5 wochen lang gegen den ſtrom ſchiffen muſten/ ohne einen menſchen zu ſehen/ auſſer daß ſich zuweilen ein Oſtiak zeigete/ ſo ſich aber bald wiederumb in das gehöltze verkroch. Dieſe Oſtiakken haben eine andere ſprache als die welche an dem Oby-fluß wohnen/ ihre abgötterey aber iſt einerley. Ich muſte auch auf dieſer verdrießlichen und langwierigen reiſe ſehr viel ſorge und kummer ausſtehen; dann die lebens-mittel und vornehmlich das mehl nahm ſehr ab/ dabenebſt ich biß dahin keinen neuen proviant als fiſche von Tobolsk bekommen hatte; ich wäre noch wohl ausgekommen/wann ich nicht zu mitleidend

ge-

gewesen wäre mit denen Ostiakken/ so auff mei=
nem schiff waren/ und dann und wann nach gele=
genheit der örter an der schiffs=leine ziehen mu=
sten/welche also durch langwierige schwere arbeit
so sehr abgemattet waren/daß man allezeit bey ih=
nen wache halten muste/ damit sie nicht durch=
giengen. Dennoch gieng kein tag vorbey/ daß
nicht/ so fleißig als man sie bewahrete/ einer oder
der ander von ihnen durchgieng. Es kam auch
endlich mit ihnen so weit/ daß sie durch die einge=
fallene kälte und tägliche schwere arbeit auff ein=
mahl so krafftloß wurden/ daß sie zu nichts mehr
geschickt waren. Hätte ich nun nicht vorhero
an den herrn Gouverneur von Jenizekoy umb
hülffs=völcker geschrieben/ welche er mir auch
aufs schleunigste entgegen sandte/wäre ich leicht=
lich mit allen verlohren gegangen: weil ich auf 30
meilweges weit ohne solche hülffs=völcker nicht
an das dorff würde gelanget/ sondern in dem
fluß eingefroren/ und von hunger und durst in
dem tieffen schnee/ welcher allda fällt/ umbkom=
men seyn: dann dieser fluß ist über dieses nicht
bewohnt/ und zu einer winter=reise gantz unbe=
quem.

Ich war kaum von Makofskoi abgereiset/ so
frohr dieser fluß zu. Was nun die gelegenheit
dieses wassers betrifft/ so fliesset dasselbe durch ein
ebenes land/ mit büschen und kleinen sträuchern

be=

bewachſen. Der ſtrom des waſſers gehet z⸗wei⸗
len ſo krumm herumb / daß / wo man des mittags
gegeſſen hat / man auch die abendmahlzeit halten
muß / oder zum wenigſten nicht weit davon. In
dieſer gegend giebt es viel kampff⸗hahnen / phaſa⸗
nen / rebhüner ꝛc. ſo daß man mit beluſtigung
des morgens und abends die kampff⸗hanen und
phaſanen in groſſer menge an den rand des waſ⸗
ſers zu trincken kommen ſiehet / da man dann aus
dem ſchiffe im vorbeyfahren ihrer ſo viel ſchieſſen
kan als man verlangt / welches uns dann / als un⸗
ſere lebens⸗mittel ſehr abnahmen / wohl zu ſtatten
kam. Hier wachſen auch vielerley beeren / als
erd⸗beeren / ſchwartze und rothe Johannis⸗bee⸗
ren und brumbeeren / darbey aber iſt dieſer fluß
nicht fiſch⸗reich. Nicht weit von hier in dem ge⸗
bürge nach Nord⸗Oſten findet man die Mam⸗
muts⸗zähne und beine / welche auch ins beſondere
an denen flüſſen Jeniße / Trugan / Mongamſea /
auf dem fluß Lena und bey Jakutskoi biß an das
eyß⸗meer gefunden werden ; ſo daß / wann in
dem früh⸗jahr das eyß auf dieſem fluß aufbricht /
und durch die ſtarcke eyß⸗fahrt / wann zumahln
das waſſer ſehr aufgelauffen iſt / die hohen ufer
abgeſpület und gantze ſtücken erde abgeriſſen
werden ; und alsdann ſiehet man in der erde / die
faſt durch und durch gefroren iſt / wann dieſelbe
langſam aufthauet / gantze thiere / oder auch nur

D 4 bloſſe

bloſſe zähne. Auf dieſer reiſe nach China hatte
ich eine perſon bey mir/ welche jährlich ausgeweſen
ſen wäre/ dergleichen beine zu ſuchen; dieſe hat
mir vor eine gewiſſe warheit erzehlet/ daß ſie einsmahls mit ihren geſellen einen kopff eines ſolchen
thiers gefunden habe/ welcher aus einer dergleichen abgefallenen gefrornen erde herfür gekommen ſey: ſo bald ſie ſolchen kopff geöffnet/ befunden ſie/ daß das fleiſch meiſtentheils verfaulet
war/ die zähne aber/ ſo gleich denen elephanten-
zähnen forn aus dem maul herausſtehen/ würden
nicht ohne mühe ausgebrochen/ wie auch einige
beine von dem kopff; endlich ſeyen ſie an einen
forder-fuß gekommen/ den ſie abgehauen und ein
glied davon in die ſtadt Trugan gebracht hätten/
welches ſo dick geweſen ſey als eine ziemliche
manns-perſon in der mitte des leibes: in dem
halß wäre an dem gebeine noch etwas rothes wie
blut zu ſehen geweſen. Von dieſem thier wird
verſchiedentlich geſprochen: Die Heyden/ als
die Jakuti/ Tunguß und Oſtiakki ſagen/ daß dieſe thiere ſich in der erde jederzeit aufhalten und
hin und wieder gehen/ ob es ſchon im härteſten
winter noch ſo ſtarck friere; erzehlen auch dar-
bey/ daß ſie offters geſehen haben/ daß/ wann ein
ſolch thier gegangen habe/ die erde über demſelben aufgeſchmiſſen worden/ und dann wiederumb eingefallen und in ein tieffes loch verwandelt

delt worden sey. Sie meynen auch ferner/ daß
wann diß thier so hoch komme/ daß es die lufft sehe oder rieche/ so sterbe es alsobald/ und dahero
geschehe es/ daß an denen hohen ufern der flüsse/
allwo sie unversehens herauskommen/ viele todt
gefunden würden. Diß ist die meynung der un-
gläubigen Heyden/ von diesen thieren/ welche sie
doch niemahls gesehen haben. Hergegen glauben die alten Siberischen Russen/ und sagen/ daß
der Mammut eben solch ein thier sey als ein ele-
phant/ ausgenommen daß die zähne etwas krüm-
mer und fester in einander geschlossen seyn. Uber
dieses meynen sie/ daß die elephanten vor der
sündfluth sich in diesen landen aufgehalten hät-
ten/ da dann dazumahl eine wärmere lufft müsse
gewesen seyn/ und daß mit der sündfluth ihre er-
trunckene leiber/ durch und über das wasser
schwimmende/ unter die erde gespület und mit
derselben bedecket worden seyen: nach der sündfluth aber sey die lufft/ welche vorhero warm ge-
wesen/ in eine grosse kälte verändert worden/ dahero sie von derselben zeit an in der erde hart ein-
gefroren liegen/ und vor aller fäulung bewahret
werden/ biß daß sie/ nachdem es aufgethauet ist/
herfür kommen. Welches dann keine unver-
ständige meynung ist; dann ausser daß vor der
sündfluth allda keine wärmere luft hat seyn dürf-
fen/ so kan es gar wohl seyn/ daß die leiber der er-

D 5 trun-

truncfenen elephanten wohl einige 100 meilen
weit von einem andern orte dahin in denen waſ-
fern der ſündfluth/　die den gantzen erdboden be-
deckten/können getrieben worden ſeyn.　　Einige
von dieſen zähnen/welche auſſer zweiffel den gantzen ſommer am rande des waſſers gelegen haben/
ſeynd gantz ſchwartz und aufgeſprungen/und können zu nichts gebrauchet werden；die aber ſo
gantz geſunden werden und ſchön ausſehen/ſind
eben ſo gut als elffenbein/　werden auch durch
gantz Moſcovien verführet/　und an ſtatt elffenbein zu kämmen und allerhand andern dingen gebraucht und ſo verkaufft.

Die vorgemeldte perſon erzehlte mir auch/daß
ſie einsmahls 2 zähne in einem kopff geſunden ha-
ben/ nach Rußiſchen gewicht ohngefehr 12 pfund
ſchwer/welche 400 deutſche pfund auffwiegen/ſo
daß es ſehr groſſe thiere müſſen geweſen ſeyn/wie-
wohl man auch umb ein gut theil kleinere zähne
ſolcher thiere findet.　　So viel ich von denen Heyden habe können erfahren/　habe ich niemanden
geſunden/ der dergleichen thier lebendig geſehen
habe/ oder ſagen konte/ was es vor eine geſtalt
habe/　ſo daß das meiſte von dieſen thieren auff
muthmaſſungen beruhet.

Was nun den fernern zuſtand meiner reiſe be-
trifft/ ſo durffte ich mich nicht wagen/ länger auf
dem waſſer zu bleiben/　ſondern muſte von dem
oben-

oben bemeldten dorff Makofskoi an/ dieselbe zu lande fortsetzen.   Nachdem ich nun zu lande 16 meilen gereiset hatte/ bin ich den 12 Octobr. in der stadt Jenizeskoi glücklich angelanget/   allwo ich eine zeitlang ausruhete/   indem ich daselbst den winter oder schlitten-weg abwarten muste. Nichts desto weniger machte ich mich indessen bereit/ so bald als ich bericht empfangen würde/ daß die flüsse Tunguska und Jenizea hart zuge- froren wären/   meine reise ferner fort zu setzen. Inzwischen hatte ich zeit/   die stadt Jenizeskoi wohl zu besehen.

Die stadt Jenizeskoi hat ihren nahmen von dem fluß/   der unten an der stadt vorbey fliesset/ umb dadurch den umbliegenden land-strich be- kandt zu machen.   Es wird solcher fluß genannt Jeniza/ und hat seinen ursprung aus dem mittag/ fällt aus den gebürgen der Kallmacken/ und flies- set gegen mitternacht auf der rechten hand in die Tartarische see oder das eyß-meer/ nicht wie der Oby/ der sich in den busen seines wassers ergiesset/ und so ferner in das rechte meer gebracht wird. Dieser fluß ist unten bey der stadt eine gute vier- tel-meile breit: das wasser desselben ist weiß und hell/ aber nicht fisch-reich. Vor 7 jahren haben die bürger von Jenizeskoi zusammen ein schiff aus- gerüstet/ und auf den wallfisch-fang auslauffen lassen: dasselbe aber ist niemahln wieder zurück
kom-

kommen/ und noch diese stunde weiß niemand wo
es geblieben sey/ vermuthlich ist es von einem sehr
starcken eyßgang ergriffen und zu grund gerissen
worden.

Aus der stadt Fugania/die an diesem fluß weiter abwarts liegt/gehen noch alle jahr einige menschen auf den wallfisch-fang aus ; aber sie nehmen
ihre zeit gar wohl in acht / nemlich wann der wind
vom lande kommt / und das eyß seewarts hinein
treibet/ alsdann sie ihren fisch-fang sehr glücklich
und ohne sonderbare gefahr vollenden. Die stadt
Jenizeskoi ist ziemlich groß und volckreich / und
auch die festung ist wohl verwahrt : umb die stadt
herumb liegen auf einige meilen weit viele klöster
und dorffschafften/ auch ist das land recht gut zum
ackerbau ; getreyde/ fleisch/ feder-und horn-vieh
ist daselbst überflüßig. Unter das gebiethe dieser
stadt gehören sehr viel Heyden/ die Tunguzen
seyn/ und meistens an der Jenizea/ Tunguskaj
und da herumb land inwarts wohnen. Ihrer
Czaarischen Majestät geben sie allerley peltzwerck
von jeder boog/ das ist/ mann und weib vor eins
zusammen gerechnet. Wegen der grossen kälte
wächset daselbst kein obst/noch sonst einige andere
baum-früchte/ doch findet man schwartze uñ rothe
Johannis-beer/ einige erd-beer und
dergleichen.

Das

Das VII. Capitel.

Abreise von Jenizeskoi. Ankunfft auff
der insul Ribnoi. Ankunfft zu Illinskoi/
Schammankoy oder Zauberthal/ und warumb so genannt. Mit was müh und gefahr
die schiffe gegen den wasser-fall aufzubrin-
gen. Wie die schiffe allhier durch erfahrne
schifleute übergebracht werden/ deren doch
viel ayf den klippen zersplittern. Tunguzen/
und ihr berühmter Schaman oder Zauberer.
Beschreibung dessen person/ zauber-rock und
übrigen zierraths. Vorbereitung/ auch art
und weise/ wie er seine zauberey treibt. Worzu selbige am meisten gebraucht wird. Des
zauberers grosser reichthum. Beschreibung
der Nisovier Tunguzer und ihre sommer-
tracht oder kleidung. Wie sie ihre haut
zieren und schön machen. Ihre winterklei-
dung. Mit was list sie die rehe erschleichen.
Der Nisovier Tunguzer belustigung/ihr tod/
begräbnüs/ teuffels-priester und götzen.
Beschreibung ihrer hütten und fahr-zeuge.
Ihre sommer- und winter-geschäffte.

Nachdem ich nun an diesem ort lang und
wohl ausgeruhet hatte/ reisete ich von
hier in GOttes nahmen auf schlitten ferner fort/ und erreichte den 20 Januarii die insul
Ribnoy/ welches so viel heisst/ als eine fisch-insul.

Die-

Diese insul liegt mitten in dem fluß Tanguska/ ist sehr fisch-reich an stören/ hechten und forellen/ gar ungemeiner grösse/ und wird meistens von Russen bewohnt.

Den 25 gedachten monats seyn wir in der stadt Flinskoi/ an dem fluß Flni (der aus Sud-Sud-Westen herab gegen Nord-Nord-Westen fliesset/ und in den fluß Tunguska fällt) gelegen/ glücklich angelangt. Noch zur zeit wohnen an dem fluß Tungskoi wenig leute/ so wohl von Tunguzern als Russen.

Einige tagreisen von hier ist der grosse/steinigte wasserfall/Schammanskoi oder Zauber-thal genannt/ weil daselbst ein berühmter Schamann/ das ist/ ein zauberer oder Tungusischer teuffels-priester wohnet. Dieser wasserfall breitet sich aus auf eine halbe meilwegs niederwarts. Das ufer bestehet von hohen steinbergen/ so daß der gantze grund dieses flusses lauter stein ist. Der wasserfall ist erschrecklich anzusehen/ (daher ich einige abbildung desselben in gegenwärtigem kupffer-blatte vor augen stelle) er macht ein groß und entsetzlich geräusch/dessen schall sehr fern und weit durch die lufft erthönet/so daß der theils über-verborgene/ theils über die herfür ragende felsen und klippen abrauschende schnelle lauff des wassers/ bey stillem wetter/ über 3 deutscher meilen weit gehöret werden kan. Die schiffe oder Do-schani-

Der grosse Schamaysche Wasser- sturtz land.

schaniken/ die gegen diesen strom auffahren/brin-
gen auf diesem grossen und höchst-gefährlichen
wasserfall öffters 5/ 6/ oder 7 tage zu/ bloß allein
die ledige fahr-zeuge/ durch das auswerffen ihrer
ancker/ und durch beyhülffe vieler menschen darüber auffzuwinden. Ja selbst an einigen orten/
da das wasser gar seig und niedrig ist/ und die
steine hoch liegen/ haben sie fast einen gantzen tag
zu thun/ ehe sie so weit/ als ein schiff lang ist/ fort
kommen können/ und stehet das schiff offtmahlen
mit dem hindertheil gerad in die höhe. Die
schiffe/ so wohl die/ welche abwarts als aufwarts
fahren/ müssen allemahl ausgeladen/ und die güter über land fortgebracht werden/ biß sie bey diesem gefährlichen ort vorbey/ da sie alsdann wieder eingeschiffet werden. Ich habe mit meinen
augen gesehen/ wie daß die schiffe die abwarts
fuhren/ über diese halbe meile in 12 minuten ge-
kommen/so schnell treibt hier der fluß. Auch findet man gar wenig leute/ so unter den Russen als
Tungusern/ die wissenschafft hätten/ die schiffe
überzubringen/ welche doch hinten und vornen
mit einem ruder/ und auch auf beyden seiten mit
riemen versehen seyn müssen: wie dann die steu-
er-männer mit einem schnup-tuch denen ruder-
knechten gar geschwind ein zeichen zu geben und
zu wincken wissen/ wie sie die riemen führen und
ziehen sollen. Dann das zuruffen würde wegen

des

Des entsetzlich rauschenden wassers unmüglich
können gehöret werden. Es werden auch die
schiffe überall dichte zugemacht/ auf daß das wütende wasser/ welches offtmahln gar über die
schiffe hinschlägt/ nicht in dieselbe hinein schlage
und solche zu grund stürtze. Doch geschehen alle jahr verunglückungen / sonderlich wann uner-
fahrne steuer-leute die fahr-zeuge überzubringen
sich unterstehen/welche dann gegen die unter wasser verborgen liegende klippen anstossen und in
stücken zerscheitern: alsdann ists auch unmöglich die menschen zu retten / welche augenblicklich
in diesem wütenden wasser untergehen und an
den klippen zerschmettern/ daher auch die todten
cörper sehr selten wieder zu finden /. und die ufer
daselbst herumb mit viel 100 creutzen besteckt
seyn/ zum zeichen der allda ersoffenen und begra-
benen menschen. Des winters ist das wasser in
diesem fluß so hoch/ daß es mit den umbherliegen-
den ufern gleich stehet/ es wird aber von dem eyß-
meer so in die höhe getrieben / als über welches
man vorhin mit eyß-schlitten fahren konte. Doch
zur sommers-zeit ist gedachtes wasser sehr seichte
und niedrig/wie schon oben gemeldet.

Einige meilen von hier auffwarts wohnen viele Tunguzen/worunter auch ihr berühmter Scha-
maß oder teuffels-beschwerer und schwartzkünst-
ler. Das gerüchte von diesem betrüger machte
mich

mich begierig/ denselben zu sehen. Meiner neugierigkeit ein genügen zu thun/ fuhr ich dahin/
umb ihn in seiner wohnung zu besuchen. Es
war ein alter langer mann/ hatte 12 weiber/ und
war wegen seiner kunst sehr unverschämt. Er
ließ mich sein zauber-kleid sehen/ benebst seinen
andern werckzeugen/ die er dabey gebrauchte.
Zuerst besahe ich seinen rock/ der von lauter eisen-
werck zusammen hieng/ und an einander gefügt
war/ bestehend in allerley bildnüssen der vögel/
fischen/ raben/ eulen und dergleichen/ wie dann
auch von vielerley thier- und vogel-klauen/ deßgleichen beile/ äxten/ sägen/ hammern/ messern/
säbeln/ auch einige figuren der thiere und dergleichen; so daß diß teuffels-kleid glied-weise an
einander gehefftet und also überall beweglich
war. Uber seine schienbeine hätte er etwas als
strümpffe/ auch von eisen gemacht/ gleichwie der
rock/ und dergleichen überall über seine füsse/ wie
dann auch zwey grosse eiserne bären-klauen über
seine hände. Auf seinem kopff hatte er viele
dergleichen eiserne bilder/ und vornen auff dem
haupt zwey eiserne reh-hörner. Wann er nun
zaubern wolte/ nahm er eine nach ihrer art gemachte drommel in seine lincke hand/ und ein mit
bergmäusen-fell überzogenes glattes steckgen in
seine rechte hand/ und also sprang er mit einem
fuß über den andern in die höhe/ so daß er zugleich

E   den

den leib schüttelte/ welcher dann wegen des an=
habenden eisenwercks ein grosses geraß= und ge=
praffel machte ; Er schlug auch zugleich auf seiner
Drommel/ mit auffwarts=sehenden/ verkehrten
augen/ und machte mit starck brüllender bären=
stimme ein greuliches getöse. Diß waren die
vorspiele. Seine zauberey aber selbst verrichte=
te er auf folgende weise: Wann den Tungu=
zern etwas gestohlen worden/ oder sie sonsten et=
was zu wissen verlangen/ so müssen sie ihn vor al=
len dingen bezahlen/ und ihm seinen lohn voraus
geben: alsdann thut er was oben erzehlt wor=
den/ springt und rufft so lange/ biß daß sich auf
seine hütte (welche zu ausziehung des rauchs
oben offen ist) ein schwartzer vogel setzet. So
bald als er diesen ansichtig wird/ so fällt er auf
die erde in schwindel und entzückung/und den au=
genblick verschwindet der vogel wieder. Wann
er nun also als todt und ohne verstand etwa eine
viertel-stunde gelegen/ so kommt er wieder zu sich
selbst/ und sagt alsdann dem der ihn raths ge=
fragt/ wer ihn bestohlen/ und was er sonsten zu
wissen begehrt ; und da soll dann auch alles/ wie
sie sagen/ nach dem wort des Zauberers eintref=
fen. Das kleid war so schwer/daß ich es mit ei=
ner hand kaum aufheben konte. Der Zauberer
war sehr reich an vieh/weil die leute hauffen=wei=

se

se von fern abgelegenen orten dahin zu ihm ka-
men/ und ihm gaben was er nur forderte.

Diese Heyden nun werden Nisovier Tungusi
genennet: sie seynd lange starcke leute/ tragen
lange schwartze haare/ welches hinten am haupt
zusammen gebunden ist/ und als ein pferde-
schwantz über den rücken abhangt. Sie seynd
breit von angesicht/ aber haben nicht eben so plat-
te nasen/ auch nicht so kleine augen als die Kal-
macken. Zur sommers-zeit gehen so wol männer als weiber nackend/ ausgenommen daß sie
über den leib und der scham einen ledernen gür-
tel/ drey hand breit/ tragen; welcher riemen tieff
eingeschnitten ist/ daß es läßt als frantzen. Aber
die weiber haben das haar mit corallen und eisernen figuren oder bildergen behänget. Am lincken arm tragen sie ein potgen oder töpffgen/wor-
in allezeit alt rauchendes holtz ist/ und dieses be-
wahrt sie vor dem beissen der muskiten oder mü-
cken/ die auf diesem fluß Tungusky und der gegend in den büschen und wäldern so häuffig
seynd/ daß man ohne bedeckung des angesichts/
der hände und der beine nicht bleiben kan. Diese Heyden aber fühlen wenig davon/ weil ihre
haut allbereit gantz durchgebissen ist. Sie seyn
auch grosse liebhaber der schönheit/ welche um zu
vermehren/ sie ihr angesicht/ die stirne/ die wan-
gen und das kinn auffs netteste folgender massen

aus-

auszieren: Sie nähen nemlich in die haut mit
drath allerley figuren/ den drath schmieren sie mit
einem schwartzen fett/ und wann der drath ein ige
tage in der genäheten wunde gewesen/ so ziehen
sie selbigen wieder heraus: alsdann bleibt die
genähete figur stehen/ und man siehet wenige/die
solches nicht haben. Aus beygedrucktem kupfer
kan man sich ein gut concept von dem allen machen.

Des winters behelffen sie sich mit einem von
reh-häuten gemachten kleide/ woran ein brust-
latz ist/ so mit pferde-schwäntzen behangen/ unten
her aber ist der rock mit hunde-fellen ausge-
macht. Von leinwand und wolle wissen sie
nichts/ sondern machen stricke uñ gedrehetes garn
von fisch-häuten zu ihrer nothdurfft.

Auf ihrem haupt tragen sie/ an statt der kap-
pen und mützen/ die haut von einem reh-bock/dar-
an noch oben die geweyhe oder hörner sind/ die
oben über das haupt herfür ragen/ fürnemlich/
wann sie auf die reh-jagt ausgehen: damit können sie die rehe gar leichte hintergehen/ und im
grase sich sehr nahe zu ihnen anschleichen/ weil
diese thiergen hierbey nichts anders meynen zu sehen als den kopf von einem andern rehe/und deßwegen unerschrocken stehen bleiben: da sie dann
ihren bogen bereits fertig haben/ und das wild/
wegen der nähe/ohnfehlbar darnieder fällen.

Wann

p: 68.

A. das Zelt darin der abgott stehet. B. die leiche eines nahen anverwandten
diese so frey hinstellen damit sie verwesen. c. aufgehangene hunde und Katzen welche u.

Wann sie sich mit einander erlustigen wollen/ so stellen sie sich in einen kreyß/ und einer unter ihnen tritt mitten in denselben/ so einen langen stock in der hand hat; mit diesem schlägt er im umdrehen einen der umbstehenden nach den beinen/ die aber ihre beine so geschwinde aufzuheben/ und dem ankommenden stock-schlage so artig und fix zu entweichen wissen/ daß gar selten einer/ welches zu verwundern/ getroffen wird: wann aber ja einer getroffen wird/ so ergreiffen sie denselben alsobald/ und tauchen ihn ins wasser/ daß er über und über gantz naß wird.

Diejenigen so unter ihnen sterben/ werden so nacket auf die bäume gelegt/ und wann haut und fleisch gantz verwelckt und eingetrocknet/ begräbt man ihre gebeine unter die erde.

Sie wissen von keinen andern Priestern/ als ihren Schamannen oder Teuffels-bannern. In ihren hütten haben sie ihre von holtz geschnitzte götzen/ ohngefehr einer halben ellen lang/ menschlicher gestalt/ welche sie eben als wie die Ostiaken/ mit den besten speisen beköstigen/ die sie so essen/ daß sie aus dem munde über den gantzen leib abfliessen.

Rings herumb umb ihre hütten hängen pferde-schwäntze/ mähnen und andere narren-possen mehr. Ihre hütten seynd von bircken-baumbast oder bircken-rinden gemacht/ vor denselben hängen

E 3 gen

gen auch ihre bogen ſamt ihren köcher oder pfeil-
ſack zum zierrath: und man ſiehet wenig häuſer/
vor denen nicht verſchiedene todte junge hunde
hangen.   Des ſommers leben ſie von der fiſche-
rey.   Ihre kähne oder nachen ſeynd insgemein
von bircken-rinden zuſammen gewunden/   und
köſſen doch wohl 7 biß 8 perſonen führen/ ſie ſeynd
lang und ſchmal/ und ohne bäncke: ſie ſitzen darin auf den knien/   und gebrauchen ſolche riemen/
die an beyden enden breit ſeyn; dieſe halten ſie
in der mitte feſt/ und rudern damit bald auff der
einen/   bald wieder auf der andern ſeiten/   und
wann ſie zugleich rudern/   gehet es ſehr ſchnell
fort; ſie können auch mit dieſen ſchwachen kähnen auf groſſen waſſern/ ohne einige gefahr/ fuhren.   Des ſommers iſt die fiſcherey/ des winters
die jagt nach allerley rauchen viehe/ als hirſchen/
rehe und dergleichen/ ihre gewöhnliche arbeit und nahrung.

Das

Das VIII. Capitel.

Ankunfft zu Buratzkoi und darauff zu Bulanskoi. Beschreibung der Buratten/ihres viehes und wohnungen. Wie die Buratten auf die jagt ausziehen und das wild umbzingeln. Unglücke im jagen. Grosse menge des wilds. Wie hoch die ochsen und kameel bey den Buratten verkaufft werden. Gestalt und kleidung der Buratten/ ihrer töchter und weiber. Art und weise ihrer begräbnüsse und gottes-diensts. Wie sie mit ihren Priestern verfahren. Art und ort ihres eyd-schwerens. Ankunfft in der stadt Jekutskoi samt derselben beschreibung. Deren überfluß an getreyde und lebens-mitteln. Brennende höhle. Taischa oder Mongalischer freyherr. Seine schwester/eine Mongalische Nonne/ihr glaube von GOTT und sitten. Ein Lama oder Priester und handlung mit seinem rosen-krantz oder Pater noster. Abreise von Jekutskoi/ und ankunfft auf dem meer Baikol/ samt dessen beschreibung. Wie man im winter darüber fahren könne. Schwere unglücks-fälle auf demselben / wegen der grossen sturm-winde. Beschaffenheit des wassers/ der see-räuber und fische. Ausgang dieses meers. Wie der strand desselben bewohnet wird. Aberglaube von diesem meer / welches der Gesandte aber wenig

E 4   ge-

geachtet. Ankunfft auf dem castell Raba-
nia und bedencken über den Heydnischen aberglauben.

Nachdem ich nun vor diesem volck/ ohne
sonderliche zufälle/ vorbey gezogen/ kam
ich den 1 Februarii in der festung Buratz
an/welcher ort biß an die Baikalische see/von dem
fluß Angara beströmet/und von gewissen Heyden/
Buratti genannt/ bewohnet wird.

Den 11 besagten monats gelangte ich an die
festung Bulaganski in diesem land-strich: zwischen den gebürgen und thälern/ und auf dem
platten lande wohnen viel Buratti/ die gar reich
seyn an rindvieh/ sehr rauchen ochsen und kühen/
wie im kupffer abgebildet. Sie haben alle sehr
niedrige wohnungen/ von holtz zusammen gepflö-
cket/ welche dennoch mit rasen bedeckt seyn. Oben
auff in der wohnung ist ein loch/ dardurch der
rauch auszeucht: das feuer liegt mitten im gemach. Sie wissen von keinem ackerbau oder
fruchtbaren gärten. Ihre häuser/ die wie dorf-
schafften beysammen stehen/ seynd gemeiniglich
bey einem fluß angelegt/ und sie verändern ihre
wohn-städte nicht/ wie sonsten die Tunguzer und
andere Heyden zu thun pflegen. Nahe an und
vor ihren haus-thüren stehen viele auffgerichtete
pfäle und stangen oder spiesse/ an deren etlichen
bb-

böcke/ gleichwie an anderen schaafe angespißet
seyn: es hangen auch wohl pferd-häute daran/
welche sie gar feste angebunden.

Im frühling und im herbst schlagen sie sich bey
viel 100 zusammen/ und gehen zu pferd aus auff
die jagt der hirschen/wilden schaafe und rehen/die
sie Ablavo nennen. Wann sie nun an einen ort
kommen/ da sie wild mercken/ vertheilen sie sich
weit in die runte herum/so daß sie dañ gemächlich
auf einander zureiten/und das wild/ offt bey 100
in einen kreyß zusammen treiben können; und
wann sie demselben so nahe kommen/ daß man es
mit einem bogen-schuß erreichen kan/ so schiesset
ein jeder/ der nur kan/ gerade zu/ wodurch ge-
schieht/ daß gar wenig wild lebendig davon
kommt: dann ein jeder jäger kan 30 schüsse nach
einander thun/ welches alles in beygefügtem
kupffer-stück klärlich abgebildet wird. Nach
der jagt weiß ein jeder seine gezeichnete pfeile wieder auszufinden. Es trägt sich aber dabey auch
wohl zu/ daß der eine den andern in solcher ver-
wirrung/ wider seinen willen/ unvorsichtig und
unversehens vom pferde schieset/ und auch viele
pferde verwundet werden. Diesem wild nun
wird die haut abgezogen/ und das fleisch von den
knochen abgeschnitten/ und hernach in der sonne
getrocknet/ damit behelffen sie sich eine zeitlang/
und dann gehen sie wieder auf die jagt. Es giebt

E 5 allda

allda eine grosse menge obgedachten weydwercks/
und ich selbst habe von fernen/ biß auf eine viertel-
meilwegs/ nichts anders gesehen/als etliche 1000
wilde schaafe/die/ wie schnee/gantze berge bedeckten.   Hier in der nähe/auf 5 oder 6 meilen rings
umbher ist wenig peltz-vieh zu finden/ ausgenom-
men/ daß allein zuweilen sich einige bären und
wölffe sehen lassen.

Wann man ochsen/ die hierumb ungemein
groß seyn/ und kamele zu der reise nach China
von nöthen hat/ so muß man selbige von ihnen erkauffen : sie verlangen aber kein geld dafür/ sondern zobeln von bleichen haaren/ zinnerne und
küpfferne becken/ rothe Hamburgische tücher/ ot-
ter-felle/ Persianische flock-seide von allerhand
farben/ auch unvermüntzet gold und silber: und
man kan einen ochsen/ der schön und umb zu
schlachten gut ist/und wohl 800 biß 1000 deutsche
pfund wiegt/ vor vorerwehnte waaren/ an werth
etwa 4 oder 5 rubels/einkauffen/ und kamele vor
10 oder 12 rubels: ein rubel aber macht bey uns
2 thaler.

Die männer und weiber seyn groß und starck
von leibe/ auch schön/ nach ihrer art/ von ange-
sicht/ und gleichen in etwas den Tartarn von
China.   Des winters tragen sie beyderseits
lange röcke von schaaf-fellen/ mit einem breiten
gürtel der mit eisen beschlagen.   Sie haben eine
gat-

Gestalt und Kleidung der Buratt

Muscus thier.

gattung mützen/ die sie malachaven nennen/ und
im winter über die ohren ziehen können.   Des
sommers tragen ihrer viel röcke von schlechten rothen tuch.   Aber am gesicht und am gantzen leibe seyn sie/ gleichnüß-weise zu reden/   wie junge
t:uffel/ weil sie von keinem waschen wissen/   als
nur zu der zeit/ da sie gebohren werden: sie schneiden auch die nägel an händen und füssen niemals
ab.

Die jungfrauen haben ihre haare gantz voll
geflochtener zöpffe/ die meistens fest an einander
und in die höhe stehen/ dadurch sie sich in eine solche gestalt verstellen/ gleich als wie der neid pflegt
abgebildet zu werden.   Nur die frauen haben
an der einen seite ihres hauptes einen zopf/ der abwarts hanget/   der mit allerley zinnern figuren
ausgezieret ist.   Wann ihnen jemand abstirbt/
so begraben sie denselben mit schön ausgezierten
kleidern/ pfeil und bogen.

Ihr gottes-dienst bestehet einig und   allein
darin/ daß sie den todten böcken und schaafen/ die
vor ihren häusern aufgespisset seyn/ etliche mahl
des jahrs/ so lang sie nicht vergehen/ mit dem neigen ihres haupts einige ehrerbietigkeit erweisen.
Sie neigen und bücken sich auch mit ihrem haupt
gegen der sonnen und mond/   und zwar auff den
knien und mit gefalteten händen sitzende/ ohn ein
wort zu sprechen.

Wei-

Weiter wissen sie von keinem gottes=dienst/
wollen auch nirgends anders davon wissen noch
hören/ gleichwohl halten sie ihre Priester/ welche
sie aber / wann es ihnen einkömmt/ tödten/ dar=
nach begraben/ und ihnen kleider und geld beyle=
gen/ unter dem vorwand: daß es nothwendig
sey/ sie voraus zu senden/ damit sie vor sie bitten/
und so sie es vonnöthen hätten/ geld zu ihrer zeh=
rung/ und kleider zu ihrer nothdurfft bey sich fin=
den könten.

Wann sie unter einander einen eyd schweren
sollen/ so reisen sie nach der see Baikal/ wobey ein
berg liegt/ der von ihnen vor heilig gehalten wird/
und zu dem sie in 2 tagen kommen können.   Auf
diesem hohen berge legen sie den eyd ab; wer
nun falsch schweret/ der kommt/ nach ihrer mey=
nung/ nicht wieder lebendig von dem berge her=
ab.   Sie haben diesen berg schon von viel jah=
ren her verehrt/ wie sie dann auch gar offt allerley
schlacht=vieh darauf opffern.

Man findet in dieser gegend auch das Muskus
oder Muskeljaat=thier/ so wie es im kupffer ab=
gebildet stehet.   Es gleichet dieses thier allhier
beynahe einem rehe/ ohne geweyhe/ wiewohl es
ein wenig schwärtzer an haaren ist/ ohne daß der
kopf besser einem wolffs=kopff ähnlichet.   Der
Muskus oder Muskeljaat sitzet in einer gewissen
beule an dem nabel/ gleich einem säcklein/ darum
ein

ein sehr dünnes fell ist/ mit sehr feinem haar bewachsen. Die Chineser nennen diß thier Vehi-
am/ das ist so viel als Muscus-hirsch/ wegen der
gleichheit/ die sie mit einander haben: ohne daß
es/ benebst der ungleichheit des kopffes/ zwey lange zähne hat/ denen hauer-zähnen eines grossen
wilden schweins nicht ungleich/ welche demselben
auff beyden seiten seines rüssels ungekrümmt herfür stehen.

Filip Martinus meldet in seinem Chinesischen
Atlas/ daß dieses thier auch vornemlich in der
landschafft Xenxi/ in der gegend der stadt Leao/
in dem land-strich Xenxi/ und insonderheit im
dritten land-strich Hanchungfu gefunden werde.
Und denn weiter in der landschafft Suchuen/ im
zweiten land-strich Paoningfu/ in der gegend der
stadt Kiating/ bey der sechsten kriegs-stadt oder
festung Tienciven: an verschiedenen orten des
landes Junnan/ und noch mehr andern orten gegen den abend. Ferner gibt er uns darvon die
hier beygefügte beschreibung/ die ich nicht unfüg-
lich geachtet/ dem neu-begierigen leser zu liebe/
hier mit anzuführen/ damit die eigentliche beschaffenheit dieses thiers und des Muskus oder
bisams desto genauer begriffen werde.

Das Muskus-thier/ sagt er/ gleichet
meistens einem jungen hirsch oder rehe/
ausgenommen daß es von farbe etwas
bräu-

bräuner/ und so träg und langsam ist/ sich
zu bewegen/ daß die jäger gar wenig sich
bemühen dürffen/ umb solches auszuspü-
ren/ und wann es ausgespürt ist/ lässt es
sich tödten/ ohne sich zu wehren oder zu bewegen. Ferner wird von diesem thier
der muskus oder bisam/der so unterschied-
licher und ungleicher krafft als werths ist/
auf nachfolgende weise bereitet:

Wann dasselbe gefangen worden/ wird
demselben all sein blut abgezapfft/ und absonderlich verwahrt. Unter dem nabel
wird ihm eine blase abgeschnitten/ welche
mit blut oder einer andern wohlriechenden
feuchtigkeit/so darinnen zusammen geron-
nen/ angefüllet ist. Darnach wird das
thier abgezogen und sein fleisch in viele stücken zerhauen.

Wann nun die Chineser davon den besten muskus machen wollen/so nehmen sie
die helffte dieses thiers/ nemlich die hinder-
viertheil biß an die nieren/ welche sie so fort
mit etwas wenig blut in einem grossen steinern mörser stampen und zerstossen/ und
also endlich zu einem brey machen. Damit füllen sie nun/ wann es vorher ge-
trocknet/ kleine beutelgen/ die sie aus dem
fell dieses thiers machen.

Wann

Wann sie aber schlechten muskus machen wollen/ der dennoch eben wohl auch sehr gut und unverfälscht ist/ so stampen sie alle vier theile des thiers zugleich ohn unterscheid zu einem brey/ mit ein wenig von seinem blut/im mörser/und füllen die beutelgen eben so/ wie oben gemeldet/ von desselben thiers haut gemacht/gantz voll.

Auffer diesen beyden sorten hat man noch die dritte art muskus/ die auch hochgeachtet wird/ ob sie schon nicht so gut ist als die vorhergehende. Derselbe wird gemacht von denen vordertheilen des thiers/ das ist/ von allen theilen vom kopffe an/biß an die nieren/ die sie absonderlich bey den rest dieses thiers legen/umb daraus den gemeinen muskus zu machen: so daß von diesem thier nichts weggeworffen wird/ sondern alles gut ist in allen seinen theilen; daher auch von ihm insgemein gesagt wird: daß es todt mehr werth sey als lebendig. So weit Herr Martinus von dem Muscus-thier. Ob aber diese wüsten wilden Heyden denselben eben so gebrauchen wie die Chineser/ ist mir nicht bewust.

Nachdem ich etliche tage unter diesem volck umbher gereiset/ kam ich an die stadt Jekutskoi. Diese stadt liegt am fluß Angara/ der von mittag

mit-

mitternachtwärts hinab fleust/ aber ohngefehr 8
meilen davon seinen ursprung aus der Baikali-
schen see hat.   Es ist diese stadt erst vor wenig
jahren neu erbauet/   und mit sehr starcken thür-
nen/ darauff man geschütz pflantzen kan/versehen:
die vorstadt ist sehr weitläufftig; das getreyde/
saltz/fleisch und fische seyn allhier guten kauffs und
wohlfeil/ so daß 100 Deutsche pfund rocken vor 7
stüfer oder albus verkaufft werden.   Dann
rings umb diese stadt biß an Wergolensko/ so etliche meilen davon liegt/   wächset das korn in
grossem überfluß/ weil es ein sehr fruchtbar land
ist/ weßwegen sich viele Russen daselbst häußlich
niederlassen/ welche einige hundert Dorffschafften
besitzen/ und den ackerbau mit grossem fleiß und
gutem vortheil fortsetzen.

Gegen der stadt über/ nach morgen zu/ ist eine
brennende höle/welche vor etlichen jahren gewaltig starck gebrand hat/aber nun verloschen zu seyn
scheinet/ indem wenig oder gar kein rauch mehr
daraus aufsteiget.   In der erde siehet man einen ziemlich grossen spalt oder riß/ wodurch die
flamme ehemahls gewaltig heraus schlug/ welches nun scheinet nachzulassen.   Wann man
aber einen langen stock darein steckt/ so empfindet
man dennoch an demselben noch eine grosse hitze.

Gegen dieser stadt über liegt ein sehr schön klo-
ster/ allwo der fluß Jekut/ wovon diese stadt den
nah-

eine Mongalische Nonne und Priester.

nahmen hat/ in die Angara fällt biß an die see.
Zur herbst-zeit fühlt man dieser orten viele erdbe-
ben/ die aber wenig schaden thun. Daselbst
war ein Taischa/ oder Mongalischer Freyherr/
der sich in Ihrer Czaarischen Majestät schutz be-
geben/ und den Griechisch-Christlichen glauben
angenommen. Derselbe hatte eine schwester/
welche nach Mongalischer weise im geistlichen
stande lebte/ und auch beynahe den Christlichen
glauben anzunehmen gesonnen war. Wann
man mit ihr daraus redete/ sagte sie: Warlich
ich sehe/ daß der GOtt der Christen ein starcker GOtt seyn muß/ weil er unsern Gott
aus dem himmel verstossen; aber derselbe
wird doch wiederumb aufkommen/ wenn
er auch schon zum andern mahl solte wieder herab gestossen werden. Wann sie in
ein gemach kam/ grüssete sie niemand/ wie doch
sonsten die Mongalen zu thun pflegen/ weil solches ihrem orden nicht zustunde. Sie hatte ein
rosen-kräntzgen oder Pater noster in der hand/ das
sie beständig mit ihren fingern herumb drehete/
und also fort für fort durch die finger gehen liesse.
Bey derselben war zugleich ein Lama oder Prie-
ster/ der auch einen dergleichen rosen-krantz/ nach
Mongalischen und Kolmackischen gebrauch/ in
der hand hatte/ den er unaufhörlich/ mit grosser
geschwindigkeit/ benebst beständiger bewegung

F

der

der lippen / wie einer der bey sich selbsten betet /
herumb drehete; wie dann auch davon sein daumen durch diß beständige drehen / vornen biß auff
den knochen durch fleisch und nagel durchgeschlif-
fen war / davon er aber gar keine schmertzen em-
pfunde.

Nachdem ich ein wenig in dieser stadt ausgeruhet / reisete ich den 1 Martii von dannen / und
fuhr mit schlitten über land / biß an das meer Bai-
kol / allwo ich den 10 desselben monats ankam / da
es noch starck zugefroren war. Von dar kam
ich ferner glücklich hinüber an die andere seite des
wassers in Kabania. Das meer ist ohngefehr
6 deutsche meilen breit / und 40 meilen lang : das
eyß war vollkommen 2 Holländische ellen dicke.
Es ist sehr gefährlich / wann jemand auf demselben vom schnee-gestöber und starcken wind überfallen wird: die pferde vor denen schlitten müssen sehr scharff beschlagen seyn / zumahln alles sehr
glatt ist / uñ kein schnee / als nur auf dem lande gefunden wird / weil solchen der wind alsbald vom
eyse hinweg wehet. Es gibt auch viele wirbel
und lufft-löcher darin / die nicht zufrieren / und
den reisenden sehr gefährlich seyn / wann sie von
starcken sturm-winden überfallen werden. Dann
die pferde werden / wann sie nicht sehr scharff beschlagen / mit einer so grossen gewalt auf dem eysse
fortgetrieben / daß sie keinen festen fuß setzen noch
                                                    hasft

hafften können; sondern wenn sie auf dem glatten eysse ausgleiten oder fallen/ werden sie alsdann von dem starcken winde so lange fortgetrie-
ben/ biß schlitten und pferde mit ihnen in ein oder
ander loch hinein stürtzen: auf welche unglückliche weise dann offt menschen und pferde verlohren gehen. Durch solche sturm=winde bricht
denn auch das eyß auf diesem meere offtmahl mit
solcher gewalt und krachen auff und von einan-
der/ gleich als ob es Donner=schläge wären; da es
dann etliche klafftern weit von einander aufbor-
stet: aber nur etliche stunden darnach sich wieder so feste zusammen setzet/ als es zuvor gewesen.

Die kameel nnd ochsen/ die man auf die reise
nach China mit nimmt/ müssen eben diesen weg
übers meer von Jekutskoi. Man bindet deßhalben denen kameelen eine gewisse art stiefeln
an die füsse/ die unten sehr scharff beschlagen seyn.
Die ochsen werden auch mit scharffen eisen durch
das horn ihrer klauen beschlagen/ indem sie sonsten unmüglich auf dem glatten eysse würden fort
kommen können. Das wasser in dieser see ist recht
süß von geschmack/ aber von ferne eben als in
dem grossen Ocean meergrün und helle. An denen orten/ wo sich das eyß öffnet/ siehet man see-
hunde in grosser menge/ die alle schwärtzlich/ und
nicht/ wie in dem weissen meer/ buntfärbig seyn.
Es ist auch diß meer gar fischreich: und werden
dar-

darin ſtöhre und ſehr groſſe hechte gefangen/dann
ich ſelbſt einige geſehen/die 200 Deutſche pfund ge-
wogen.   Der einige ausfluß aus dieſer ſee iſt der
fluß Angara /   der gegen Nord-Nord-Weſten
ſeinen fall hat.   Hingegen unter denen flüſſen/
die in dieſe ſee flieſſen / iſt der fluß Silinga der
haupt-fluß/ der von mittag her/ aus dem lande
der Mongalen ſeinen urſprung hat; das andere
ſeyn vielerley aus denen felſen und ſtein-klippen
fallende bäche.   In dieſer ſee liegen auch etliche
Inſuln.   Das ufer und umbliegende land wird
von denen Buratten/ Mongalen und Onkoten
bewohnt.   Auch findet man hier ſchöne ſchwar-
ze zobeln/ und wird das Kaberdiner-thier allhier
gar offte gefangen.

Es iſt merckwürdig/ daß/ als ich auf dieſe ſee
gieng/ und das kloſter S. Nicolai/ welches bey
dem ausgang des fluſſes Angara am meer-ufer
liegt/ hinter mich ließ/ ich von vielen gar eyfrig
gewarnet und gebeten wurde/ daß/ wann ich auff
dieſes böſe und wütende meer gekommen/ ich doch
daſſelbe ja nicht ein ſtillſtehendes meer oder waſ-
ſer/ ſondern ein Daley oder ſee nennen ſolte/ aus
urſache: daß vor dieſem viel vornehme leute/ die
ſich auff dieſe ſee begeben/ und ſolche ein Oſer/
oder ſtillſtehendes waſſer geſcholten/ deßhalben
den augenblick von ſtarcken ſturm-winden überfallen worden und in äuſſerſte lebens-gefahr ge-
ra-

rathen. Es kam mir aber gar lächerlich vor/
daß das meer sich nicht solte spotten lassen/ sondern selbst für seine ehre und ansehen streiten.
Ich reisete deßwegen/ in GOttes nahmen/ fort/
und als ich mitten auf der see war/ ließ ich mir ein
gut glaß Sireischen sect geben/ und tranck eines
auff gesundheit aller ehrlichen/ aufrichtigen/ guten Christen und freunde in gantz Europa/ im
schertz dabey fügende: Und dich/ o Oscra/ o-
der stillstehendes wasser/ nehme ich hierzu
zum zeugen. Welcher trunck mir dann auch
gar wohl bekam/ und verspürete ich/ daß/ je weiter wir fortkamen/der wind/so etwas ungewöhn-
lich starck wehete/ sich um desto mehr allgemäh-
lich zu legen begunte/ so daß ich mit hellem sonnenschein und schönem wetter an land/und in das
castell Kabania/ welches die erste Daurische vestung ist/überkam/ ohne daß dieses meer an mir
die geringste rache geübet. Ich muste inzwischen über die thorheit dieser leute hertzlich la-
chen/ die solchen gedichte und mährlein glauben beymessen/ und nicht auff GOtt vertrauen/
der alles geschaffen und regieret; dem wind und
meer gehorsam seyn/ entweder den menschen zu
dienen/ oder sie/ aus ursach ihrer sünden/ zu ver=
schlingen/ oder aber/ nach GOttes gerechtigkeit
und fürsehung/ zu erschrecken und zu züchtigen;
Dieweil sonsten das meer an und vor sich selbsten

F 3   taub

taub und stumm ist/ und von keiner beleidigung
noch rache weiß.

Das IX. Capitel.

Abreise von Kabania und ankunfft in dem
flecken Ilunskoi von Russen bewohnt. Ankunfft bey dem schloß Tanzienskoi und der
stadt Udinskoi. Derselben und des umliegenden landes beschreibung. Schwere erdbeben daselbst. Ein gewisser fisch/ so des
jahrs nur einmal in dem Uda-strom häuffig
gefangen wird. Abreise von Udinskoi und
ankunfft auf der vestung Jarauna. Beschreibung des land-volcks. Begräbnüß.
Zobel-fang. Reise über die Appel-berge.
Warumb so genant. Ankunfft in der stadt
Telimba. Beschreibung eines Tungurischen
Fürsten mit sehr langem haar/ und seines
Prinzens. Ankunfft zu Plotbischa. Die
ströme Ingolda und Schilka gantz untieff.
Streiffereyen der Mongalischen horden oder
galeen/ und der Rußischen Kosaken. Ankunfft zu Nerzinskoi/ beschreibung dieser
stadt und inwohner dieses landes. Feld-und
garten-gewächse. Zweyerley Heyden beschrieben. Haupt der Conni Tunguzi und
ihrer macht. Womit sie sich nehren. Ihre wohnungen/ ihr feuer: gottes dienst/ wei-
ber/ töchter/ waffen/ kleider. Gewisse art
thee/ so sie trincken/ wie zubereitet. Brandt-
wein

wein aus pferde = milch/ wie das gemacht wird. Pferde=milch sehr gebräuchlich/ und warumb. Jagt/ brod und fischerey dieses volcks. Selzame weise des eyd = schwerens der Tunguzer/ und sonderbare begebenheit/ worin er gebraucht worden.

Nachdem ich das schloß Kabania des andern tages wieder verlassen/ seyn wir den 12 Martii in dem grossen flecken Jlinskoi oder Bolsoi Saimka/angelangt. Die meisten einwohner desselben seyn Russen/ die des winters auf die zobel=jagt ausgehen. An ackerbau haben sie nichts mehr/als ihre nothdurfft erfordert/ dieweil das land durchgehends mit grossen und unfruchtbaren hügeln angefüllet ist.

Von dannen kam ich den 14 Martii an das schloß Tanzienskoi/worin eine gute besatzung Cosaken lag/ das land für dem einfall der daran gräntzenden Mongalen zu bedecken. Ich setzte von dannen meine reise/ohne zeit zu verlieren/mit der ersten schlitten = bahn fort/ und erreichte die stadt Udinskoi am 19 Martii. Diese vestung liegt auf einem hohen berge/ aber die meisten leute wohnen unter der vestung/ am fuß des berges am Uda=strom/ welcher ohngefehr eine viertel= meilwegs unter der stadt gegen abend in den fluß Silinga fällt. In dieser stadt liegt eine starcke

P 4   be=

besatzung von Rußischen Cosaken / weil das land
der Mongalen daran gräntzet.

Diese stadt Udinskoi wird vor den eingang in
Daur gehalten / und die Mongalen selbst kommen des sommers sehr offt / und rauben die pferde
von der weide vor der stadt hinweg.   Sonsten
ist das land / weil es allenthalben sehr bergicht ist /
zum ackerbau gantz untüchtig / aber reich an gär-
ten-gewächsen / kohl / rüben / wurtzeln und dergleichen.   Bäume seyn hier im geringsten nicht anzutreffen.

Nachdem ich hier einige tage still gelegen / ent-
stunde abends gegen 9 uhr ein schweres erdbeben /
daß die häuser in der stadt sich bewegten / und das
geschahe zu dreyen mahlen in einer stunde / gieng
aber ohne schaden ab.

Im fluß Uda seyn das gantze jahr durch sehr
wenig fische / nur allein giebts da einige hechte
und forellen.   Aber im monat Junio steiget jährlich eine grosse menge fische von gewisser art aus
dem see Baikal gegen dem strom herauff / welche
die inwohner Omuli nennen : sie seyn so groß als
ein hering / gehen aber im strom nicht höher hinauff / als biß ans ende der stadt / nahe bey einer
abgefallenen berg / allwo sie sich einige tage auff-
halten / und alsdann wiederumb nach der see zurücke kehren.   Inzwischen schwimmen sie in dem
fluß so dick und dicht über und unter einander:

daß

daß es fast unglaublich ist/ wie mir es der Com-
mendant des orts erzehlte: so daß die von ihm
ins wasser geworffene weisse kalck-steine nicht untergiengen noch zu grunde suncken/ sonder auf der
menge der fische liegen blieben. Wann die einwohner etliche davon haben wollen/so gebrauchen
sie nur einen sack/ hembd oder ein paar leinene
schlaf-hosen/ gehen damit an das ufer/und hohlen
eine grosse menge fische auffs land/ ja mehr als sie
nöthig haben. Ferner muste ich mich an diesem
ort eine geraume zeit nicht ohne verdruß aufhal-
ten/ weil es ziemlich lang wurde/ ehe ich meine
pferde und kameele zu stande brachte/ so daß ich
froh war/ als ich endlich den 6 Aprilis von dañen
abreisen konte.

Den 26 dieses kamen wir über land/ an den
fluß Ona/ der aus Nord-Nord-West herfür
kommt und in den Uda-strom fällt.

Den 27 erreichten wir den fluß Kurba/welcher
gleicher massen aus Nord-Nord-Westen herab
fliesst/ und in die Uda fällt. Und biß hieher reiseten wir immer neben dem strom Uda/ bey nahe
den halben fluß weit: da wir zwar wol offtmahl
davon abweichen musten/ doch so/ daß er allemal
uns noch einige geraume zeit von ferne im gesicht
bliebe.

Den 29 hatte ich das glück/ diesen wüsten und
unbewohnten weg zu vollenden/ und die vestung

F 5 Ja-

Jarauna zu erreichen.   Ich erfreuete mich/ daß
ich wieder städte sahe ; dann von Udinskoi biß
hieher wohnen gar keine leute/ und muß man dabey durch sehr hohe felsen oder steinklippen seinen
weg nehmen/ welches dann höchst verdrießlich ist.
Das schloß Jarauna ist mit Kosaken besetzt/ auch
halten sich hier viele Russen auf/ die auf die zobel-
jagt gehen und sich damit ernehren.   Die Hey-
den/ die dieses land rund umbher inne haben und
bewohnen/ nennet man Konni Tunguzi/ welche
eine art der Tunguzen seyn/ die an denen flüssen
Tunguski und Angara wohnen ; nur ihre sprache kommt mit keiner andern überein.   Wann
jemand stirbt/ so wird er mit seinen kleidern und
bogen unter die erde gesteckt/ worauff steine ge-
legt/ und ein pfahl gesteckt wird/ woran sie denn
auch sein bestes pferd todt schiessen und dabey legen.   Sie ernehren sich alle von der zobel-jagt/
deren häute in diesem lande fürtrefflich schön
schwartz fallen.   So giebt es auch dieser orten
schöne luxen/ und eine art eichhörner/ die beynahe
gantz schwartz-grau seyn/ und vor diesem nur
meist von denen Chinesern gefangen worden.
Auf der mitternacht-seiten dieses schlosses liegen
drey grosse still-stehende wasser neben einander/
die alle drey wohl 2 meilen in der runde begreif-
fen/ und sehr fischreich seyn/ auch hechte/ karpffen/
börsse und dergleichen/ in überfluß führen.   Von
dan-

p. 115.

ein Tonguzischer Printz.

dannen gehen 2 wege nach Zitinskoi oder Plat-
bischa. Durch den einen weg ließ ich einen theil
meines volcks gehen; die Karavane aber und die
convoy zog gerade gegen mittag neben dem fisch-
reichen Schackse Oser/ oder still-stehendem meer
hin/ und so weiter über die Jablusnoi/auf deutsch
Apfelberg. Auf diesen gebürgen/ ob sie schon
den nahmen der Apfel-berge führen/ wachsen
dannoch keine äpffel/ sondern es wird nur allein
auf den bäumen eine rothe frucht gefunden/wel-
che wie äpffel schmecket. Ich aber für meine
person reisete denselben tag mit einem gefolg von
40 personen/ durch den andern weg/ der sehr mo-
rastig war/ und zwischen sehr hohen steinklippen
von Jarauna biß nach der stadt Telimba hin-
gieng. In dieser festung wohnen viel Rußen/
die des winters auf die zobel-jagt gehen/ weil in
diesem land-strich die schönsten/ schwartzesten und
auch sehr wohl gefütterten zobel-thiere gefangen
werden/ so daß sie in gantz Sibirien und Daar
nicht besser zu finden seyn.

Als ich in dieser stadt übernachtete/ kam ein
Knezets oder Tunguzischer Fürst/ mit nahmen
Liliulka/ zu mir: er hatte ungemein lang haar/
welches er wegen seiner länge in ein ledern band
eingenähet/ und 3 mahl umb seine schultern gewunden hatte. Ich war sehr neugierig/ solches
loß gewickelt zu sehen/ ob es in der that so lang
wä-

wäre; ließ ihn deßwegen mit brandtewein truncken machen/ und erlangte durch diese ehren-bezeugung so viel/ daß er sein haar aus dem bande
ließ loßschneiden: da ich dann befand/ daß es
warhafftig sein eigen natürlich haar war. Dann
ich besahe es gar genau/ nahm auch aus neugierigkeit eine elle/ und maß es damit/ und befand zu
meiner grossen verwunderung/ daß es 4 Holländische ellen lang war.   Er hatte ein söhngen von
6 jahren bey sich/ dessen haar nach des vaters art/
eine elle weniger ein achttheil lang/ über seinem
rücken abhieng.   Diß geschlechte der Heyden
oder Tunguzer wohnet in dieser gegend im gebürge in grosser menge/ sie seyn auch zum theil sehr
reich/ weil sie schöne und köstliche zobeln fangen/
wofür sie viel geld bekommen.

   Von daraus muß man 2 tage lang über sehr
hohe und steinigte berge reisen/ nach Nord-West
und Sud-Ost.   Ziemlich weit auf der Nord-
seiten entspringet das wasser/ woraus der fluß
Konela/ hernach Wittim genannt/ entstehet/ welcher Nord-Ost fortfliesset/ in den Lena-strom
fällt/ und so ferner in das Nordliche eyß-meer.
Aber auf der andern seite/ ohngefehr eine halbe
meile übers hohe gebürge/ hat der Zita-strom seinen ursprung/der in den fluß Ingoda/oder in das
wasser Amur fällt/ und so ferner nach der Amuri-
schen und Oster-see läuffet.

                                    Als

Als ich den 15 May zu Plotbischa glücklich an=
gelangt/ folgte des andern tages auch die Kara=
vane/ die aber viel und grosse gefahr ausgestan=
den/ weil das alte dürre graß auf dem felde meist
überall abgebrannt war / und das feuer selbst
durch die Karavane hingeschlagen/ so daß den
pferden die schwäntze meist versenget waren.
Weil also dem armen vieh das futter entbrochen/
hatten sie offtmahls eine meilwegs weit auff der
seite/ zwischen den gebürgen hin und wieder et=
was futter suchen müssen/wo es nicht abgebrannt
war; und also das vieh mit genauer noth unter=
halten.

Hierauff musten wir uns in dem dorff Plot=
bischa/ am fluß Zita gelegen/ etliche tage aufhal=
ten/ theils darumb/ daß das arme vieh ein wenig
ausruhen/ theils auch/umb flössen zu machen/und
damit auf dem flusse Ingoda und Schilka biß
nacher Nerzinskoi hinab zu fahren; zumahl es
ein gar seicht und untieffeswasser ist/auf welchem
keine andere schiffe oder fahr=zeuge können ge=
brauchet werden. Die flösse selbsten können
kaum über die steinigten örter hinkommen/so daß
uns auch deren zwey auf dieser reise in stücken
giengen/und wir mühe gnug hatten/ unser gut zu
salviren.

So bald nun alles fertig/ ließ ich die kameele/
pferde und ochsen durch das gebürge nacher Ner=
zins=

zinskoi voraus gehen; ich selbst aber reisete den
18 dieses mit meiner suite von dar ab/ und kam
den 19 an den fluß Onon/ welcher Nord-Ost ab-
fliesset/ auffwarts nach mittag zu/ aus dem Mongalischen see seinen ursprung hat/und nachdem er
sich mit der Ingoda vereinigt/ hernach der fluß
Schilka genannt wird.　Dieser fluß hat ein
recht weiß wasser/ wird von denen Mongalischen
Horden bewohnt/ welche wüste menschen zuweilen gar über die Schilka biß unter Nerzinskoi
streiffen: das ihnen aber nicht allemahl wohl be-
kommt/ indem ihnen nicht allein der raub offt ab-
gejagt/ sondern auch viele von ihnen gefänglich
eingebracht und als straßenräuber gestrafft werden: und thun hinwider die Rußische Kosaken
manche streiffereyen den Onon hinauffwarts/da
sie denn aus rachgierigkeit alles was ihnen vor-
kommt/ verheeren und zernichten.

Wir unsers orts hatten/ durch GOttes gna-
de/ gar keinen anstoß/ sondern kamen den 20 dieses glücklich zu Nerzinskoi an.　Diese stadt liegt
an dem fluß Nerza/　welcher aus Nord-Nord-
Osten gegen mittag fliesset/ und eine viertel-stunde von der stadt in den fluß Schilka fället.　Die
stadt ist ziemlich fest/　und mit vielen metallinen
stücken versehen/ so liegt auch eine starcke Daurische besatzung darin/ die theils zu pferd/ theils
zu fuß dienen.　Sie liegt zwischen hohen bergen/
nichts

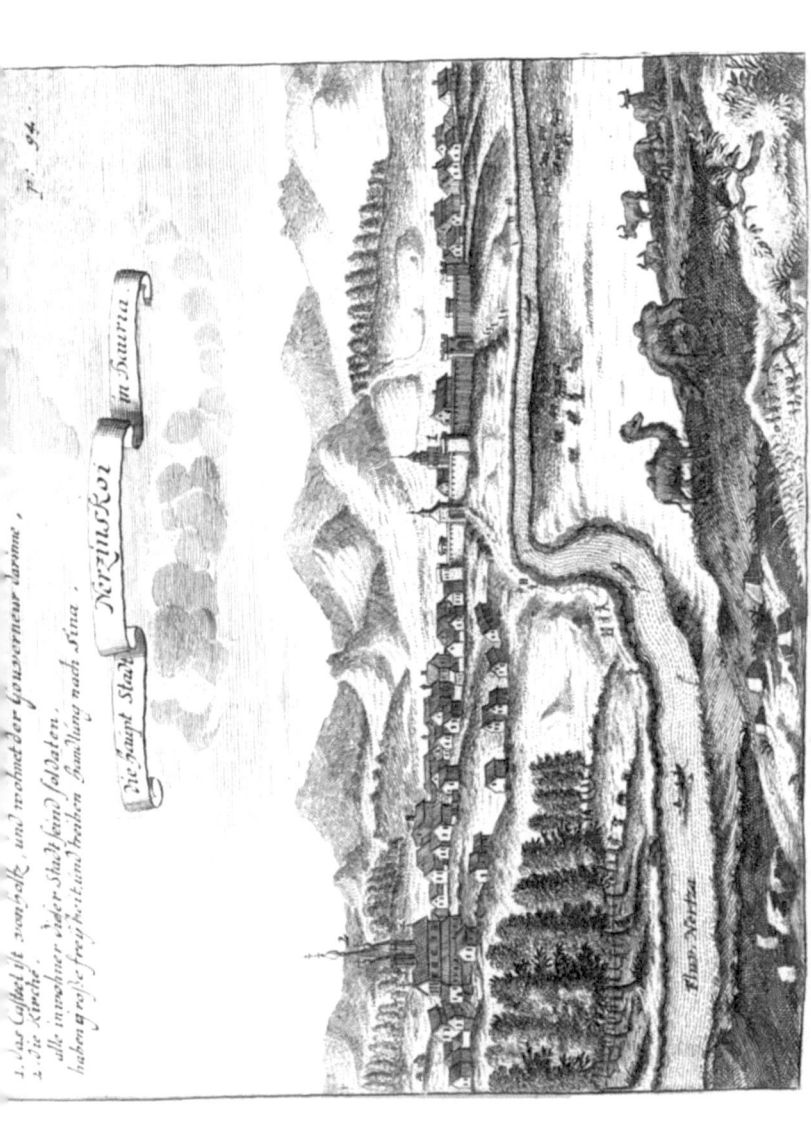

p. 94.

1. Das Casset ist zimlich, und wohnet der Gouverneur darinn.
2. Die Kirche.
alle inwohner oder Stadtsleute sind Soldaten.
haben grosse freijheiten in treyben handlung nach Sina.

Die Haupt Stadt — Nerzinskoi — in Dauren

Fluss-Nertza

nichts destoweniger hat sie noch so viel ebenes
land umb sich herum / daß die einwohner für ihre
kameele/pferde und rind=vieh gnugsame weide
darauff haben können. In dem gebürge selbst
ist hin und wieder / etwa 1 oder 2 meilen davon/
ein gut und zum ackerbau gar tüchtig und beque-
mes land/worauff sie/so viel sie nöthig haben/sä-
en und pflantzen.

Etwan 4 oder 5 meilen auffwarts in dieser gegend biß auf 10 meilen niederwarts am fluß
Schilka/wohnen unterschiedliche Rußische Edelleute und Kosaken / die sich vom ackerbau/ vieh-
zucht und fischereyen nehren. Es giebt auch in
diesem gebürge und rund umb diese stadt her/ viel
der schönsten garten=blumen und kräuter / auch
wilde rhabarber oder rapontica/von ungemeiner
dicke und länge; schöne weisse und gelbe lilien/
rothe und schnee=weisse beonien in grosser menge/
und von einem sehr herrlichen und über die maß
lieblichen geruch/ auch anderen blumen mehr/ die
mir unbekannt seyn. Von kräutern findet man
hier roßmarin/ timmian/ majoran/ lavendel/ und
andere wohlriechende/mir aber unbekannte stau-
den=gewächse/ in grossem überfluß / welche alle
dieser orten ohne mühe gezeugt werden. Baum-
früchte aber seyn hier nicht anzutreffen / ohne nur
schwartze und weisse Johannis=beer/malinen und
dergleichen.

Die

Die Heyden/ die noch von alters her allhier
ihre wohnungen/ als Czarische unterthanen/ ha-
ben/ seyn zweyerley/ nemlich die Konni Tunguzi
und Olenni Tunguzi.　Die Konni Tunguzi
müssen sich allezeit zu pferde fertig halten/daß sie/
wann von den Woywoden zu Nerzinskoi befehl
kommt/ oder auf den gräntzen einige streiffende
partheyen der Tartarn gesehen werden/aufsitzen
können.　Die Olenni Tunguzi müssen bey vorfallender gelegenheit zu fuß bereit seyn/mit ihrem
hand-gewehr in der stadt zu erscheinen.　Das
haupt der Konni Tunguzi ist ein Knees oder Fürst/
mit nahmen Paul Petroviz Gantimur oder auff
Tungisch/ Catana Gantimur; er ist gebürtig
aus dem lande Nieuheu/ und anitzo ein alter be-
tagter mann; ehemals ist er allda ein Taischa
unter dem gebiet des Königs von China gewesen:
nachdem er aber daselbst in ungnaden verfallen/
und abgesetzet worden/ hat er sich mit seinem un-
terhabenden Horde nach Daur begeben/ schutz
unter Ihrer Czaarischen Majestät gesucht/ und
sich zu der Griechischen religion gewendet. Dieser Knees Paul Katana kan/ wann es verlangt
wird/in einem tage 3000 Tunguzer mannschafft
zu pferd aufbringen/ die alle wohlgerüst/und mit
guten pferden und bogen versehen/ allesamt auch
kluge und unerschrockene tapffere soldaten seyn;
ihrer 50 von ihnen haben offters bey 400 Mon-
gali-

p. 96.

ein Konni Tongusi.

galische Tartarn angefallen und ritterlich aus
dem felde geschlagen. Diese Heyden/so viel ihrer nahe an der stadt wohnen / ernehren sich mit
vieh-zucht; die aber/ so an dem fluß Schilka und
Amur wohnen/ leben von der zobel-jagt / welche
thiere daselbst herumb sehr schön und schwartz
fallen.

Sie wohnen alle in hütten/ die sie in ihrer
sprache Jurten nennen: das inwendigste derselben bestehet aus höltzernen stecken/ die glieder-
weise an einander fest gemacht seyn/ auf daß sie/
wann sie ihre wohn-städte verändern/ wie sie
dann gar offte zu thun pflegen/ selbige mit allem
was sie haben/ zusammen packen/ auffladen und
fortführen können. Wann dieses holtz-werck
aufgerichtet ist/so wird es auswendig herumb mit
lauter filtz bekleidet/ ausgenommen/ daß oben ein
rauch-loch offen bleibet. Das feuer machen und
zünden sie mitten in der hütten an/ und sitzen auff
sesseln umb dasselbe herumb. In ihrem gottes-
dienst seyn sie denen Daorn oder Dauren/ von
denen sie/ ihrem vorgeben nach/ herstammen/
gantz gleich; so daß man durch die gantze grosse
Tartarey/ biß dahin/ wo die Mongalische Tartarn anfangen/ eine grosse gleichheit in solchen
findet/ wie hernachmahl soll angewiesen werden.
Die weiber so wol als die männer seyn sehr starck
von leib/ und breit von angesicht; und wann sie

G zu

zu pferde sitzen/so seyn die weiber und töchter eben
so als wie die männer mit ihren pfeilen und bogen
bewaffnet/   mit denen sie sehr fix umbzugehen
wissen.   Ihre kleidung ist der männlichen gleich ;
wie unser kupfferstich nach dem leben deutlich an-
weiset.   Ihr tranck ist wasser/   was aber leute
von vermögen seyn/ die trincken Thee Karatza/
oder schwartze Thee genannt.   Es ist solches eine besondere art Thee/ welcher/ wann er gebraucht wird/ das wasser nicht grün/ sondern
schwärtzlich macht.   Derselbe wird mit pferde-
milch und etwas wasser/ mit ein wenig fett oder
butter darin/gekocht.   So ziehen sie auch bran-
tewein von pferde-milch ab/ welchen sie Kunnen
und zuweilen Arak nennen und auf folgende weise zubereiten: Erstlich wird die süsse milch ge-
kocht/ darnach in ein faß gethan/   weiter etwas
saure milch drein gegossen/ und alle stunden einmahl umbgerühret.   Wann es nun über nacht
gestanden/ thun sie die saure milch in einen topff/
und decken sie mit einem andern topff/ der genau
darauff schliessen muß/ zu/ stecken ferner ein rohr
darein/ bestreichen den topff rund umb mit leim/
und lassen es so/ wie man in Europa thut/ distilliren.   Es muß aber 2 mahl abgezogen werden/
alsdann ists gut zu trincken/ und an krafft und
klarheit dem korn-brandtewein nicht ungleich/ so
daß sie sich daran geschwind können truncken
trin-

trincken. Es ist wunderbar/ daß in gantz Sibirien und Daur/ biß in die Tartarey/ die kühe/ so lange ihre kälber saugen/sich nicht wollen melcken lassen/ und so bald sie das kalb nicht mehr sehen/ keine milch mehr geben wollen. Und daher ist die pferde-milch bey diesen völckern so sehr im gebrauch/ die auch warhafftig viel fetter und süsser ist als die kühe-milch.

Im frühling und herbst gehen diese völcker auf die jagt/ eben wie die Buratti/ umb sich auff den sommer und winter mit fleisch zu versehen/ und trocknen das fleisch auf gleiche weise in der sonnen. An statt brods aber samlen sie die bollen von gelben lilien/ die sie Sarana nennen/ und wann sie selbige getrocknet/ zu mehl reiben/ und so fort zur speise auf vielerley art und weise bereiten. Die fische wissen sie mit grosser geschwindigkeit im wasser mit einer sondern art pfeilen/ welche fornen rund zugeschliffen und wohl 3 finger breit seyn/ zu schiessen: an solchen pfeilen ist am ende/ unter dem eisen/ ein runder beinerner knopff/ wodurch ein loch gebohrt ist/ welches loch/ wann der pfeil abgeschossen ist/ starck pfeiffet. Wegen ihrer schwere schiessen sie damit nicht weiter als nur etwan 15 oder 20 klafftern/ und meistens grosse fische/ als hechte und forellen/ die sich in dem klaren wasser auf dem steinigten grund/ an den ufern aufhalten. Wann diese

pfei-

pfeile treffen / so machen sie solche grosse wunden/
daß es zu verwundern / und es nicht anders läst/
als ob sie mit einem beil gehauen wären.

Sie gebrauchen eine sehr seltzame weise einen
eyd zu schweren.   Dann da einsmahls zwey
vornehme Tunguser in Nerzinskoi als geisseln
sassen/ (wie es dann an diesen gräntzen gebräuch-
lich/ daß wegen der vielerley völcker / die sich von
allen orten her in Jhrer Czaarischen Majestät
schutz hieher begeben / und in Sibirien hin und
wieder verstreuet wohnen/ die Gouverneurs einige von ihren kindern / und wann dieselbige er-
wachsen/ die eltern selbst auf dem Amandivor
Atskoi oder geissel-hof/ eine zeitlang bewahren/
und inzwischen mit speiß und tranck wohl versor-
gen/ zur versicherung/daß sie nicht wieder weg ziehen oder flüchtig werden wollen / und daß her-
nach/ wann diese eine zeitlang gesessen/ wieder
andere in dero stelle genommen werden:) so begab sichs/ daß selbige beyde obgemeldte Tungusische geisseln in streit geriethen / und der eine den
andern beschuldigte/ daß er einige seiner verstorbenen mit-brüder zu tode gezaubert hätte. Der
beschuldigte ward darüber bey dem Woywoden
angeklagt.   Der Woywode fragte den anklä-
ger: ob er/ nach Tungusischer weise/ den beklagten zu einem eyde wolte kommen lassen? der
Dann alsofort mit ja antwortete. Und da nahm
nun

Tungusischer eidschwur.

nun der beklagte einen lebendigen hund/ legte
denselben auf die erde nieder/ und stach ihn mit
einem meſſer unter dem lincken fuß in den leib/
legte ferner ſeinen mund auff des hundes wun-
de/ tranck und ſaugete dem hund das blut aus:
hub hernach den hund in die höhe/ ſo daß er ihm
alſo auch das noch übrige blut ausſaugen konte/
nach anweiſung des obigen kupffers.   Fürwahr
ein ſchöner tranck! und doch iſt diß gleichwohl
ihr höchſter eyd und befeſtigung der warheit:
ſo daß auch der ankläger/ auff glauben ſolches
eyds/ umb ſeiner falſchen beſchuldigung willen
geſtrafft/und der andere frey gelaſſen wird.
So viel von dieſer völcker gewonheiten und gebräuchen.

Das

Das X. Capitel.

Verbleibung zu/ und abreise von Nerzins=
koi. Ankunfft zu Argunskoi/ der letzten fe=
stung seiner Czaarischen Majestät gegen
China. Beschreibung des weges von Ner=
zinskoi biß Argunskoi. Viel alte und ver=
fallene schanzen von felsen in den thälern
der Tunguser. Beschreibung ihrer grab=
städte. Abreise von Argunskoi. Der fluß
Serebrenkoi oder silber=strom. Warumb
so genannt. Verfallene bergwercke. Reise
über den fluß Argun und durch die Tartari=
sche wildnüß biß an den fluß Kalabu/ den
man durchwatet. Terbu=strom. Des Gan=
stroms mühsame überkunfft. Neu erfun=
dene fahr=zeuge. Besondere überschwem=
mung der kameelen über den strom. Ankunfft
an den Mergen=fluß. Reise über den Sa=
dun=strom und die Jalischen gebürge/ allwo
der Gesandte von einem Chineischen Haupt=
mann und zehn andern empfangen wird.Der
Jalo=strom und sein ursprung. Fortzug ü=
ber hohe stein=klippen und berge/ wo wenig
holz ist. Uberfluß an allerley wildpret auf
den bergen/ doch wenig fische in den flüssen.
Vielerley waldunge oder gebüsche. Ankunfft
an die erste Chineische wacht. Fortreise biß
an die Targazinschers/ die beschrieben wer=
den. Derer sommer=und winter=kleider/
hüt=

hütten/ handthierung und vieh/ seyn überaus wohl auf bogen-schiessen abgericht/ wissen auch selbige zu machen. Uberfluß an
wildpret und gevögel. Fort-reise von diesem angenehmen strom durchs gebürge/ biß
in ein gantz unfruchtbar land/ und allgemach
an die gräntzen des königreichs China.

Zu Nerzinskoi muste ich mich etliche wochen aufhalten/ und mit allen nothwen-
digkeiten/ als kameelen/ pferden/ ochsen
und lebens-mitteln auf die bevorstehende fernere
reise versehen. Nachdem aber solches alles be-
hörlich angeschafft/ reisete ich/ in GOttes nah-
men/ den 18 Julii von dannen/ und fuhr des folgenden tages bey dem fluß Borschofka über die
Schilcka/ und kam in 10 tage-reisen glücklich in
das schloß Argunskoi. Diß ist die letzte festung
und äuserste gräntze von dem gegen aufgang gelegenen breiten lande/ unter das gebieth und
macht Sr. Czaarischen Majestät gehörig. Die
festung Argunskoi liegt an dem fluß Argun/ welcher aus Sud-Westen nach Nord-Osten in den
Amur-strom fällt/ und das land Sr. Czaarischen
Majestät und des Königs von China von einander scheidet/ so daß auf der anderen oder Ost-sei-
ten des flusses/ die grosse Tartarische unbewohnte
wüste ihren anfang nimmt. Hier muste ich wieder einige tage stille liegen/ umb auf die fernere

G 4 rei-

reise eine gute anzahl karren mit 2 rädern verfer-
tigen zu lassen.　Und diß ist das erste mahl/ daß
dieser weg von Argun durch die Tartarey mit wagen ist gereiset worden.

Der weg von Nerzinskoi biß hieher/gieng meistentheils über hoch-steinigt und bergigt land/das
jedoch hie und da mit schönen breiten thälern und
kleinen flüssen durchschnitten/ und mit allerhand
schönen kräutern/blumen/ graß/hohen cedern und
bircken-bäumen sehr lustig bewachsen ist.　Es ist
auch dieser land-strich sehr volckreich/ dieweil die
Tungus.wol alle Heyden/aber doch alle Sr.Czar.
Maj. unterthanen seyn/　und durch diß gantze
land/ wo flüsse seyn/ in grosser menge wohnen und
Sr.Czaar. Maj.willig tribut uñ schatzung geben.

An vielen orten habe ich hie und da in den thälern etliche 100 alte und zum theil verfallene
schantzen gefunden/ von harten felsen ehemahls
auffgeführt/ die/ wie mir die Tunguzer sagten/
vor vielen jahren von erfahrnen kriegs-leuten gemacht worden/　als nemlich die Mongalen und
mittagsländische Tartarn sich zusammen ver-
bunden/　und diß Reich Nieucheu überfallen.
Unter solch Reich Nieucheu rechnen sie nur das
gantze land von Nerzinskoi oder Nieucheu hin-
auffwarts/　(welches auch noch biß diese stunde
Nieucheu von den Chinesen genennet wird)　und
den fluß Amur abwarts/　biß an das Albanische
ge-

gebürge/ und biß nach Leaoting zu.   Deßgleichen seyn in diesem strich landes vor weniger zeit
einige mit eisen beschlagene wagen-räder und
grosse mühl-steine gefunden worden/ woraus ich
muthmasse/ daß die Nieucher/ welche an obbe-
nannte landschafft Leaoting gräntzen/ vor diesem
in diesem Rußischen Daur ihre handthierung
und handelschafft gehabt haben/ zumahln sie auch
diese mit eisen beschlagene wagen gebrauchen/
dergleichen sonst nirgends bey den Mongalen rc.
gefunden worden.

Daselbst habe ich auch viele Tungusische
grab-städte gesehen im gebürge/ die mit vielen
steinen bedeckt/ und wobey grosse pfäle/ auff denen todte und verfaulte pferde lagen/ gestecket
waren.   Ich merckte auch an/ daß der fluß Argun sehr ungleiche landschafften zertheilete. Biß
an diß wasser seyn die gebürge ziemlich mit gebüsche und waldungen bewachsen: an der andern
seite aber dieses flusses/ scheidet sie die natur/ und
man siehet wenig oder gar keinen busch mehr/ als
nur hie und da gar eintzele/ und doch sehr dürr-ste-
hende bäume.

Ungefehr 8 meilen von Argunskoi/ von wannen ich den 15 Augusti abreisete/ fället der fluß Ze-
rebrenkoi/ welches auf Deutsch so viel als silber-
strom/ und auf Mongalisch Mongagol heisst/ in
den fluß Argun.   Bey diesem silber-strom/ ohn-

S 5   ge-

gefehr 2 Deutsche meilen auffwarts / seyn silber-
adern und silber-gruben / woraus die von Nieucheu und die Mongalen vor alten zeiten viel silber ausgegraben / also daß allda noch eine grosse
menge schlacken von metall / so ehemahls da ge-
schmoltzen worden / zu sehen seyn.   Nunmehro
aber seyn diese gruben nach so langer zeit / daß
dieselben wüste und ohne ferner nachgraben/
müßig gelegen/ von den eingefallenen bergen bedeckt / und also von oben her gantz verfallen.
Gleichwohl habe ich noch eine probe von selbigem
metall in Muscovien gebracht / und zweifle nicht/
es werden Se. Czaarische Majestät in kurtzem einen anfang machen lassen / diese bergwercke wieder in auffnehmen zu bringen / zumahln es der
mühe wohl werth zu seyn scheinet / und auch an
selbigem orte kein mangel an holtz ist.

Im jahr 1693 den 8 Augusti/ musten wir über
den fluß Argun fahren; und unterwegens die
zeit mit den kauffleuten / die mit uns reiseten/ 2
gantze tage zubringen: doch reiseten wir den 9
dieses/ in GOttes nahmen/ des abends wiederumb gegen Sud-Osten auffwarts in die Tartarische wüste/ und zwar immer zwischen berg und
thal/ und kamen also den folgenden tag an den
fluß Katabu/ dadurch wir/ weil es ein kleiner
strom/ mit pferden/ wagen und kamelen gemächlich durchfahren konten.   Dieser fluß kommt
aus

aus dem gebürge/   und fällt gegen abend in den
Argun.   Die nacht über war es hier/   welches
merckwürdig/ so kalt/ daß es eines reichsthalers
dick eyß gefroren.

Den 12 dieses monats kamen wir an den fluß
Terbu/ der ebenfalls klein und nicht tieff ist/   und
gegen abend auch in den Argun fällt.   Des folgenden tages kamen wir an den Gan=strom/ welcher uns eine sehr beschwerliche überfahrt verursachte.   Dann dieser fluß war wegen des ange-
lauffenen grossen wassers so tieff/ daß kein kameel
darin gründen konte: so daß wir genöthiget
wurden/ in dieser wüsten und wildeney (darin
kein mensch wohnte/ und auch keine andere hoffnung der überfahrt erschiene) bäume zu suchen/
deren wir/   nachdem wir sie ausgehöhlet hatten/
zwey und zwey zusammen bunden/   umb damit
unsere güter und reisezeug überzubringen: wir
machten auch von dünnen gesträuch eine art von
kähnen oder nachen/ die wir mit zwey an einander
genäheten ochsen=häuten überzogen/   welches
dann ein recht bequemlich fahrzeug war/ und womit man ohngefehr 2000 pfund gemächlich über-
führen konte.   Die pferde/ ochsen und kameele
musten durchschwimmen/   welches dann die kameele am allergemächlichsten thun. Dann sobald
sie keinen grund mehr fühlen/   treiben sie sich von
selbst an der einen seite auff dem wasser/ ohne ei-

nen

nen fuß zu rühren / eben als wie ein auffgeblase-
ner lederner sack.   Allein / man muß 5 oder 6
stück mit den zäumen an einander / und an den
schwäntzen fest binden/ auch jemand zu pferd voraus schwimmen lassen / der den fordersten mit
dem zaum fortschleppet und zugleich mit hinüber
treibet: Dann sonsten würden sie einige meilen
den strom hinab schwimmen / ehe sie hinüber kämen; ja sie schwimmen bey so gestalten sachen selbst
noch ein stück wegs den fluß hinab / ehe sie das
land und ufer an der andern seite erreichen. Wir
brachten in dieser mühseligen und verdrießlichen
überfahrt etliche tage zu / weil der fluß ziemlich
breit/ auch ein schnell und starck treibender strom
ist.   Er kommt aus dem morgen/ und laufft gegen abend in den Argun-strom.

    Als wir den 19 dieses von dar auffgebrochen/
kamen wir den 21 an den fluß Mergeen/ der uns
ungehindert und ohn einig ungemach die durch-
fahrt verstattete / indem er nicht groß noch tieff
war.   Dieser strom kommt auch aus morgen/
und laufft gegen abend in den fluß Argun/ und so
seyn wir biß daher zwischen morgen und mittag
ab- und zugereiset.   Den 23 kamen wir zum
andern mahl an einen fluß / Kailar genannt / den
wir auch/ ohne mühe/ weil er nicht allzu tieff wasser hatte/ durchfuhren.   Dieser strom fället aus
Sud-Sud-Osten gegen den abend in den fluß
                                                                    Ar-

Argun. Mit gleicher gemächlichkeit zogen wir
den 25 dieses über den fluß Zabun/ der seinen ursprung aus Sud-Osten hat/ und gegen Nord-
Westen in den Kailar fällt.

Den 1 Septembr. kam ich auf das Jalische
gebürge/ allwo ich übernachtete/ und meinen nach
Xixiger abgefertigten post-boten/ einen Rußischen
Edelmann antraff/ der vor mir allda angelan-
get/ und meiner bereits einige tage hier erwartet
hatte. Bey demselben war ein Chinesischer
Hauptmann mit 10 personen/ der mir entgegen
gesand war. Als ich denselben ließ für mich
kommen/ grüssete er mich von seinen Herren/ die
ihn mir ausdrücklich entgegen gesand hatten/ und
bote mir/ in ihrem nahmen/ einige erfrischungen
an/ als nemlich 15 schaafe/ etwas thee/ etwas zu-
cker-brod/ benebenst 20 pferden/ zu meinem ge-
brauch/ welches ich dann alles mit dancksagung
annahm/ und darauff dem Abgesandten wieder
einige geschencke mittheilte.

Diese gebürge werden sonsten die Jalischen
berge genannt/ weiln der berühmte fluß Jalo aus
denenselben entspringet; welcher unten an dem
fuß des gebürges aus verschiedenen bächlein/ die
wie adern von dem berge herab fliessen/ sich ver-
samlet/ so daß dieser fluß bey seinem anfang nicht
über zwey klafftern breit ist. Die höhe der berge nach der mitternacht-seite gelegen/ welche wir
be-

bestiegen/ ist nicht das dritte theil so hoch/ als die
mittags-seite/ auf welcher wir wieder hinab stiegen.   Uber dieses findet man auch an der mittags-seite dieses gebürges örter/ die sehr niedrig
seyn/ und eine gählinge und sehr merckliche veränderung des gantzen strich landes zu erkennen
geben.

Von dem fluß Kailar biß an diese gebürge rei-
set man zwischen sehr hohen felsen und bergen/ damit die wälle/ zwischen welchen der weg durchge-
het/ an beyden seiten umbgeben seyn; es finden
sich auch hie und da etliche wenige kleine büsche/
ausser welchen sonsten kein baum noch holtz gesehē
wird: deßhalben wir etliche mal das holtz/ so wir
in der küchen benöthigt warē/ von dem ort/ da wir
unser nachtlager gehalten hattē/ zu einem andern
führen musten.   Sonsten seyn die wälle/ wie auch
die berge mit schönen graß/ nebst allerley kräutern
und blumen wohl bewachsen; dabey findet sich
auch hierum eine grosse menge grosser hirsche/ re-
hen und wilder schaafe; welche sich offters heerdē
weise in etliche 100 starck sehen lassen. Vögel/ als
wilde gänse/ endten und wilde Indianische oder
so genante feld-hüner/ sind hier auch in grosser anzahl: da hergegen alle flüsse/ welche ich von Argun
biß hieher überreiset/ gantz nicht fischreich seyn: so
daß in denenselben keine andere fische/ als etliche
wenige foren und hechte gefunden werden.   Die
                                                    lufft

pag. 143.

ein Targaziner.

lufft ist ziemlich temperirt/und in etwas kalt. Als
wir aber den 2 Sept. von hier wegreiseten/uñ auf
die andere seite des gebürges kamen/ funden wir
an dem rande des flusses Jalo lang hin schöne eichen und linden/ auch viele haselnüß-sträucher/ so
nur einer ellen hoch aus der erden wachsen/ und
nichts desto weniger überflüßig viel tragen. Auf
diesem angenehmen wege brachten wir 2 tage mit
vergnügen zu/und kamen darauf den 4 dieses monats zu unserer grossen freude an die erste Chineische wache/ welche auf einem hohen berge ausge-
stellet war/ von welchem sie weit u. breit sich um/
uñ das feld übersehen konte. So bald diese wach-
ten leute sehen und gewahr werden/erkundigen sie
sich derselben/ und zeigen hernachmals dieselbe
denen befehlshabern in Mergeen an; gleichwie
es auch mit uns geschahe.

Darauf setzten wir unsere reise ferner ungehindert fort/und sahen den 5 dieses die erste Targazi-
nische hütten: den folgenden tag aber zogen wir
die letzten häuser von diesen Targazinischen wohnungen vorbey. Die Targaziner aber an sich selbsten haben ihre eigene horden/doch so/daß sie dem
König von China verpflichtet seyn;sie haben unter
sich kein Haupt noch Obersten/ sondern gehorsamen demjenigen/der die meiste macht in der Tartarey hat. Uber dieses ist es ein unglaubiges
Heydnisches volck/ und dienet dem Teuffel.
Durch-

Durchgehends ſeyn ſie von mittelmäßiger gröſſe und breites angeſichts wie die Mongalen.

Ihre kleidung beſtehet des ſommers aus blau-gefärbten cattun/oder von zubereitetem leder;des winters aber/ weiln es zwiſchen denen gebürgen ziemlich kalt iſt/ tragen ſie röcke/ ſo von ſchaafs-fellen gemacht ſeyn. Ihre ſprache kommt mei-ſtentheils mit der Tunguſiſchen überein.

Ihre wohnungen beſtehen aus gewiſſen hüt-ten/ welche aus ſchilff oder rietgraß gemachet ſeyn; ſie leben vom ackerbau/ da ſie dann den acker mit korn/hafer und gerſte beſäen; was ſie übrig behalten/führen ſie in die Xixigariſche dörf-fer/und verkauffen es daſelbſten. Ihre thiere/ deren ſie ſich bedienen/ ſeyn mehrentheils pferde/ kamele/ rind-vieh und ſchaafe; darunter man die letztern beſonders ſehr groß und ſchön befin-det. Der ſchwantz iſt wohl einer guten ſpanne dicke/ und zwey ſpannen lang/ an demſelben fin-det ſich nichts als fett/ dabey ſeyn ſie ſo ſchwer von leibe/ daß ſie nicht geſchwind gehen/ viel weniger lauffen können.

Diß volck reitet viel auf gehörneten vieh/ wie ſolches das kupfferſtück/ſo auf der andern ſeite zu ſehen iſt/ ausweiſet: dabey wiſſen ſie ſehr wohl mit dem bogen umbzugehen/machen auch ſelbſten viele bogen/ welche vor die beſten gehalten/ und durch die gantze Tartarey/ ja ferner/verführet und

und theuer verkauffet werden. Und so hatten wir
im vorbey reisen dieser menschen unsern weg auff
dem schönen ufer des flusses Jalo nicht ohne grosse vergnüglichkeit fortgesetzet / darauff aber uns
dasselbe aus unsern augen mittagwerts entzogen
wurde. Ich muß warlich bekennen/daß das ufer
dieses flusses einem paradieß gleich ist/wegen der
schönen gegend und der durch dieselbe fliessenden
silbernen bächlein / wie auch der überaus lustig
liegenden gebüsche: die lust der augen wird zugleich durch das anmuthige anschauen der berge
vermehret / welche man anderthalb meilen weit
zu beyden seiten mit ihren schönen und erhabenen
hügeln siehet/und die man gewißlich einen rechten
lust-garten der wilden thiere nennen mag; indem
sich unter dem angenehmen schatten der mit büschen und sträuchern bewachsenen berge/ viel wilde schweine/ hirsche/ wie auch sehr viele und grosse
tyger oder panther-thiere aufhalten. An vögeln
findet sich hier ins besonder eine grosse menge wilde endten/wie auch eine kleine art von gänsen/die
man Turpani nennet; welche vielerley und viel-
farbige schöne federn an sich haben/wie diejenige/
so in Indien gefunden werden. Auch ist an diesem orte eine besondere art feld-hüner/welche sehr
schön mit federn von mancherley farben gezieret
seyn/ und schwäntze/ so ohngefehr einer ellen lang
seyn/haben; sie seyn sehr fleischich und gut zu es-

H   sen/

sen/von grösse/ ansehen uñ geschmack wie die pha-
sanen.   Sie halten sich auf im flachen felde unter dem langen graß und in denen niedrigen nuß-
sträuchern ; wann sie aufgejagt werden/ machen
sie im auffliegen ein grosses geklapper/ wie die
störche.

Nachdem ich nun gemeldten tages diesen annehmlichen fluß verlassen muste/ wandte ich mich
von dem fluß Jalo nach Süd-Ost zur lincken hand
durch hohe gebürge/ in welchen wir den 8/ 9/ und
10 dieses monats zubrachten/ und zu beyden seiten
durch nichts als klippen und felsen reiseten/ da wir
dann ins besonder grossen mangel am holtz und
guten wasser empfunden.   Wir musten uns mit
denen gegrabenẽ löchern/ darin beynah stinckend
und gantz schwartz-braun wasser war/ behelffen.
Aber den 11 dieses monats kamen wir aus dem
gebürge auf eine ebene/ so aber nichts als ein un-
fruchtbares feld war/ das gar nichts trug: das
beste war/ daß wir nur einen tag in diesem wüsten
feld zu reisen hatten biß nach Xirigar/ und denselben abend noch etwan auf eine halbe meile von
gedachten flecken Xirigar/ an einem wasser
unser nachtlager hielten.

Das

Das XI. Capitel.

Ankunfft auf denen gräntzen China/allwo
der Gesandte durch einen Mandaryn empfangen wird. Beschreibung des landes
und der lufft. Ehre/ so dem Abgesandten
von dem Mandaryn angethan/ und durch eine gegen-ehr von dem Abgesandten vergol-
ten worden. Nochmahlige beyderseitige
ehren-bezeugung. Zurüstung zu der reise
nach Peking. Beschreibung der stadt Xiri-
gar/und des volcks dieses strichs landes. Von
der stadt Narunkoton und denen Dauriern.
Die bauung ihrer felder. Ihre gottlosig-
keit und art zauberey zu treiben unter einem
heßlichen geschrey. Art und weise ihre todten zu begraben/ und wie sie den verstorbenen speisen. Ihre wohnungen werden genau beschrieben. Ihre abgötterey mit denen därmen der thiere und andern sachen.
Von einer banct in ihren häusern/ darunter
ein schornstein liegt. Ein paar eiserne kessel
und deren gebrauch. Gestalt der Xirigari-
schen Tartarn und ihre kleidung. Freyheit
der Schreiber der Mandarinen/ das frauen-
volck zu verführen und zu mißbrauchen; so
auf verschiedene weise von denen männern
aufgenommen wird. Weg-reise von Xiri-
gar/und ankunfft an denen flüssen Jalo und
Naunda/ welche genauer beschrieben werden. Ankunfft an denen Mongarischen strö

men/ und wie man hier das nacht-lager gehalten.   Von dreyen stehenden unbrauch-
baren meeren/ wie auch von dem bergichten
land nach Westen zu.

Nachdem wir nun so unter GOttes schutz
auf denen gräntzen China angelanget
waren/ ließ ich alsobald meine ankunfft
dem Adaganda oder Mandaryn/ welcher aus
Peking mich zu empfangen gesandt war/ durch
einen courier bekannt machen/ und begab mich
darauff den 12 dieses monats des morgens früh
in einer guten wohlgestellten ordnung mit dem
gefolg/ so ich bey mir hatte/ auf den weg/ bekam
auch bald darauff durch den/ so ich abgeschickt
hatte/ nachricht von dem Mandaryn/ daß er mit
einem gefolg von 80 personen aus dem flecken
Xixigar mir solte entgegen reiten/ und allbereit
auf dem wege wäre.

Wir naheten dann einander von beyden seiten mit langsamen schritten/ und kamen eine vier-
telmeil-wegs weit von dem oben-gemeldten flecken zusammen/ da ich dann von diesem Mandaryn mit grosser höflikeit bewillkommet wurde.
Nach abgelegten complimenten ritten wir mit
einander ordentlich fort/ (welches dann ein gar
gut ansehen machte) biß in den flecken/ allwo ich
ein sehr gutes hauß zu meiner wohnung überkam;
und

und über dieses alle personen von meinem gefol-
ge/ ein jeder nach seinem stand/ wie nicht weniger
die Cosakken/ so ich bey mir hatte/ in die besten
häuser dieses fleckens verleget wurden.

Dieser strich landes lieget unter einem sehr
veränderlichen/ dabey aber nicht ungesunden cli-
mate. Um den mittag erhebt sich insgemein ein
starcker wind/ welcher nur zwey stunden währet.
Ubrigens ist hier der himmel selten mit wolcken
bedeckt/so daß man fast allezeit einen immerwährenden sonnenschein empfindet/ wodurch so wohl
als durch den täglichen wind das erdreich so sehr
ausgetrocknet und aufgelockert wird/ daß man
den auffliegenden kleinen und sehr weissen staub
kaum vertragen kan. Die veränderung dieses
climatis habe ich sehr eigentlich wahrgenommen/
da ich aus dem gebürge kam: dann ohngefehr 5.
deutsche meilen von diesem flecken Rixigar/ sahe
man die lufft/so weit als sich das gebürge erstreck-
te/voll wolcken/ aber nicht weiter; ins besonder
wo sich die berge endigten/ war die lufft durch einen wind-bogen von Westen nach Osten gegen
die Albasischen gebürge von einander deutlich
und augenscheinlich abgesondert.

Was nun die ehre/ so mir da wiederfahren/
anlangt/so ließ mich der Mandaryn/ welcher ein
wackerer höflicher mann war/ den 14. dieses monats mit grosser höfligkeit zu ihm zur mahlzeit nö-

H 3 thi-

thigen/ das ich annahm; als ich nun da erschie-
nen/ wurde ich von ihm selbst sehr wohl empfan-
gen/ und mit einer besondern freundlichkeit sehr
verbündlich auffgenommen.   Seine tracta-
menten bestunden in guten suppen und gekochten
kräutern/ wie auch gebratens und gebackens/
worauff zuletzt allerley confect und Chinesische
früchte aufgesetzt wurden.   Seine mannschafft
und soldaten stunden alle in guter ordnung ge-
stellt/ und ein jedweder wuste seinen platz mit so
grosser ehrerbietung und so ordentlich zu beklei-
den/ als in Europa immer geschehen mag.   Nur
eins war mir dabey sehr verdrießlich/ daß ich
nemlich auf tapeten und mit untergeschlagenen
beinen bey ihm sitzen muste/ welches mir sehr
schwer fiel.

Den 15 dieses monats genoß der Mandaryn
bey mir eine ehre/ wozu ich ihn den tag vorher hatte nöthigen lassen.   Ich tractirte ihn auf Europäische weise/ und ließ ein gläßgen guten seckt lustig herum gehen/ und dabenebst paucken und
trompeten tapffer klingen; welches diesen lieben
Herrn überaus vergnügte/ so daß er mit einem
guten halben rausch/ nebst den seinen/ nach hause
fuhr.

Den 25 dieses monats darnach hatte mich dieser Mandaryn das zweyte mahl zu gaste/ und den
drauff folgenden tag war er wiederum bey mir

zur

zur mittags-mahlzeit.   Inzwischen hatte ich alles laſſen fertig machen/ was vor mich und meine
leute zu der reiſe nacher Peking einiger maſſen
nöthig war.   Ich ließ den Mandaryn darauff
wiſſen/ daß ich reiſe-fertig wäre/ worauff er mir
alſobald in einer günſtigen antwort zu wiſſen tha-
te/ daß ſeine fuhrleute/ ſo viel ich deren bedürffte/
nach befehl ſeines Amologdachan oder Königs/
bereit wären/ mir auffzuwarten/ und daß ich mir
möchte gefallen laſſen/ den 28. dieſes monats mit
ihm ſolche reiſe dahinwerts fortzuſetzen.

Ehe ich den geehrten Leſer zu mit auff meine
Pekingiſche reiſe/ dieſelbe mit mir zu betrachten/
nöthige/ muß ich die natur des volcks/ welches in
dieſem ſtrich landes Xixigar wohnet/ mit wenig
worten beſchreiben :   Ohngefehr eine viertel-
meile von dieſem gräntz-flecken flieſſet der fluß
Naun/ und an demſelben liegt die ſtadt Naun-
koton/ welche ohnlängſt gebauet/ und mit wällen/
ſo von auſſen mit holtz-werck und guten balcken
wohl verſehen ſeyn/ umgeben iſt.   Die einwohner dieſer ſtadt und die 6 groſſe dörffer/ ſo darzu
gehören/ und gegen mittag dabey liegen/ werden
genennt Daori/ oder nach der alten ſprache
Dauri.   Auch wird dieſes land biß auff itzige
zeit von denen Tartarn/ welche umb den fluß
Nauna/ Gallo und in derſelben gegend biß Al-
bazin wohnen/ Dori genannt.   Dieſe menſchen

H 4   ha-

haben einen sehr schönen ackerbau/ und allerhand
garten=früchte/   auch pflantzen sie viel taback;
aber ihre religion ist recht gottloß und teufflisch/
Dann sie seyn alle/   nach ihrer eignen aussage/
schamians/ Das ist/ solche leute/ die dem teuffel
dienen und ihn anruffen.   Ohngefehr zu mitter=
nacht versammlen sich offters verschiedene nach=
barn/ so wohl männer als weiber/ bey einander;
Da legt sich dann einer von ihnen gantz ausge=
streckt nieder auf die erde/ und die umbstehenden
machen mit einmüthiger erhabnen stimme ein
schrecklich geschrey; andere schlagen auf gewisse
trommeln/ und wann diese ein wenig auffhören/
fangen jene ihr geschrey wieder an/ welches zu=
weilen 2 stunden lang währet/ biß daß derjenige/
so auf der erden lieget/ gantz ausser sich selbsten
verruckt und verwirret zu seyn scheinet/ nach ei=
nem langen geschrey sich auffrichtet/ und denen
andern erzehlet/ was er gewesen/ was er gesehen
und gehöret habe; dabey er auch das vermeldet/
was der eine oder andere unter der gesellschafft
von zukünfftigen und andern dingen begierig ist
zu wissen.   Und die zeit/ so ich da war/ ist keine
nacht vorbey gegangen/ da sich nicht hie oder da
einige von diesen teuffels=dienern mit ihrem ge=
schrey hören liessen.

   Ihre todten lassen sie 3 tage in dem hause ste=
hen; darnach setzen sie dieselben in ein erhabenes
                                        grab/

grab/ in denen gärten oder auf den feldern; alsdann gehen die nächsten freunde täglich zu dem
grabe/ an dessen ober-ende ein loch gemacht ist/
und bringen dem todten allerley speiß und tranck/
legen die speise mit einem dazu gemachten löffel
in dem grabe auf des verstorbenen mund; das
getränck aber/ so von verschiedener art ist/ setzen
sie in kleinen zinnern schüsselgen rings umb das
grab herum: und solches thun sie einige wochen
nach einander/und darnach vergraben sie die stin-
ckende leiche tieffer in die erde.

Sie wohnen in häusern von leimen oder erde
gemacht/ welche mit riet oder dünnen schilff gedeckt seyn/ gleichwie in Europa an manchen orten
die bauren-häuser. Die wände sind von in-
wendig/ zum theil mit weissen kalck bestrichen.
Um einen pfeiler im hause/ der ohngefehr von
der erde einer klaffter hoch ist/ haben sie die där-
me von einem thiere gewickelt/ dabey ein kleiner
bogen mit pfeilen/ spiessen und andern gewehre
hänget; welchem allen sie dann und wann mit
bücken und niederfallen eine abgöttische ehre erweisen. Die häuser sind in keine gewisse gemächer abgetheilet; und so sind auch keine böden
drinnen; sondern fast das halbe hauß ist nur
rund an denen wänden herumb mit einer banck
einer ellen hoch versehen/ die ohngefehr zwey ellen
breit ist/ und mit einer decke/ aus schilff geflocht-

H 5 ten/

ten/belegt wird.Unter diesen bäncken befindetsich
ein schorstein/ in welchem an der thüre des hauses
das feuer von aussen angemachet wird/ und welcher an der andern seite des hauses wiederum sich
endiget.   Dieser schornstein muß ihnen zu winters-zeit an statt eines stroffiens oder ofens die-
nen/wiewohl in dem hause es davon wenig warm
wird; ausgenommen/ daß die menschen/die des
tages drauff sitzen/ und des nachts drauff schlaf-
fen/in etwas dadurch erwärmet werden.

Es stehen auch jederzeit in diesen häusern zwey
gegossene/ und etwas ausgezierte eiserne kessel
bereit/ in deren einem sie jederzeit warm wasser
haben/ um thee zu trincken/ und der andere wird
gebraucht/ darin die speisen zu kochen. Das hauß
hat rings herumb meistentheils grosse und creutz-
weise gemachte fenster/ welche an statt des glases
mit papier bekleibet seyn; und wann es warm
ist/ heben sie dieselbe mit einem stock in die höhe/
damit der kühle wind von unten durchs hauß
wehe.

Diese menschen sind sonsten wohlgestaltet/
vornehmlich die weibs-leute.   Die männer so
wohl als die frauen und junge mägdgens tragen
kleider/wie die Mansiourische Tartarn in China/
wie solches beystehendes kupfferstück ausweiset.
Die schreiber der Mandarynen/ welche in des
Chams dienste stehen/und hieher/ oder an andere
örter

p. 122.

Naunsche oder Xixigursche Tarharn.

örter in der Tartarey/gesandt werden/ haben die
freyheit/ und darneben einen schrifftlichen befehl
von ihrem Cham/ daß sie/ wann sie sich in dem
Venus-garten erlustigen wollen/ so wohl weiber
als jungfrauen/ welche ihnen nur anständig seyn/
nach ihrem eigenen belieben von denen inwoh-
nern weg und zu sich nehmen dürffen; und habe
ich selbsten offters gesehen/ wie sie die schönsten
frauens-personen auf wägen/ gleich als zur
schlacht-banck/ weggeführet haben. Einige
männer nun/ welche ihre weiber auf eine solche
weise abfolgen zu lassen genöthiget werden/ machen sich noch wohl groß darauff/ eben als ob es
eine sonderbahre gunst-bezeugung wäre/ daß sie
einen so vornehmen Herrn zum schwager haben:
andere aber/ ob sie schon damit nicht wohl zufrie-
den waren/ musten doch/ aus furcht der straffe
und ungnade/ über dergleichen begebenheit sich
gedultig erzeigen.

Als ich nun den 28 des gedachten monats diese gränz-völcker verließ/ und mit dem vorhin gedachten Mandaryn von Xixigar abreisete/ kamen wir des abends in ein dorff/ da wir über
nacht blieben. Den 29 darnach zogen wir durch
unterschiedene dörffer/ und kamen an die andere
seite des flusses Jalo/ allwo derselbe in den fluß
Naunda fällt. Der durchzug wurde wegen
des niedrigen wassers ohne einige mühe verrichtet;

tet; aber der fluß Naunda ist schön und breit/
und hat zu beyden seiten schöne hohe sand-und
erd-ufer.   Der strom gehet nicht sehr schnell/
wegen der tieffe; er führet braun wasser/ und ist
ziemlich fischreich/ und wohl mit stören/ hechten
und andern kleinen fischen versehen.   So werden auch an diesen ufern viele perlen-mutter-mu-
scheln gefunden.

Den 30 dieses monats wendeten wir uns von
diesem fluß Naunda ab/ und liessen denselben zur
lincken hand liegen : sonsten fliesset derselbe nach
Ost-Süd-Osten hinunterwarts zwischen niedrigen bergen; wir aber reiseten an sand- und erd-
bergen fort/ biß daß wir des abends erst bey denen Mongalischen strömen anlangten.   Was
diese Mongalen anlanget/ so seyn dieselben dem
König von China unterthänig.   Hier musten
wir uns mit wasser aus gegrabenen brunnen be-
helffen/ wiewohl dasselbe nicht allzu gut aussahe.
Ungefehr 50 jurten oder hütten/ welche mit filtz
bedeckt waren/ funden wir hier im flachen felde/
welche um vor mich und die meinigen auffge-
schlagen waren/und in einer jeden derselben stunde ein eiserner kessel auf dem feuer/ wie auch ein
Mongaal bey einem jeglichen kessel/ um uns auf-
zuwarten.

Hier nahe bey funden wir drey Oseces oder
kleine stehende meere/ welche ohnbrauchbar wa-
ren/

ren/ weil das wasser saltzig und garstig/ und von
farbe bey nahe so weiß als milch ist. Nach We=
sten zu begunte uns hier ein hohes und bergichtes
land lang ins gesichte zu kommen/ welches nach
Osten und Süden zu niedrige sand=berge hatte.
Man muste sich allda mit gegrabenen brunn=
wasser behelffen/ das aber sehr schlecht ist/ weil
keine ströme daherumb zu finden seyn.

Das XII. Capitel.

Ankunfft bey einer verwüsteten stadt;
und einer andern Taimingzingh genannt/
welche beschrieben wird. Ein thurm daselbst
von steinernen bildwerck. Andre art Chi=
nesischen bildwercks auf denen mauren. Fe=
stigkeit der stadt/ ihre thore/ und andere be=
schaffenheit. Thürme in denen gebürgen/
wie auch kräuter. Ankunfft bey der verwü=
steten und so genannten abgötter=stadt;
warum also genannt. Beschreibung des
thurms/ welcher mitten darinne stehet. Ein
Chinesisches dorff so meistentheils durch La=
maäs bewohnt wird. Der heilige berg wel=
cher wegen der reisenden näher beschrieben
wird. Ankunfft bey dem fluß Scharamu=
rin; wie auch an einem tempel eines abgotts/
und ferner zu Karakaton/ allwo sich viel wil=
de thiere aufhalten. Des Königs in China
jährliche tieger=jagt daherum. Schönes
und

und zum essen dienendes gevögel in diesem
land-striche. Ankunfft bey einem hohen und
durchgehauenen stein-felsen/ welcher beschrieben wird. Tempel eines abgottes/ an
der seite einer hohen stein-klippen auffge-
richtet.

NAch einer reise von 4 tagen/ ohne einige
wohnung zu sehen/ kamen wir an eine alte verwüstete stadt/welche mit einem viereckigten wall von erde umbgeben/ und in ihrem
district wohl eine gantze deutsche meile groß war.
Das land biß hieher war noch beydes gegen Westen als Osten wie das vorige. Doch nach noch
einer 6tägigen reise durch ein land/ so voller hü-
gel/und sonder wohnungen/war/ kamen wir wieder an eine grosse/ alte und verwüstete stadt/Tai-
mingzingh genannt/ welche mit einem viereckigten wall von erde und zubehörigen boll-wercken
befestiget war; in derselben stehen 2 thürme/ deren der eine sehr hoch/ und der andere was kleiner
ist; der grösseste war achteckigt/ von fornen mit
mauer-steinen aufgeführet. Ohngefehr 10
klafftern von der erde/ sahe man auf allen seiten
an 8 orten steine/ darauff unterschiedene geschichte ausgehauen waren. Auf einigen stunden personen in lebens-grösse gebildet/ als Könige/ mit
untergeschlagenen füssen/ und bey sich auf allen
sei-

seiten herum sitzenden dienern; auf andern stunden Röniginnen/ welche ihre hände zusammen
gefalten hielten/ und ihre diener gleicher massen
um sich herum hatten. Es trugen auch diese
Königinnen cronen auf ihren häuptern/ und die
umb sie herumb stehende hatten umb ihre häupter
solche strahlen oder glantz/ wie man insgemein
die heiligen um ihr haupt abzubilden und mit ge-
faltenen händen darzustellen pfleget: daraus
man urtheilen solte/ daß diß alles von Christen
gebauet worden.

An andern örtern sahe man solche bilder/ welche kriegs-helden/ die nach Chinesischer art pi-
quen führten/ vorstellten/ unter denen der König
in der mitten mit blossem haupte/ und mit einem
scepter in der hand/ die umbstehenden aber in gar
wunderlicher gestalt/ als teuffel/ stunden. Alle
diese bilder waren so genau und wohl nach dem
leben ausgehauen/ daß man sie vor ein meister-
stück eines Europäischen bildhauers hätte halten
können. Auf dem thurm war kein auf-noch ein-
gang/ sondern alles zugemacht. In der stade
lagen hin und wieder viel grosse hauffen von
mauer-steinen/ wie auch viel ausgehauene steinerne bilder in lebens-grösse/ von menschen und
abgöttern/ leich-steine/ grosse steinerne löwen/
und schild-kröten von ungemeiner grösse; so daß
man

man wohl sehen konte/ daß ehemahls ein Cham
oder König seinen hof daselbst gehalten.

Diese stadt war an der einen und grösten seite
durch einen starcken wall von erde vom lande ab-
geschnitten/ die bollwercke waren ungemein groß
und hoch/ aber die stadt an sich selbst hatte nur 4
eingänge oder pforten/ durch welche eine grosse
menge hasen in die stadt lieffen/ so weit als dieser
verwüstete platz mit graß bewachsen war; von
menschen aber war da niemand. Die Chineser
erzehlten/ daß dieser ort vor viel 100 jahren/ als
zur selben zeit ein Tartarischer König/ Utgichan
genannt/ allda regieret/ durch einen Chinesischen
König erobert/ und der Tartar vertrieben worden. Die stadt war/ nach meiner muthmassung/
in ihrem umkreiß über eine deutsche meile groß.

Hie und da in dem gebürge sahe man einen
ausgehauenen steinernen thurm auf einer höhe
stehen/ welches zu erkennen gab/ daß allda alte
gräber der Tartarn wären. Man findet auch
in diesem gebürge allerhand bekannte und unbekannte kräuter; ins besonder wächst timian und
majoran/ gantze meilen lang/ als gemein graß
daselbst.

Nachdem wir wiederumb 4 tage gereiset hat-
ten/ kamen wir an eine alte verwüstete stadt Bur-
gankoton/ oder abgötter-stadt genannt; welche
so benennet wird/ weil von alten zeiten her allda
keine

keine andere als die obersten Heydnischen götzen-
diener gewohnet haben. Umb diese stadt war
ehemahls ein wall von erde gewesen/ so aber nun
meistentheils verfallen. Mitten in der stadt
stund ein hoher steinerner achteckigter thurm/
welcher auf die Chinesische art gebauet/ und mit
viel 100 kleinen eisernen glöckgen behangen war/
welche/ wann der wind sich nur ein wenig erhub/
einen sehr annehmlichen klang von sich hören liessen. An diesem thurm war ein eingang/ durch
den ich einige von meinem gefolge hinauff sandte/
um zu sehen/was darauff zu finden; diese berich-
teten mich nu/ daß sie darinnen dunckele hölen/
wie auch viele 1000 kleine Sinesische götzen/ von
vielerley gestalt gesehen hätten/ und froh wären/
daß sie wieder heraus kämen. An der seite des
thurms waren viel löcher/woraus die steine/durch
länge der jahren/ gefallen waren; diese löcher
lagen voll schrifften/ welche auf Mangolisch oder
Ost-Tartarische sprache geschrieben waren/ und
von den vorbeyreisenden/ vornehmlich ihren Lamas oder Priestern/ waren dahinein gelegt worden; dann andere leute legen keine schrifften/
sondern nur allerley bildergen/ auß kleyen ge-
macht/ hinein.

Eine halbe meile von dar ist ein Chinesisches
dorff/ allwo meist Lamas wohnen/ (dann wo
ein aaß ist/ da sammlen sich die adler) welche die

J   vur-

vorbey reisende Tartarn bey ihrer ankunfft be=
herbergen/ und sie von denen verzweiffelten irr=
thümern der alten götzen unterrichten.   Wir ka=
men bald an sandicht und leichtes land/ allwo ein
niedriger berg war /   auf welchem einige bircken
stunden;   und wird dieser berg von denen reisen=
den Mongolen/   und denen da umbher wohnen=
den Tartarn/ auf ihre weise/ vor heilig gehalten.
Wann die reisenden bey diesem berge vorbey zie=
hen/ so hängen sie/ ihm zur ehre/ als ein werck des
gottes=diensts/ und zum opffer/ um dadurch eine
glückliche reise zu erlangen/   etwas von demjeni=
gen/ das sie an ihrem leibe tragen/   es seyen nun
mützen/ tücher/ geld=beutel/ stiefeln/ hosen und al=
te röcke/ hembden / peitschen rc.   an die bäume/
welche von unten biß oben in den gipffel so voll
von diesen nichtswürdigen dingen hängen/ daß sie
kram=läden ähnlich sehen.   Ja es würde vor ei=
ne grosse schande gehalten werden/ so jemand et=
was davon nehmen wolte; weil alles daselbst
verrosten oder verfaulen muß.

Endlich kamen wir an den fluß Scharamuri=
oder das gelbe pferd genannt; welcher von
Westen kommt/ und gegen Osten in den Karga=
strom einfällt.   Dieser fluß ist ohngefehr 30
klafftern breit/ und kan man durch denselben mit
kameelen und pferden wäten.   Weiter kamen
wir an den fluß Logaa/ welcher von mittag herab
kommt/

kommt/ und in den strom Scharamurin sich er-
gieſſet. Hier iſt das land überall voll ſtein-fel-
ſen/ in den thälern aber ſiehet man ſchöne Dörffer/
nebſt wohlgebaueten acker.

Hierauff kamen wir an ein groß dorff/ allwo
ein alter verfallener Chineſiſcher götzen-tempel
ohne götzen ſtund/ gleich neben einem andern/
darinn ein groſſer Herr/welcher mit einer von des
Königs von Sina töchtern verheyrathet war/
wohnete.

Darauff erreichten wir ein ſtädtgen Karaka-
ton oder ſchwartze ſtadt genannt/ welche mit ei-
chenen paliſaden oder ſturm-pfählen ins gevierd-
te/ mehr zum ſchutz wider die tieger und leopar-
den/ als wider andere feinde/ umgeben war.
Dann das land hat hin und wieder hohe ſtein-
klippen/ auf denen eichbäume und graß wachſen/
worunter ſich viele tyger und leoparden/ wie auch
wilde ſchweine und hirſche aufhalten; daher
man an dieſer gegend aus furcht vor den wilden
thieren/ biß ohngefehr an die groſſe mauer/ des
nachts nicht reiſet. Man findet auch allhier keine pferde/ eſel/ kameele oder kühe; ohne daß/
wann ja welche dahin kommen/ ſo tragen ſie ein
eiſern glöckgen umb den halß/ dafür die tyger einige furcht haben. Die einwohner erzehlten
mir/ daß ſelbſt bey tage offtermahls menſchen/die
ſich in das gebürge begeben/ durch die tyger zer-

riſſen

rissen würden. Deßhalb warnete mich der
Mandaryn/ daß ich meinen leuten gebieten solte/
sich nicht zur seiten von dem rechten weg in das
gebürge abzuwenden / damit sie nicht diesen wilden thieren zum raube würden. Bey tage halten
sie sich auf denen höchsten spitzen der berge auff/
und des nachts gehen sie auf raub aus.

Im Augusto kommt alle jahr der König von
China an diesen ort auf die tyger-jagt/da er dann
2 oder 3000 mann von denen besten bogen-schü-
tzen aus der Tartarey bey sich hat/ wie auch einige so lantzen führen. Wann man nun die tyger
aufjagen will/so gehet der König selbst zu fuß auf
den berg voraus/und seine mannschafft/die er bey
sich führet/und mit lantzen/bogen und pfeilen ge-
waffnet ist/ umbringet und besetzet den berg sehr
wohl/ biß an die höheste spitze. Wann nun ty-
ger-thiere sich auf dem berge befinden/ und diese
gewahr werden/ daß sie umbringet seyn/so suchen
sie aus aller gewalt mit grossen sprüngen durch
das volck zu setzen; werden aber so lange mit
trommeln und glocken herum gejaget/ biß sie an
den ort kommen/ da sich der König selbsten befin-
det/ welcher alsdann diese näher und näher zu
ihm kommende bestien mit eigner hand/durch bogen und pfeile/ fället/ ohne daß er vor seine person
einige gefahr dabey zu besorgen/weil sehr viel seiner leute umb ihn seyn/ die ihn/ auf allen fall/ mit
lan-

lantzen vor diesen ergrimmten thieren wohl wissen
zu beschirmen. Mit dieser kurtzweil bringet der
König etliche wochen zu/ da indessen auch viel
nutzbares wild/ als wilde schweine/ hirsche/ rehe/
hasen/ wie auch wölffe und füchse/ gejaget werden. Welches alles ich nicht nur von denen einwohnern des landes/ sondern von denen Jesui-
ten/ von welchen alle jahr zwey oder drey mit ihm
auf diese jagt außziehen/vernommen habe.

In dieser gegend auf den feldern und in denen
bäumen siehet man eine art von vögeln/ welche
ohngefehr von grösse und gestalt einem reiher
gleich seyn/ und dabey sehr schön von federn;
dann der halß und die brust seyn weiß/ die flügel
und der schwantz aber haben eine farbe als schar-
lach; dabey seyn sie gut zu essen und sehr flei-
schicht. Nechst findet sich allhier noch eine andere art von vögeln/ welche so groß seyn als ein
papagey/ einen krummen schnabel/ und einen
schwantz/ bey nahe einer ellen lang haben/ dane-
ben bund und vielfarbig/ aber auch sehr wild
seyn; dann sie lassen sich nicht erschleichen oder
fangen. Man findet auch allhier feld-hüner/
welche gleicher massen lange schwäntze und allerley schöne farbigte federn haben.

Nicht weit von hier kamen wir an einen hohen
felsen/ welcher gantz krumm und schlangen-weise
in die höhe gieng/ derselbe war ohngefehr 200

J 3 Klaff-

klafftern in die höhe/von menschen-händen durch-
gehauen/ und ein weg von 7 klafftern breit dadurch gemacht; welches sehr beqvem ist vor die
reisenden/ weil sonsten wegen des tieffen morasts
an der seiten dieses felsens daselbst nicht fort zu
kommen wäre.

Wir zogen hier beständig durch und zwischen
hohen klippen/ welche mit eichen und linden/ und
in denen thälern mit castanien- und grossen nuß-
bäumen/ wie auch wilden weinstöcken bewachsen
war.

Hier kamen wir an einen sehr hohen felsen/
welcher spitz oben zulieff/ und wegen seiner jähig-
keit nicht zu besteigen war.   An der einen seite
ohngefehr oben in der mitten des felsens/ auf 150
klafftern hoch/ stund ein in dem felsen gehauener
götzen-tempel; derselbe hatte 4 fenster/ und vor
dem abgott/ der darinn war/ sahe man menschen/
von stein gebildet/ sitzen.   Dabey es dann höch-
lich zu verwundern/ auf was weise menschen da
hinauff gekommen/   und solch ein werck daselbst
verfertiget : indem die klippe an dieser seite so jäh
ist/ daß nicht einmahl eine mauß daran hinauff
lauffen kan ; und nach aussage der einwohner/
soll dieser tempel schon vor viel 100
jahren gebauet seyn.

Das

Das XIII. Capitel.

Ankunfft bey der grossen Chinesischen mau-
er/ welche genau beschrieben wird. Durchzug durch die grosse mauer in ein thal. Ankunfft bey der stadt Galehan/ und wie die
Gesandschafft allda empfangen worden.
Chinesische music/ welche aber nicht angenehm ist. Zubereitung einer mahlzeit/ wie
auch art und weise zu essen unter denen Chinesern. Wie sie ihre speisen anrichten.
Kräuter/ so in den Chinesischen suppen gebraucht werden. Vorschneiden/ so in denen
jarküchen gebraucht wird. Der Chinesen
geträncke. Zurüstung zu haltung einer comödie. Anfang derselben. Vorstellung eines verstorbenen Königs/ zu welches ehre
die comödie gehalten wurde. Ende dersel-
ben/ und wegreise des Gesandten. Ankunfft
an der stadt Xautunung: wie der Gesandte
allda empfangen wird. Durchzug durch
viele flecken und dörffer/ und ankunfft in der
stadt Xungunra. Fort-reise. Berühmtes
Kloster in der provintz Peking. Wallfahrt
nach demselben; und wie dieselbe verrichtet
wird. Die verrichtung eines Götzen-Prie-
sters Ankunfft an einer stadt/ in welcher
niemand als des Königs kebs-weiber wohnen.

J 4

Den

DEn 27 October bekamen wir auff denen
höchsten spitzen der klippen einige wacht-
thürme von der grossen mauer ins gesichte/
langten auch noch denselben tag bey Zagankrim
oder bey der grossen mauer an / welche in warheit ein wunder der welt seyn mag. Ohngefehr
500 klafftern von derselben war ein thal/ welches
auf beyden seiten mit einer batterie oder festungs-
werck von gehauenen steinen besetzt war/ und sahe
man da von einer batterie zu der andern qver
über durch das thal eine mauer / ohngefehr drey
klafftern hoch/ welche einen offenen eingang hatte / nach ausweisung des beystehenden kupffer-
stücks.

Als wir hierdurch gezogen / kamen wir an den
eingang der rechten mauer/ und zwar durch einen
wacht-thurm / welcher ohngefehr 8 klafftern hoch
mit gehauenen steinen ausgewölbet/ und mit starcken thüren / so mit eisen beschlagen / verwahret
war. Die mauer an sich selbsten lieff sehr weit
gegen Osten und Westen / qver durch das thal/
und auffwarts nach den ungemein hohen klippen/
worauf 500 klafftern etwan allezeit von einander
ein schließ-thurm stehet / biß an die einander auff
beyden seiten gegen über liegende klippen z. wie
aus dem beystehenden kupffer-blat zu ersehen.
Der grund der mauer bestehet aus schweren / gehauenen wilden feld-steinen / und war ohngefehr
einer

p. 136.

Die voormuuer von China.

einer klaffter hoch; das übrige der mauer war
von mauer-steinen und kalck aufgeführet; und/
so weit man sehen konte/ ist sie vorwarts von gehauenen steinen erbauet.

Inwendig bey der ersten pforte kamen wir
auf eine ebene/ so wohl 100 klafftern breit war;
darauff kamen wir noch durch eine pforte/ welche
zur seiten eine mauer hatte/ und der ersten mauer
das thal qver durch gleich über stund; diese pforte war gleich der ersten mit einer wache/ von ohngefehr 50 soldaten/ versehen. Auf der ersten
mauer stunde ein götzen-tempel/ auf welchem des
götzen und des Königs gelbe wimpel und flaggen
weheten. Die dicke der mauer war 4 klafftern/
und die höhe mehr als 6 klafftern/ so daß darauff
6 reiter zu pferde gar geraume neben einander
reiten konten. Es war auch die benannte mauer annoch in so gutem zustand/gleich als ob sie erst
vor 20 oder 30 jahren gebauet worden/ sie war
weder verfallen/ noch im allergeringsten mit unkraut bewachsen/ oder anderer unsauberkeit ver-
unreiniget; wie man sonst wohl an andern alten
mauern zu sehen pflegt.

Ausserhalb von diesem letztern wacht-thurm
kamen wir in ein thal/ ohngefehr 300 klafftern
weit/ allwo einige grosse bäume stunden/ und an
der abend-seite war an dem fusse des felsens ein
köstlicher götzen-tempel erbauet. Einen musque-
ten-

ten-schuß von dannen langten wir an bey einer
stadt Galchan genannt/ welche mit einer hohen
viereckigten mauer umgeben / doch nicht allzu
volckreich war: allhier wurde ich mit 3 ehren-
schüssen aus eisernen stücken bewillkommet/ und
übernachtete in der vorstadt: die strassen waren
von dem zugelauffenen volck so besetzt/ daß man
kaum durchhin ziehen konte/ und dieses zwar aus
neugierigkeit und verwunderung über den schall
der trompeten und paucken/ als welches ihnen
sehr frembd vorkam/ sintemaln sie dergleichen
noch niemahls gehört oder gesehen. Des abends
ließ mir der Mandaryn ein compliment machen/
und mich bey ihm an denjenigen ort zur abendmahlzeit nöthigen/ allwo der König selbst/ wann
er hier durch reiset/ sein quartier gewohnt ist zu
nehmen.   Als ich dahin kam/ fand ich bey dem
Mandaryn den Gouverneur/ und die vornehmsten bedienten der stadt.   So bald wir einige
kopgens thee getruncken/ wurde ich mit einer herz-
lichen mahlzeit bewirthet/ dabey dann auch eine
comödie gespielet/ und auf ihre art musiciret wurde.   Sie schlugen auf allerhand snarren-wer-
cken und becken/ aber ohne alle ordnung/ und mit
einem grausamen gerase/ daß man hätte wün-
schen mögen/ lieber weit davon/ als nahe dabey
zu seyn.   Sie sassen auf stühlen/ zwey und zwey
personen allezeit an einer kleinen taffel alleine.

Die-

p. 138

The Black Tulpa in Sina.

Diese tafeln oder vielmehr tischgen seyn forne mit schön ausgenäheten seidenen kleinen vorhängen behangen; das holtz ist köstlich/ schön und mit allerhand figuren lacquirt. Sie gebrauchen kein tisch-tuch/ servietten/ messer/ gabeln oder teller/ sondern es werden nur 2 kleine runde stecken von elffenbein/ oder schwartzen eben-holtz auf das tischgen geleget; und das ists alles/ was zur tafel erfordert wird. Mit den gedachten kleinen stecken wissen sie so artig umbzugehen/ daß man sich verwundern muß/ besonders wann sie damit auch einen knopff von einer steck-nadel aufheben/ da sie dann denselben in ihre rechte hand zwischen den daumen und die beyden forderstten finger nehmen.

All ihr essen/ als suppen/ gekocht reiß/ und gebratens wird in keinen schüsseln aufgetragen/ sondern in porcelinenen näpfen; das gebratens wird ein jedes besonder auf die tafel gebracht/ so daß alles in kleine stücke zerschnitten ist: das confect aber/ nemlich zucker-brod und obst/ wird in kleinen porcelinenen becken auffgesetzt. Ihre suppen und potagen seyn sehr schmackhafft/ indem dieselben mit sehr angenehmen kräutern und specereyen/ als muscaten-blumen/ cinnamet/ und dergleichen/ gekocht werden. Das kraut/ welches in ihre suppen gethan wird/ wächst in der see auff hohen felsen/ wann es gekocht wird/ ist es ganz

gantz schlappericht und schleimicht/ und so man es
trocknet/ hat es eine grüne farbe/ welches man
dann auch in den gedachten suppen wahrnimmt.
Diß kraut hat keine blätter/ sondern ist rancken-
weise durch einander geflochten/ und sehr gut von
geschmack.   Andere sagen/daß es vogel-nester
seyn/ davon sie dann viel halten/ weil sie sollen gesund seyn ; sie bereiten auch ein gerücht von aus-
gescheleten garnaten und tauben-eyern/ so daß sie
das weisse roth und geel färben/ darauff legen sie
etwas grünes/ fürnehmtlich andyvien/ so sie in
lange schmale stückgen schneiden/ und das ist ein
gerücht/ gut von geschmack und geruch.   Ihre
suppen können auch nach der deutschen art nicht
verbessert werden.   An statt der saltz-fässer stehen kleine becken mit saltz-wasser auf dem tisch/
darin man die speisen eintuncket.   Weil sie
keine löffel gebrauchen/ nimmt ein jedweder seine
schale mit suppe/ welche vor ihn gesetzt ist/und sau-
get oder säufft daraus/ und was er nicht kan hin-
einschlurffen/ steckt er mit einem rundten steckgen
in den mund/ damit nichts vorbey lauffe/und ihre kleider nicht beschmieret werden ; dann sie gebrauchen keine servietten/ sondern haben nur ihr
schnup-tuch an der seite hängen/ mit welchem sie
den mund wischen/ und dessen bey dem essen sich
bedienen.

    In denen häusern/ in welchen ordinairen oder

offe-

offene ſpeiſe-tiſche (wie bey uns in den jar-kü-
chen) gehalten werden / ſtehet der vorſchneider
vor der tafel/ und hat das gebratens vor ſich/wel-
ches er in beyſeyn der gäſte in kleine ſtücke von denen beinen abſchneidet/in ſchälgens legt/und auff
die taffel ſetzt.   Dieſer vorſchneider gebraucht
kein tuch / ſeine hände abzuwiſchen / ſondern er
ſchneidet ſo lange/ als er kan/ das beſte rings herumb von den beinen ab/ und dann reiſt er das
übrige mit den händen/ welche biß an die ermel
beſchmieret ſeyn/ ſo greulich von den knochen herunter / daß dem zuſchauer wohl der hunger und
appetit davon vergehen möchte.

   Ihr geträncke beſtehet aus brandtewein/ welchen ſie Arakka nennen; auch haben ſie eine art
wein / bey ihnen Taraſa genannt / welcher von
noch nicht reiffen reiß gekocht wird / und wann
derſelbe 1 oder 2 jahre liegt / bekommt er den geſchmack und die farbe gleich dem ſchönſten Rhei-
niſchen wein/ iſt auch an ſtärcke und krafft dem
wein gleich : und wird warm getruncken.

   Währender zeit/ daß wir bey der tafel ſaſſen/
kam der vornehmſte Meiſter der Comödianten
in das zimmer/ welcher dem Mandaryn/ der
nechſt bey mir ſaß/ ein buch von rothem papier
und ſchwartzen buchſtaben/ auf ſeinen knien dar-
reichte.   Als nun dieſer Herr das büchlein/ darinn die comödien geſchrieben ſtunden/ durchblät-
terte/

terte/ zeigte er ihm an/ was er vor eine comödie
wolte gespielet haben/ darauff derselbe sein haupt
zur erden niederbückte/ aufstund/ und einen an=
fang machte.

Zu erst trat ein schönes weibs=bild/ so sehr
prächtig in einem güldenen stück gekleidet/ und
mit geschmeide gezieret war/ auch eine crone auff
ihrem haupte hatte/ auf den schau=platz/ welche
dann mit einer lieblich bebenden stimme sehr an=
nehmlich zu singen anfieng/ artige bewegungen
mit dem leibe/ und geberden mit den händen/und
einen vöcher in der hand hielt.   Als diese abge=
treten/ folgte eine vorstellung eines verstorbenen
Königs der Chineser/ welcher sich vor sein vater=
land treu erwiesen hatte/ und dessen sie darum
noch zu ehren in comödien gedencken.   Zuweilen
sahe man den König selbst in köstlicher kleidung/
und in der hand eine art eines glatt gemachten
elffenbeinenen scepters haltend/ erscheinen; zu=
weilen traten seine Officirer mit gewehr/ fahnen
und trommeln auf/ 2c.   Dazwischen dann und
wann eine kurtzweil von denen dienern und la=
quaien gespielet wurde/ welche sehr artig und
sinnreich in wunderlicher kleidung/ mit verwun=
derlich gefärbten gesichtern/ ihre personen zu spie=
len wusten/ wohl so gut/ als ich in Europa je=
mahls gesehen.   Und so viel ich mir verdolmet=
schen ließ/ waren ihre sachen/ die sie vorbrachten/

sehr

p. 143

Die Stadt Xanthüning.

ſehr lächerlich/ ins beſonder von einem/ welcher
im lieben und heyrathen eines befleckten frauen-
zimmers ſich betrogen fand/ und da er nun ſie alleine zu haben meynte/ ſahe er/ daß ein anderer
ihm ins gehege gieng. Bey dieſer comödie wurde auch/ nach einem gewiſſen klang und ſchall/ auf
ihre art getantzet. Nachdem nun drey unterſchiedene ſchauſpiele vorgeſtellet waren/ und es
ohngefehr mitternacht war/ fuhr ich/ nach ge-
nommenen abſchied/ nach hauß/ und reiſete denſelben tag fort/ zohe über eine höltzerne brücke von
flöſſern gemacht/ über den fluß Lungo/ welcher aus
Weſten kommt/ und gegen Süd-Oſten in die Co-
reßiſche ſee flieſſet.

Als wir in der ſtadt Xantunung nahe bey der
ſtadt Lania angekommen waren/ wurden wir daſelbſt mit etlichen ehren-ſchüſſen bewillkommet/
und in der vorſtadt einlogiret. Der Mandaryn
ließ mich complimentiren/ und zu ſich zur abendmahlzeit erſuchen/ allwo ich in geſellſchafft des
Stadt-Voigts und der vornehmſten Stadt-be-
dienten/ auf des Königs luſt-hauß herrlich/ und
vollkommen vergnügt/ tractiret wurde; dabey
man mir dann wiederumb mit allerley freuden-
ſpielen auffwartete. Denſelben tag zogen wir
über den fluß Xungo genannt/ welcher aus Weſten nach Oſten ſeinen fall hat/ nahe bey der ſtadt
Lania/ kamen darauf/ nacht-ruhe zu halten/ glücklich

lich in der stadt Xantunung an/ allwo ich/ gleich=
wie in den andern städten/　des abends bey dem
Mandaryn in des Königs lust=garten mit einer
abend=mahlzeit und comödien beehret wurde/
welches biß in die mitternacht währete.

Ich reisete des andern tages fort/und zog über
einen morast/ über welchen eine schöne steinerne
brücke gebauet war/ mit vielen bogen von gehau=
enen viereckigten steinen/ welche oben auff denen
lehnen mit allerhand bildern/ und fürnehmlich
mit löwen/ gezieret war.　Ferner reiseten wir
durch viele schöne flecken und dörffer/ welche sehr
volckreich waren/　und da man vor die reisende
pferde und allerley bekommen konte.　Ins be=
sonder sahe man hier viele wirths=häuser/ jar=
küchen und thee=häuser/ darauff kamen wir des
abends in eine stadt Xungunxa genannt.　Der
Mandaryn ersuchte mich wiederumb/ wie vorhe=
ro/zur abend=mahlzeit/indem ich aber eine schwe=
re tage=reise verrichtet hatte/ und sehr müde war/
schlug ich ihm gantz höflich seine bitte ab/und blieb
also zu hauß; indessen suchte ich mein hertz mit
denen schönen früchten/ so allhier zu bekommen
waren/ als trauben/ lemonien/ Chinesischen
äpffeln/ gemeinen äpffeln/ birnen/ castaneen/
grossen und kleinen nüssen/ und dergleichen/ zu er=
quicken.

Den folgenden tag reiseten wir weiter fort/
und

p. 145

Gotzen Tempel in Siegangu.

und zogen gegen abend auf einen hohen felsen bey einem kloster Jugangu vorbey/ welches von forn schön anzusehen/ und rund umb von gehauenen steinen erbauet war/ hatte auch das ansehen/ daß es eine festung oder schloß sey.   Des andern tages/ als wir fort reiseten/   zogen wir wiederumb an der lincken seite oder gegen morgen auff einem hohen berge/ bey einem schönen kloster und vielen flecken und dörffern vorbey.   Diß kloster/ welches in der provintz Peking lieget/ ist sehr berühmt/ weiln allda sich ein götze oder gewesener Chinesischer König befindet/ deßhalb aus denen umbliegenden dörffern/ ja selbst von der grossen mauer biß Peking und noch weiter/ im früh-jahr viele ackerleute eine wallfahrt hieher anstellen/ damit sie einen fruchtbaren sommer zu erbitten gedencken/ darauff sie auch im herbst wiederumb hingehen/   gegen diesen götzen sich vor die fruchtbare erndte zu bedancken.   Und dieses thun gantze dörffer und haushaltungen/ so wohl manns- als weibes-personen/ zu fuß gehende mit ihren Pfaffen.   Die frauens-leute/ welche sich aufs allerbeste angekleidet haben/ reiten in der mitten auff eseln. Die Pfaffen tragen theils gemahlte/ theils metallene gegossene götzen-bilder; und die mañsleute oder bauren tragen theils eine art langer trompeten/ andere flöten/ theils andre drommeln und becken/ dadurch sie einen greulichen lerm verursa-

K   ursa-

urſachen. Hinterher gehet ein Lama oder gözen=
prieſter/ welchem vor ſeinem leib ein korb gebun=
den iſt/ darinnen er dreyeckigte zuſammengeflick=
te papiere trägt/ deren einige vergüldet/ einige
verſilbert ſeyn/ welche er ohngefehr 100 klafftern
von dem kloſter/ dem wunderthäter oder gözen zu
ehren/ auf dem wege von ſich wirfft. Ein ande=
rer trägt brennende räucher=kerzen/ und das
währt ſo lange/ biß ſie an ihren beſtimmten ort
kommen/ wie ſolches das beygefügte kupfferſtück
genau ausweiſet. Sie verbleiben einige tage
daſelbſten/ und bringen ihre zeit mit beten/ auch
wohl mit allerley kurzweil zu.

Nach dieſem zogen wir bey einer ſtadt vorbey/
darinn niemand/ als des Königs kebsweiber
wohnen; an welchem ort denn auch der König/
wann er auf die jagt gehet/ einige tage auszuru=
hen pfleget. Dieſer ort iſt nicht groß/ aber mit
köſtlichen ſteinernen palläſten wohl bebauet/ wel=
che mit rothen ziegeln gedeckt ſeyn/ ſtehet auch voll
pagoden oder tempel/ und iſt mit einer hohen ſtei=
nernen mauer umgeben. Ohngefehr 3 canonen=
ſchüſſe davon/ gegen abend in dem gebürge iſt ein
ſpring=brunnen/ daraus ſiedend waſſer flieſſet/
deßhalb hier ein warmes bad ange=
richtet iſt.

Das

Das XIV. Capitel.

Ankunfft in der stadt Airu/ hernachmals in Tunro/ daselbst der Gesandte durch den Stadt-Voigt empfangen wird. Beschreibung der stadt Tunro/ welche volckreich/ und wegen des kauff-handels berühmt ist. Beschreibung der Jonken/ oder Chinesischen schiffe. Porcelin marckt in Tunro. Ankunfft in der gegend Peking/ woselbst köstliche landhäuser stehen/ welche näher beschrieben werden. Steinerne wacht-thürme. Beschreibung des dasigen landes. Schöne wege. Einzug in Peking. Wie der Gesandte von denen Mandarynen bewillkommet wird. Wie lange seine reise gewähret. Der Gesandte wird durch den Unter-König bewillkommet und beehret. Ceremonien des Unter-Königs. Anschickung zur öffentlichen audientz bey dem Kayser. Des Gesandten ankunfft am hofe/ allwo er bey dem König audientz hat/ und zur mahlzeit genöthiget wird. Zubereitung zu dem königlichen gastmahl. Wie des Königs tafel beschickt gewesen. Der Gesandte/ da er nahe bey dem thron des Königs gebracht ist/ wird/ mit denen Seinigen zu essen nieder zu sitzen genöthigt. Wie die Chineser an der tafel sitzen. Der Konig sendet etwas von seiner tafel an den Gesandten/ und lässt ihn fragen/ was er vor sprachen verstehe. Drey Jesuiten am

K 2   hofe/

hofe/ welche näher beschrieben werden. Ihre gespräche mit dem Gesandten. Der Gesandte wird vor den königlichen thron gebracht. Eine frage/ so der König dem Gesandten vorstellet/ betreffend die gelegenheit und beschaffenheit der vornehmsten Reiche in Europa. Ehre/ so dem Gesandten und seinen leuten angethan wird/ mit einem gewissen getränck/ und mit welchem sich das königliche gast-gebot endiget.

Nachdem wir viele flecken und dörffer durchzogen waren/ kamen wir den folgenden tag in die stadt Kixu. Allhier fänget das gebürge so wohl gegen morgen als gegen abend an beyden seiten an sich zu verliehren/ doch zwischen mittag und morgen und etwas gegen abend sahen wir noch auf dem gebürge die grosse mauer/ und damit zogen wir über eine steinerne brücke/ welche über den strom Xangu gieng/ und ruheten des nachts in der stadt Xangole.

Den 2 November zogen wir durch viele flecken und dörffer über ein flüßgen Tungo genannt/ und kamen endlich in eine grosse stadt/ mit nahmen Tunxo/ welche mit einer grossen mauer befestigt/ und nahe an dem fluß Tungo gelegen ist: wie solches auf der vorgehenden seite abgebildet. In der gegend bey gedachter brücke kam der

Gou-

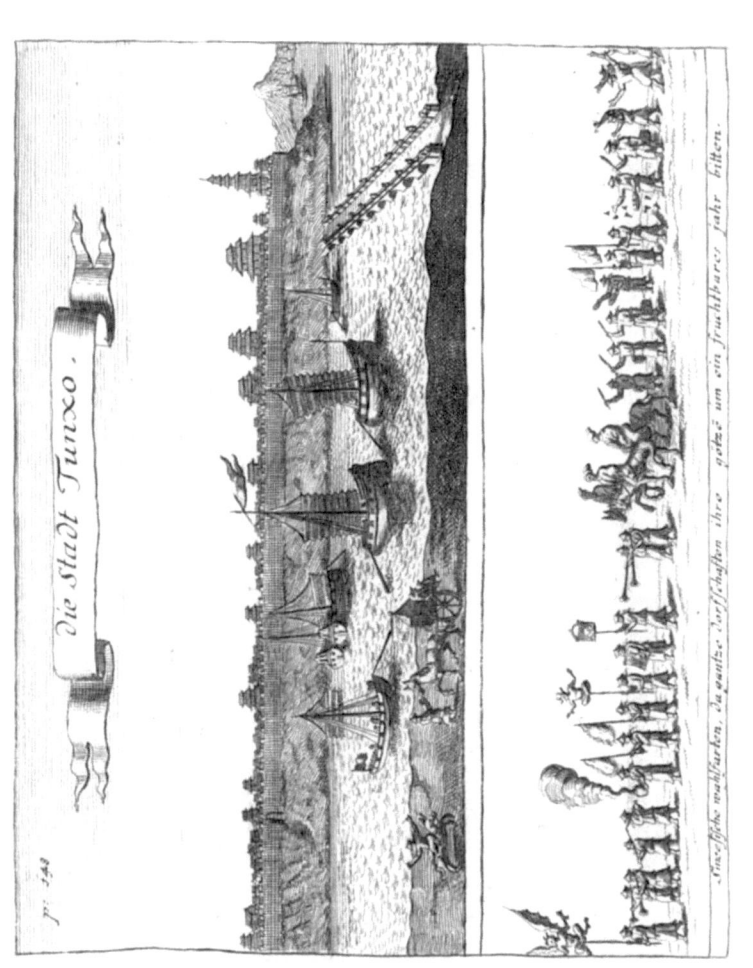

pag. 748

Die Stadt Tunxo.

Frantzische wohlfarten, da gantze Dorffschaften ihre getrayd um ein fruchtbarer jahr bitten.

Gouverneur mit denen vornehmsten bedienten
der stadt/ und nebst denenselben eine grosse suite
zu pferde uns entgegen/ um mich zu bewillkom-
men. Dieser war/wie mir der Mandaryn sag-
te/ ein Herr von vornehmen adelichen geschlecht/
von geburt ein Mogol oder Ost-Tartar/ ein sehr
höflicher und artiger Herr. Er nöthigte mich
benebst dem Mandaryn zur mittags-mahlzeit/
und bewirthete uns sehr herrlich und köstlich.

Die stadt Tunxo ist sehr groß und volckreich/
wie auch voll handlung/ indem von dannen auff
Japar/ in die provintz Nanquing und Korea gehandelt wird. Hier lagen viele jonken oder
schiffgen auf dem strom und an dem ufer: darunter viele dem König selbst gehörten/ welche mit
kostbaren bildwercken und schildereyen/ wie auch
rund umb mit fenstern gezieret waren. Mit diesen schiffgen werden jährlich die obersten Befehlshaber an die örter/ dahin sie gehören/ gefüh-
ret/ und die/ so ihres amts entlassen/ wieder zurück gebracht. In denen jonken/ welche auf dem
ufer liegen/ wohnen die leute des winters als in
häusern; wiewohl daselbst wenig winter zu spü-
ren/ indem der fluß niemahls zufrieret/ sondern
sich nur an denen ufern etwas eyß ansetzet. Diese jonken oder fahrzeuge sind ziemlich groß und
starck gezimmert. Wann sie auf dem schiff-
baues-platz stehen/ werden die ritzen/ an statt des

K 3 pechs

pechs oder teers/ mit einer art thon/ welcher mit
noch etwas anders vermenget ist/ zugeschmieret:
welches/ wann es einmahl trocken ist/ dichter und
fester hält/als das pech selbsten.　Die mastbäu-
me in diesen schiffen seyn eine art von rohr/so inn-
wendig hohl/ doch sonsten sehr starck ist; indem
man dasselbe zuweilen so dick/ als ein mensch um
den leib herum ist/ findet.　Die segel sind von
gewissen binsen geflochten/ welche / wann sie her-
abgelassen seyn/ auf eine verwunderns-würdige
art fahnen-weise auf einander gelegt werden.
Der schnabel/ oder forderste theil des schiffs/ ist
gantz platt/ doch so/ daß es von oben biß unten bo-
gen-weise gezimmert ist / welches sehr wohl nach
der see eingerichtet heissen kan.　Nach aussage
der einwohner können sie in 3 oder 4 tagen von
derselben stadt mit einem guten wind in die Ka-
reische see gelangen/und von dannen/wann sie den
wind hinter sich haben/ in 4 oder 5 tagen ins Königreich Japan segeln.

Als wir durch die stadt reiseten/ fuhr ich über
den porcelin-marckt/ allwo ich gantze aufsätze des
allerschönsten porcelins der gantzen welt gesehen
habe.　In dieser stadt fand ich auch viele Pago-
den oder götzen-tempel und klöster/ und nachdem
ich in der vorstadt übernachtet hatte/ und alles
fein ordentlich eingerichtet/ verreiseten wir den
folgenden tag ferner / um unsern einzug in Peking

king zu halten; also daß dieses das letzte nacht-
lager war.

Ohngefehr um 10 uhr vormittage kamen wir
auf eine halbe meile nahe an die stadt Peking/all-
wo herrliche land-güter zu beyden seiten des weges auffgebauet waren/ welche theils denen ein-
wohnern/ theils denen Mandaryns zugehöreten.
Im anfang derselben waren gewisse graben/wel-
che den abfluß des wassers zu befördern dienlich
waren/ deßhalben auch vor einem jeden hauß ein
steinern brückgen gemacht war.

Die gärten waren meistentheils mit mauren
umgeben/ und mit ausgehauenen pforten und
schönen garten-häusern gezieret. Die grossen
wege in den gärten waren an beyden seiten mit
cypressen und ceder-bäumen bepflantzet/ welches
im vorbey-reisen ein annehmliches gesichte verur-
sachte/ und denen augen etwas sehr vergnügli-
ches war. Die thore der vornehmsten lust-höfe
waren geöffnet/ welches/ wie ich glaube/ mit vor-
satz umb meinet willen geschehen war. Diese
lust-häuser währeten zu beyden seiten biß an die
stadt; und von der grossen mauer biß an Peking
findet man alle viertel-stund-weges einen steinern
wacht-thurm gebauet/ welcher mit 5 oder 6 soldaten besetzt ist/ und auf welchem tag und nacht des
Königs fahnen und flaggen/ so gelb seyn/ herumb
fliegen/ welche wacht-thürme dazu dienen/

K 4 daß

daß/ wann sich von morgen her feinde sehen las,
sen/ man auf diesen thürmen zur warnung feuer
anstecken möge/ welches dann von einem thurm
zu dem andern in solcher eilfertigkeit fortgehet uñ
geschiehet/ daß man in einigen stunden davon in
Peking nachricht haben kan.

Das land von der stadt Lania biß hieher ist
flach und sehr tüchtig zum ackerbau/ darauff
wächst reiß/ gerste/ weitzen/ hafer/ erbsen und boh,
nen/ aber kein rocken. Die wege sind daselbsten
sehr breit und gerade/ und werden in gutem zu,
stand erhalten/ dann wann nur ein stein auf dem
wege lieget/ so wird derselbe alsobald von denen
darzu bestellten leuten an die seite des weges ge,
worffen. In allen dörffern siehet man viele ey,
mer voll wasser stehen/ die kameele und esel zu
träncken; mit verwunderung muß man auch se,
hen/ wie die gemeine wege oder land-strassen
durch die menge der reisenden menschen und wa,
gen gantz angefüllet seyn/ wie etwa sonst eine ge,
meine strasse in der stadt.

Nachdem ich nun meine karavanen und eqvi,
page eine stunde vorher in die stadt hatte lassen
voraus gehen/ hielte ich in einer guten ordnung
mit meinen bey mir habenden leuten und vorrei,
tern/ welche aus 90 personen bestunden/ wie
auch in begleitung verschiedener Cosaken/ welche
vor den thoren den grossen zulauff des volcks/ wo-

mit

mit alle straſſen angefüllet waren / ſuchten abzu-
wehren / damit ich um deſto ungehinderter fortkommen konte/ meinen einzug in die ſtadt. Uber
dem waren auch noch einige ſo genannte Boſch-
oder Platzmacher/nebſt verſchiedenen Officirern/
von dem König beordert / welche gnug zu thun
hatten/ die ſtraſſen zu räumen/ indem die Chineſer von natur ſehr neugierig ſeyn.

Da ich hierauff in der gegend des hofes/ allwo
die Geſandten zu logiren pflegen / angelanget
war/ kamen mir einige Mandarynen/ um mich zu
bewillkommen/ entgegen / und auf der ſtraſſe vor
dem hofe ſtunden zu beyden ſeiten ſoldaten rangiret ; und als ich durch dieſelben durchgeritten/
wurde ich dahin gebracht/ wo ich verbleiben ſolte/
allwo der Pavo durch die Mandarynen genutzt
wurde. Ich wurde auch täglich mit allerley erfriſchungen und lebens-mitteln/ ſo wohl vor mich
als meine leute verſorget / und wir danckten alle
morgen dem groſſen GOtt/ der uns nach einer ſo
langen und beſchwerlichen reiſe / als die 1 jahr
und 8 monat gewähret/ mit guter geſundheit hieher gebracht hatte/ ohne nicht mehr als eine einzi-
ge perſon zu verlieren.

Nachdem wir nun 3 tage wohl ausgeruhet/
erwartete ich von dem König befehl/ wann ich bey
ihm audientz haben ſolte : darauff kam noch eben
denſelben tag/ nach ihrer landes-art/ von dem

K 5 von

König befehl/ daß ich zu hofe erscheinen/ und die
bewillkommungs-mahlzeit empfangen solte. Ich
machte mich alsobald fertig/ und nachdem mir einige vornehme Mandaryns zugegeben waren/
brachten mich dieselben ins schloß/ allwo der Unter-König Sungut Doriamba/ des Kaysers vet-
ter/ nebst noch vieren der vornehmsten Herren
des Reichs mich empfiengen/ und höflich bewill-
kommten.

Hier waren auf der erden tapeten ausgebrei-
tet/ und als ich mich mit ihnen auf dieselben nie-
dergesetzet hatte/ sprach im nahmen des Königs
der Unter-König das wort/ meldende: Daß der
König/ sein Herr und Meister/ mich mit dieser tafel beehrte/ und ob wohl er itzo nicht selbst zugegen
seyn könte/ so solte ich dennoch diese ehre zum will-
kommen von einer so langen reise annehmen.
Darauf wurde kalte küche aufgesetzet/ als gebratene gänse/ hüner/ schwein- und schöpsen-fleisch/
und dabey allerhand früchte/ confect und gebackens. Vor mich aber war eine tafel allein ge-
deckt/ einer ellen lang und breit/ auf welcher schüssel auf schüssel über einander gesetzt stunde/ welche
alle von silber waren/ und deren ich über 70 stück
zehlte. Hier wurde auch thee getruncken/ und
ich mit Tarasen und Rheinischen wein tractiret.
Der Unter-König und die andern Herren ergötz-
ten sich mit einer pfeiffe taback/ und legte dabey
jener

Aufzug des Moscovitischen Abgesandten zur Königl. Audientz.

Der König tractiret den gesandten in seinem vornemsten audience Saal.

A. Amsledschen der König zum China; B. Zwey Jesuiten P. Anthon Thomas von Jeamsbrostta; C. Zwey Ministers Schunhu von Mlegoritha; F. Des Königs Ministers, oder Mandarine.

jener sein compliment nachfolgender gestalt bey
mir ab:　　Daß ich mit diesen tractamenten/ als
ein zeichen seines Königs gnade/　solte vor lieb
nehmen/ und in wenig tagen ordre von dem König zu erwarten hätte/ wann ich mit dem/von Sr.
Czaarischen Majestät mir mitgegebenen creditiv-
schreiben zur öffentlichen audientz kommen solte.
Darauff ich aufstund/ und mich vor des Königs
gnade bedanckte/und nach dem hofe der Gesandten begab.

Den 12 November sandte der Vice-Roy einige Mandaryns zu mir/ mir anzudeuten/ daß ich
tages darauf frühe in dem schloß mit Jhrer Czaarischen Majestät creditiv-schreiben erscheinen solte; worauff ich mich dazu fertig machte.　Des
morgens um 8 uhr darauff/　kamen 3 vornehme
Mandaryns zu mir/ mich berichtende/ daß es nun
zeit wäre/ oben vor dem König zu erscheinen.
Diese Mandaryns waren überaus kostbar be-
kleidet/　einige hatten schamerirte röcke/　welche
theils mit drachen und löwen/　theils mit tygern
und krannichen auf der brust und auf den rücken/
aus gold gestickt waren.　Sie brachten 50 pfer-
de/ zum dienst meiner svite/ mit sich;　und also
begab ich mich/ nach Europäischer weise/mit Sr.
Czaarischen Majestät creditiv-schreiben/ und einigen präsenten/ordentlich auf den weg.

　　　　　　　　　　　　　　　　　Als

Als ich vor die erste schloß-pforte kam / stund
daselbst ein pfeiler / darauff einige Characteres
eingehauen waren/ allwo sie mir sagten/ daß ich
vom pferd steigen müste / nach ihrer gewonheit;
von wannen ich dann zu fuß gieng/ über 5 vorhöfe
nach dem schloß zu.   In dem schlosse fand ich eine grosse anzahl Mandaryns/ welche auffs köstlichste mit gebordirten kleidern / wie sie vor dem
König zu erscheinen pflegten/bekleidet waren/ uñ
mir aufwarteten.

Nach einigen von beyden seiten abgelegten
complimenten / erschien der König auff seinem
thron; darauff ich Sr. Czaarischen Majestät
brieff übergab/und nach einer gehaltenen kurtzen
anrede und gemachter reverence wiederumb di-
mittiret wurde.

Den 16 dieses monats wurde mir durch einige
Mandaryns angedeutet/ daß ich ersucht würde/
vor dem König bey der tafel zu erscheinen; worauff ich mich des morgens in gesellschafft derer zu
mir geschickten Mandaryns/ und in begleitung
der vornehmsten Edelleute dahin begab.

Als ich nun wieder oben hinauff kam/ stunden
auf dem 6ten schloß-platz viele vornehme Herren
und Mandarynen/ auffs beste gekleidet/ und in
riegen rangiret;   kurtz darauff kam ein befehl/
oben in dem pallast zu erscheinen.   Eben als ich
nun hinein trat/ stieg der König auf seinen erhabenen

nen thron/ und hatte bey sich einige personen/wel-
che sehr annehmlich auf qver-flöten spileten/ wie
auch 12 Trabanten mit vergüldeten hellebarden/
welche zwar nicht geschärfft waren/an denen aber
lange schwäntze von leoparden und tygern hiengen.   So bald sich der König nieder gesetzt hat-
te/ hörte das spielen der flöten auf/ und die Trabanten setzten sich mit untergeschlagenen beinen
zu beyden seiten des throns nieder.   Der König
hatte eine tafel/ mit kalten essen/ obst und zucker-
gebackenes in silbernen schüsseln/ vor sich stehen/
und die tafel war mit gelben damast bedeckt.
Der Vice-Roy/ des Königs vetter/ und 2 andere vornehme Herren stunden an des Königs sei-
te/und ich wurde zur rechten hand des throns ohngefehr 4 klafftern von dem König gesetzet.   Der
König sahe mich starr an/ und befahl dem Vice-
Roy/ welcher seinen befehl auf den knien anhöre-
te/ daß ich etwas näher an den thron zu ihm kommen solte.   Darauff nahm mich der Vice-Roy
bey der hand/ und setzte mich 2 klafftern weit von
des Königs stelle: und darauff wurden auch
meine leute ohngefehr 6 klafftern weit hinter mir
gesetzet.   Zu meiner rechten hand sassen grosse
Herren von gutem ansehen/ und zur lincken hand
ein Vetter des Königs.   Darauff sandte der
König zum andern mahl den Vice-Roy zu mir/
uñ ließ mit grosser ehrerbietigkeit nach Sr. Czaarischen

rischen Majestät gesundheit fragen / welches ich
auf behörliche weise beantwortete.   Nach diesem ließ der König seine tafel aufdecken / und die
gelbe damastene decke wegnehmen / befahl mir
zugleich zu essen/ weiln vor mich eine tafel alleine
gedeckt war.   Die andern vornehme Herren
und Mandaryns/ deren wohl 200 waren/ sassen
alle nach ihrem rang an ihren stellen / nemlich
zwey und zwey an einer tafel / und nach der Per-
sianischen weise mit untergeschlagenen beinen auf
tapeten ; welches ich mir auch muste gefallen
lassen/ wie unser kupfferstück genau ausweiset.

Der König sandte mir darauff von seiner tafel eine gebratene ganß/ ein spanferckel/ und einen rücken von einem fetten schaaf; kurtz drauff
schickte er mir auch einige schüsseln mit obst / und
ein getränck in einem becher/ welches wie bohnen-
suppe aussähe: dann so siehet der gekochte thee
mit geröstetem mehl und butter vermengt aus.
Als ich nun dieses mit behörlicher ehrerbietigkeit
angenommen/ sandte der König den Vice-Roy
wieder zu mir/ und ließ fragen/ was ich vor Europäische sprachen verstünde?   Darauff ich zur
antwort gab: daß ich Moscowitisch/ hoch- und
nieder=teutsch/ wie auch etwas Italiänisch redete ; hierauff sandte er alsobald einige diener nach
seinem hintersten pallast/ wornach alsobald sich 3
Jesuiten sehen liessen / welche sich dem thron naheten.

heten. Nachdem sie nun nieder gekniet/und ihre ehrerbietigkeit dem König erwiesen/ wie auch
ihme ihre reverence gemacht hatten/ befahl er ihnen aufzustehen. Der eine war P. Johannes
Franciscus Gerbillon/ von geburt ein Frantzose/
und die zwey andere waren Portugiesen/ von denen der eine P. Antoni Thomas genannt wurde.
Der König befahl dem P. Gerbillon zu mir zu ge-
hen/um mir etwas zu sagen. Welcher dann alsobald zu mir kam/ und ins Königs nahmen auff
Italiänisch mich anredete und fragte : wie viel
zeit ich unterwegens aus Moscovien biß Peking
zugebracht/ und welchen weg ich gereiset wäre;
ob ich zu wagen/ oder zu pferd/ oder zu wasser gekommen? Darauff ich ihm zu seinem vergnügen
antwortete. Hierauff gieng er bey dem Kö-
nig/ ihm von dem/ was ich geantwortet hatte/ bericht abzustatten : auf welchen bericht der König
antwortete : Gowa, Gowa, das ist/ gantz wohl.
Nach diesem sandte der König den Vice-Roy zu
mir/ mit des Königs gnädigen befehl/ mich mit
ihm/ vor dessen angesicht/ auf den thron zu verfü-
gen. Als mich nun der Unter-König bey der
hand nahm/ stund ich auf/ und nachdem er mich
eine treppe 6 stuffen hoch aufgeführet hatte/ setzte
er mich an die tafel recht gegen den König über.
Nachdem ich nun auf das demüthigste meine
reverence vor ihm gemacht/ redete er zu dem Jesuiten

suiten Johann Franciscus Gerbillon/ welcher
mich wie vorhin fragte/ nemlich: wie lang ich
unterwegen gewesen/ und wie ich gereiset hätte;
in wie vielsten grade Moscau läge; wie weit
Pohlen/ Franckreich/ Italien/ Portugall und
Holland von der Moscau abgelegen wären?
Darauff ich dann zu seinem vollkommenen ver-
gnügen/ wie ich abnehmen konte/ wiederumb antwortete.

Nach diesem ließ er sich einen güldenen becher
reichen/ mit einem tranck/ welcher auf Tartarisch
Kumis genannt wird/ und der/ nach aussage der
bedienten/ ein brandtewein von pferde-milch ab-
gezogen/ seyn solte.   Er gab den becher an den
Vice-Roy/ so nechst bey ihm stund/ mit befehl/
denselben mir zu überreichen; welchen ich dann
auch mit ehrerbietigkeit annahm/ und nachdem
ich den tranck gekostet/ wiederumb zurücke gab.
Darauff ließ der König meine bedienten/ ohngefehr 3 klafftern nahe/ an seinen thron kommen/
und beehrete sie mit eben demselben geträncke.
Nachdem solches geschehen/ machte ich/ nach der
Europäischen art/ meine reverence/ da mich das
der Unter-König bey der hand nahm/ und wiederum an den ort/ da ich vorhero gesessen hatte/ führte; worauf/ als ich noch eine viertel-stunde ge-
sessen/ mir angedeutet wurde/ aufzustehen.

Das

Das XV. Capitel.

Der König stehet von seinem thron auff/
und läst nach einem gewissen Jesuiten fra-
gen/ wovon der Gesandte einigen bericht ab-
stattet/ und darauff sich in sein logement ver-
füget. Abbildung des pallasts und des
throns. Beschreibung des grossen saals.
Anweisung/ wo der thron gestanden/ dessen
grösse/ küssen und lehnen. Beschreibung
der person des Königs/ und seiner kleidung/
wie auch anderer umbstände. Sittsamkeit
und stille währender mahlzeit. Zwey Man-
darynen/ welche im nahmen des Königs zu
dem Gesandten geschickt werden/ ihn in den
königlichen staats-saal zu führen. Ehre/
welche dem Gesandten und seinen bedienten
daselbst angethan wird/ nebst vorstellung einiger gauckel-spiele/ welche wunderlich und
unterschieden seyn/ und etwas näher beschrieben werden. Beschreibung des Chinesischen
freuden-spiels. Artige streiche zweyer jungen Chinesischen jungfern/ und zweyer kleinen jungens. Der König gehet auf die ty-
ger-jagt. Der Gesandte wird bey dem Vice-Roy zu gaste genöthigt. Zurichtung und
auszierung der tische. Stüle auf Tartarische art. Thee trincken. Unterschied der
gerüchte; vorstellung eines freuden-spiels.
Des Unter-Königs frau und töchter. Endi-

L   gung

gung der mahlzeit. Gasterey bey dem Reichs-
Schatzmeister.   Des saals kostbarkeit. Der
Gesandte wird durch diesen Herrn in der
stadt herum geführet/ und in des Königs
apothecke gebracht.   Kram=laden von allerley galanten waaren.   Ein zierliches gar-
ten=haus/ und gold=farbigte fische. Märckte
und kram=laden.   Fischmarckt/ wildmarckt.
Der Chinesen jährliches fest/ welches 3 wochen währet/ und mit vielen pracht eingewei-
het wird.   Processiones und umbtragung der
teuffels=bilder.   Grosse menge der menschen
zu diesem fest/ vornehmlich vieles frauen-
zimmers. Der Gesandte wird noch früh vor
tage zu dem König zu seiner abschieds=audi-
entz geruffen.   Ehre/ so ihm in dem vorhof
angethan wird.   Chinesische hof=bedienten.
Ankunfft des Königs bey dem Gesandten.
Herold des Königs und seine verrichtung.
Getrommel und mehreres spiel bey dem König.   Der Gesandte wird bey den König ge-
führet/ und mit einem copgen coffe tractiret/
darauff er seinen abschied nimmt.   Des Königs leib=wache wie sie gekleidet und bewaff-
net.   Weisse pferde und elephanten/ und
wie dieselben zugerüstet.   Thürme auff der
elephanten rücken. Königlicher wagen welcher mit einem elephanten bespannet.

                                        Dar-

Arauff stund der König auf von seinem
thron/ und nachdem er mich gegrüsset/
gieng er von dem thron auf der lincken
seiten aus dem grossen saal/ nach einem offenen
und grossen platz. Im hinausgehen sandte der
König den Vice-Roy zu mir/ und ließ mich fragen: ob ich nicht einige nachricht hätte aus Euro-
pa/ von einem Pater, Grimaldi genannt/ welcher
dahin/ in affairen des Königs/ gesandt worden.
Darauff ich antwortete/ daß ich bey meiner abreise aus Moscau verstanden hätte/ daß er mit einer suite von 25 personen in Smirna angelanget
wäre/ und seine reise zu lande über Persien und
Indien fortzusetzen willens sey. Hierinnen gab
er mir beyfall/ und sagte: er ist gesund in Indien
in der stadt Thoa angekommen/ stehet auch dar-
auff/ daß er von dannen hieher kommen wird/ es
sind allbereit 7 jahr verflossen/ daß er aus Sina
verreiset. Hierauff nahm ich von ihm abschied/
und begab mich nach meinem logis. Was den
königlichen hof anlanget/ soll von demselben/ so
viel ich davon habe in acht nehmen können/ bey
anderer gelegenheit gesprochen werden. Doch
will ich etwas erzehlen/ von der gestalt des pallasts und des throns/ darauff der König saß. Der
pallast war ein viereckigtes gebäu/ 2 mahl so lang
als breit/ von mauer-steinen aufgeführet/ und das
dach war mit gelben verglasurten ziegeln bedeckt/

　　　　　　　　B 3　　　　　　　　　Dar-

Darauff löwen/ drachen und andere figuren abgebildet stunden.　Die höhe des pallasts war
biß unter das dach öhngefehr 8 kläfftern; nach
dem saal zu ist die höhe gieng man auf einigen
treppen hinauff/ und der andere theil oder eß-
gang war ein platz mit fenstern umgeben/aber ohne glaß mit papier zugekleibet.　An beyden enden des saals waren 2 thüren/und über denenselben ein auf cronen-art starck vergüldetes höltzer-
nes schnitz-werck.　In diesem saal war kein boden oder gewölbe/　sondern biß unter das dach
war es offen/welches mit öl-farbe schön gemahlet
und mit vergüldeter lack-arbeit gezieret war.　In
dem saal stunden auch 12 grosse sehr schön vergüldete und gemahlte pfeiler.　Die länge des saals
erstreckte sich ohngefehr auf 30/ und die breite auf
10 klafftern/ der fuß-boden war nach der Tartarischen art mit filtz bedecket/　und mit laub-werck
und figuren gezieret.

Der thron stund gegen dem fördersten eingang über gegen morgen/ an der hinter-mauer/
und war/ so viel als ich muthmassen könte/ 3 klafftern breit/ und auch ohngefehr so lang.　Vor-
wärts könte man an zweyen besonderen orten
hinauff gehen/ indem an demselben zu beyden seiten treppen mit 6 stuffen gemacht/ und mit laub-
werck gezieret waren; die lehnen waren von ge-
gossenen laubwerck/ starck vergüldet; an der
rech-

rechten und lincken seite sahe man auch noch besondere lehnen/so von einer sonderbahren materie
gegossen waren/ welche/ weiln sie starck vergül-
det/ von einigen vor pur gold/ von andern aber
vor übergüldetes silber gehalten wurden. Auff
diesem erhabenen ort nun in der mitten stehet ein
thron/ wie ein altar/ welcher mit zweyen halben
thüren geöffnet wird: und befindet sich in demselben ein sitz vor den König/ welcher mit schwartzen zobeln überzogen und einer ellen hoch ist/ darauff der König mit untergeschlagenen beinen saß.
Was seine person belangt/ so war es ein Fürst
ohngefehr 50 jahr alt/ gut von ansehen/ und hatte
grosse schwartze augen/ eine gebogene nase/ einen
über die lippen herabhangenden schwartzen kne-
bel-bart/ hingegen wenig oder gar keinen bart an
dem kinn; dabey war die haut seines gesichts
sehr bocken grübicht/ und von länge war er einer
mittelmäßigen statur. Seine kleidung bestund
in einem gemeinen dunckelen damastenen unter-
rock/ und sein überrock war von dunckel-blauen
satyn/ mit hermelinen gefüttert/über welchem ein
Pater noster von grossen stücken corallen vom halß
herab biß auf die brust hieng. Auf seinem haupt
hatte er eine warme mütze mit einem gebrem von
zobeln/und auf derselben eine rothe seidene her-
abhangende quaste/ wie auch einige pfau-federn
so hinterwarts hinunter hiengen. Sein haar/

X 3

weli

welches eingeflochten war/ hieng auf seinem rücken. Gold noch edelgesteine waren an ihm nicht
zu sehen; seine stiefeln aber/ die er an hatte/ waren von schwartzen sammet.

Uber der tafel gieng alles ordentlich zu unter
denen Mandarynen/ so daß man kein getöse oder
geräusche im geringsten vernahm; man sahe
auch nicht/ daß einer mit dem andern redete/ sondern ein jedweder saß mit niedergeschlagenen augen gantz sittsam da.

Des folgenden tages kamen zwey Mandary-
nen/ welche von dem König abgeschicket waren/
und brachten mit sich 50. pferde/ zu meiner und
meiner leute dienst/ mir dabey anzeigende/daß es
des Königs belieben sey/ daß/ wenn ich die stadt
besehen wolte/solches frey geschehen solte/in allem
dem/ was nur zu sehen wäre. Darauff ließ ich
mein pferd satteln/ und ritte mit denen zu mir ge-
kommenen Mandarynen/ welche mich auff des
Königs befehl in eine schau-burg oder lust-hof
brachten/ welcher ein sehr hohes und grosses gebäu war; in demselben war eine grosse schau-
bühne von geschnitzten bild-werck / schön gemah-
let/ welches die comödianten vor geld gebrauch-
ten. In der mitte dieses pallasts war ein platz
mit einem gitter umgeben/ in welchem die Mandarynen uns ersuchten/ uns auf stühlen nieder zu
lassen.

Und

Und nachdem sie mich mit thee und tharasin
tractiret/ wurde darauff vor mich und meine leute eine köstliche mahlzeit angerichtet/ und eine comödie nebst allerhand unterschiedenen gauckel-
spielen/ präsentiret. Etliche spielten aus der
gauckel-tasche/ und wusten sehr behende allerhand früchte/ als Chinesische äpffel/ limonen/
trauben/ lebendige vögel und krebse herfür zu
bringen/ und andere artige dinge nach der Europäischen weise zu machen. Andere wusten mit
rundten gläsernen kugeln/ so als eines menschen
haupt groß waren/ so seltsam zu spielen/ und sie
auf der spitze eines stocks so zu drehen/ und ohne
daß sie herab fielen/ lauffen zu lassen/ daß es verwunderns würdig war. Darnach wurde ein
starckes rohr oder riet 7 klafftern lang in die höhe
gerichtet/ und von 6 personen fest gehalten/ an
welchem ein junge von 10 jahren mit seinen händen und füssen/ wie ein affe/ geschwind biß an die
oberste spitze hinauf lieff/ welches etwas seltsames
war. Hierauf legte er sich mit seinem bauch auf
die spitze des rohres/ und drehete sich auf demselben um und um/ schmieß sich in die höhe/ setzte
den einen fuß auf das riet/ und hielt sich mit der
einen hand an dasselbe; ließ die hand loß/ schlug
mit beyden händen zusammen/ und wuste dannoch das rohr mit einer solchen geschwindigkeit

L 4 wie-

wieder zu ergreiffen und andere spiel-übungen zu
verrichten/ daß es zu verwundern war.

Die comödien waren auch sehr wohl zu sehen/
und das umb desto mehr / weiln die/ welche spiel-
ten/ des Königs hof-comödianten waren. Sie
veränderten sehr offt ihre köstliche kleider/ welche
mit gold und seiden gestickt waren; und die vorstellung der comödie bestund in aufführung eines
triumphirenden krieges-helden/ darbey sich ihre
götzen und ihr alter König/ welcher blut-roth in
seinem angesicht gefärbet war/ präsentirten; dazwischen zuweilen mit einer kurtzweil aufgewar-
tet wurde. Als da stunden zwey junge jungfrauen köstlich gekleidet/ einer manns-person auff
den schultern/ welche mit einer solchen geschwindigkeit sich nach der cadence im tantzen zu wenden
und zu drehen/ gegen einander aufzuhüpffen/ und
nach dem tact der instrumenten sehr artig mit ehren-bezeugung des leibes und der vöcher in den
händen/ einander zu begegnen wusten/ eben als
ob sie zu fuß auf dem theatro nach dem tacte tantzten. Ferner spielten auch zwey kleine jungens
vor Hostiki oder Harleqvins / waren sehr lächerlich gekleidet/ und wusten dasjenige/ was sie zu
sagen hatten/ sehr wohl und verständig vorzubrin-
gen. Als nun dieses spiel geendiget/ danckte ich
denen Mandarynen/ setzte mich zu pferd und ritte
nach meiner wohnung.

Den

Denselben tag gieng der König nach seiner jährlichen gewonheit auf die tyger-jagt/ausser der grossen mauer/ und kam eben den tag wieder in Peking.

Ich meines orts wurde denselben tag bey dem Vice-Roy oder Sungut Doriamba zur mahlzeit ersuchet/ dabey ich mich einstellte/ und nachdem ich mit ihm einige worte gewechselt hatte/ führte er mich bey der hand aus seinem schlaffgemach in seinen besten saal/ allwo verschiedene tafeln mit stühlen bereit stunden/ und die gedachten tafeln mit schönen seidenen/ und mit allerley bilder-werck aus gold durchwirckten decken beleget waren. Ich bekam meine stelle an der einen seite des Unter-Königs/ und die Mandarynen an der andern seite. Die tafeln waren auch mit schönen blum-töpffen voll blumen von allerhand farbe aus seide gemacht/ besetzt/ so daß die blumen nicht anders als natürliche blumen aussahen/ und besonders von schöner carmosin-rother seide zubereitet waren. Dann indem es im winter war/ konte man keine frische blumen bekommen. An denen fördersten enden der tafeln stunden silberne kohl-pfannen/ darauff mit dem köstlichen holtze Kalamba geräuchert wurde/ welches einen vortrefflichen geruch von sich gab. Neben diesen pfannen stunden schöne von holtz geschnitzte bilder und allerhand andere künstliche figuren einiger

L 5

niger poppen 2c. welche schön vergüldt und ge-
mahlt waren.   Die stühle / darauff der Vice-
Roy und ich sassen / waren nach der Tartarischen
weise an denen rück-lehnen mit leoparden- und
tyger-fellen behangen / welches sehr prächtig
stund.   Und nachdem vor einem jedweden ein
mehr als gemeiner thee-kop mit thee gesetzt war /
darinn geschelete welsche nüsse und hasel-nüsse /
nebst einem kleinen eisernen löffel / zu geniessung
der nüsse / gelegt waren / nach welchen man alsdann den thee tranck / der einen sehr angenehmen
geschmack hatte : so wurden auch aus agtsteiner-
nen schälgen schöne wasser / oder vielmehr brand-
teweine mit gedistillirten mixturen herumgetrun-
cken.   Nach diesem wurden verschiedene schüsseln mit allerley gebratenen und in kleine stücken
z erschnittenen fleische aufgeschichtet / mit schönen
kräutern und aus seide gemachten blumen beste-
cket und ausgezieret / und als schau-essen auff das
forder-ende der tafel in einer reihe gesetzet ; darunter waren 6 schüsseln mit verschiedenen angenehmen suppen und mit gestofften fleisch und fischen angefüllet.   Als wir davon gegessen / wurden zu verschiedenen mahlen wieder andere herrliche speisen aufgesetzet ; darnach kam allerhand
schön gebackens auf die tafel / und zuletzt wurde
in porcellinenen schüsseln allerhand schönes confect an überzogenen früchten / als trauben / limo-
nen /

nen/ Chinesischen äpffeln/ castanien und gescheleten nüssen aufgetragen.

Inzwischen wurde nicht nur in diesem grossen saal/darinn wir assen/ eine comödie gespielet/und bey darzwischen kommenden pausen von gewissen sängern hell gesungen; sondern es wurde auch von kleinen knaben artig getantzt/ welche als jungfern verkleidet waren/ und nach dem thon eines/der wohl sang/und eines andern/welcher auf einem instrument/ gleich einer deutschen flöte/sehr annehmlich spielte/ gantz fein nach dem tact ihre springe in acht zu nehmen wusten; auch machten sie nebst geschickten bewegungen des leibes mit einem vöcher/ den sie in der hand hatten/ sehr annehmliche und liebliche geberden.

Die frau und tochter des Unter-Königs kamen hierauff auch zum vorschein/ doch so/ daß sie hinter dem saal an einer halb zugethanen thüre stunden; sie waren köstlich nach der Mongusch-en Tartarn art und weise gekleidet. Nachdem ich nun ohngefehr 3 stunden in fröligkeit zugebracht hatte/stund ich auf/ nahm meinen abschied/ und ritt mit meinem gefolge nach hauß.

Einige tage darnach wurde ich durch den Reichs-Schatzmeister Schilov in sein hauß zum essen genöthiget/ da ich dann nichts weniger sehr herrlich empfangen und in einen grossen saal geführet wurde. Dieser saal war nach der Chi-
nesi-

nesischen manier/ sehr wohl ausgeputzet: der
fuß-boden war mit einer art mauer-steine belegt;
an dreyen ecken des saals stunden köstliche und
grosse steinerne tische von weissen marmel mit
schwartzen adern und figuren/ welche durch die
natur darinnen bereitet waren/ daß man schöne
bische/ gebürge und flüsse daraus erkennen konte.
Die füsse an den tafeln waren von ebenholtz ge-
macht/ und mitten auf den tafeln stunden hohe
silberne blumen-töpffe/ mit allerhand schönen
blumen/ so sehr natürlich aussahen. Die pfeiler reichten biß unter das dach/ und waren mit
schönen farben künstlich gemahlet. Währender tafel wurde ein ballet getantzt/ und nachdem
wir uns vollkommlich mit einander vergnüget
hatten/ stund ich auf und nahm meinen abschied.

Darauf wurde ich in gesellschafft dieses Herrn
über die vornehmste märckte/ auf welchen seidene
zeuge/ tücher/ gold und silber/ edelgesteine/ und
allerley andere kostbarkeiten verkaufft wurden/
geführet. Man ersuchte mich hier von dem pferd
zu steigen/ und führte mich darauff in des Königs
apotheck/ allwo ich mit einem kopgen thee tractiret wurde; darbey ich begierig war/ diese apotheck in etwas genauer durchzuschnuppern/ weil
sie von allerley wurtzeln/ kräutern und artzney-
mitteln voll war. Indessen daß ich da war/ kamen viel leute mit recepten von denen Medicis,
wel-

welche ordentlich/ nach Europäischer art/ zubereitet wurden. Nechst dieser apotheck war ein
galanterie-laden/ in den ich hinein gieng/ ihn be-
sahe/ und allerley/ was mir anstund/ kauffte.
Der mann von diesem hause hatte ein schönes
garten-hauß/ darinn allerley blumen/ heestern/
und citronen-bäume in töpffen stunden. Unter
andern wurde mir ein groß glaß mit wasser gezel-
get/ darinn lebendige fische eines fingers lang
schwummen/ welche von natur einer so schönen
farbe waren/ eben als ob sie mit dem besten gold
übergüldet wären; und als man ihnen einige
schuppen abgestreifft hatte/ war der grund derselben so roth als die schönste carmoisin-farbe/ welches verwunderns würdig war.

Wie wir von hier weggegangen/ giengen wir
durch alle märckte. Ein jeder kram-laden hatte
ein grosses bret vor der thür stehen/ darauff mit
buchstaben gantz ordentlich geschrieben war/ wie
der mann/ welcher da wohnete/ heisset/ und was
vor waaren er verkauffte.

Von dannen giengen wir über den fisch-
marckt/ allwo allerley lebendige fische/ fürnehmlich karpffen/ karauschen/ wasser-schlangen/ welche sie essen/ krebse/ garnalen rc. in fisch-gerüsten/
in grosser menge zu kauff stunden. Als wir hierauff noch über einen andern marckt giengen/ sahen wir eine grosse anzahl hirsche/ rehe/ hasen/
pha-

phasanen/feld-hüner/ rebhüner ꝛc. und vielerley
anderes wild zu kauffe.

Den 7 Januarii war hier ein gewöhnliches
jahr-fest/ welches wohl 3 wochen währete. Dieses fest fiel ein des abends spät/ als der neü-mond
eintrat/ dä dann alsobald zuerst auf dem königlichen schlosse die grösse glocke geläutet wurde ; dabey hörte man auch die schweren trommeln/ welche ausdrücklich zum dienst der götzen gebraucht
werden/rühren und schlagen/und sehr viel canon-
schüsse.   Worauff alsobald überall in der gantzen stadt/ so wohl vornehme als geringe leute/ ein
jedweder nach seinem vermögen/ sich mit allerley
feuerwercken/ raqueten/ schwermern/ und andern
mit pulver gefüllten dingen /   welche starcke und
harte schläge von sich gaben /   andere mit röhren
uhd büchsen/ sehen und hören liessen ; darunter
auch der schall unzehlbar vieler trommeln und einiger auf ihre weise zugerichteten trompeten/ bey
denen Lamas oder götzen-dienern /   in denen bey
nahe unzehlbaren tempeln oder klöstern/ wacker
gehöret wurde.   Von abends 10 uhr biß den andern tag gegen mittag/ war es nicht anders/ als
ob man unter einem heer/ von viel hundert tausend mann/ gewesen wäre/ die einander eine
schlacht geliefert.

Des tages sahe man auf denen strassen allerhand proceßionen mit ihten götzen/ welche in vie-
ler-

lerley gestalten getragen wurden; beyher giengen die Lamas mit räuch-fässern und Pater noster,
die sie in den händen hatten/dabey das trommeln
und schlagen auf becken/ wie auch das trommeten
und andere music kein ende hatte.   Das um-
tragen dieser teuffels-bilder/ welchen viele men-
schen/ wie auch eine grosse anzahl Lamas und
Münche/ die voran giengen/ und denen eine grosse menge beyher lauffender jungens nachfolgte/
währte gantzer 3 tage/   da dann alle kram-läden
geschlossen/ und bey hoher straffe verboten war/
nichts zu verkauffen.

Bey dieser zeit sahe man alle strassen mit men-
schen/ so wohl manns- als weibs-personen ange-
füllt/ fürnehmlich sahe man viele frauen-leute/
welche auf eseln ritten/ oder auf zwey räderigten/
überdeckten/ und rund um mit vorhängen be-
hangenen/ doch forn offen stehenden Chaisen daher fuhren.   Von den dienst-mägden/ welche
hinten auf den Chaisen aufsassen/ quintelirten einige etwas mit ihren hellen stimmgen/ andere
bliessen auf trompeten/ welche aus einer gewissen
art horn gemacht werden.   Einige Damen sassen gantz offentlich/ und rauchten eine pfeiffe taback. In gantz China siehet man sonst keine frau
öffentlich/ ausser in der provintz Peking/ und fürnehmlich in dieser stadt/ welche mehrentheils von
Tartarn bewohnet wird; deßhalb auch die Chinesen

neſer ſich auſſet der ſtadt-mauer in der vor-ſtadt
behelffen müſſen/ allwo auch die vornehmſten
märckte gehalten/ und die ſtärckſten handlungen
getrieben werden.

Einige tage nach dieſem ſandte der König zwe-
en Mandarynen zu mir/ mit dem befehl/ daß ich
des morgens 2 ſtunden vor tag in dem ſchloß er-
ſcheinen/ und mich zu der abſchieds-audientz bereit machen ſolte. Drey ſtunden vor tage kamen darauff drey Mandarynen zu mir zu pferde/
in deren geſellſchafft ich biß an den gewöhnlichen
ort/ von dannen man zu fuß in das ſchloß hinein
gehen muß/ fort ritte. Da ich nun auf den dritten hof gebracht war/ wurde ich genöthigt/ in dem
pallaſt mich nieder zu laſſen/ da man mich mit
bohnen-ſuppe oder einer art coffee/ welchen ſie
des morgens nüchtern trincken/ regalirte. Inzwiſchen erſchienen auf dem vierdten ſchloß-platz
alle groſſe Herren und bediente des Königs/ welche alleſamt nach der Oſt-Tartariſchen oder
Mongalliſchen weiſe/ auf das beſte und zierlichſte
gekleidet waren. Da es nun anfieng tag zu
werden/ wurde ich auch auf den vierdten vorhof
geführet/ und zwiſchen die Mandarynen/ welche
morgen-und mittagwerts in dem hofe/ ein jeder
nach ſeinem rang/ ſich niedergeſetzet/ mich nieder
zu laſſen/ genöthiget. Nachdem ich eine halbe
ſtunde gewartet/ hörte man den König ankommen/

in

p. 176

Des Gesandten abschids audience.

in begleitung einer angenehmen music von qver=
flöten und einer art lauten. Diß war nun nicht
der saal/ darin ich zuvor bey dem König audientz
gehabt hatte/ sondern hier war ein besonderer
thron aufgerichtet/ und mit gelben damast be=
hänget. Zu beyden seiten desselben lagen zwey
grosse trommeln/ künstlich vergüldt und gemahlt/
auf einem dazu gemachten stuhl/ deren eine jede
wohl $2\frac{1}{2}$ klafftern lang war.

Nachdem sich nun der König gesetzt hatte/kam
auf seinen befehl der Herold vor den thron in
der thür des pallasts/ und gieng nach denen vor=
nehmen Herren zu/ welche im vorhof sassen/ und
sprach mit einer durchdringenden stimme einige
worte aus; darauff rieff er drey mahl nach ein=
ander denen Mandarynen zu: Stehet auff/
und bücket euch nieder zur erden. Als die=
ses nun drey mal nach einander geschehen/ wur=
den die glocken geläutet/ die trommeln gerühret/
und auf lauten gespielet/ wie auch auf 3 pfeiffen/
welche dazu gemacht waren/ 3 mal sehr starck ge=
blasen. Darauff wurden 2 vornehme Herren
von dem König zu mir gesendet/ mit befehl/ mich
ihm zu nähern/ und führten mich zugleich bey der
hand von meinem ort/ welcher ohngefehr 8 klaff=
tern von dem thron war/ weg/ aber meine leute
musten daselbst sitzen bleiben. Ich setzte mich
ohngefehr 3 klafftern weit von des Königs thron.

M   zur

zur seiten nieder/ zwischen zwey grosse Herren/
welche Wannen oder Fürsten/ und von geburt
Tartarn waren.   Und nachdem ich meine behörliche reverence vor dem König gemacht hatte/
wurde des Königs grosse glocke geläutet/und auf
denen trommeln/ so zur seiten lagen/ starck ge-
schlagen/welche einen so harten schall von sich ga-
ben/ als ob man mit pistolen schösse ; auch wurde
auf flöten gespielet/und 9 mal auf obengedachten
pfeiffen geblasen.

Hierauff wurde ich ersucht niederzusitzen/ und
da ich ein wenig gesessen/ wurde ein kop coffee
oder bohnen-suppe gebracht/welche ich höflich an-
nahm/ und vor mich niedersetzte.

Nachdem ich nun Sr. Czaarischen Majestät
affairen bey dem König abgethan hatte/stund ich
auf/und machte meine reverence/darauf auch der
König seinen thron verließ/ und durch die thüre/
gegen abend/nach seinem pallast zugieng.

In diesem vierdten platz stund des Königs
leib-wache/ welche mit rothen cattun gekleidet
war; auf dem cattun waren rothe schiffgen ge-
druckt/wie ein reichsthaler groß/ sie hatten auff
ihrem haupte ein klein hütgen mit einem gelben
feder-busch gezieret/ und das ist des Königs libe-
rey.   Sie waren mit hau-degen an der seite ge-
waffnet/hatten schöne lantzen mit daran gehenck-
ten fahnen/und waren von dem thron an biß mitten

ten auf den platz zu beyden seiten rangiret; es
stunden auch bey ihnen zur schau acht weisse ge-
sattelte pferde. Auf dem dritten vorhoff stunden zum prunck vier elephanten von einer ungemeinen grösse/ deren der eine ein weisses fell hatte; sie waren mit köstlichen gestickten güldenen
decken behänget/ und hatten silbernes übergüldetes zeug/ nemlich zäume/ schwantz-riemen und
andere herunter hangende riemen; alles starck
mit silber beschlagen und vergüldet. Oben auff
dem rücken der elephanten stund ein thürmgen
oder geländer/ sehr geschickt von holtz ausge-
schnitzt und übergüldet/ darinn wohl acht personen sitzen konten. So stunden auch auf diesem
platz des Königs zweyräderigte wagen und sänff-
ten/ welche alle mit gelben damastenen vorhängen behängt waren: ferner viele stühle/ darauff
trommeln/becken/und andere instrumente/so zum
götzen-dienst gebraucht wurden/ lagen.

Nachdem ich aus dem schloß gegangen war/
hohlte uns einer von des Königs wagen ein/ vor
welchem ein elephant gespannet war: zu beyden
seiten lieffen 10 personen/ mit einem dicken strick
in ihren händen/ der an des elephanten maul an
beyden halben fest angemachet war/ und womit
sie ihn zu leiten und zu regieren wusten. Oben
auf des elephanten nacken saß ein mann/ der einen eisernen hacken in seiner hand hatte/mit wel-

chem

chem er ihn regierte und in zaum hielt. Der elephant gieng seinen gewöhnlichen starcken schritt;
die aber/ so ihn führten und neben her giengen/
musten/ wann sie ihm gleich bleiben wolten/ so
starck lauffen als sie konten.

Das XVI. Capitel.

Der Gesandte wird zu denen Patern Jesuiten in ihr kloster genöthigt. Beschreibung
des kloster s/welches sehr köstlich gebauet ist:
und dessen kirche herrlich geschmücket. Der
Jesuiten kunst-kammer. Ehre/ dem Gesandten allda angethan. Der Gesandte
wird ersuchet/die stadt zu besehen. Des Königs elephanten-stall. Der elephanten
künste. Wie sie sich niederlegen auff den
bauch. Ein elephanten-hengst welcher sehr
böse/und wie er gezähmt worden. Diese elephanten kommen aus Siam. Jhr futter.
Ein hund zu verspeisen wird abgezogen. Artiges äffen-spiel/ wie auch spiel zweyer mäu-
se. Wunderliche zweyhörnichte thiere/ so
dem König von China verehret worden.
Welche aber der Gesandte nicht zu sehen be-
kömmt. Zubereitung zu der weg-reise des
Gesandtens. Auszug aus Peking mit einem
grossen geleit und gefolg. Ankunfft auf denen Tartarischen gräntzen. Grosses sterben unter denen kameelen und pferden. Abschied

schied von dem Mandaryn. Ankunfft in der
grossen Tartarischen wüsten/ und zu Targasinia an dem fluß Jalo. Grosse gefahr/ durch
strassen räuber überfallen zu werden. Das
Joolische gebürge/ allwo das futter vor das
vieh sehr schlecht ist. Mühselige tieffe we-
ge/ dadurch viel last-thiere umbkommen. Fel-
der/ welche durch die Tartarn ausgebrannt
seyn; woraus viel ungemach/ insonders auch
vor die reisenden/ entstehet.

Einige tage darnach wurde ich von denen
Jesuiten/ auf des Königs belieben/ in ihr
kloster zu kommen ersuchet/ dasselbe zu besehen; worauff zwey Mandarynen zu mir ka-
men/ welche mich auf des Königs befehl dahin
brachten. Es war dieses kloster mit einer hohen
steinernen mauer umgeben/ und hatte zwey grosse thore/ welche nach der Italiänischen bau-kunst
aus gehauenen steinen künstlich aufgerichtet waren. Bey dem eingang auf der lincken hand
stunden auf dem hofe unter einem dache/ oder in
darzu gemachten häusergen/ die beyden himmel-
und erd-kugeln/ von ungemeiner grösse/ als deren
eine jede wohl eine klaffter hoch war; hierauff
gieng man gerade aus auf die kirche zu/ welche
schön und auf Italiänische manier erbauet war/
darinnen eine ziemlich grosse orgel stund/ welche
der Pater Thomas Pereyra verfertiget hatte.

M 3 Fer-

Ferner war die kirche / nach der Römischen art /
köstlich mit schönen bildern und altären gezieret /
und so groß / daß 2 biß 3000 menschen darinnen
platz hatten. Oben auf der kirche war eine glocke / welche die stunden schlug / und ein glocken-
spiel / welches durch das uhrwerck getrieben wurde. Als ich diese kirche wohl besehen / brachten
mich die Patres in ihre kunst-kammer / darin allerley Europäische raritäten zu sehen waren. Hierauff führten sie mich auf der seite in ein gemach /
allwo sie mich nieder zu sitzen baten / und mit allerley köstlichen zucker-gebackens und confituren
tractirten; dabey denn nicht vergessen wurd /
mit dem schönsten wein / nach ihrer gewonheit /
auf gesundheit aller Christlichen Potentaten zu
trincken. Nachdem ich nun bey ihnen eine geraume zeit gesessen hatte / fuhr ich von diesen Jesuiten / mit vollem vergnügen / wieder nach hause.

Eben damals kamen zwey Mandarynen von
dem Cham zu mir / und fragten: ob ich mir nicht
wolte einen zeit-vertreib machen / und die stadt
besehen: darauff ich mit meinen leuten zu pferde
stieg / und von diesen Mandarynen in des Königs
elephanten-stall gebracht wurde / darinnen 14
stück stunden / deren einer weiß war; und als ich
sie besehen / musten sie allerhand künste machen.
Sie machten auf befehl des Ober-Stallmeisters
zuweilen ein solch geschrey oder laut / wie die tyger /

ger/ so daß der stall von solchem greßlichen geschrey zu erschüttern schiene: andere blöckten als
ein ochse/ wieherten wie ein pferd/oder sungen als
ein canarien-vogel: auch gaben sie einen schall
von sich/ wie eine trompete/ welches das verwunderlichste von allem war. Darnach musten sie
ihre reverene vor mir machen/auf den knien/und
sich bald auf die eine/ bald auf die andere seite
niederlegen und wieder auffstehen. Wann sie
sich nun niederlegten/ streckten sie erst die forder-
beine von forne aus/darnach die hinter-beine hinten aus/ und legten sich also platt auf die erde gemächlich auf ihren bauch. Einer von denenselben war ein hengst/ welcher sehr grimmig war/
und umb seiner grimmigkeit willen an zwey füssen
mit starcken ketten geschlossen war.So lange dieser elephant da gestanden/war er nicht aus seiner
stelle gekommen; vor seinem stall war eine grosse
grube gegraben/ damit er/ wann er sich ja loß ris-
se/nicht/ ohne in die grube zu fallen/ auf den hof
kommen/ oder einiges übel anrichten könte. Alle diese elephanten waren von einer ungemeinen
grösse/ und hatten einige von denenselben vorwarts aus dem munde grosse zähne/ wohl einer
guten klaffter lang/ heraus stehen. Nach aussage der Mandarynen/ kommen diese elephanten
aus dem Königreich Siam; weil der König selbiges Reichs jährlich einige/ als eine schatzung an

M 4　　　　　den

den Kayſer von China ſenden muß.　Ihr futter
war nichts anders als reiß-ſtroh/ in kleine bunde
gebunden/ deren ſie eins nach dem andern mit ihrer ſchnautze wiſſen aufzunehmen und in den
mund zu bringen.

Nachdem ich ſie nun alle gnug beſehen hatte/
ritte ich mit denen Mandarynen wieder nach
hauſe.　Unterwegens ſahe ich vor der pforte eines anſehnlichen Mandaryns/ daß einer der vornehmſten bedienten einem fetten hund das fell
abzog; darauf ich den Mandaryn fragte: warumb dieſes geſchehe? welcher mir antwortete:
daß dieſes fürnehmlich in dem ſommer ein geſun-
des eſſen wäre/indem es ſehr kühlte.　Nachdem
nun dieſe Mandarynen bey mir wohl waren tractiret worden/ giengen ſie nach hauſe.　Des andern tages ſandte der Vice-Roy in den geſand-
ten-hof zu mir ein tyger- oder panther-thier in einem käſicht/welches ich beſehen ſolte; auch wurden dahin taſchen-ſpieler und andere mit abgerichteten affen und mäuſen gebracht.　Die affen wuſten auf das wort ihrer Meiſter artige kün-
ſte zu machen.　Unter andern wurde eine küſte
auf dem platz bey ſie nieder geſetzet/ darin allerley
vielfarbigte von ſtoff gemachte röcklein lagen:
und ſo bald der Meiſter rieff: in die küſte/ ſo
wuſte ein jedweder/ auf befehl ſeines Herrns/ſei-
ne ihm zugehörige farbe auszuſuchen und anzu-
zie-

ziehen/ wie auch bey jedweder kleidung eine besondere grimasse des gesichts zu machen/und dar-
auff/ entweder auf der erde/ oder auf einem auf-
gespannten seil/ auf den hinter-füssen zu tantzen/
daß es eine rechte lust zu sehen war. Zwey mäu-
se/ welche an kleine ketten angelegt waren/konten
sich auf befehl ihres Herrn/ durch ihre ketten so
durch einander verwickeln und verknüpffen/ und
darnach selbst wiederumb sich aus einander finden und loß machen/ daß man sich darüber verwundern muste: ja es kamen mir die wunderli-
chen vorstellungen und streiche dieses sonst ver-
achteten thiers als das seltzamste vor allen andern vor.

Die Jesuiten erzehlten mir einsten/ daß dem
König von China vor 3 jahren aus einer Insul in
der morgenländischen see/ zu einem präsent/ vier
thiere/ von gestalt und grösse wie ein gemeines
pferd/ wären übersendet worden. Diese thiere
hätten ein jedwedes zwey lange spitzige hörner
vor dem haupte stehen; welche zu besehen sie die
Jesuiten auf des Königs befehl in des Königs
thier-garten/ der 10 meilen von Peking lag/ wären gesandt worden. Darauff sie Sr. Majestät berichten müssen/ ob sie dergleichen thiere
mehr in Europa oder in Indien gesehen hätten.
Nachdem sie zurück gekommen/hätten sie bekant/
daß sie dergleichen thiere niemahls gesehen / noch

M 5　　　　　　**von**

von derselben geschlecht jemahls gehöret hätten.
Ich war neugierig diese thiere auch zu sehen/ aber
ausser daß es weit von der stadt war/ kam die zeit
meiner abreise immer näher heran/ so daß solches
nicht geschehen konte.

Nachdem ich nun meine abreise fest gestellet/
sandte ich zu dem Unter-König und ließ ihn ersu-
chen/ daß mir 8 oder 10 tage vor meiner abreise
möchte zu wissen gethan werden/wann es dem Könige beliebte/ daß ich den hof und die königliche
hof-stadt verlassen solte; welches mir dann nach
verfliessung einiger tage auf meine bitte angedeutet wurde.

Als nun hierauff meine zubereitung zu einer so
fernen reise fertig war/ und ich zu guter letzt des
abends an des Königs tafel/ nach gewöhnlicher
weise/ einmahl in der woche/ gespeiset hatte/ reisete ich aus Peking/ in begleitung vieler grossen
Bedienten und Mandarynen/ welche mir biß
vor das stadt-thor das geleite gaben/ und dieses
geschahe den 19 Februarii 1694. Darauff kamen wir den 25 dieses monats in die stadt Gal-
gan/ nahe an der Daourischen mauer. Von
dannen zogen wir nach Naun/ und durch verschiedene Xixigarische Dörffer/ biß an die gräntzen
der Tartarey und der grossen wüsten. Hier lagen wir nun mit unserm lager einige tage stille/
und versorgten uns mit sätteln vor die kameele/
nebst

nebst andern nothwendigkeiten zu der reise; indem man von Argun biß auf die gräntzen Sr.
Czaarischen Majestät/ sich auf eigene kosten mit
allem versehen muß; darauff ich dann schon zuvor in Peking war bedacht gewesen. Dann
weil die kameele und maul-esel daselbst wohlfeil
waren/ führte ich eine gute anzahl dieser last-thiere ledig mit mir/ welche nebst der gantzen karavane biß hieher frey futter von denen Chinesern
hatten/ wie dann ich selbst mit allen meinen leuten bißanhero auffs Königs unkosten war gespeiset worden.

Wann ich auch diese vorsorge nicht gehabt/
und mich nur auf die kameele und pferde/ die ich
zu Nuna gelassen/ verlassen hätte/ würden wir
sehr übel gefahren seyn; indem von allen kameelen und pferden/ die ich daselbst gelassen/ kaum
800 stück mehr lebendig waren/ und die andern
alle in grosser anzahl/ wegen des schlechten fut-
ters von ungesunden kräutern und grases umge-
fallen.

Als ich nun den 22. Martii zu meiner ferneren
abreise bereit war/ tractirte ich den Mandaryn/
welcher mich auf königliche ordre biß hieher be-
gleitet hatte/ nochmals mit seinen leuten/ und darauff nahm ich höflich von ihm abschied; welches
von ihm hinwiederumb und gleicher weise geschahe.

Den

Den 26 des gemeldten monats zogen wir in
GOttes nahmen in die grosse wüste/ welche wegen ihrer unfruchtbarkeit und wildnüß denen augen einen betrübten anblick verursachte.

Nachdem wir zwey tage in solcher wildnüß
gereiset/ kamen wir nach Targasinia an den fluß
Jalo/ allwo wir/ weilns es früh im jahre war/ wenig graß vor unsere last-thiere funden.   Indem
wir aber allhier dann und wann ausruheten/
wurden wir von denen Targasinern gewarnet/
daß wir in der wüsten bey der gegend des flusses
Sadun und Kallar wohl auf unserer hut seyn sol-
ten/ weil daselbst 4 Mungesische Taischi/ mit ungefehr 3000 mann/ stünden/ welche mir mit den
meinigen aufpasseten und ihr heyl an uns versu-
chen wolten.   Ich stellte darauff hin und her
nothwendige und gute ordre/ und ließ des nachts
in und umb das lager mit 60 wohl bewaffneten
reutern wache halten.   Wiewohl es begegnete
uns vor dieses mahl nichts böses / so daß wir des
andern tages unsere reise fortsetzten.

Als wir nun also bey dem Joolischen gebürge
anlangten/ funden wir die fütterung je länger je
schlechter/ so daß es vor unsere reit-pferde und
last-thiere ein gar elendes ansehen zu gewinnen
anfieng.   Und da wir tages darauff über dieses
gebürge gezogen/ überfiel uns des nachts eine
grosse kälte/ mit einem starcken schnee ; über dieses

ses funden wir hier noch weniger graß/ Dieweil
das alte graß vom vorigen jahr gantz dürre auff
dem felde stund/ so daß die kameele und fürnehmlich die pferde den wanst davon wohl voll fraßen/
aber wenig krafft davon empfiengen. Hierauff
hielt ich bey mir rath/ ob der vorige weg der beste/
oder einen andern umweg zu nehmen/ das rath-
samste wäre/ damit wir denen Tartarn/ welche
uns aufpasseten/ entgehen/ und unsere reise gegen
morgen fortsetzen möchten. Worauff ich dann
das letztere und so das gewisse vors ungewisse er-
wehlte/ wiewohl solches mit vieler ungelegenheit/
ins besonder vor unser vieh/ bewerckstelliget wurde.

Also reiseten wir dann durch hohe gebürge und
tieffe moraste langsam fort; ja es fielen uns an
diesem tage 12 kameele und 15 pferde übern hauf-
fen/ und musten 16 tage an einander uns in diesen
tieffen und mühsamen wegen quälen; dadurch
täglich viele kameele und pferde unter ihrer last
nieder suncken und weg sturben; nicht nur weil
sie schwer beladen waren/ sondern weiln sie auch
mit schlechtem verdorrten graß/ davon sie keine
nahrung haben konten/ biß hieher sich hatten behelffen müssen.

Noch mehr aber wurde uns unsere reise durch
ermangelung der fernern fütterung schwerer gemacht. - Dann biß hieher hatten wir zum wenigsten

nigsten etwas verdorrtes graß hie und da gefun-
den/ daran die thiere/ob sie wol sich nicht satt fras-
sen/ doch zum wenigsten ein wenig knabern konte/
nun aber kamen wir an solche felder/welche durchgehends durch die Tartarn ausgebrandt waren/
welches uns dann nöthigte/ obschon unsere last-
thiere sehr abgemattet und schwach waren/ doch
diesen einen tag/ eine sonst zweytägige reise zuver-
richten/ damit wir einen ort erreichen möchten/
allwo noch etwas graß übrig war.

    Viele unserer kauffleute/ so theils ihre reit-
pferde verlohren/ theils aber ihren mätten pferden so viel waaren aufgeleget hatten/ daß sie daran gnug tragen musten/ waren gezwungen/zu fuß
zu gehen; ja in so fern ihrer viele nicht mit kameelen und pferden wären versehen gewesen/
welche nur ledig beyher lieffen/ würden sie gewißlich viele ihre güter in der wildnüß zurück haben lassen
müssen.

Das

Das XVII. Capitel.

Ankunfft an dem fluß Sadun. Ankunfft eines Chinesischen Gesandten / welcher nach Nerzinskoi gesandt wird. Ankunfft an den fluß Kailaan. Grosser rauch /welcher von ausbrennung des feldes entstanden. Des Gesandten vorsicht dabey. Schreckliche geschwindigkeit des brandes / dadurch etliche zelten verzehret und menschen verletzet werden. Grosse gesahr / darinn sich derGesandte selbst befunden. Der feld = brand komme gleicher massen in desChinesischen Gesandten läger / aber thut wenig schaden. Das feuer wird gelöscht. Der schaden / so durch den brand verursacht worden. Des Gesandtens überlegung wie er seine reise ferner fortstellen wolte. Schwere fort-reise/ dadurch viele last = thiere umbfallen. Ankunfft an dem strom Mergeen. Mangel und noth im lager. Ankunfft an dem fluß Gan / allwo man jung graß findet. Hungersnoth unter dem volck / und wie es sich behelffen müssen.

Nach vielem elend und ungemach kamen wir endlich / mit der grössesten mühe von der welt / bey dem strom Sadun an / allwo es etwas wärmer war / und das junge graß heraus zu schossen anfieng. An diesem strom blieben

ben wir zwey tage stille liegen/unsere kameele und
pferde zu erquicken/ als welche nicht länger würden haben aushalten können.

Inzwischen kam hier ein Chinesischer Gesand-
ter/ welcher ohngefehr 100 gewapnete leute bey
sich hatte/ zu mir; dieser war auf befehl des Chinesischen Königs durch den Vice-Roy der Tartarey aus der stadt Mergeen abgeschicket/ nach
Nerzinskoi nebst mir zu reisen/ woselbst er mit
dem Land-Voigt von einigen dingen zu handlen
hatte. Die ankunfft dieser gesellschafft war uns
sehr lieb; dann auf solche weise waren wir wohl
600 mann starck/ so daß wir die räuber und her-
umbschweiffende frey-reiter wenig zu fürchten
hatten.

Den 15 Aprilis kamen wir an den fluß Kai-
laan/ welchen wir/ weil das wasser nicht tief war/
durchwadeten/ zogen darauff ferner ohngefehr
eine meile auffwarts in ein thal/ allwo wir uns
lagerten/ aber wenig vorrath von futter funden.
Hier brachten wir nun eine nacht zu/ und sahen
darauff des morgens aus Nord-Westen einen
erschrecklichen rauch aufziehen/ dadurch ich in einige bekümmernüß gesetzt wurde/indem ich fürch-
tete/daß die Tartarn wohl möchten das alte graß
angezündet/ und sich hinter und unter dem rauch
verdecket haben/ um uns mit grosser macht zu ü-
berfallen. Mich nun hier in etwas vorzusehen/
ließ

ließ ich beyzeit die kameele und pferde/ zu welchen
wir/ nechst GOtt/ in dieser erschrecklichen wildnüß unsere zuflucht hatten/ auf einen ort jagen/da
graß war/ und wo sie hinter einem hohen berge
vor dem brand gar wohl bedeckt seyn konten.
Uber dieses musten sich 100 mann bereit halten/
mit filtz-decken/ womit die kameele bedeckt wur-
den/ das feuer/ so es näher käme/ so viel möglich
zu dämpffen/ und es von dem lager abzuhalten.
Nach verfliessung einer halben stunde wurde die
lufft von dem rauch gantz verfinstert/ und das
feuer kam/ vermittelst eines dabey entstandenen
sturm-windes/ so grausam und geschwind in das
thal/ in welchem das alte verdorrete graß ohngefehr einer halben ellen hoch stund/ geflohen/ daß
auch kein pferd stärcker hätte lauffen können/und
man keine möglichkeit sahe/ solch einer schnellflie-
genden flamme zu entfliehen/ oder sie zu hemmen.
Dann das feuer schoß als ein blitz beym lager
vorbey/ welches/ wie ich eben gedacht habe/an einem ort/ allwo kein langes graß gewachsen/ und
hinter der ecken eines hohen berges aufgeschla-
gen war. Nichts desto weniger kamen wir
nicht gantz ohne schaden davon/ dann die flamme
ergrieff in der fordersten reihe einige zelten/ so
daß alsobald 10 oder 12 brennende in die lufft
flohen/ und viele kauffmanns-güter im feuer auf-
giengen. Uber dem wurden auch 14 personen

N von

von dem feuer übereilet und jämerlich verbrännt/
so daß einige davon vor todt aufgehoben wurden. Doch da man alles zu ihrer genesung an-
gewendet/ ist nur einer davon/ und zwar ein Per-
sianer/ gestorben. Ich selbst war in grosser ge-
fahr/dann wann ich nicht bey zeiten mit zwey die-
nern/ welche mich mit einem filtz vor der hitze be-
deckten/ auf einen berg/ auf welchem fast kein
graß stund/ gelauffen wäre/ würde es mir nicht
besser/ als denen oben benannten/ ergangen
seyn.

Das feuer war so bald vor unserm lager nicht
vorbey/ so erreichte es den Chinesischen Gesand-
ten/ welcher ein stück weges zur seiten im gebürge
von uns ab lage/und zu seinem grossen glück einen
platz innen hatte/ wo wenig graß stund/ so daß die
flamme wohl über den berg weg schlug / aber eine
allzu kleine krafft hatte/etwas zu ergreiffen/ohne
nur daß die schwäntze von ihren pferden in etwas
verbrannt oder versenget wurden. Ehe man
ohngefehr 200 zehlen konte/ war das feuer fort-
gelauffen biß an den fluß Kailaan/ welcher eine
meile von unserm lager war/ allwo es durch den
abschnitt/ den dieser strom machte/ sich endigte/
und so von selbst auslöschete.

Nach dem brand war das land/ so weit man
von den höhen der berge sehen konte/ von graß
gantz entblösset/ und überall/ wo man hin sahe/
köhl

kohl schwartz. Hierauf sandte ich meinen Gids
oder weg-weiser aus/ welcher zusehen solte/ ob ir-
gendswo örter zu finden wären/ da man mit dem
lager übernachten könte; Dieser kam des andern
tages wieder zurück/ mit bericht/daß rings herum
in keinen zweyen tage-reisen einiges futter zu finden sey/ indem das feuer alles verschlungen hätte; ja wann noch hie oder da ein plätzgen gefunden würde/ welches durch die flamme nicht gantz
verzehret worden/ so finde sich doch darauff nicht
die helffte so viel graß/ als so viele kameele und
pferde zu ersättigen/ und ihnen den wanst zu füllen erfodert würde; welches dann mir und dem
gantzen lager keine erfreuliche zeitung war.

Ich gieng derohalben bey mir zu rath/ ob es
nicht besser wäre zurück über den fluß Kailaan zu
kehren/ allwo das graß noch unversehret stund.
Gleichwohl da ich dagegen die gefahr/ durch die
Tartarn/ welche an selbiger seite des wassers
stunden/ überfallen zu werden/ betrachtete/ so er-
wehlte/ und wolte ich lieber zwey tage-reisen in
mangel und nöth zubringen/ als uns von neüem
der grausamkeit wüster und wilder menschen un-
terwerffen.

Des morgens brachen wir darauff aus unserm lager auf/ und kamen des abends späte an
einem grossen morast zu stehen/ nachdem wir denselben tag vieles elend und ungemach/ wegen des

N 3 rei-

reisens durch viele moraste und über jähe gebür-
ge/ erlitten hatten; welches dann fürnehmlich
die thiere beträff/ indem denselben tag 18 kameele und 22 pferde in dem morast/ da sie nicht mehr
fort konten/ stecken blieben/ das uns ein hartes
war/ und uns je länger je mehr beschwerlich fallen wolte/ indem wir unsere eqvipage und lebens-
mittel/ wie die kauffleute ihre waaren/ ungern zurück liessen/ dadurch dann die übrigen thiere über
ihre gewöhnliche last musten beschweret werden.

Den folgenden tag reiseten wir wieder durch
morastige thäler und hohe gebürge/ und kamen
darauff an den fluß Mergeen. Als wir nun
durch diesen fluß gewadet/ setzten wir in grossem
elend unsere reise fort/ nicht nur wegen unserer
thiere/ so uns täglich dahin fielen/ und welche wir
wegen mattigkeit zurück lassen musten/ sondern
fürnehmlich/ da es am meisten drauff ankam/
wegen mangel und dürfftigkeit der lebens-mittel
vor so viel menschen/ weiln dieselben sehr klein
und gering worden/ und noch in nur wenigen ma-
gern lebendigen ochsen bestunden/ dergleichen
man auf so einem weg mit sich zu führen pflegt;
dann anderer vorrath/ als brod/ erbsen/ gritz rc.
wird nicht mitgenommen/ indem die kauffleute
und Cosacken ihre last-thiere zu dem führen und
tragen ihrer waaren nöthig haben/ ja so man die
ka-

kameele mit lebens-mitteln beladen solte/würden
dieselben allzu hoch zu stehen kommen.

Dieweil dann nur eine kleine anzahl ochsen im
lager vorhanden war/wurde das volck unter ein=
ander sehr bestürtzt/weiln wir noch in 10 oder 12
tagen zu Argum auf denen gräntzen nicht seyn
konten; so daß deßhalb ein jeder/ nachdem er
mit lebens-mitteln in seiner gesellschafft versehen
war/hiernach seine rechnung zu machen anfieng/
und dabey überlegte/wie er bester massen mit sei=
nem vorrath zukommen möge.

Den 18 dieses erreichten wir endlich mit gros=
sem kummer und mühe den Gan=strom/ durch
welchen wir/weil er nur klein wasser hatte/hinzo=
gen/und an der andern seite schon jung graß vor
das vieh funden/ welches uns dann sehr erfreue=
te/ und eine grosse erquickung gab. Ich nahm
mir vor/hier 3 tage auszuruhen und still zu liegen/
würde auch noch länger geruhet haben/ wann
nicht die kauffleute/ Cosacken und arbeits=leute
geklagt hätten/ daß ihrer viele hunger leiden mü=
sten/und nur noch wenige ochsen vor so viele 100
menschen übrig wären.

Sie zeigten mir selbst/ wie sie sich behelffen
mußten/ dann wann ein ochse geschlachtet wurde/
fiengen sie das blut auf/ kochten es biß daß es dick
wurde wie eine leber/und assens alsdann an statt
brodts; andere schnitten die häute/ welche von

N 3　　　　　　　dem

dem vieh abgezogen waren / in riemen / schabeten
das haar ab / und brateten sie alsdann am feuer /
welches damahls vor sie eine schmackhaffte delicatesse war. Von dem eingeweide gieng auch
nichts verlohren / so daß wann diese noth und dieser mangel länger gewähret hätten / leichtlich ihrer viele die natur der Kaffer oder Hottentotten /
welche roh fleisch mit dem dreck selbsten fressen /
würden angenommen haben.

Das XVIII. Capitel.

Eine jagd / so gut von statten gehet. Es
werden einige nach Argun abgesandt lebens-
mittel zu holen. Der hunger und der mangel nimmt täglich zu. Fisch fang durch schiessen verrichtet. Eines Schamans oder zauberers hütte im gebürge / nach welcher der
Gesandte hineilet. Zauberey. Bericht der
herannahenden hülffe der hungers-noth.
Ankunfft der lebens mittel / welche sehr theuer seyn. Ankunfft an dem strom Argun und
bey der stadt Nerzinskoy. Weg-reise von
dieser stadt / und ankunfft zu Jakutzkoy. Zu
Jenizeskoy. In einem grossen wald / und zu
Makofskoy / allwo man benöthigte schiffe findet. Ankunfft zu Tobolskoy / und weg-reise
von dannen. Glückliche ankunfft in Moßkau.

Inzwi-

Nzwischen als ich vernahm / daß sich an
diesem fluß viel wildpret / als hirsche/ rehe
und dergleichen aufhielte / befahl ich einigen von meinem volck / die mit dem bogen wohl
umzugehen wusten / auf die jagt auszugehen;
welches dann so glücklich geschahe / daß sie ohngefehr 50 stück rehe fälleten / die hernachmals im lager ausgetheilet und von denen verhungernden
leuten halb gar / halb roh verschlungen wurden.
Da befand man erst in der that / daß hunger / nach
dem gemeinen sprichwort / einem scharffen
schwerdt gleich sey; ausser dem aber man auch
wohl sagen kan / daß das stillen des hungers / welcher lange gewähret hat / eine der angenehmsten
sachen in der gantzen welt sey; wiewol der durst /
wann derselbe lange anhält / die natur noch mehr
quälet / und ihr wohl gar unerträglich fällt.

Unterdessen sandte ich einen Edelmann / in gesellschafft 8 Cossacken / nach dem ort an der gräntze-
tze / Argum genannt / mit einem schreiben an den
Gouverneur daselbsten / darinn ich bat / daß er
uns eilends etliche ochsen / schaafe / brod / mehl und
andern vorrath unter einer convoy wolle zusen-
den / indem wir in die äuserste noth gerathen wären: welches dann auch nicht gäntz fruchtloß ab-
gieng / wiewohl die verlangte hülffe uns so bald
nicht wiederfuhr / als wir wohl wünschten; dann
ein jeder tag / wie es in dergleichen elenden zu-

N 4 stand

stand herzugehen pfleget / schiene uns ein gantzes
jahr zu seyn.

Mittlerweile daß diese abgeschickte ihren befehl zu verrichten auswaren / fand ich vor rath-
sam / von dem fluß Gan aufzubrechen / damit wir
indessen so viel des weges zurück legen / und dem
unglück zu entkommen / als immer möglich / trachten möchten. Nachdem wir nun 3 tage gereiset /
hörte man bey einem jeden ein unaufhörliches
klagen über hunger / indem die erschossenen reh-
böckgen unter so vielem volck nicht viel geholffen
hatten / und über dieses in dieser wildnüß vor geld
nichts zu bekommen war. Zuweilen muste man
aus der noth eine tugend machen / weil man dasjenige ausstehen muste / was durch ordentliche
mittel nicht konte geändert werden. Hierauff
kamen wir müde und abgemattet an einen bach /
welcher aus dem gebürge herab floß / darinn sich
viele fische / als forellen und grosse hechte aufhiel-
ten / von denen viele mit dem bogen erschossen
wurden. Dann bey hellem wasser sind die Cossacken und Tunguzen / deren ich einige bey mir
hatte / so erfahren und abgericht / mit pfeilen / welche forn breit und zweyschneidig seyn / zu schiessen /
daß sie selten fehlen; wann sie auf einen fisch treffen / so schiessen sie beynahe denselben mitten
durch / daß er alsobald oben schwimmet. Dieser fisch-fang erquickte unser lager sehr / da noch
dazu

dazu denselbigen abend einige reh-böcke gefället/ und auf vorerzehlte weise verzehret wurden.

Währender zeit wurden unsere jäger in dem gebürge einer hütte gewahr/ darin ein Schaman oder teuffels-diener mit seinen gesellen wohnte. Er war ein vetter unsers weg-weisers / ein Tungeser von geburt/ als unter welchem volck viele von dieser art/ wie wir oben gehöret/ gefunden werden. Ohngefehr mitten in der nacht wurde ich durch ein erschreckliches geschrey aufgewecket/ da ich dann aus dem gezelt sprang/ und die schild-wacht/ welche vor meinem zelt stund/ fragte: was das zu bedeuten hätte? sie antworteten mir: daß sich der weg-weiser mit seinem vetter/dem Schaman/ lustig mache/welches mich begierig machte/ in der stille mich dahin/ mit einer von den schild-wachten/ zu begeben/um zu sehen/was sie daselbst machten. Als ich nun an den eingang der hütte gekommen/ sahe ich/ daß sie auf ihre art zauberten/und wiewohl das meiste schon geschehen war/ sahe ich nichts desto weniger ihn noch sitzen und einen pfeil in der hand halten/ da er dann das eine ende des pfeils auf der erden/und die spitze desselben unter seiner nasen stehen hatte; worauff er auffsprung/ und mit voller kehle schreyende/und einige mahl herum tantzete/ sich endlich schlaffen legte. Des morgens erzehlten mir die Cossacken/ die ich nach lebens-mitteln ausgesandt hatte/und

De-

denen er begegnet war / daß dieser zauberer seinem vetter begegnet / und ihn alsobald vor ihren
augen weggezaubert oder weggeführt habe ; welches dann durch die finsternüß der nacht und bey
gelegenheit der hohen gebürge gantz gemächlich
ohne einige teuffels-hülffe füglich geschehen
konte.

Ferner brachten uns diese abgeschickten die
angenehme zeitung / daß wir von Argum innerhalb 3 tagen schlacht-vieh und allerley proviant
bekommen würden ; nach welcher zeit / weiln wir
wiederumb an allem mangel litten / bey uns allen
kein kleines verlangen war.

Den 3 tag bekamen wir auch durch GOttes
güte die zugesagte hülffe / durch die versprochene
lebens-mittel / welche in 25 ochsen und kühen / grü-
tze / und gebackenen brod bestunden. Doch die
Marquetäner / welche in der convoy mitkamen /
wusten ihren vortheil hierbey auch wohl wahrzu-
nehmen / und alles denen kauffleuten und uns so
theuer anzuschmieren / daß man genau erkennen
konte / wie sie mehr auf schinderey und wucher / als
auf redligkeit / abgerichtet seyn / indem sie uns vor
ein brod einen reichsthaler abfoderten / und alles
anders auf gleichen schlag anrechneten / dabey
wir dannoch froh waren / daß wir vor geld / es
mochte auch kosten was es wolte / lebens-mittel
bekommen konten.

Da

Da wir nun hiedurch wiederumb erquicket
waren/ und das graß je länger je mehr hervor
wuchs/ zogen wir weiter/ biß wir durch GOttes
gnade das ende einer so langen und dürren wüsten sahen/ in welcher wir so viel ungemach aus-
gestanden/ und mit dem schwersten elend der welt
waren gequälet worden.

Wir kamen den 27 dieses monats mit freuden
an den strom Argum/ über welchen wir den tag
darauff mit der gantzen karavane setzten/ und erreichten darauff den 31 glücklich die stadt Nerzinskoy: GOtt danckende/ daß wir aus so vielen
gefahr errettet/ und die/ uns sehr hart drückende
noth/ überwunden hatten.

Nachdem ich nun die kameele und pferde im
frischen grase einige tage allhier hatte lassen aus-
ruhen/ und wir selbsten uns auch nach wunsch er-
frischet hatten/ reiseten wir den 5 Augusti von
Nerzinskoy/ zu lande/ weg; kamen darauff den
8 dieses monats längst dem fluß an die stadt
Udinskoy; allwo wir einige schiffe überkamen/
und mit dem strom nebst einem guten wind in einer nacht an denen Siberischen gräntzen anlang-
ten/ so daß wir den 12 in der stadt Jakutskoy
glücklich arrivirten. Den 17 dieses monats verreiseten wir wiederumb von hier/ und kamen/
nachdem es starck geregnet hatte/ so daß wir hier
und da mit grosser gefahr des aufgelauffenen
waß

waſſers durchwaden muſten/ endlich noch gantz
wohl in der ſtadt Jenizeskoy an.

Den 26 reiſeten wir wiederumb zu lande von
dieſer ſtadt weg/ und zogen durch einen wald/ der
ohngefehr 20 meilen lang war/ darinnen ſich viele wilde und reiſſende thiere aufhielten/welche/da
wir uns näherten/ die flucht nahmen.

Nach dieſem kamen wir in das dorff Makofs-
koy/ woſelbſt ich ſo viel ſchiffe fand/ als ich nöthig
hatte / und mich alſo auch allda mit meinem bey
mir habenden gefolg zu ſchiffe begab/da wir dann
den ſtrom Keta hinabwerts ſchifften / und den 28
September bey dem ſchloß Ketskoy an dem Oby-
fluß ankamen ; welchen wir auch ferner unver-
hindert und ohne einige gefahr hinabſchifften/und
darauff den 16 October bey dem flecken Samo-
rofskoyjam an dem mund des fluſſes Jalis glücklich anlangten.

Allhier hielten wir uns 14 tage an dem Jalis-
ſtrom auf/weiln wir die ſchlitten-fahrt/unſere reiſe zu lande fortzuſetzen/ abwarteten.   Ich nahm
dann die erſte gelegenheit zum ſchlitten-fahren in
acht/ ſo daß wir ohne einiges unglück den 29 dieſes monats die ſtadt Tobolskoy erreichten/ allwo
wir 3 wochen/um mit etwas ausruhen uns wieder
zu erquicken/ wie auch uns mit neuen kleidern zu
verſehen/ ſtille lagen.

Nach dieſem begaben wir uns wiederumb auf
den

den weg/ und trugen grosses verlangen/ das ende
einer so mühseligen reise/ und die Königliche hof-
stadt dereinst zu sehen.

Den 24 Novemb. reiseten wir durch die stadt
Wergaturia/ ohne daß uns etwas/ so beschrei-
bens würdig wäre/ begegnet hätte/ und kamen
darauff auf denen schlitten/durch GOttes gnade/
den 1 Januarii glücklich in Moscau an/ nachdem
ich nemlich zwey jahr und zehen monate auf meiner reise zugebracht/ und vieles elend/ welches ich
im vorhergehenden zum theil kürtzlich angemer-
cket/ ausgestanden.   Wir danckten dem All-
mächtigen GOtt für seine gnade/ daß er uns
in so vielen und grossen gefahren beschützet/ und
uns endlich wiederumb an den ort gebracht hat-
te/von dannen wir von Seiner Czaarischen
Majestät waren ausgesandt
worden.

Das

Das XIX. Capitel

Bericht von dieser reise/ und wie sie beschrieben worden. Nachlesung dieser reise/
in absicht vieler sachen/ so zu wissen würdig.
Allgemeine beschreibung des gantzen Sibie-
riens. Land-karte eines reisenden. Land-
karte der Tartarey/ so durch den Herrn Bürgermeister Witsen gerühmt worden. Anfang der reise/ so von Mitternacht genommen
worden. Samojeden/ wie vielerley/ Eine
beynahe unmenschliche art derselben/so näher
beschrieben wird. Jhre Häupter und Obersten. Hirsch schlitten. Jhre geberden und
gestalt des leibes. Die Samojeden seyn gro-
be Heyden. Beschreibung ihrer zelten. Jhre heyrathen und lustbarkeiten. Anmerckens würdigkeit wegen der thiere. Bericht
von Weygats ausführlich von dem Hn. Bürgermeister Witsen beschrieben. Was die
Russen durch eigene erfahrung/ das reisen
unter ihnen betreffende/ hievon bezeugen.
Benommene freyheit durch Weygats zu rei-
sen/ und warumb solches geschehen. Gewisse
schutgens/ und wie dieselbe über den Pojas
geführet werden. Beschreibung des Pojas
oder des Rücken-gebürges/ und wie dasselbe
sich ausdehnet/ wie es sich gegen mittag zer-
theilet/ und wo es sich endiget.

So

SO haben wir dann in erzehlung unserer
reise getrachtet/ einfältig die warheit zu
sagen/ohne daß wir dieselbe/ nach art der
meisten reisenden/ sie desto wunderbarer zu ma-
chen/ hier und da verändert/ oder mit vielen ver-
grösserungen ausgeschmücket hätten.   Geringe
sachen pflegen ihrer viele offters ungemein groß
vorzustellen/oder andere stellen vielmahls einige
dinge vor/ davon sie doch nicht die geringste ge-
wißheit noch erfahrung haben/ sondern sich auff
blosse erzehlungen anderer gründen.   Hievor
habe ich in der beschreibung meiner reise mich zu
hüten mit allem fleiß getrachtet.   Doch nachdem ich sehe/ daß ich nicht alles/ wie es eine gute
ordnung erfodert hätte/ eingerichtet/ weiln ich einige dinge/ so zu wissen würdig/ theils vorbey ge-
gangen/theils nicht nach behör ausgeführet; so
ersuche ich zum voraus/ mich entschuldigt zu hal-
ten/ indem durch eine kurtze nachlesung dessen/
was ich itzt in diesem und folgenden capitel vor-
tragen will/ das vorhergehende auf einige weise
soll wieder gut gemachet werden.

Meine reise dann habe ich genommen durch
gantz Sibirien und Dauur/ deren städte/ ländereyen und flüsse/welche ich durchzogen/ich oben
angewiesen habe.   Unsere abreise geschahe von
mitternacht gegen morgen/ von Weygats biß
nach Amur/ und gegen abend von Uffa Baski-
rien

rien biß an der Mongalen land/ und von dannen
von abend biß gegen mittag zu.

Was die gräntze des landes Sibierien insgemein anbelangt / so ist dieselbe überall mit
wohlgewaffneten kriegs-volck Sr. Czaarischen
Majestät besetzet ; welches sich sonst wegen der
Tartarn/welche gegen mittag in den Geliseischen
feldern wohnen/ wenig bekümmert/ sie unter den
gehorsam Sr. Czaarischen Majestät zu bringen/
weiln nicht viel bey ihnen zu erholen.

Der umkreiß dieses Königreichs Sibierien
und die herumliegende landschafft ist gar groß/
wie aus unserer beygefügten land-karte zu erse-
hen/ darinn die liebhaber sich allein nach denen
graden richten müssen/ doch so/ daß sie auf die dazwischen liegende plätze/ der städte und flüsse / inwendig im lande/ ob dieselben eine meile näher
oder ferner von einander liegen/ keinen staat machen: indem diß land niemahls durch welt-be-
schreiber bereiset und noch viel weniger meils-
weise abgemessen worden ist. Ausser dem habe
ich/ so viel es müglich gewesen/ meinen strich wohl
in acht genommen/ und mein bestes gethan/ vermittelst eines künstlichen instruments/ überall
elevationem poli wohl zu erkennen / und darnach
die örter abzuzeichnen: eine nähere untersuchung/
und weitere entdeckung unser unbereiseten lande
überlasse ich meinen nachfolgern. Wenigstens
habe

habe ich gewiß vor ihnen/ wie man zu reden pfle=
get/ das eyß gebrochen/ indem ich der erste Deut=
sche bin/ der diese grosse ländereyen/ biß nach
China/ zu lande hin und wieder bereiset hat.

Ich muß bekennen/ daß ich das erste licht/ der
guten entwerffung einer allgemeinen land=carte
dieser örter/ von dem hoch=edlen/ groß=achtbaren
Herrn Nicolaus Witsen/ regierenden Bürger=
meister der stadt Amsterdam/ empfangen habe;
dessen gedächtnüß bey allen menschen/ seiner ge=
lehrsamkeit und grossen wissenschafft - halber/
ewiglich wird hochgeachtet werden; indem seine
Hoch=Edelheit das gantze Sibierien/ die länder
der Kalmukken/Mugalen und anderer herrschaf=
ten/ biß ohngefehr an die Sineische mauer/ zum
ersten in einer carten vorgestellt/ und der Euro=
päischen welt bekannt gemacht hat; welche carte
mir zu einem weg=weiser auf meiner reise/ und zu
einem fundament der nachfolge meiner land=car=
te/ so diesem werck beygefüget ist/ gedienet hat.
Der kurtze begrieff nun meiner reise ist nachfol=
gender:

Vor erst fiengen wir unsere reise an von mit=
ternacht/ darinn die landschafft der Samojeden
und Wagolissen/ in so fern dieselben unter dem
Siebierischen gebieth/ und dem Woywoden von
Pelun stehen/ biß an die see sich erstrecket. Man
findet verschiedene arten der Samojeden/ welche

O　　　　　　　　in

in der sprache und pronuntiation gantz von einander unterschieden seyn. Da seyn die Beresofs-
ky und Pustoserssen/ welche sich dannoch vor ein
volck ausgeben: Darnach findet man etliche an
der see-küste über der Ost-seite des Oby / biß nach
Truchamskoy oder Mangazeiskoy; ferner seyn
noch andere/ welche sich in der gegend Archangel
bey dem fluß Dwina meistentheils das gantze
jahr aufhalten/ wiewohl sie des sommers vielmahls an der wasser-seite/ und des winters weit
in denen wäldern ihre hütten aufschlagen. Und
diese letztern sind gleichsam der schaum eines zusammen gerotteten volcks / welches ehemahls an
dem ufer der see bey einander gewohnet hat/
und hernachmahls in diesen strich landes sich gezogen.

Weiter seyn die Samojeden/ so am rande der
eyß-küste des Sibierischen gebiethes wohnen/ein
volck/welches allein die gestalt der menschen/und
nur wenig natürlichen verstand hat; im übrigen
aber hunden und wölffen gleich ist. Dann sie
fressen allerhand todtes aaß/ als pferde/ esel/hun-
de/ katzen und dergleichen; wie auch wallfische/
see-kühe/ wallrossen ꝛc. welche vom eyß aufs
land getrieben werden. Es ist ihnen auch nicht
viel dran gelegen/ ob sie es roh oder gekocht ver-
schlingen; ja wann sie nur flügel hätten/ so würden sie gewiß nach Grönland fliegen/und daselbst
ihre

Pl. 2.11.

Hirsch Schlitten der Samojeden.

ihre koſt/ wie die weiſſen bähren und malmucken/
das gewiſſe raub-vögel auf der ſee ſind/ an denen
abgeſchundenen wallfiſch-gerippen ſuchen; da ſie
doch ſonſt in einem lande ſeyn/ welches an wild-
pret/ fiſch und zahmen fleiſch einen groſſen überfluß hat; ſie aber ſeyn mehrentheils zu faul/ ſich
damit zu verſorgen.

Sie haben einige häupter unter ſich/ denen ſie
ſchatzungen bezahlen/ welche hernachmals durch
dieſelben an die ſtädte oder winter-örter Sr.
Czaariſchen Majeſtät gebracht werden. Ein
gewiſſer Herr/ welcher ſich einige zeit zu Poſtoi-
oſer aufgehalten hat/ erzehlte mir die art ihrer
hirſch-ſchlitten/damit ſie ſehr geſchwinde über die
gebürge/ wann ſie mit ſchnee bedeckt ſeyn/ wiſſen
weg zu fahren. (Man wird hiervon eine abbildung in dem beygefügten kupfferſtücke ſehen/ wie
auch ein bildnüß der gemeinen Samojeden/ wie
dieſelben in reh-fell/ das rauche auswendig ge-
kehrt/ gekleidet/ und mit gewehr-pfeil und bogen
verſehen ſeyn.) Uber diß fügte er hinzu/ daß er
gedachte Häupter dieſes volcks ſelbſt in dergleich-
chen ſchlittgens habe fahren ſehen/ davor ſie zuweilen 6 auch wohl gar 8 rehe geſpannet gehabt/
ſie aber ſelbſt wären insgemein mit röthen ſchar-
lachenen röcken gekleidet geweſen; ihre ſulte aber
habe aus ſolchen leuten/ wie wir eben itzt beſchrieben haben/ beſtanden. Die ſpitzen ihrer pfeile
ſeyn

seyn an statt des eisens oder stahls von wallroß
oder andern gebeine gemacht.

Was ferner ihre gestalt und geberden anlangt / so seyn dieselben gantz heßlich und unge-
schickt/ ja man kan sagen / daß kein abscheulicher
volck als dieses auf dem erdboden sey. Sie
seyn kurtz und untersetzt von gestalt / breit von
schultern und angesicht / haben breite und blatte
nasen/ grosse hängende mäuler/ und garstige au-
gen/ wie die luxen. An farbe seyn sie durchgehends gantz braun/ und haben langes loß herum-
fliegendes haar / welches bey einigen roth und
blunt/ bey den meisten aber pech-schwartz ist ; sie
haben wenig bart / und ihre braune haut ist sehr
fest / dabey seyn sie auch sehr schnell im lauffen.
Die reh-thiere/ welche sie des winters vor ihre
schlitten spannen/ haben wohl wegen ihrer hörner
ein ansehen als hirsche/ dabey aber einen krumen
hangenden halß/ wie die kameele ; wobey dieses
noch an ihnen etwas besonderes ist / daß sie des
winters schnee-weiß/ und des sommers graulicht
aussehen ; das futter dieser rehe / damit sie gespeiset werden/ ist mooß/ welches auf der erde in
den wäldern wächst.

Diese Samojeden sind plumpe Heyden/ welche von keinem glauben zu sprechen wissen/ ausser
daß sie nach der weise der Persianer/ mit beugung
des leibes/ des morgens und abends/ Sonn und
Mond

Mond verehren. Im übrigen halten sie in und bey ihren zelten gewisse abgötter/ welche an den bäumen hangen; etliche seyn von holtz/ in gestalt eines menschen/ ausgeschnitten; etliche seyn von eisen geschmiedet/ und diesen erzeigen sie einige ehrerbietigkeit.

Ihre zelten sind mit bircken-bast gedeckt/ welches zusammen genähet ist/ und wann sie dieselben von einem ort auf den andern setzen/ welches so wohl winters als sommers geschiehet/ setzen sie erstlich die stacken rund um mit den spitzen gegen einander/ darnach legen sie das dach von gemeldten bast drüber her/ doch so/ daß sie oben ein loch lassen/ dadurch der rauch hinaus ziehet. In der mitte des zelts machen sie feuer an/ um welches sich so wohl weiber als männer des nachts gantz nackend herum schlaffen legen. Ihre kinder legen sie in küsten oder wiegen/ welche von bircken-bast gemacht seyn/ auf geschabte baum-rinde/ welches/ wann es mit einem stückgen reh-fell bedeckt ist/ so weich ist/ als pflaumfedern.

Sie heyrathen ins geblüte/ und haben hiewider gantz kein gesetz; sie kauffen auch einer von dem andern die töchter zu weibern/ vor rehe und peltzwerck; nehmen deren auch so viel als sie unterhalten können/ nach der weise der Morgenländischen völcker. Wann sie in gesellschafft sich lustig machen/ stehen zwey und zwey gegen einander/

D 3　　　　　　der/

der/ schlenckern ihre beine und füsse eins um das
andere voraus/ und schlagen dann mit der blatten hand an die ballen der füsse/ daß es klappet.
An statt des singens machen sie ein geheule wie
bären/ wieheren wie pferde/ oder pfeiffen wie etliche junge vögel. Sie halten zauberer/ welche
allerley teuffels-künste vorstellen/ und die meistentheils aus betriegereyen bestehen. Doch
hiermit wollen wir von dem leben und von den sitten dieser ungeschickten Samojeden abbrechen/
und zu andern sachen übergehen.

In der gegend dieser küste biß Weygats und
Meseem/ findet man beynahe alle vierfüßige thie-
re/ nemlich wölffe/ bären/ füchse und hirsche rc.
wie auch etliche vögel/ als enten/ rebhüner rc. des
winters so weiß als schnee; auch ist es hier um
diese jahrs-zeit so kalt/ daß elstern und bunte krä-
hen/ wann sie durch die lufft fliegen/ wie ich mit
meinen eigenen augen in der gegend Samojeda
gesehen habe/ wegen des grossen frosts todt zur erden fallen.

Was Weigats anlangt/ davon viel/ durch En-
gelländer/ Dähnen und Holländer/ welche mit
schiffen den eyß-canal zu durchbohren getrachtet
haben/ (welches ihnen auch ein oder zweymahl
geglücket ist/ doch durch die starcke eyßfahrt in das
eyß-meer oder in die mittags-see genöthiget wurden nach ihrem vaterland zu kehren) geschrieben
                                                    wor-

worden ist; So schreibet davon ins besonder
sehr ausführlich der edle und groß-achtbare Herr
Nicolaus Witsen/ Bürgermeister zu Amsterdam. Dann dieser Herr hat von sehr vielen/
welche daselbst gewesen seyn/ genauen bericht von
allem/ was nur hiebey anmerckliches anzutreffen
ist/ eingezogen: wie dann dieses Se. Edl. Groß-
Achtb. in einer land-carte von Weygats/ nebst
denen see-küsten biß an den fluß Oby/ gar schön/
so daß selbige nicht zu verbessern/ angewiesen hat/
daraus man siehet/ daß von Weygats biß an die
heilige oder eyß-kaap/ die see ohnschiffbar ist/ ob
schon ein zweyter Christophorus Columbus auf-
stünde/ welchem wohl der himmels-lauff den weg
zeigen/ aber nimmermehr durch die schwebende
eyß-berge hindurch führen wird: dann GOTT
und die natur haben den gantzen see-strand Si-
bieriens so durch eyß befestigt und umsetzet/ daß
kein schiff biß an den fluß Jenisea und noch weniger von der mitternacht-seite durch die see anlän-
den kan/ ich geschweige daß sie die heilige oder
eyß-kaap beschiffen/ und so Japon und Jedso erreichen solten.

Die nachricht/ welche mir die Russen/ die verschiedene mahl Weygats biß an den Oby durch-
schiffet seyn/ hievon gegeben haben/ bestehet in
nachfolgenden: Wir gehen/ sagten sie/ mit unsern kotski (welches eine art schiffe ist/ damit die

D 4 ke

see befahren wird) nach Weygats/ robben und
wallroſſe zu fangen/   und wann wir dergleichen
gewahr werden/fahren wir in die Weygatsſiſche
ſtraſſe; wann nun der wind von der ſee herwe-
het/ ſo wird die gantze küſte mit eyß beſetzet/ dadurch wir genöthiget werden/ in die meer-buſen
zu weichen/ dabenebſt aber müſſen wir auch nicht
allzu tieff fahren/ biß zu der zeit/ da der wind wiederumb von dem wall nach der ſee zugehet/ dadurch die meer-enge ſo ſchön von dem eyß geſäu-
bert wird/ daß es aus den augen einige meilweges weit auf der ſee weggetrieben wird; alsdann
ſetzen wir unſere reiſe ohne einige zeit-verſäumnüß
an der ſee-küſte fort/ biß der wind wiederumb aus
der ſee kommt/ dann alsdann müſſen wir wiederumb einen meer-buſen ſuchen/ und wann ſolches
mißlinget/   werden insgemein die ſchiffe durch
eyß-ſchollen zerſchlagen oder in ſtücken zerſtoſ-
ſen.

Vor ungefehr 50 jahren hatten die Sibieriſchen Ruſſen freyheit/ daß ſie ihre lebens-mittel/
als korn/ mehl 2c. mochten von denen örtern/ die
an der ſee lagen/ herhohlen/ und wiederumb ihre
Sibieriſche waaren durch Weygats frey dahin
bringen/ doch ſo/ daß ſie den behörlichen zoll an
Se. Czaariſche Majeſtät bezahlen muſten. Doch
dieſe Sibierier mißbrauchten ſolche gunſt ihres
Ober-Herrn/   und führten unter der hand viele
güter

güter durch andere ströme in Rußland/ dadurch
Se. gedachte Majestät grossen schaden/und kränckung seines rechts leiden muste/ deßhalb biß auff
diese stunde verboten ist/ keine güter mehr durch
Weygats zu bringen/ sondern es muß alles über
Beresova Kamenskoy und den felsichten Pojas
geführet werden; welches dann mit grosser mühe geschiehet. Dann wann sie von Beresova
wegreisen/ müssen sie ihre schütgens oder schiff-
gen/ welche aus einem baum gehauen seyn/ in der
mitten durchhauen und mit sich über das hohe gebürge schleppen/ und nachdem solches einige tage
gewähret/ biß sie an die mitternacht-seite hinüber
gekommen/ hefften sie ihre schütgen oder kleine
fahrzeuge wieder zusammen/ stopffen die ritzen
mit mooß von bäumen dicht zu/ und setzen so ihre
reise zu wasser nach Archangel/ oder nach andern
Rußischen örtern/ welche an dem strom Oby lie-
gen/ fort.

Ich wendete mich hierauff nach dem Pojas
oder so genannten rücken der welt. Dieser
ist ein felsen/ welcher seiner gestalt nach/ wie man
genau wahrgenommen/ einem rücken oder Pojas
gleich ist. Es hat derselbe seinen ursprung von
Petzerkay/ Oser oder Pezerselanis/und erstrecket
sich ohne einigen abschnitt durch das Wergatoe-
rische gebieth/darunter auch Wergatoerisch Wo-
lok begriffen ist; Es kan auch dieses gebürge/oh-

O 5 ne

ne daß man über daffelbe hinziehe / nicht bereifet
werden.   Von dannen: erftreckt es fich gegen
mittag bey dem fchloß Utka vorbey / biß an der
Ußiner=Tartarn land/ aus welchem gebürge der
fluß Ußy und gegen morgen die ftröme Nitra/
Tuna 2c. entfpringen/von denen der letzt gemeld=
te fluß gegen Nord=Weften in den Kama=ftrom
fich ergieffet.

Von hier dehnet fich diefes gebürge gegen
mittag aus / nach denen Kalmokfchen gräntzen/
aus welchem Pojas gegen abend der fifch=reiche
fluß Jaika entftehet/ welcher fich in die Cafpifche
fee ergieffet/ ingleichen hat der fluß Tobol an der
mitternacht=feite diefes gebürges feinen ur=
fprung.   Ferner erftreckt fich diefes gebürge ge=
gen morgen/ langs denen Kalmukfchen und Si=
bierienfchen gräntzen/ und gehet zwey Labis/ oder
ftehenden feen/ als Afero Salfan und Ofer Kal=
kulan vorbey;   aus der erftern entfpringt der
groffe fluß Oby/ und aus der letztern der fluß Jr=
tis.   Von diefem groffen meer Ofer Kalkulan
laufft das gedachte rücken = gebürge wiederumb
mittagwerts/ und hat dafelbft der fluß Jenifea
feinen urfprung/ welcher fich in die Tartarifche
eyß=fee ftürtzet.

Noch weiter gegen mittag krümmet und zer=
theilet fich diefer Pojas oder diß rücken=gebürge/
wie ein ellenbogen nach Nord=Often und nach
Sü=

Süden; gegen mitternacht gehet es an dem fluß
Jenizea fort/ und gegen mittag gehet es bey Oser
oder Laeus Kofogoll vorbey/daraus der fluß Se-
lenga entspringet/ welcher in das Baikals-meer
fället. Von hier erstreckt sich der Pojas noch
biß an die Sand-wüsten/ in dem lande der Mon-
galen/ allwo er sich einige tage-reisen weiter/als
die gedachte wüsten gehet/ von derselben ab-
scheidet/ und dann wiederumb mittagwerts seinen fortgang nimmet/ biß an die Chinesische
grosse mauer; da er dann gegen morgen gantz
nahe bey das Careesche meer fliesset/ wie
in unserer reise-carte ausführlich
angewiesen ist.

Das

Das XX. Capitel.

Der strom Augur. Uffinische und Baski-
nische Tartarn. Beschreibung noch anderer Horden. Ihre kleidung/ so wohl der
männer als der weiber. Sind ein kriegeri-
sches volck. Ihre sprache. Der fluß Osar
ist saltz-reich. Und wie es aus demselben ü-
berkommen wird. Beschreibung der stadt
Torre/ und des daber gelegenen landes.
Häupter desselben. Deren wohn-art und
handthierung. Ihr brod/ tranck/ gewehr
und fangen des peltzwercks. Hier sind lustige ländereyen. Aberglaube und götzen dieses volcks/ wann sie auf die jagt gehen. Verehrung ihres Saitans Beschreibung der
stadt Tomskoy. Deren kauff-handel nach
China. Ein unbewohntes land. Das land
der Kirgizen. Art und natur dieses landes.
Wie weit sie sich ausbreiten ihre waffen und
sprache. Tungesen und Buratten stehen
unter dem schutz Sr. Czaarischen Majestät.
Beschreibung eines grossen gebürges. Regenten der Mongalen. Das schloß Argum.
Tungeser und deren macht. Ihre kleidung.
Allgemeine hirsch-jagt/ und wie sie dieselbe
in gewissen Horden verrichten. Ihr glaube und bestialische fröligkeit. Ihre weiber/
töchter und brod. Beschreibung der schönen
landschafft Daour. Die gräntzen zwischen
Si-

Sibierien und dem Chinesischen gebiete. Beschreibung der Koreizi. Ihre handthierung.
Einwohner einiger hier herumliegenden insuln / und wo dieselben herstammen. Noch
andere völcker / Xuri und Koeliki genannt.
Beschreibung der Eyß-Kaap / ist sehr kalt /
deren eyß-berge. Der fluß Lina Pairlake
und die stadt Jakuzkoy. Ledige schiffgens.
Der Jakutiser tracht / ihr glaube / ihre opffer
und begräbnüsse / ihre sprache / ihre weiber /
last- und reit-thiere / ihre lebens art. Handlung der Jukogaayers mit denen todten. Der
strom Lina und andere schöne flüsse. Uberfluß an korn und vieh. Einwohner dieser
landschafft. Der strom Jenizea und 3 andere flüsse. Elends-jagt der Tartarn. Die
städte Taugviskoy und Mungaseja. Letzter
bericht dieses gantzen wercks und der folgenden beschreibung Chinä. Peking die haupt-
stadt Chinä. Beschreibung der art und manier der alten Chineser. Der gegenwärtige
König ist dem Christenthum nicht abge-
neigt. Seine souveraine hertschafft. Meynungen der Chineser von ihrem lande. Deren glaube und gottes-dienst. Sünde ist bey
ihnen nicht bekannt. Wie sie ihre gerichte
halten. Wie sie krieg führen. Ihre gewehr-
re und art und weise zu fechten. Gemachte
application des Schreibers. Der König von
China ist ein Tartar. Jesuiten und andere
Geistliche. Zeit-rechnung der Chineser und
durch

durch wen dieselbe beschrieben. Die grosse
Chinesische mauer/ und vier thore an derselben.

JCh wende mich hierauff wiederum zu der
beschreibung der völcker dieser landschaft/
und weme dieselben tribut oder schaßung
zu bezahlen schuldig seyn. Von Pelim und
Wergaturia an dem Zusawaja-strom biß an der
Uffiner land wohnen mehrentheils Wogulische
Heyden. Deren glaube/ leben und wandel oben
beschrieben ist. Der strom Kugur/ an welchem
die Uffiner zu wohnen den anfang machen/nimmt
seinen ursprung aus der Uffinischen gräntze/ zwischen den Zusawaja- und Uffa-strom/ und fällt in
den fluß Kama. An diesem letztern strome liegt
eine stadt/ Kungun genannt/darinnen Se. Czaarische Majestät eine besatzung liegen hat. Diese Uffinische und noch eine andere art Tartarn/
Baskinzy genannt/ wohnen in der gegend der
stadt Oeffa/ leben gantz zerstreuet in dörffern und
flecken/ welche nach der Rußischen weise/ gegen
abend biß an den Kama-strom und an der Wolga hin/ biß fast an die städte Sarat und Sara-
pul/ ziemlich bebauet. Welches zwey städte
seyn an dem fluß Wolga/ darinnen Se. Czaarische Maj. um die Tartarn im zaum zu halten/und
die schaßungen einzufodern/ seine kriegs-besa-
tzung

ßung hat; sie bezahlen ihre schatzungen an höchst-
gedachte Se. Majestät mit peltzwerck und honig;
Uber dieses ist es ein volck/ welches von den Gou-
verneuren oder Land-Voigten nicht allzuhart
will gehalten seyn/ indem sie sonsten leichtlich eine
rebellion und meuterey anfangen/ davon man vor
diesem viele proben gesehen/ Dannoch nun eine
lange zeit her nichts dann alle treue von ihnen ver-
nommen hat.

Gegen Sud-Westen in dem Astrakanischen
bezirck/ sind noch einige kleine Horden dieses
volcks/ welche ihr eigen Herr seyn/ und sich mit
den Kalmukken in der gegend Astrak an vereini-
gende/ in dem Sibierischen gebieth auf streiffereyen und raub ausgehen. Sie nehren sich auß-
ser dem mit dem ackerbau/ und gewinnen fürnehmlich gerste/ hafer und buch-weitzen. So
bald das korn gemähet ist/ machen sie alsobald
auch im feld einen treschflur/ treschen es aus und
bringen es rein gemacht nach hauß; sie haben
und samlen auch sehr viel honig/ ja in solchem ü-
berfluß/ als an keinem ort in der gantzen welt.
Die kleidung des manns-volcks bestehet mehrentheils aus weissen Rußischen tüchern/ der rock ist
ohngefehr auf die art gemacht wie ihn die Moscowitische bauern zu tragen pflegen/ doch so/ daß
hinten auf dem rücken lange flügel herabhangen.
Die weiber gehen/ wann es nicht kalt ist/ mit dem
ober-

ober-leib mehrentheils im blossen hembde/ welches nach ihrer art streiffen-weise von oben biß
unten mit seide von allerhand farbe künstlich gestickt und ausgenähet ist.   Um ihren leib tragen
sie einen rock nach der Teutschen weise/ haben eine art pantoffeln an/ welche kaum die zähen be-
decken/ und über dem knöchel gebunden werden.
Ihre haupt-decke bestehet aus einem stirn-tuch/so
einer hand-breit ist/ welches sie vor das forder-
haupt machen und hinten zubinden.   Dieses
stirn-tuch ist gestickt mit seide von allerley farbe/
und mit vielfarbigten gläsernen corallen/so an einen drat gereihet und um die augen hin und her
schlenckern/ gezieret.   Etliche haben sie etwas
breiter/ nemlich wohl zwey spannen und einer
hand breit hoch/ und mit seide/ wie mit einer dünnen borte durchnehet/so auch mit corallen von vielerley farben besetzet/ welches an dem forder-
haupt herfür raget; wann sie ausgehen/ bedecken sie ihren haupt-schmuck mit einem viereckigten leinenen/ mit seide gestickten/ und mit rund
um herabhangenden seidenen frantzen gezierten
schnupff-tuch.
    Diese Uffinische so wohl als Kaskierische Tar-
tarn sind tapffere und streitbare völcker im kriege/
sitzen wohl zu pferde/ und führen kein ander gewehr als pfeile und bogen/ womit sie sehr ge-
schwind/ so daß es zu verwundern/ umzugehen
                                        wissen.

wiſſen. Sie ſeyn groß und ſtarck von geſtalt/ haben breite ſchultern/ und laſſen ſich lange bärte wachſen; ihre augen=braunen ſind ſo dick von haar/ daß ſie vielmahls über die augenlieder her= abhängen/bey den meiſten ſtoſſen ſie qver vor dem haupte zuſammen. Sie haben eine eigene ſpra= che/ und können einiger maſſen mit denen Aſtra= kaniſchen Tartarn zurecht kommen. Ihr glau= be iſt meiſt Heydniſch/ wiewohl ſie darinn eines theils denen Mahomedanern gleich ſeyn/ welches ſie von denen Krimmiſchen Tartarn/ mit denen ſie vor alten zeiten viel umgegangen/ erlernet ha= ben.

Zwiſchen denen örtern/ wo der fluß Tobol und der ſtrom Oby entſpringet/ wohnen Kalmokken/ biß nach Jamuſchowa Oſer. Dieſer fluß Oſer iſt von gutem harten ſaltz ſehr reich/ und gehöret unter das Kalmokkiſche gebiethe/ daſelbſt komen jährlich 20 oder 25 Dochenikken/ welches Rußi= ſche fahr=zeuge ſeyn/ mit einer convoy aus Tobol= ſek/ welche aus 2500 wohlgewaffneten ſoldaten beſtehet/ an. Das ſaltz zu überkommen/fahren ſie den fluß Irtis hinauf/ und begeben ſich mit ih= rer convoy zu lande ein ſtück weges biß an den ſtrom Oſer/ allwo ſie das ſaltz an dem rande wie eyß aushauen/und ſo ihre ſchiffe damit beladen. Dabey aber geſchiehet es ſelten/ daß ſie nicht ei= nige ſcharmützel mit denen Kalmokken haben/

P   wel=

welche ihnen das verführen des saltzes nicht zuste-
hen wollen / und nichts desto weniger auch wider
ihren willen leiden müssen/ daß solches geschiehet.

Wann man von diesem fluß Jamusawa Oser
hinab nach dem fluß Jrtis schiffet/ liegt eine stadt/
Torre genannt/ an einem kleinen fluß / welcher
Tara heisset.   Diß ist der äusserste gräntz-ort
Sr. Czaarischen Majestät / an dem gebieth des
Kalmokkischen Printzens Bustuchan gelegen.
Die daselbstigen einwohner werden Barabinsy
genannt / und erstrecken sich von der stadt Torre
gegen morgen/ biß an den fluß Oby/dem fluß Ton
und der stadt Tomskoi gegen über.   Diese landschafft Barnabu wird so wohl im winter als sommer bereiset/ doch noch mehr im winter ; dann der
Oby über Surgut und Narin ist zu winters-zeit
nicht zu bereisen / deßhalb sich die reisende nach
Sibierien/ des weges über Tomskoy und Jenu-
seeschs bedienen.   Das volck Barabinsy ist eine
art Kalmokken / welche Sr. Czaarischen Majestät und dem Bustuchan und zwar einem jedweden die helffte eines kopff-geldes bezahlen.   Sie
haben unter sich drey Ober-Häupter als Taischi:
der erste heist Karsagay/ der zweyte Baikisch/und
der dritte Baiduk.   Diese drey Herren empfangen die schatzungen von denen Barabinzen / und
bringen Ihrer Czaarischen Majestät ihr theil.
Der erste Karsagay bringt das/ was er empfan-
                                                        gen

gen in die stadt Tora; und Baikisch sein theil in
das Rußische schloß Teluwa/ und Baiduk das
seinige in das schloß Kulenba; und zwar alles
an peltz-wercken.   Sonsten ist diese nation ein
zornmüthiges und streitbares volck; sie wohnen
wie die Sibierische Tartarn/ in gantz niedrig auf
der erd gezimmerten hölzernen häusern; sie wissen von keinen öfen/   sondern haben nur in den
häusern eine art schorsteine oder rauch-löcher.
Wann das holtz verbrennt ist/   machen sie das
rauchloch zu/ und bedienen sich der kohlen/bey denen sie sich so lange wärmen als die glut währet.

Sie wohnen insgemein in gantzen dörffern
bey einander/ und haben des sommers leicht auf-
geschlagene hütten/ des winters aber ziehen sie in
ihre warme hölzerne wohnungen.   Sie seyn
grosse liebhaber des ackerbaues/ und säen hafer/
gerste und buch-weitzen aus.   Vom rocken oder
rocken-brod halten sie gar nichts: wann man ihnen solches anbietet/gefält ihnen der schmack desselben zwar wohl/ aber dabey kauen sie dasselbe
so wunderlich und so lange in dem munde herum/
eben als ob sie was garstiges drinn hätten; spey-
en es auch wieder aus/ und schaben die zunge ab/
als von so etwas welches sie nicht in den leib bringen können.   Die gerste/ welche sie bauen/legen
sie in wasser/ und lassen dieselbe darinn weichen/
darauff trocknen sie dieselbe ein wenig/und stossen

P   sie

sie so lange/ biß die schale abgehet; dann trock=
nen und braten sie diese geschelete gerste in einem
eisernen sehr heissen kessel/ und wann sie so hart
als ein knoche geröstet ist/essen sie des tages so tro=
cken davon/ daß es zwischen ihren zähnen knir=
schet/und das ist ihr brod. Sie gebrauchen auch
Saranna/ oder die zwiebel von gelben lilien/wel=
che sie trocknen/ stossen/ und dann mit milch koche/
und so dieselbe an statt eines milch=breyes essen.
Sie trincken auch Kumis/ welches ein brandte=
wein ist/ welcher von pferde=milch abgezogen ist.
Auch bedienen sie sich Karaza oder des schwartzen
thees/ welcher ihnen durch die Bulgaren zuge=
bracht wird.

Ihr gewehr ist einerley mit dem gewehr der
Tartarn/ und bestehet aus pfeil und bogen. Sie
halten viel vieh/ nemlich pferde/ kameele/ kühe
und schaafe; schweine aber halten und essen sie
nicht. Sie fangen jährlich allerley schönes peltz=
werck/ als zobeln/ mardern/ füchse/ vielfrasse/her=
mynen/ jackhörner/ biber/ mincken/ ottern ꝛc. und
damit bezahlen sie ihr kopff=geld.

Das land erstreckt sich vo Tora biß an den fluß
Oby/ ist nicht bergicht/ sondern eben/ mit schönen
cedern/lerchen=bäumen/bircken/ tannen=bäumen
und büschen bewachsen/ welche mit vielen cry=
stallenen bächlein durchflossen werden. Ihre
kleidung/ so wohl der männer als weiber/ ist nach
der

der Numgolischen und Kalmockischen manier
gemacht.   Sie halten so viel weiber als sie ernehren können.   Wann sie auf die jagt ausge-
hen/ nehmen sie ihren so genannten Saitan mit
sich in die büsche: dieser Saitan ist aus grobem
holtz/ so gut als sie es mit einem messer schneiden
können/ ausgeschnitzt/ und ist bekleidet gleich denen Rußischen weibern mit einem kleid von stoff
gemacht/ welcher allerley farben hat. Dieses gö-
tzen-bildgen stehet aufgerichtet in einem darzu gemachten kästgen/ wird auch auf einem besondern
schlitten geführet.   Das erste/ was sie fangen/
es sey auch was es wolke/ opffern sie diesem ihrem
höltzernen Saitan oder götzen auff.   Wann sie
einen guten und reichen fang auf der jagt
thun/ kommen sie mit freuden nach hauß/ setzen
den götzen auf den höchsten ort ihrer hütten mit
seinem kästgen; und behängen ihn hinten und
fornen/ unten und oben mit zobeln/ mardern und
andern fellen/ zur danckbarkeit/ daß er ihnen einen so glücklichen fang verliehen hat/ und diese
schöne peltz-wercke müssen bey diesem Saitan
verderben und vergehen; dann sie halten es vor
eine ewige schande/ wann jemand diese/ dem Saitan geopfferte dinge/ ihm wiederum abgenommen
und verkaufft haben solte; über dieses siehet man
umb und an diesem götzen viele alte und von den

P 3   wür-

würmen verzehrte pelße hangen/. welches jäm-
merlich anzusehen ist.

Da wir nun von hier über den fluß Oby gesetzt
hatten/ kamen wir an die stadt Tomskoy/ welche
auch ein gräntz-platz Sr. Czaarischen Majestät
ist; sie lieget an dem Buzak/ und ist eine schöne/
grosse und feste stadt/ mit vielem Rußischen
kriegs-volck und Cossacken besetzt/ welche die
streiffereyen der Tartarn in Sibierien verhindern. Es wohnen auch daselbst viele Buchari-
sche Tartarn/ über dem fluß in der vorstadt/ welche Sr. Czaarischen Majestät tribut bezahlen
müssen. Diese stadt Tomskoy liegt an dem
fluß Tom/ welcher in dem lande der Kalmukken
entspringet. In dieser stadt Tomskoy wird
grosse handlung nach China getrieben/ nicht nur
von denen unterthanen des Busuchtuchans/ sondern auch durch die Bucharen; darunter viele
Rußische kauffleute mit durchlauffen. Die reise nach China von diesem ort kan in 12 wochen hin
und auch so viel wieder zurück abgelegt werden/
welches dannoch mit der grössesten mühe und un-
gemächlichkeit vollbracht wird/ dann es muß alles
an vielen örtern selbsten wasser und holtz/ welches
sie/ ihre speisen zu kochen/ brauchen/ auf kameelen
nachgeführet werden. Dieser weg nach China
wird gerade durch der Kalmukken land über Ko-
koton/ welches eine Sinesische stadt ausser der
mau-

mauer iſt/ genommen.   Denen Ruſſen und andern völckern iſt es unmöglich dieſe reiſe zu voll-
bringen/ indem in dem lande hin und wieder viele räuber ſeyn/ welche die reiſenden überfallen/
und ſie desjenigen/ was ſie auf einer ſo beſchwerlichen reiſe mit vieler mühe und groſſen ſorgen er-
übriget haben/ berauben.

Von Tomſkoy niederwärts biß ungefehr Ja-
niſeeſch iſt das land gantz wüſte und unbewohnt
von allen völckern/ dazu iſt es ein ebener ſtrich
landes/ hie und da mit büſchen bewachſen/ deßgleichen in der gegend der zwey flüſſe Kia und
Zuwin/ biß an die ſtädte Kusnezkoi und Krasnajar iſt es auch nicht/ oder wenig bewohnet/ auſſer
allein an denen gräntzen.   Das erſte/ welches
an dieſe gegend ſtöſſet/ iſt das land der Kirgizen/
welche des Buſuchtu Chan unterthanen ſeyn.
Die ſtadt Krasnajar iſt eine feſte ſtadt/ und mit
Coſſacken von Sr. Czaariſchen Majeſtät ſtarck
beſetzt/ welche ſtets wegen des einfalls der Kirgizen auf ihrer hut ſeyn müſſen/ deßhalben auf dem
marckt vor dem hauſe des Gouverneurs allzeit 20
pferde tag und nacht geſattelt und fertig ſtehen.

Denen Kirgizern/ ob ſie wohl mit den Sibi-
rianern in freundſchafft leben/ iſt dannoch nicht
zu trauen/ dann ſie kommen offters unvermuthet
in einem huy/ und rauben ſo wohl menſchen als
pferde bey der ſtadt und denen umliegenden dörf-

fern weg: doch die Cossacken machen / daß solche
beute ihnen vielmahls sehr theuer zu stehen komt/
indem sie von ihren trouppen oder horden offters
viel 100 menschen und pferde zu nichte machen/
oder mit sich gefangen wegschleppen.

Diese Kirgizen breiten sich nach Süd=Osten
biß an das Mongalische gebiethe aus. Sie seyn
ein streitbares volck/ ansehnlich und lang von ge=
stalt/ breit von angesicht / und ziehen wie die Kal=
mukken auf. Ihre waffen sind pfeile und bo=
gen/ sie reiten niemahls auf beute aus / sie müssen
dann schöne koller anhaben/ dabey führen sie lan=
tzen/ welche sie neben den pferden auf denen spi=
tzen herschleppen lassen. Sie leben mehrentheils
im gebürge/ welches ihnen ein guter vortheil ist/
indem sie darinn nicht können überfallen werden.
Ihre sprache kommt mit der Kalmukkischen meh=
rentheils überein/ doch reden sie auch viel Krims=
Tartarisch/ welches zum theil auch die Türcken
verstehen können.

Von Krasnoi an dem fluß Jenisea hinunter=
werts biß an Jeniseesch/ wohnen Tungesen und
mehrentheils Buratten; das letzt gemeldte
schloß gräntzt beynahe an das Mongalische ge=
bieth/ an den boden des steinernen rückens/ zwi=
schen Tunginskoi und der stadt Selinga. Der
gräntz=platz der Mongalen land ist nicht groß/
hat aber eine starcke besatzung / welche mehren=
theils

theils aus reiterey bestehet / welche die abend-seite vor denen Mongalen und darzugehörigen Tartarn / Mirottw / Mily und Buratten beschirmen.
In der gegend dieser stadt wächst eine art sandel-
holtz / welches ungemein hart ist. Die Buratten / welche unter Sr. Czaarischen Majestät schutz
stehen / haben in der gegend Selinga ihre wohnungen gehabt; weiln aber von diesem volck /
durch aufreitzung der Sineser / viele zu denen
Mongalen überzulauffen anfiengen / sind die
übrigen mehrerer sicherheit halber von hier an die
Baikaßische see versetzet worden / allwo sie nun
rund um die see im gebürge wohnen / und Sr.
Czaarischen Majestät ihre schatzungen mit vielen
zobeln und andern kostbaren peltz-wercke bezahle.

Von dieser stadt an siehet man gegen mitternacht ein grosses gebürge / welches biß an die Baikalische see gehet / allwo schöne zobeln und viele
kaberdyn-thiere gefunden werden. Von der
stehenden Kofogel gegen morgen biß an die sand-
wüste / und von dannen biß an den Dway oder
Mongalische see; ferner biß an das land Argun /
und von dannen wiederumb Nord-West / biß an
den fluß Onon / und den strom Silkoi / ist der gantze bezirck des gantzen Mongalischen gebieths / wie
man nach dem alten sprichwort zu sagen pflegt /
von dem geschlecht Gog und Magog bewohnet /
welches drey Regenten hat. Der oberste ist

P 5 Kut-

Kuttugt/ welcher zugleich des volcks Hoherprie-
ster ist; der zweyte bruder ist Aziroi SainChan;
der dritte ist Elict/ welcher seine gräntzen biß zu
denen West-Tartarn ausstrecket.   Die ersten
zwey brüder halten getreulich bey einander; der
dritte aber streifft und raubet vor sich selbst/ wo er
nur was finden kan.   Ja er scheuet sich nicht/ zuweilen mit seinem raub-gesindel biß an die Sinesische mauer zu streiffen/da er dann/was ihm vor-
kommt/raubet/ so gar/ daß er auch den schatz des
Königs von China/ welchen Se. Majestät jähr-
lich/ als eine gnaden-verehrung/ denen umliegenden Tartarn/ sie zu einer beständigen treue anzu-
frischen/ zusendet/ nicht verschonet.   Der Kut-
tugt/sonsten Koetoegt genannt/und Oziroi Sain
Chan aber/ haben sich mit ihrem land/ so weit es
sich erstrecket/ unter des Chinesischen Kaysers
schutz begeben/ weiln sie in grosser furcht vor dem
Kalmukischen Fürsten Busuchtu-Chan/von welchem sie anno 1688 und 1689 viel anstoß erlitten
hatten/ leben musten.   Doch wir bleiben bey denen gräntzen Sr. Czaarischen Majestät/ und
wenden uns gegen morgen zu dem schloß Argum/
welche festung an der abend-seite des flusses Argum erbauet ist.   Dieselbe ist mit Rußischen
kriegs-volck besetzt/und die bauren/welche da herum wohnen/ seyn Tungasi Konni/ welche Sr.
Czaarischen Majestät mit zobeln/luchsen u. grau-
werck/

werck/welches daselbst sehr schön gefunden wird/
ihre schatzungen abtragen.

Die Tungeser seyn ein hertzhafftes kriegs-
volck/ und können an den gräntzen dieses landes/
wann es nöthig ist/ 4000 mann zu pferd / mit bogen und pfeilen bewaffnet/ zu felde stellen; deßhalb sich vielmahls keine streiffende Mongalen
auftucken oder sehen lassen dürffen / es sey dann/
daß sie bey nacht oder zur unzeit durch diebstahl
einen trup pferde und vieh aus denen feldern weg
treiben. Ihre winter-kleider sind von schaafs-
fellen/ und ihre stiefeln auf Sinesische manier gemacht. Ihre mützen seyn mit breiten rändern
von bunten peltzwerck besetzet/ welche sie/ wann es
regnicht ist/ nieder/ und bey trocknem wetter wiederum aufschlagen können. Um den leib tragen
sie einen riemen/ welcher einer hand breit/ und mit
eisernen blatten beschlagen ist / und in der hand
haben sie einen pfeil/ darauff sie pfeiffen können.
Des sommers reiten sie insgemein mit blossen
rund um beschorenen häuptern/ lassen aber dabey
nach der Chinesischen weise eine locke haar hinten
hinunter hangen. Ihre somer-kleider sind von
blauen Sinesischen kattun gemacht/ und mit
baum-wolle ausgenähet / dabey tragen sie aber
keine hembder. Von natur haben sie wenig
oder keine bärte/ sind ziemlich breit von angesicht/
nach der Kalmukkischen weise/ und starck von statur.   Wann

Wann ihnen lebens-mittel mangeln/ gehen sie
horden-weise auf die hirsch- und reh-jagt/ da sie
dann das wild in grosser menge umringeln und
schiessen/und was sie auf solche weise erlegen/thei-
len sie untereinander. Sie fehlen nicht leichtlich/
sondern treffen insgemein das wild/ wornach sie
schiessen. Ihre weiber seyn beynnahe auf eben
die weise gekleidet als die männer/ und erkennt
man sie nur allein daran/daß sie an jeder seite des
haupts 2 haarlocken tragen/ welche biß auf die
brust hangen/ und mit silbernen oder zinnernen
ringen und bändern beschlagen sind. Sie halten so viel weiber als sie unterhalten können/wel-
che sie von einander erhandlen/ indem sie darinn
nicht eckel seyn/ daß dieselben schon mit andern so
und so gelebet haben. Ihr glaube ist dieser;
nemlich sie erkennen einen GOtt in dem himmel/
demselben aber bezeigen sie keine ehre/ ruffen ihn
auch nicht an. Des nachts gehen sie mit trommeln und beschwerungen zu dem Sutkur oder
Satan/welchen sie um rath fragen/ob ihnen/vor-
nehmlich wann sie auf streifferey/ oder auf die
jagt ausgehen wollen/ glück oder unglück begegnē
werde. Wann sie unter einander frölich seyn
wollen/ distilliren sie von pferde-milch einen arak/
oder brandtewein/ welchen sie lassen sauer werdē.
Darauf ziehen sie diesen brandtewein durch 2 auf
einander gesetzte und wohl zugeschmierte töpffe/
Dar-

daran eine höltzerne röhre ist/ an statt einer blase
hierzu zu gebrauchen/ 2 oder 3 mahl ab/ und das
wird dann recht guter brandtewein. Und hierinn
sauffen sie sich so aus der massen voll/ daß so wohl
die männer als die weiber und mägdgens eine
zeitlang wie todt liegen bleiben. Ihre weiber
und töchter sitzen so wohl zu pferd/ mit bogen und
pfeil bewaffnet/ als die männer; an statt des
brods haben sie ein fein gemachtes uñ getrockne-
tes mehl/ welches aus gelben lilien-zwiebeln bereitet wird/ und davon sie einen brey kochen. Von
andern brod wissen sie nichts/ sie essen auch wohl
die benannte zwiebeln trocken aus der hand: im
acker-und land-bau aber sind sie gantz unerfah-
ren. Unter diesem volcke giebt es/ wie überall/
viele/ die grosse mittel haben/ und reich seyn/ welche dann mit denen Targasinern und Xixigaren/
die unter dem Sinesischen gebiethe wohnen/ starcke handlung treiben/ welche vornehmlich darinn
bestehet/ daß sie allerley peltzwerck gegen blauen
kattun und toback vertauschen. Sie geben vor/
daß sie mit denen Targasinern oder Daorzi ein
geschlecht seyn/ oder von ihnen herstammeten/ deßwegen auch noch etliche mit einander verwandt
seyn/ und mit einander gute freundschaft pflegen.

In der gegend des vorgemeldten schlosses Ar-
gum/ eine halbe tage-reise weit im gebürge/ ist ein
silber-bergwerck/ da man noch sehen kan/ wie vor

zei-

zeiten die von Nieucheu oder Daourtzen daselbsten viele wercke und schmeltz-hütten gehabt ha-
ben/ so aber nun alles verfallen.   Von hier biß
Nerzinskoy/der haupt-stadt in Daour/muß man
10 tage-reisen mit kameelen über land thun/durch
einen schönen und lustigen strich landes/ welcher
mit fliessenden bächen hin uñ wieder durchschnit-
ten ist.   Auf und zwischen denen bergen wachsen
die schönsten garten-kräuter/früchte und blumen/
die man nur erdencken kan: die thäler sind mit
langem graß wohl eines halben mannes hoch bewachsen; der ackerbau ist hier nicht im gebrauch/
weiln hier mehrentheils Tartarn/ so Sr. Czaarischen Maj. unterworffen seyn/ wohnen.

Von dem fluß Argum und dem grossen welt-
strom Amur gehe ich über nach dem fluß Gorbiza/
welcher gleichsam der gräntz-pfahl ist/ zwischen
Sr. Czaarischen Maj. und dem Käyser von China; dann der hafen des flusses Gorbiza an der
morgen-seite biß an die see/ stehet unter dem gebiethe des Chinesers; aber die abend-seite/ und
alles was gegen mitternacht an dem gemeldten
fluß lieget/gehöret Sr. Czaarischen Majestät zu.
Von diesem fluß Gorbiza gehe ich fort gegen mor-
gen/ zu denen flüssen Tagur und Uda/ welche an
der mitternacht-seite des flusses Amur heraus
kommen/ und gegen morgen in den Chinesischen
Oceanum oder in die Amurische see fliessen. Zwischen

schen diesen beyden strömen sollen schöne schwartze zobeln in grosser menge gefunden werden. Die
ufer dieser zweyen flüsse werden von Tungusern
Alemuri und Koreizi bewohnet. Diese letzte
nation muß wohl herstammen von Cocla / indem
dieses land nicht weit von hier liegt / so daß man in
wenig tagen mit einem guten winde daselbst seyn
kan. Man sagt / daß sie sich erstlich an dem fluß
Amur niedergelassen / nach der hand aber etwas
weiter ausgebreitet haben. Diejenigen / welche
an der see-küste wohnen / nehren sich mit dem fisch-
fang / und die / welche im lande wohnen / sind sehr
reich / indem die beste zobeln / und anderes köstli-
ches peltzwerck daselbsten in grossem überfluß gefangen wird. Dieser strich landes gehöret unter das gebieth des Gouverneurs zu Jakutskoy /
in welcher gegend in denen wäldern / damit die
Chinesische Tartarn keine zobel-jagt anfangen /
gute wacht gehalten wird.

An das ufer dieser 2 flüsse kommen jährlich gewisse völcker von einigen Insulen / welche in dieser
gegend in der see liegen / die man gar wol von dem
ufer dieser flüsse in der see sehen kan; sie kommen
und erscheinen wohl gekleidet / haben schöne / bunte röcke und unter-kleider / von seidenen zeug an /
gleich denen reichen Persianern. Von gestalt
sind sie ziemlich ansehnlich / haben grosse bärte /
und sehen ziemlich wohl auß. Sie kommen mit
klei-

kleinen schiffen bey die Sibirianische Tartarn/
und kauffen von ihnen vor schöne zobeln u.schwar-
tze füchse/ deren sie/ wie sie sagen/ auf ihren Insulen einen grossen überfluß haben/ mägdgens und
andere frauens-leute/ wornach sie sehr begierig
seyn. Ja sie bemühen sich/die benannten Sibierischen Tungeser zu überreden/ daß sie zu ihnen
zu kommen/ und mit ihnen zu handlen/sich möchtē
gefallen lassen. Auch wollen sie sagen/ daß das
land Jakutskoy vor diesem unter ihrem gebieth
gestanden habe. Ihre sprache kommt einiger
massen mit der Jakuttischen überein. Von diesen zwey flüssen gegen Norden entspringet der
strom Ogota/ zwischen welchem und dem Uda-
strom längst der see-küste/ ohngemein viel wallfi-
sche gefangen werden/ und das biß an die eyß-
kaap/ allwo man auch viel wallrosse und see-hun-
de findet. Zu Kamsatka/und ferner an der gantzen see-küste wohnen völcker/ Xuxi und Koetliki
genannt/ welche jede vor sich seine eigene sprache
hat. Die an der see wohnen/ haben kleider von
robbe-fellen/ und wohnen in höhlen unter der erden. Die aber auf dem lande wohnen/seyn reich/
und haben freye hirsch-jagt/essen alles fleisch u.alle
fische roh/waschen sich auch mit nichts anders/als
mit ihrem eigenen wasser. An art und natur
seyn sie den füchsen gleich/ indem sie weder wort
noch treue halten. Ihre gewehre/die sie gebrau-
chen/

chen/ seyn schleudern/ womit sie sehr weit uñ starck
werffen können.   In der gegend der eyß=kaap
lieget wol 7 monat schnee/ welcher im anfang des
winters doch nicht gar tief fället/den gantzen win=
ter aber durch weiß man hier gar nichts von
schneyen.   An Kamsatka stösset ein meer=busen/
darinnen sich aus dermassen viel wallrosse und
andere meer=thiere aufhalten/ welche auch in
grosser menge gefangen werden.

Wir gehen aber fort/ zu betrachten die Eyß=
kaap/ wie sich dieselbe ferner in die see erstrecket/
und mehrentheils aus Insulen bestehet/ und un=
terbrochen wird.   Nicht weit von Kamsatka ist
eine durchfahrt/ deren sich die rob=fänger und fi=
scher zu bedienen wissen.   Zu Anadieskoy und
Sabalska wohnen noch durchgehends Xuxi und
Koeliki/ welche oben beschrieben worden seyn. In
dem fluß Salazia werden schöne heringe/ störe/
störbeth und nebna gefangen.   Von hier land=
werts ein findet man verschiedene winter=woh=
nungen an dem Simaniko/ darinnen Cossacken
Sr. Czaarischen Majestät wohnen/ welche die
schatzungen von denen Tartarn einfodern: und
indem in diesem strich landes an denen strömen
sich viele zobeln und luchsen befinden/ bringet der
Simaniko den meisten Muscus ein/ dann in der
gegend dieses flusses der gröste zobel=fang in gantz
Siblerien ist.   Das clima dieser Eyß=kaap auf

Q   Moste=

Moſcowitiſch Swetoinos oder die heilige Kaap
genannt/ Iſt aus dermaſſen kält/ und frieret es
hier ſo ſtarck/ daß an vielen örtern die ſee mit dicken eyß beſetzt iſt/ welches durch den wind von
jahr zu jahr als ein hoher berg auf einander ge-
ſchoben wird/ und ſo feſt zuſammen packet/daß es
nur ein hauffen zu ſeyn ſcheinet; doch werden zu-
weilen/ nachdem der wind ſtehet/ einige ſtücke davon abgetrieben/ welche herabfallen/ dannoch
aber hie und da auf der holen ſee ſich wieder zuſammen ſetzen/ und zu neuen eyß-bergen anwach-
ſen. Es geſchiehet auch wohl/ daß dieſe ſee 2
oder 3 jahr hinter einander hart zufrieret/ davon
wir ein neuliches zeugnüß haben/ indem ſie von
anno 1694 biß anno 1697 gantz zugefroren geweſen iſt.

Hierauff gehe ich fort/ zu betrachten den fluß
Lina d' Airlake/ welcher ſeinen urſprung hat aus
Süd-Weſten/ in der gegend des Bakailiſchen
meeres/allwo ſich Sibirien und Daour von einander ſcheiden. An dieſem fluß liegt die ſtadt
Jakutskoy/ welche die haupt-ſtadt dieſer mitter-
nachtländiſchen provintz iſt. Im ſommer gehen
von dieſer ſtadt ſchiffe langs der ſee-küſte/ und inwendig durch die Kaap nach Sabazia/ Onodie-
skoy und Kamſatka/ wallroß-zähne/ tra an und
dergleichen zu holen.

Die Heyden oder Tartarn in dieſer gegend
ge-

gebrauchen sich auf diesem strom kleiner kähne/ so
von leder gemacht seyn/ und womit sie sehr schnell
fortfahren können. Ohnfern der stadt Jakutskoy und an dem fluß Amga/ wohnet ein volck/Ja-
kutiser genannt/ welche eine sonderliche kleider-
tracht haben. Ihre ober-röcke sind von allerley
vielfarbigten bundwerck zusammen genähet/und
der rand unten rings herum ist wohl einer hand
breit/mit weissen reh-fell an statt eines saums be-
setzet/ sonsten sind sie fast auf die deutsche manier
gemacht/und in den seiten/ wie auch hinten/offen.
Sie haben lang haar/ tragen keine hembder/und
glauben/daß ein grosser GOtt oben in dem himmel sey/welcher ihnen das leben gegeben/und ihnen noch ihre nahrung/weiber und kinder zuthei-
le. Im früh-jahr feyren sie ihm ein grosses fest/
daran sie demselben opffer bringen/ von Kunis
oder Arak/ einer art brandtewein/ welcher von
milch distilliret wird. Währendes dieses fests
trincken sie selst nichts/sondern machen grosse feuer an/ und begiessen dieselbe continuirlich gegen
morgen mit dem gedachten Kunis oderArak/und
darinn bestehet ihr opffer. Wann jemand von
ihnen stirbt/ so wird sein nechster freund mit ihm
lebendig in die erde gescharret/ und das aus eben
dem fundament/ welches an vielen örtern in Indien gebräuchlich ist/ da die weiber lebendig dem
todten leichnam ihrer männer in das zu verbren-

nung

nung der leiche angezündete feuer nachfolgen/da-
mit sie einen verneuerten genuß von ihm in der
andern welt haben und erlangen mögen. Ihre
sprache kommt wohl meistentheils mit der sprache
der Mahometanischen Tartarn/ welche um Tobolskoy wohnen/ und aus Bulgarien entsprossen
sind/ überein.   Sie halten so viel weiber als sie
ernehren können. Die hirsche sind ihre vornehmste last-thiere/ ihre güter zu verführen/ auch pflegen sie wohl auf denenselben zu reiten/dadurch sie
dann sehr eilfertig fortreisen können.   Es ist ein
kluges volck/ mit einer scharffsinnigen vernunfft
begabet/ und welches/wie es scheinet/die warheit
liebet. Wann sie in Jakutskoy einen Land-voigt
bekommen/ der nicht strenge regieret/ thun sie einander mit rauben und streiffen/ wie auch andern
ungelegenheiten/ alles zu leide/ was sie nur ersin-
nen können; wann aber ihnen ein sehr strenger
Gouverneur vorgesetzt ist/ sind sie gehorsam und
still/ und höret man von ihnen nicht/ daß sie boßheit verüben: sie rühmen auch alsdann ihrer vor-
gesetzten obrigkeit verstand/ und wünschen/daß er
lange bey ihnen möge bleiben.   Sie wollen sa-
gen/ daß ihre vor-eltern aus dem lande der Mongalen und Kalmukken hergestammet/ und von
dannen biß hieher durch die Russen vertrieben
worden seyn/ dahero sie anitzo in den winter-ör-
tern dieses gebieths sich aufhalten müsten. Sie
seyn

seyn sehr scorbutisch/ wissen aber den scorbut
durch einnehmung eines rohen fisches und deugti/
welches eine art thôr ist/in kurtzer zeit zuvertreibt.

Die Jukogaayers/ gewisse Heyden/ welche
auch ein theil dieser landschafft besitzen/ haben im
gebrauch/ wann einer von ihren freunden stirbet/
daß sie von dem todten leibe alles fleisch biß auffs
gerippe ablôsen/ trocknen darauff das gerippe/
und benehen es hernachmals mit glâsernen corallen von allerley farben/ tragen es rings um ihre
wohnungen oder hütten herum/ und verehren so
den verstorbenen als einen gôtzen. An dem Li-
ma-strom werden jährlich viele Mammuts-zähne
und dergleichen gerippe gefunden/ welche aus
dem gebürge an den fluß/ und aus der gefrornen
erde herausfallen/durch welche gebürge auch da-
von/ wann bey hoch aufgelauffenem wasser im
früh-jahr eine eyß-farth entstehet/vielmals grosse
stücken in den strom fallen/ und offters viel vom
ufer mit wegreissen.

Die schônen flüsse/ welche aus mittag in die
Lima fallen/seyn nachfolgende/ nemlich Witim/
Olekina und Maja: an denen schône schwartze
zobeln und anderes peltzwerck in grosser menge
gefangen werden/ so daß man zur winters-zeit
von denen Tartarn 1000 grau-felle vor 3 oder 4
rubels kauffen kan. An dem fluß Maja wâchst
auch allerley korn/ wie auch an dem ort/da die Li-

Q 3

ma

ma entspringet/ und auch zu Wergolenkolfo und
Kirenga/ daselbst ins besonder der acker sehr
fruchtbar ist/ und von wannen die landschafftJa-
kutskoy jährlich gespeiset wird. Das korn ist
daselbst so wohlfeil/ daß man 100 pfund rocken
vor 6 biß 7 groschen kauffen kan/ deßgleichen ist
allerley vieh hier auch nicht theuer/ so daß es hier
wohlfeil zu zehren/ dabey aber das geld nicht gar
überflüßig ist.

Wann wir nun hierauf längst der see-küste des
flusses Lima biß an den strom Jenisea fortgehen/
(welcher strich landes so wol zu wasser als zu land
biß auf diese zeit nicht weiter als biß an den fluß
Tarsida/ weiln die see allzuviel eyß hat/ und fast
überall unschiffbar ist/ bereiset worden) findet
man/ daß die meisten einwohner dieser landschaft
zwischen Tarsida und Jenisea/ theils Samogessi-
sche/ theils Tungusische Tartarn u. Heyden seyn.
Was deren leben und glauben anlangt/ davon
haben wir oben etwas berühret: nichts desto weniger ist der strom Jenisea lang hin von Russen
bewohnet. Dieser fluß hat seinen ursprung aus
dem mittag/ von der Tartarey/ von der Kalmukken u. Kirgizen land/ ist dabey auch sehr fischreich.
In diesen strom fließe 3 andere schöne flüsse/ nemlich Wergnaja Tunguska/ Potkamenna Tunguska und Nisnaja Tunguska. An diesen flüssen
wohnen viel Tunguser/ welche ein wüstes uñ wil-
des

des volck seyn und ohngefehr mit denen Samojeden zu vergleichen/ ausser daß sie grösser u. stärcker
von leibe seyn als die ersten. Sie seyn sehr zum
streit geneigt/ und führen vielmals mit ihren nachbarn krieg. Wann die Tartarn ein elend-thier
mit ihrem pfeil und bogen/ welches ihr gewehr ist/
verwundet haben/ folgen sie desselben spur mit
weib und kindern/ zuweilen 8. oder 10. tage lang in
den büschern nach/ und weiln sie keine lebens-mittel mit sich nehmen/ sondern sich nur allein auf den
wildfang verlassen/ haben sie vor ihrem leibe und
brust einen sichern brust-latz/ welchen sie alle tage/
sich des hungers zu erwehren/ 1 oder 2 finger breit
einziehen/ und wann sie endlich das wild finden/
schlachten sie es/ schlagen ein klein zeltgen auf/ und
bleiben so lange an diesem ort/ biß sie das gantze
wild biß aufs gerippe verzehret haben. Fangen sie
inzwischen einige thiere/ die peltzwerck tragen/ so
gehen sie wieder zurück nach denē Rußischen städten und dörffern/ und verkauffen die felle daselbst.
Alhier findet man auch sehr viel weisse uñ braune
füchse/ auch einhörner in grosser menge/ zobeln a-
ber werden hier wenig oder gar nicht gefangen.

An diesem strom liegen 2. städte/ Taugbiskoy
und Mungaseja/ daselbst mit allerley bundwerck/
wallroß-und mammuts-zähnen grosser innländischer handel getrieben wird/ auch gehen des sommers aus diesen 2 städten viel schiffe biß an den

mund

mund dieses flusses/ und an den ufer der see/ auf
den wallroß- und robbe-fang aus/ welcher ihnen
grossen gewinn bringt.

Hiermit meynen wir/ daß wir in der beschreibung dieser unserer reise einiger massen unser ziel
erreichet/und dem uns selbsten vorgesteckten endzweck gnug gethan haben werden ; worauff wir
nun noch folgen lassen eine kurtze/doch sehr genaue
beschreibung des mächtigen Kayserthums China/
welches von einem aus selbiger nation aufgesetzet
und von mir mit heraus gebracht ist. Es ist diese beschreibung China niemals zuvor gedruckt
worden ; daher wir sie auch zum überfluß mit einigen anmerckungen aus denen besten landes-be-
schreibungen selbiger örter/ zu desto mehrerer er-
läuterung der sachen/ und den leser zu vergnügen/
durch eine gelehrte feder haben vermehren lassen.
Doch ehe ich hier abbreche/ muß ich noch insgemein etwas von dem hochberühmten Reich China
melden/ betreffend dasjenige/so ich darinnen selbst
gesehen und wahrgenommen habe/ und welches in
der beschreibung unserer reise vorbey gegangen
worden.

Was das Reich China anlangt/ in so fern ich
dasselbe biß in die Königliche haupt-stadt Peking
bereiset habe/ so muß ich davon bekennen/ daß es
ein land sey/welches von dem himmel gesegnet ist.
Und glaube ich/ daß/ gleichwie diese stadt das

haupt des gantzen landes ist/ also sey auch alhier
das beste uñ gesundeste clima des gantzen Chinä.
Die menschen allhier seyn starck und gesund/ wie
auch ansehnlich von gestalt; alle lebens-mittel
seyn hier in überfluß/nemlich was an korn und andern früchten/ kräutern/ schoten-gewächsen/ wurtzeln rc. zu dem menschlichen leben gehöret/ ausser
daß in dieser landschafft kein thee wächst/ und keine seidene stoffe noch porcelinene geschirre hier ge-
macht werden.		Winters-zeit frieret es hier so
hart/ daß man übers eyß gehen kan/ und des sommers spüret man nur eine mäßige hitze : Da im gegentheil in andern landschafften den gantzen sommer durch wegen allzu grosser hitze nichts verrichtet werden kan.

Die natur der altenSinesischen einwohner ist
in etwas aufrichtiger/als die natur der Mansuren
oder Tartarn. Sie führen ein mäßiges und
nüchternes leben ; halten sich reinlich und nett in
kleidung/ sind begierig geschencke zu nehmen/ und
unverschämt in der handelschafft : sonsten wissen
sie sich wohl nach eines jeden sinn zu richten. Sie
folgen ihren alten gesetzen als ihrem gottesdienst/
haben und behalten ihre barbarische streiche/ verändern niemals ihre kleider-tracht/und lassen keine neue gesetze unter sich einführen/wie mich dann
vornehme Herren berichtet haben/daß von 1200
jahren her kein Chan oder König vermögend ge-

Q 5			wesen

wesen sey / irgend im geringsten etwas von ihrem
glauben/gesetzen und kleider-tracht zu verändern.

Doch scheinet es/ daß der itzige König Ammo-
loggan Kamhi der erste sey / welcher nach denen
alten barbarischen sitten wenig frage; massen er
eine gute änderung im gottes-dienst und in ihrem
gesetz angefangen hat/ indem er anno 1692 durch
ein öffentliches placat in allen seinen Reichen lassen bekannt machen/ daß so jemand wäre/ der zu
der Christl. religion lust habe/der solle frey öffent-
lich sich bey denen Römisch-Cathol. Geistlichen
angeben/ und die h. tauffe empfangen.   Dieses
war wol denen Bonzien oder Götzen-priestern ein
Dorn in denen augen/ dannoch aber waren sie ge-
zwungen/ solches zu erdulden / und müssen sehen/
daß noch jährlich mehr als 1000 zum Christenthum sich bekennen.   Ja der König selbst ist in seinem hertzen ein guter Christ; aber das leben mit
seinen 1236 weibern kan er noch nicht verlassen.
Er ist ein solcher gesetz-geber in seinem Reich/ daß
seines gleichen niemals ein König in China gere-
gieret hat.   Dann durch seine gestrengigkeit hat
er bey seinen unterthanen furcht/und regieret dieselbe gantz souverain nach seinem eigenen gutbe-
finden.

Die Chineser sind sehr halßstarrig / so daß sie
aus ihren land-carten nicht wissen wollen/daß ein
grösser land sey als das ihrige : über dieses setzen
                                                        sie

sie in ihre carten nichts als eine grosse see/in deren mitten ein klein stück land; einem puncto gleich/ welches kaum mit augen gesehen werden kan/und einem der kleinesten Planeten am stern-himmel gleichet.

Sie ehren ihren König als einen Gott/nennen ihn einen Sohn des himmels/und einen Gott der erden. Belangend ihren gottes-dienst/so sind sie plumpe Heyden und gözen-diener/wie aus ihren greulichen teuffels-bildern/welche in ihren Pago-den und tempeln aufgestellet/und in grosser men-ge von ihnen bedienet werden/gnugsam zu erken-nen ist. Sie haben mir offters auf meine frage/von der unsterbligkeit der seelen und dem ewigen leben/zur antwort gegeben/daß sie davon nichts wüsten; und weiln ihre voreltern solches nicht ge-glaubet hätten/könten sie es auch nicht glauben. Ihre wollust und zeit-vertreib bestehet mehren-theils nur allein darin/daß sie viel weiber haben/ welchem laster sie gäntzlich ergeben seyn.

Sie wissen nicht/was sünde ist; wann sie aber einige schelmstücke begangen haben/uñ darüber beym kopff genomen werden/halten sie die straffe der Richter nur vor eine kleine schande bey ihren bekannten/ausser dem bezeigen sie über die heß-lichkeit und boßheit des begangenen schelmstücks sich nicht im geringsten betrübet.

Ihre gerichts-handlungen und urthels-verfaß
sun-

sungen/und alles dasjenige/was ihnen bürgerlich
und billig vorkommt / ist in der that doch nur bar-
barisch und unmanierlich. Ihre handwercke und
künste bestehen mehrentheils in machung seidener
stoffe/ porcelins/ und allerhand lack-wercks/ welches in einem solchen lande/das so weit von Europa abgelegen ist / billig etwas besonderes heissen
mag.

Den krieg führen sie mit grosser macht und vielem volck/ dann sie ziehen nicht zu felde/ bevor sie
nicht 2 biß 300000 mann starck seyn/wie sie dann
von anno 1686 biß 1693 wider den West-Tartar-
Busuk Turhan/ auf solche weise krieg geführet
haben. Wann ihr haupt und führer Alliganibo
in einer schlacht umkommet / suchet ein jeder die
flucht/durch dieselbe in seinem hause seinen leib zu
retten. Mit sich führen sie eine gute feld-artol-
lerie/ damit sie auch wohl umzugehen wissen / ihr
hand-gewehr aber ist gantz schlecht / indem es nur
aus bogen und pfeil bestehet. Sie haben auf ihren pferden zwar gute sättel/ wann sie aber reiten
wollen/legen sie ein haupt-küssen/und noch wol eine decke drüber/ auf den sattel/ darauf sie dann
gantz hoch und nicht fest sitzen; mit einem wort/
alle ihre thun/ krieg führen/ und andere verrich-
tungen/ sind unordentlich/ ins besonder mag man
dieses sagen von ihren feld-schlachten / welche sie
ohne einige berathschlagung und überlegung auff
eine

eine wilde und wüste weise verrichten. Dann sie
greiffen alsobald mit ihrer gantze macht den feind
an/ und fallen so unordentlich auf ihn loß/ daß es
dahero offters geschiehet/ daß sie auf einmahl
übern hauffen geschmissen werden. Mit einem
wort/ ich beschliesse diß alles mit diesem aus-
spruch: daß alle der Chineser grosse weißheit/
künste und wissenschafften/welche bey den meisten
schreibern himmel-hoch erhaben werden/bey weitem mit dem verstande und denen wissenschafften
der Europäer nicht zu vergleichen seyn. Dann
obschon etliche Chineser gefunden werden/welche
durch fleiß der Jesuiten in der Philosophie/Astro-
nomie/ und andern wissenschafften unterwiesen
sind/ so haben sie doch dieses nicht sich selbsten/
sondern diesen ihren Lehrmeistern zu dancken.

Der itzt regierende Ammolog Chan Kamstk
oder König in China oder Tartareyen/ist von geburt ein Ost-Tartar oder Mongol/ aus Nieu
Cheu in der gegend des flusses Sagalien Oula/
oder Amoer/ er regieret seine unterthanen gar
wohl/ liebt aber dabey die Chineser nicht von
hertzen/ziehet auch in allem seine Tartarische nation den Chinesern vor/ und wann ein Chines zu
einer ansehnlichen bedienung bey dem Chan zu
kommen verlanget/ muß er sich zu einen Mansur
oder Tartar naturalisiren lassen. Innerhalb
der stadt-mauer von Peking/ wohnen mehrentheils

theils Tartarn/ deßhalben man auch die vornehmsten märckte und waaren ausserhalb in denen vorstädten findet.   Alle diejenigen/ welche
vornehmes standes seyn/ halten eine gewisse anzahl volck/ oder sclaven/ zu des Königs diensten/
vor welche sie von Sr. Majestät ein gewisses jähr-
geld ziehen; und die/ wann ein krieg entstehet/
mit gewehr/ kleidern und pferden versehen und
montiret/ parat seyn müssen.   Die Jesuiten/
welche ich in meiner anwesenheit zu Peking fand/
waren an der zahl 8 personen/ 2 wären Spanier/
3 Portugiesen/ und 2 Frantzosen/ und der letzte
war ein Römer.

Die Chineser/ fürnehmlich die am hofe seyn/
achten diese Patres und andere Geistlichen hoch/
aber die Bontzen sehen sie mit scheelen augen an.
Sonst muß man bekennen/ daß die Römische
Geistlichkeit/ ihre religion und glauben fort zu
pflantzen/ grossen fleiß und eyfer anwendet.   In
Peking hat auch die Rußische nation eine kirche
aufgerichtet/ zu deren sich schon viele ansehnliche
leute begeben/ und sich auf die Christliche Grie-
chische religion haben tauffen lassen.

Von denen stämmen der Könige/ welche in
China biß auf diese zeit regieret haben/ etwas zu
berühren/ achte ich vor unnöthig: indem der/
welcher neugierig ist/ hievon ein vollkommenes
und sehr nettes register findet in der Chinesischen
Chro-

Chronologie oder zeit-register/durch HerrnChristian Menzelius/ Rath und Leib-Med. Sr. Königlichen Majestät in Preussen/ beschrieben/ und anno 1696 zu Berlin heraus gegeben.

Was sonsten die grosse mauer belanget/ damit zum theil das Chinesische Reich umgeben ist/ davon will ich ausser dem/ was ich schon oben erwehnet habe/ noch kürtzlich dieses melden: Daß es nemlich ein wunder-werck sey/ welches nicht so wohl mit grosser kunst/ als wohl durch grosse arbeit und unkosten/ die der König hierzu angewendet hat/ gestifftet worden ist. Darumb auch die Chineser selbigen König noch biß auf diese stunde verfluchen/ weiln er durch erbauung dieser mauer das Reich in den grund verdorben. Der Jesuit/ P. Alexander/ hat mich berichtet/ daß er auf befehl des Königs diese oben beschriebene mauer/ von abend/allwo sie ihren anfang nimmt/ gegen Süd-Osten/ biß an die Corsische see/ bereiset habe/ da er dann befunden/ daß sie 300 deutsche meilen lang sey/ ja wann sie überall sich über eben land erstreckte/ solte sie wohl 400 deutsche meilen ausmachen. Diese mauer gehet über hohe berge/ und hat vier thore: als das Leatonger-thor/ das Daourische/ das Lelinger-thor/ und die Tibetische pforte/ auch ist diese mauer so breit/ daß gemächlich 8 reiter neben einander drauff reiten können.

Wir

Wir achten nicht nöthig/ mehrere umstände
von China zu erzehlen/ indem ich mich daselbst
nicht lange auffgehalten habe.   Der Leser nehme das wenige/ so wir vorgebracht haben/ mit
wohlgeneigenheit an/ indem ich ihn zu einer weit-
läufftigern beschreibung/ darinnen er viele
wissens-würdige dinge antreffen wird/
will hingewiesen haben.

Kurtze beschreibung
des
Mächtigen Käyserthums
China/
aufgesetzt

von

DIONYSIO KAO,
einem gebohrnen Chineser/

und

mit vielen anmerckungen/ zu näherer erklärung der darin enthaltenen sachen/
vermehret.

Kurtze beschreibung China.

Das I. Capitel.

Eintheilung dieses Kayserthums.

JN diesem sehr grossen Reiche werden 15 landschafften/ oder deutlicher zu reden/ Königreiche gezehlet; dann vor ohngefehr 3000 jahren/ ehe sie alle unter eines botmäßigkeit gerathen/ hatte eine jedwede landschafft ihren besondern König: voritzo aber hat eine jede provintz einen Unter-König/ die alle unter einem Haupte/nemlich dem Kayser von China/stehen. Die landschafft Leaotung/ ob sie wohl ausserhalb * der grossen mauer liegt/ wird nun auch vor eine landschafft China/ und zwar vor die 16de gerechnet.

Diese landschafften werden in mitternacht- und mittags-länder eingetheilet. Die mitternächtlichen Reiche seyn folgende: (Leaotung mit drunter begriffen) Peking/ Xantung/ Xansi/ Xiensi und Honan/ insgesamt sechse. Der mittags-länder hergegen seyn 10 an der zahl/ nem-

lich

R 2

lich Nanking/ Chekiang/ Kianſi/ Huquang/ Su-
chuen/ Queicheu/ Junan/ Quoangſi/ Quoantung
oder Canton/ und Fokien.

Auſſer dieſen ſeyn noch andere dazu gehörige
Reiche und Könige/ welche als unterthanen/ dem
Kayſer von China jährliche ſchatzungen bezahlen
müſſen : nemlich/ Tunkin/ Cochin China/ Laos/
Liukin/ Chaoſien.   Die beyden letztern ſeyn In-
ſuln/ nahe an Japan gelegen.   Corea/ Japan/
Siam und Pegu ſeyn vorzeiten dem Kayſerlichen
Reiche auch unterthänig geweſen/ aber nun nicht
mehr.   Von allen dieſen landſchafften/ wie auch
von denen umliegenden und ſchatzung gebenden
Reichen/ wollen wir von ſtück zu ſtück/ ſo kurtz als
möglich iſt/ bericht abſtatten : wann wir werden
gewieſen haben/ wie ſie gegen morgen / abend/
mittag und mitternacht von einander liegen.

Peking liegt gegen morgen von Xanſi/ und
Xanſi gegen abend von Peking/ und gräntzen beyde an die groſſe mauer/ welche gegen mitternacht
liegt.

Xantung liegt von Peking gegen mittag/ und
von Nanking gegen mitternacht / gegen morgen
gräntzt es an die ſee/ und gegen abend an Honan.

Xanſi/ wie oben geſagt/ liegt von Peking gegen abend/ gegen morgen von Xienſi/ gegen mitternacht nach der groſſen mauer/ und gegen mittag nach Honan zu.

Xien-

Xienfi/ das gröste von allen 16 provintzen/ lieget gegen abend nach Xanfi/ gegen morgen nach der Wester-Tartarey/ von dannen die Lamas kommen/ gegen mittag nach Suchuen/und gegen mitternacht nach den Tartarn/ und dem ende der grossen mauer zu. Im abendlichen theil dieser landschafft entspringt der gelbe fluß Hoango.

Honan liegt in der mitten China gegen mittag an Huquang und Kiangsi/ gegen mitternacht an Peking und Xanfi/gegen morgen an Xantung und Nanking/und gegen abend an Suchuen und Xienfi.

Leaotung gräntzt oder liegt gegen mitternacht an Xantung/ welches mittagwerts davon abgehet: gegen morgen liegt Corea gegen über; gegen mittag ist die grosse mauer/ und gegen mitternacht die Tartarey.

Nanking hat gegen mittag Chekiang/ gegen mitternacht Xantung/ gegen abend hat es Honan und Huquang/ und gegen morgen den Oceanum oder das grosse welt-meer.

Chekiang gräntzt an Nanking/ welches gegen mitternacht davon lieget/ und gegen mittag hat es Fokien/ gegen morgen liegt es an der see/ und gegen abend liegt Kiangsi.

Kiangsi gräntzt gegen morgen an Chekiang und Fokien/ gegen abend an Queicheu und Ho-

nan/

nan/ gegen mittag an Quantung/ und gegen mitternacht an Nanking.

Von Huquang liegt gegen mitternacht Honan ; gegen mittag Quantung/ gegen abend Zuchuen und Queicheu/ und gegen morgen Kiangsi.

Zuchuen liegt gegen morgen an Huquang/ gegen abend an Tibet/ gegen mitternacht an Xiensi/ und gegen mittag an Queicheu und Junan.

Queicheu liegt gegen mitternacht meistentheils an Quangsi/ gegen mittag an Zuchuen/ gegen morgen liegt Huquang/ und gegen abend stöst es an Junan.

Junan gräntzt gegen morgen und mittag an Quoangsi/gegen mittag an Gannan/gegen abend stöst es an Laos/und gegen mitternacht an Zuchuen und Queicheu.

Quoangsi oder Quamsi hat gegen morgen Quantong/ gegen mittag Cochin China / gegen abend Junan/ und nach mitternacht Queicheu.

Quoantung oder Canton hat gegen morgen und auch gegen mitternacht Fokien : gegen abend hat es eine ecke/und ferner gegen mitternacht liegt es gegen Quoangsi/ und gegen mittag hat es den Ocean.

Fokien liegt morgen- und halb mittag-warts gegen die see/ und gegen der insul Formosa/gegen abend liegt Kiansi/ gegen mittag Canton/ und mitternachtwärts Chekiang.

*Nieu-

* Niewhoff setzet es innerhalb der mauer : besiehe hier von seine carte von der reise-beschreibung; dergleichen thut auch Martinus Martini/ welchem Nienhoff gefolget ist : werden aber nachdrücklich widerlegt durch unsern Autorem, welchen der Hr. Eberhardus Ysbrant Ides/ gewesener Moscowitischer Ambassadeur nach China/ rühmet/ sagende/ in einem gewissen schreiben an Hn. Bürger-meister Witzen/ von ihm : Das vorhergehende/ nemlich die kurtze beschreibung China/ ist eine kurtze und gründli-che erzehlung/ welche mit keinen haupt-fehlern vermenget ist; solches ist mir von einem glaubwürdigen gebohrnen Chineser/ aus Canton gebürtig / welcher ein Chirurgus und so in Siam als Indien gewesen ist/ wie auch hernach die Papistische religion angenommen/ Dionysius Kao ge-nannt/ eingehändigt : so weit der Hr. Ysbrant Ides. Die Jesuiten le Comte/ Bouvet und Gobieu befestigen dieses/ sagende : Die provintz Leauton ist nur eines theils von Corea durch einen see-arm unterschieden/ und ist an dieser seite (nemlich an der seite von Corea) der grossen mauer. Wiewohl Pater Martinus ein Jesuit dieselbe in seinem Chineischen Atlas/ auf die andere seite gesetzt hat/ welches beynahe alle geschicht-schreiber/die ihm nach-gefolget/ betrogen.

Auch ist hernachmahls Leaotung/ welches erstlich keine der 16 provintzen von China war/ (dann ehemahls wur-den von allen schreibern nur 15 gezehlet) so bald die Tar-taën/ durch hülffe der Leaotunger / China eingenommen haben/ zu denenselben gerechnet worden/ und geniessen sie nun alle privilegia dieser nation.

Hievon redet noch klärer le Comte / sagende : Die ge-schicht-schreiber begehen in der beschreibung China grosse fehler. Erstlich/ wann sie die gantze landschafft Leauton an diese seite der grossen mauer setzen : da es doch gewiß ist/ daß dieselbe an jener seite (das ist auswarts der mau-er) liegt; wiewohl sie dannoch jederzeit/ obschon dieselbe ausser der mauer lag/ zu China gehöret hat. Das ist (thut er hinzu) eine sache/ darüber man nicht streiten muß/

und

und man darff nur/ wie wir/ an dem orte gewesen seyn/
um davon überzeugt zu werden. Ferner/ sagt er/ so rech-
ne ich das/ nemlich China/ davon er redet/ nicht unter die
Insula Formosa, Haynan und andre mehr / welche insge-
samt/ wann sie bey einander wären / ein eigenes grosses
Königreich ausmachen würden / eben so wenig als Leau-
ton/ welches an jener seiten der grossen mauer lieget.

Das II. Capitel/

Von dem Kayserlichen hof und
residentz Peking.

PEking ist eine Königliche provintz/ zu welcher 9 kleine landes-striche/ oder mächtige städte/ mit ihren gerichten / unter der
benennung Fu/ gezehlet werden. Diese 9 grosse städte haben unter sich 16 kleinere örter / welche
Cheu zugenahmt werden/ und von den andern
unterschieden seyn ; und diese wiederum noch andere kleine örter/ welche zusammen Hien genennet werden.

Die erste Kayserliche stadt in dieser provintz
Xuntien * Fu/ oder Peking genannt/ hat 26 andere städte unter sich.

Die zweyte/ Junping Fu/ hat 6 städte unter
ihrem gebiethe.

Die dritte/ Chinding Fu/ 26 städte.

Die vierdte/ Quoamping Fu/ 6 städte.

Die fünffte/ Thiemming Fu/ 11 städte.

Die

Die sechste/ Funming Fu/ 6 städte.

Die siebende/ Hokien Fu/ 7 städte.

Die achte/ Paoding Fu/ 10 städte.

Die neundte/ Xunte Fu/ 9 städte.

Aus diesem gebieth und aus der macht dieser grossen städte/ welche so wohl in diesem/ als in denen andern folgenden Reichen und provintzen/ gleicher massen über geringe/dabey aber volckreiche örter/ zu gebieten haben/ kan die macht einer jedweden landschafft/ und aus allen zusammen/ die sehr grosse gewalt dieses allerherrlichsten Kayserthums erkannt werden.

Diese landschafft ist nicht gar fruchtbar/ als nur allein von korn/ welches dannoch nicht zur nothdurfft genug wächset/ deßhalb so viel als daselbst mangelt/ aus andren ländern dahin muß gebracht werden.

Vor alten zeiten war zu Nauking die ** residentz der Kayser/ aber wegen des streiffens und wütens der herumliegenden Tartarn/ ist der Königliche sitz nach Peking/näher an die grosse mauer/ und dichter an derselben zu seyn/ von dannen verlegt worden.

Diese mauer/ welche einer verwunderlichen grösse und länge ist/ und vor mehr als 2600 jahren *** von dem Chineischen Kayser Chien Chuvoang/ wider den anlauff der nächst angräntzenden Tartarn/ erbauet worden/ befasst in sich

R 5 drey

drey landſchafften: nemlich Peking/ Xanſi/ und
Xienſi. Wann man ſie nach der richtſchnur
recht abmiſſet/ ſo iſt ſie mehr als 650 Frantzöſiſche
meilen oder ſtunden zu gehen lang; (wobey zu
mercken/daß allezeit/wo von meilen geredet wird/
durchgehends ſolches von Frantzöſiſchen meilen
oder ſtunden=gehens müſſe verſtanden werden:)
in der runde aber begreifft ſie mehr als 1000 mei=
len; weiln dieſe mauer neben und über hohe
ſteinfelſen ſich erſtrecket. Auf denen höchſten
ſtein=klippen iſt dieſe mauer mit feſtungen und
ſchieß=thürmen / deren alle viertel=ſtunden einer
geſehen wird/wohl verſehen: die breite der mau=
er iſt ohngefehr ſo groß/ daß 8 pferde zugleich ne=
ben einander darauff lauffen können.

* Xuntien Fu iſt der alte und rechte nahme dieſer ſtadt;
nachdem aber die reſidentz von Nanking hieher verlegt iſt/
wird ſie auch Peking genannt / und zwar Peking gegen
mitternacht/ und Nanking gegen mittag; Von dem hofe
zu Nanking wollen wir in der beſchreibung dieſer ſtadt
und landſchafft ſprechen. Dieſe ſtadt führet mit recht
zwey nahmen; indem es zwey unterſchiedene örter ſeyn/
und an die alte ſtadt eine neue gebauet worden. Dann
als der Tartar ſich des throns bemächtigte/ und ſich dar=
auff feſt ſetzte/ zohe er eine ſo groſſe menge ſeiner nation
nach ſich/ und beſetzte dieſen ort damit / daß die Chineſer
genöthiget wurden/ eine neue ſtadt auſſer der alten ſtadt=
mauer zu bauen. Die neue ſtadt iſt ſo groß als die alte;
gantz viereckigt; ſie hatte ehemahls 4 meilen in ihrem
umkreyſſ; und weil in der alten ſtadt lauter Tartarn
wohnen/ wird ſie die Tartar=ſtadt genennet; und die
neue

neue stadt ist eben so groß als die alte / aber volckreicher/
und wird die Chineser-stadt genannt; zusammen haben
sie 6 starcke meilen in ihrem umkreyß : eine meile zu 3600
schritten gerechnet/ welche auf besondern befehl des Kaysers abgemessen worden; ist also Peking an sich selbst eine grosse/ aber gegen Nanking eine kleine stadt.

** Die Käyser aus dem letzten stamm vor dem Tartarischen Mancheou (es ist eben der stamm oder das ge-
schlecht/ welches nun in China herrschet / und davon der
gegenwärtige Kayser Canghy der dritte ist) haben aus
gewissen ursachen / welche bey unserm Autore angeführet
worden/ die residentz nach Peking verleget / damit sie mit
ihren hauß-trouppen und bey sich habenden völckern/ in
etliche 1000 starck/ alsobald dem feind auf der haube seyn
könten.   Dadurch sie dannoch nicht haben verhindern
können/ noch auch durch die grosse mauer/ davon itzt bald
soll gesprochen werden/ daß sie nicht solten durchgedrun-
gen seyn/ oder besser zu reden/sich durch den Printz Ousan-
geii/ der wider einen gewaltthäter und majestät-schänder
war zu hülffe geruffen worden/ nicht auf den herrlichsten
thron der welt solten befestigt haben.

*** Sie soll 250 jahr vor Christi geburt/von dem Kayser Chius/ mit einer so grossen anzahl menschen erbauet
seyn/ daß sie in 5 jahren fertig worden ; es ist ein gebäu/
einer so grossen festigkeit/ daß kein nagel kan hinein geschlagen werden ; der Kayser hatte in gantz China den
dritten mann aufgeboten/ an dieser mauer zu arbeiten/ zuweilen auch wohl von 5 männern zwey.   Und wiewohl
die einwohner einer jeden provintz jegliche dichte an ihren
wohn-städten arbeiteten / so geschahe es nichts desto we-
niger/ daß fast alle / welche daran arbeiteten / entweder
durch die ferne der reise/ oder unterscheid der lufft/ dahin
sturben/ dadurch das Reich auffrührisch/ und der höchst-
gemeldte Kayser/ nebst seinem sohn Agutzi/ im 40sten jahr
seiner regierung erschlagen wurde.

Die Jesuiten/ welche bey dem Kayser in gnaden und
wohl gehört seyn/ seyn insgemein in der Geometrie er-
fah-

fahren/ wie aus ihren schrifften zu erkennen / als da seyn
der oben benannte le Comte/ Bouvet und Gobien ; sie
sprechen davon also : China hat jederzeit nichts zu fürchten gehabt/ als die abendländische Tartarn ; deßhalben
ein alter Chinesischer Kayser die grosse mauer gebauet/ dadurch China von denen Tartarn abzuscheiden.

Le Comte sagt : ich bin vier mahl durch diese mauer ge-
reiset/ und habe nahbey sehr wohl bemercket/ daß ich ohne
unwarheit sagen kan / daß die 7 wunder der welt damit
nicht zu vergleichen seyn ; ja das gerücht von dieser mauer ist in Europa bey weitem nicht so groß / als ich selbsten
bezeugen kan/ der ich es gesehen. Zwey dinge seyn ins
besondere/ über welche ich mich/ in betrachtung dieser
mauer/ sehr habe verwundern müssen.

I. Daß sie in dem sehr langen strich/ von morgen biß
gen abend/ an vielen örtern/ nicht allein gerade durch wüste und grosse felder/ sondern selbst über sehr hohe gebürge
gehet/ über welche sich dieselbe allmählich erhebet/ und
mit grossen thürmen/ welche gleich weit/ und zwar allezeit
2 bogenschüsse weit von einander stehen/ befestigt ist. Ich
habe die höhe derselben an einem gewissen ort gemessen/
und befunden/ daß sie daselbsten 1037 geometrische fusse
sich in der höhe über den horizont erstreckte ; so daß man
nicht begreiffen kan/ wie die sehr hohen bollwercke so hoch
haben können erhaben/ und an solchen dürren und bergig-
ten örtern/dahin man von sehr weiten orten mit unglaub-
licher arbeit und mühe/ wasser / steine / calck und andere
materialien hat bringen müssen ein solches werck hat können vollbracht werden.

II. Daß dieselbe mauer nicht gerade und in einer linie
ausgehet/ sondern an verschiedenen örtern/ nach der situa-
tion der gebürge/ gebogen ist/ so daß man wohl sagen
mag/daß China an statt einer mit 3 mauern umgeben sey.
Noch anderwärts redet er hievon also : Es ist nicht zu
läugnen/ daß die Chineser/ im festungs-bau/ allen alten
völckern vorzuziehen seyn/ indem sie die feste mauer / von
welcher sie Pauli Tcham Tchim/ das ist/ daß sie 10000

stadia

stadia lang sey/ sagen; mit grosser mühe erbauet/ welche
sich von der morgenländischen see/biß in die provintz Xan=
si oder Chansi erstreckt. Ob es nun wohl wahr ist/ daß
diese mauer nicht so lang ist/ als sie vorgeben/ so ist dan=
noch auch dieses gewiß/ daß/ wann man alle krümmen
und biegen dieser mauer mitzehlt/ dieselbe nicht viel weni=
ger als 500 meilen lang ist. Uberdiß/ wo dieser mauer
am leichsten beyzukommen/ liegen insgemein 2 oder 3 fe=
ste wercke hinter einander/ damit eines dem andern suc=
curriren könne. Nachdem ich auch/ fährt er fort/ über
die höchsten berge gereiset/ habe ich befunden/ daß man
durch diese mauer wegen ungleichheit des erdreichs/ bald
auff; bald niederwarts reisen muß: darff man sich also
nicht einbilden/ daß diese mauer accurat einer und dersel=
ben höhe sey/ sondern zur nachricht behalten/ daß diese
mauer/ wo sie über hohe berge gehet/ wunderbarlich hoch
sey/ an andern örtern aber nur der gemeinen stadt=mauer
an höhe gleiche: auch ist sie nicht breiter/ (sehet/ wie sehr
die geschicht=schreiber von einander unterschieden seyn)
als zum meisten 5 oder 6 fuß. Hier thut er noch hinzu/
daß diese mauer von ziegelsteinen erbauet sey/ und das
mit einer solchen festigkeit/ daß/ ob sie wohl so viel secula
schon gestanden/ sie dannoch biß auf den heutigen tag noch
unzerbrochen und gantz ist; die resolution/ sagt dieser
Autor ferner/ diese mauer zu bauen/ ist wohl groß und
wunderbar/ dabey aber auch die allereinfältigste gewesen
von der welt: dann ob es wohl die vorsichtigkeit gegen
die feinde erfoderte/ daß diejenigen örter/ wo dem Königs=
reich am nechsten beyzukommen war/ geschlossen und be=
festigt wurden/ so ist es dabey doch lächerlich/daß auch die
spitzen der berge/ über welche kaum die vögel hinfliegen/
und auch unmüglich durch die Tartarischen reiter bestie=
gen werden können/ mit einer mauer erhöhet/ und herge=
gen in denen gründen/ die benannte mauer so niedrig ge=
lassen werden muste. Hiebey aber ist noch zu verwun=
dern/ woher man so geschwind arbeits=leute und werck=
zeuge habe ausfinden können/die bau=materialien da hin=

auff

auff zu bringen: dabey dann noch dazu das leben so vieler arbeitenden menschen auffgeopffert worden/ welche durch keine grausamkeit der Tartarischen krieges-macht hätten umgebracht werden können.

Das III. Capitel.

Von Xantung.

DAs Reich oder die landschafft Xantung liegt von Peking gegen mittag/ und gegen morgen erstreckt sie sich gegen die see: durch dieses Reich/ oder auch wohl durch Leaotung/ bringen die von Corea ihren tribut oder jährliche schatzung nach China. Das land ist fruchtbar/ und bringt allerley arten korn und andere früchte hervor. Die erndte eines eintzigen jahres ist so groß und gut/ daß dadurch die einwohner gantzer 10 jahr ernehret werden können. Allerley essende waaren/ so wohl die sie zur nothdurfft als delicatesse nöthig haben/ seyn um einen geringen preiß zu bekommen. Fische finden sich allhier in grossem überfluß/ indem das land voll fahrten/ flüsse und teiche ist; auch mangelt es ihnen nicht an zahmen und wilden fleischwerck. Es liefert auch viel seide/ welche von würmern/ die denen raupen nicht ungleich seyn/ auf denen bäumen gesponnen wird. Hier finden sich auch mehr räuber/ und eine grössere leichtfertigkeit als sonst an irgend einem

nem orte in gantz China / indem sich dergleichen
lose leute in so grosser menge vielmals zusammen
rotten/ daß sie ein kleines heer-lager ausmachen
können.

Es hat diese landschafft 6 grosse städte unter
sich/ welche mit dem beynahmen Fu / wie oben
gemeldet/ belegt werden / und darunter bekannt
sind.

Unter dieser 6 grossen städte-gebieth/ stehen 15
kleinere städte/ und unter diesen letzteren noch 85
städte und örter/ von geringern werth/welche Hi-
en zugenahmet werden.

Die haupt-stadt heisst Zinan Fu/ sie hat vier
städte Cheu/ nebst 16 kleinern örtern/ und so 20
städte unter ihrem gebieth.

Die zweyte grosse stadt wird Juncheu Fu genannt; sie hat 4 städte Cheu/ und 23 kleinere Hi-
en unter sich.

Tunchang Fu/ die dritte grosse stadt begreifft
unter ihrem gebieth drey städte Cheu/ und 15
Hien.

Eincheu Fu/ die vierdte stadt/ begreifft 14
städte/ welche theils Cheu/ theils Hien zugenannt
werden.

Tengcheu Fu/ die fünffte grosse stadt/ erstreckt
ihr gebieth über eine stadt Cheu/ und über 7 kleinere Hien.

Lai-

Laicheu Fu/ die sechste stadt/ hat zu gebiethen über 2 Cheu und über 5 Hien: und das seyn die 6 grosse städte von Xantung.

Aus diesem Reich oder lande ist der erste und vornehmste Chinesische Philosopus oder Lehrer der weißheit entsprossen/ Ciungfusius genannt: dieser Confutius oder Ciungfusius/ hat viele Philosophische wercke und sitten-lehren hinterlassen/ welche nicht allein bey denen Chinesern/ sondern auch bey denen umliegenden manierlichsten und verständigsten völckern in so hohen ästim seyn/daß sie dieselbe vor ihre geheiligte uñ köstlichste schrifften halten; Es soll derselbe ohngefehr 500 jahr vor Christi geburt gelebet haben. Die Chineser hegen gegen ihn eine solche hochachtung/ daß sie vor einem bret/ welches ihm zu ehren aufgerichtet ist und darauff sein nahme geschrieben stehet/ sich demüthig niederwerffen/ und ihr haupt zur erden bücken und neigen: Doch geschiehet solches nicht allezeit/ sondern nur bey gewissen festen/ zu gewissen zeiten und an gewissen orten: damit sie die gedächtnüß eines mannes/welcher so viele gelehrsamkeit besessen/ und so grosse verdienste hatte/ nicht ersterben lassen/noch auch zu weit gehen und einen abgott aus ihm machen möchten.

Zu dieser landschafft gehören auch etliche Insuln/ darunter diese 3 Feuxeu/ Xamuen und Tenheng die vornehmsten seyn: deren die letzte sehr

be-

berühmt ist/ von 500 Chinesischen Philosophis/
welche darinnen umkommen seyn: Doch ist sie
dadurch nicht so berühmt als Xantung/ durch die
geburt des 'grossen Confutii.

Der Kayser Xius oder Chi Homti/welcher die
grosse mauer/von der wir in der beschreibung Pe-
kings gesprochen haben/ gebauet hat/war ein vortreflicher krieges-held/ und liebhaber des krieges/
aber ein feind aller gelehrten ; beschloß derohalben sie alle umzubringen.   Unter dem vorwand
nun/ als wolte er etwas sonderliches mit ihnen
abhandeln/befahl er/ daß sie alle aus allen örtern
seines Reichs bey ihm zusammen kommen solten ;
und als sie bey einander waren/ ließ er sie zu schiffe mit einander in oben benannte Insul überfüh-
ren/ und brachte sie auf eine unmenschliche weise
ums leben ; Einige wollen aber/ sie hätten sich
selbst ersäufft.   Uber dieses gebot er (so erbittert
war er auf gelehrsamkeit) allen seinen untertha-
nen/ bey leibes-straffe/ alle bücher des Kayserlichen Reichs/ausgenommen die/welche von acker-
bau/ artzney-mitteln und zauberey handelten/ zu
verbrennen.

Der fluß Luen fliesset auch durch diese land-
schafft/ davon die einwohner wunderliche dinge
erzehlen: * welche ihrer viele/ durch erfahrung/
warhafftig zu seyn behaupten wollen.

S   In

In dieser provintz und auch an andern örtern
wird der fisch-fangende vogel Louwa gefunden/
welcher etwas kleiner als eine ganß / dabey auch
einem raben sehr ähnlich/ und hat einen schnabel/
welcher gantz krumm und am ende gebogen ist.
Das fisch-fangen durch diesen vogel wird folgender massen vorgenommen: wann die fischer mit
ihren kähnen an einen beqvemen ort gekommen
seyn/ so setzen sie die benannten vögel ** aus dem
kahn/ welche sich alsobald untertauchen/und wañ
sie fische gefangen haben/ kommen sie alsobald
wieder in die höhe übers wasser / darauff greiffen
die fischer schnell und mit einem geschwinden
hand-grieff dem vogel nach dem kropff/indem die
fische/ wegen eines rings / der feste um den halß
zuschliesset/ nicht weiter kommen können/und langen so die fische heraus.   Wann nun der fisch-
fang geschehen ist/ nehmen sie den ring dem vogel
von dem halß/ und alsdann gehen diese vögel/als
fisch-Diebe/ mit freyem halse auf den fisch-fang
aus/ und kommen/ wann sie sich satt gefressen ha-
ben/wieder in die schütgens oder kähne zurück.

In der gegend der stadt Chincheu oder Juncheu Feu/wächst in dem magen der kühe ein stein/
welcher von einigen vor eine art des Bezoar-
steins gehalten wird / welcher bey denen Chinesischen ärtzten sehr berühmt und hoch geschätzt ist/
deßhalben er auch fleißig gesucht wird.   Man
schrei-

schreibet diesem stein fürnehmlich eine besondere
krafft gegen die ohnmachten zu.

* Nieuhoff erzehlet unter andern/ daß wann neun
stöckgens da hinein geschmissen werden/ so sollen sich 6 davon gegen mittag/ und drey gegen mitternacht hin um-
treiben; welches er selbsten/ da er die oben bemeldte zahl
in benannten fluß geschmissen/ wahr zu seyn befunden
habe.

** Joan Gonsales de Mendosa sagt/ daß solche vögel
an einem langen faden/ der ihnen unter den flügeln fest
gemacht ist/ ausgelassen werden; und daß der fisch-fang
an drey tagen zu einer gewissen jahres-zeit/nachdem der
fisch gestrichen/ vorgenommen werde·

Das IV. Capitel.
Von Xansi.

Jese landschafft liegt von Peking abend-
warts/ gräntzt an die grosse mauer nach
mitternacht/ sie wird von einem grossen
und sehr schnell fliessenden fluß durchflossen/ und
von einander getheilt.

Dieser fluß entspringet im abend-theil * von
Xiensi; nach diesem wendet er sich gegen mittag/
kurtz drauff mitternachtwarts/ und zuletzt fällt er
wieder im mittage in die see ein.

Dieser fluß durchfliesset 4 landschafften/ dann
von West-Xiensi anfangende/ allwo er auch ent-
springet/ fliesset er durch diese provintz an der seite
weg/ und darauff durchlaufft er die landschafften

S 2   Xan-

Xansi/ Honan und Nanking/ allwo er in die see
sich ergiesset.   Er ist sehr breit/ so daß an einigen
orten die breite desselben sich auf eine/ auch wohl
anderthalbe/ ja wohl gar 2 Frantz. meilen erstre-
cket/ und auch durch seinen starcken strom und
grosse macht des wassers/ das herumliegende land
sehr beschädiget; indem er nicht nur häuser/ sondern vielmahls gantze dörffer und ** städte ü-
berschwemmet; obschon dieselbe 20 ja 30 meilen
davon gelegen/ da dann menschen/ vieh und andere dinge mit dahin gerissen werden.   In der
landes-sprache wird dieser fluß Huango/ welches
so viel heisst/ als/ der gelbe fluß/ genannt; weiln
das wasser des flusses gelb oder röthlich scheinet/
aus ursachen/ weiln dieser fluß über gelbe erde/ an
dem fuß der Tartarischen gebürge hinstreichende
und es mit sich führende/ diese farbe annimmt/
dann sie lauffet ausser der mauer durch die Tar-
tarey/ von dannen sie durch eine krümme/ oder
bogen-weise/ wieder in oder durch die grosse mauer kommt: und obschon dieser fluß tieff ist/ ist er
dannoch mehrentheils *** nicht zu befahren oder
schiffbar.

Diese landschafft ist sehr bergigt/ und ob sie
wohl/ in vergleichung anderer provintzen/ klein ist/
so ist sie doch sehr volckreich und fruchtbar/ hat
auch unter ihrem gebieth 6 grosse städte Fu/ 11
Cheu/ und 95 Hien.

Die

Die haupt-stadt der 6 grossen städte heisset Thaiien Fu: die zweyte Paute Fu: die dritte Pingiang Fu: die vierdte Zugan Fu: die fünffte Funcheu Fu: und die sechste Tating Fu.

Diese haben unter sich andere geringere örter/ von denen wir der kürtze halber/ und weiln dabey wenig merckwürdiges anzumercken ist/nicht weitläufftig handeln wollen. Doch ist es etwas/das zu bemercken wohl werth ist/ daß man in dieser gantzen landschafft feuer-brunnen findet/ welche die speisen zu kochen bequem seyn/dann wann das loch dieser brunnen geschlossen wird/ doch so/daß es an einem orte/ darauff man den topff oder kessel setzen könne/ offen bleibet/ so fängt die speise/ ohne eintziges anderes hülffs-mittel an zu sieden und zu kochen.

In dieser landschafft ist der tapffere und mañhaffte Krieges-Held und Feld-Obriste/ Quan in Chang gebohren. Dieser Held hatte 3 vertraute freunde/welches Herren waren/ die einander brüderschafft zugeschworen hatten/und denen er in allen stücken getreu blieb. Sie waren alle 3 hochgeachtet/doch einer unter ihnen in besonderer gunst des Kaysers. Da es nun geschahe/ daß nach des Kaysers absterben ein innländischer krieg entstund/ bemühete sich dieser Held nebst denen andern/ seinen freund auf den thron zu bringen. Da er nun in vielen schlachten den

feind

feind überwunden / und öffters das feld behalten
hatte / geſchahe es doch / daß der feind das frauen=
zimmer überwältigte / und die weiber ſeiner
freunde gefänglich wegſchlepte: da ihm nun die=
ſes zu ohren kam / zohe er in eyl und mit groſſer
klugheit ſein volck zuſammen / ſchläget den feind/
und erlöſet die weiber: darauff wich er / vor dem
herannahenden gantzen heerlager / welches ihm
auf denen ferſen 2 tage und 2 nachte nachfolgte/
und ihn verfolgte / zurück; und beſchützte / be=
ſchirmte / ja errettete ſie dannoch aus der gefahr/
liefette ſie auch gantz rein und von ihm unberührt/
ſeinen freunden wieder. Dieſer löblichen that
halber wird ſein nahme von ſeinen lands=leuten
hochgeachtet / und er ſehr gerühmet / ja zur ge=
dächtnüß dieſer löblichen tugenden/ wird er als
ein Held und halber Gott geehret/ ſo gar/ daß ſie
ihm zu ehren ein bild oder ehren=ſeule in ihrem gö=
tzen=tempel aufgerichtet. Dann und wann laſſen
ſie das bild ſehen / welches ſeht groß/ und im ge=
ſicht blut=roth ausſiehet/ gleich einem Helden/der
den Bachum eben nicht verſchmähet. Wann
ihn die kriegs=leute in ſolcher geſtalt ſehen / ehren
ſie ihn um deſto mehr. Die Chineſer bilden ſich
ein/ er ſey ihnen geneigt/ und daß ſie um ſeinet wil=
len ſich deſto frömer und manhaftiger/ weil durch
ſein anſchauen ihnen dazu gleichſam ein feuer ein=
geblaſen werde/ ſich aufzuführen ſchuldig ſeyen.

* Wur=

* Wunderbar ist der unterscheid der schreiber/ in der
benennung derer landschafft/ städte/ flüsse ꝛc. dann unser
Historien-schreiber nennet die angeführte provintz Xansi/
ein andrer heißt sie Chansi; die haupt-stadt wird genennet Honang Fu/ von andern Caifung; der fluß heißt hier
Huango/ ein andrer nennt ihn Hoamso. Eben so verschieden seyn die meynungen der schreiber/ wegen des ur-
sprungs (doch nicht so sehr als im vorhergehenden) dieses flusses. Le Comte sagt: der Hoamso nimmt seinen
ursprung am äusersten ende des gebürges/ welches die
landschafft Suchoven abendwarts gleichsam bezahlet;
dann da stürtzt er sich in die Tartarey/ allwo er einige zeitlang an der grossen mauer lang hinläufft/ durch welche
er auch wieder in China/ zwischen denen provintzen Chan-
si/ Chensi und Xensi kommt: darauff befeuchtet er das
land Honang/ und nachdem er ein theil von Nanking
durchflossen/ und so mehr als 600 meilen das land durch-
strichen/ stürtzt er sich endlich/ nicht weit von dem grossem
fluß Kiam in die morgenländische see.

** Dieser strom hat ehemahls grosse verwüstungen
angerichtet/ und die Chineser genöthiget/ ihre wasser mit
wällen zu versehen/ welches dannoch die bekümmernüß
der städte/ von demselben überschwemmt zu werden/ nicht
auffhebet. Uberdiß hat man die städte in Honang alle
halbe 4tel-stunden mit schleusen versehen/ sich derselben/
bey vorfallender gelegenheit wann die dämme durchriß-
sen oder durchstochen würden/ wie vor 50 jahren geshe-
hen ist/ zu bedienen. Dann zu benannter zeit liesse der
Käyser die haupt-stadt Honang oder Caifung zu entse-
tzen/ und von dem aufrührer Lihuang/ der sie sehr hart belagert hatte/ und genau eingeschlossen hielte/ zu befreyen/
und sein heerlager zu beschädigen/ oder davon abzuziehen/
die dämme durchstechen; welches aber der stadt schädli-
cher war/ als ihnen die wuth der feinde gewesen seyn würde; dann nicht nur die stadt/ sondern die gantze land-
schafft/ nebst noch mehr andern städten und dörffern über-
schwemmet würde; da dann mehr als 300000 menschen/
dar-

darunter viele Mißionarii vom Pähstl. hofe waren/ und
schon ein zahlreiches Christenthum aufgerichtet hatten/ in
der oben benannten haupt-stadt ertrincken und umkom-
men/ und nebst ihrem leben auch ihre kirche einbüssen und
verlieren musten.

*** Le Comte sagt : ich habe denselben über und über
befahren; überall ist er schnell und breit/ aber nicht allzu
tieff/ und mehrentheils nicht schiffbar.

Das V. Capitel.
Von dem Reich oder Landschafft
Xiensi.

UNter allen landschafften China ist Xiensi
oder Xensi die grösseste; vorzeiten hatte es
3 Vice-Roys/ nun aber nur zwey. Von
morgen biß abend begreifft es in der breite 350
meilen/ und in der länge 400.

Diese landschafft ist sehr fruchtbar/ so wol auf
dem platten lande/ als auf denen bergen : es
trägt jährlich eine grosse menge schaafe und ochsen: * es liegt Westwärts nach Xansi zu; es
endiget sich hier die grosse mauer; und gräntzt
an die abendländische Tartarey/ von wannen die
Lamas ** herstammen; welche des Tartarischen gottes-diensts Priester seyn/ und eine kleidung haben/ die roth oder gelb ist.

Es gräntzt auch diese landschafft an das Ober-
Fürstenthum Tibet/ welches sich biß an die gräntzpfähle des grossen Mogols erstreckt/ aus dessen
land

land viele kauffleute in die groſſe kauff⸗ und han⸗
dels⸗ſtadt Zunning/ welche in dem Reich Xienſi
liegt/ kommen.   Schon vor einig verfloſſener
zeit iſt ihnen nebſt denen Moſcowitern und Tar⸗
tarn erlaubt und frey gelaſſen worden in demſel⸗
ben zu handlen; da ſie dann mit ihren waaren
und durch ihre handlung zugleich den Mahome⸗
taniſchen glauben hinein gebracht haben/ welcher
gleich einem unkraut durch gantz China ausge⸗
breitet iſt/ ſo daß man mehr von dieſem verderb⸗
lichen ſaamen/ als von Chriſti reiner lehre findet.

In dieſer landſchafft liegen 8 groſſe ſtädte/
welche 116 andere unter ſich haben.   Die haupt⸗
ſtadt wird Sigan Fu genannt.   Es iſt eine
groſſe und ſehr ſchöne ſtadt/ die andern heiſſen
Hanchung Fu/ Fungiang Fu/ Pingliang Fu/
Linſiu Fu/ Vachang Fu/ Hingang Fu.   Diß
ſeyn die 8 ſtädte/ unter deren gebieth/ wie geſagt/
die andern ſtehen.

Nahe bey Sigan Fu wurde vor ohngefehr 70
jahren eine marmerne gedächtnüß⸗tafel gefun⸗
den/ darauff ein creutz *** ausgehauen war/ da⸗
bey einige buchſtaben geſehen wurden/ woraus
die Geiſtlichen beweiſen wollen/ daß die Chriſtli⸗
che lehre wohl ehemahls in China bekannt/ und
der H. Apoſtel Thomas/ **** oder einige ſeiner
ſchüler nach ihm daſelbſt geweſen ſeyn.

S 5   * Diß

* Diß land ist so fruchtbar von allerley vieh/als irgend eines in der welt: die schaafe und geissen seyn so frucht-tragend/ daß sie des jahrs 3 mahl geschoren werden / von deren wolle schöne tücher/ stoff/ zeug und kleider gemacht werden. Dieses land liefert auch viel muscus / der vor-treflich ist; es wächst derselbe an dem nabel eines thiers/ welches einem hirsch ohne hörner nicht ungleich ist: und weiln diesem thier ins besonder zur zeit der brunst der na-bel schwöllet/ so wird es zu solcher zeit gefangen und ge-tödtet/ der nabel mit allem zubehör wird abgelöset/ und der muscus an demselben vor den allerbesten/ in so fern er unverfälscht bleibt/gehalten / und sehr gerühmt. (Die-ses thier ist in der vorhin beschriebenen reise nach China pag. 76. näher beschrieben/ und in einem kupffer vorge-stellt.)

** Sie halten den grossen Lamas vor das Haupt ihrer religion/ welchen sie auch als einen Gott ehren: sie hat-ten deßhalb auch / zur zeit/ da die erste Gesandschafft der Ost-Indischen Compagnie in China und Peking war/ ei-nen Abgesandten daselbsten: weil (wie Nieuhoff sagt) sie wohl ehe in China haußgehalten oder ihren sitz gehabt/ aber noch eher als die Tartarn das Reich erobert/ von dem letzten Chinesischen Kayser daraus vertrieben wor-den; deßhalb sie ersuchten/ daß doch die vertriebenen Priester/ auf den alten fuß/und nach voriger weise/in dem Reiche/ihren gottes-dienst zu verwalten/wiederum möch-ten erlaubnuß erlangen.

*** Die Jesuiten/ Kircherus/ le Comte/ Gobien und andere/zeugen alle von dieser creutz-tafel; wir wollen ge-genwärtig nur kürtzlich das vornehmste davon melden: Sie sagen dann/ daß es eine lange marmerne tafel sey an deren obersten ende ein creutz ausgehauen wäre; wieder-um sagen sie/ daß anno 1625 einige steinmetzen/da sie bey Sigan Fu in der landschafft Xiensi die erde umgegraben/ und daselbst einen langen marmernen stein gefunden/ welcher vor diesem/nach der Chinesischen weise/ zu einem denckmahl aufgerichtet gewesen/ und mit der zeit unter die

erde

erde gekommen. Der stein war 10 fuß lang / und 5 fuß
breit: er wurde genau besichtiget / und das umb desto
mehr/ weiln man oben an ein wohl ausgehauenes grosses
creutz sahe; und etwas niedriger/ eine lange rede mit Chinesischen characteren/ und mit frembden unbekannten
buchstaben/ welche vor Syrische erkannt wurden. Der
Kayser wurde hiervon benachrichtiget / und ließ sich eine
copie davon geben; darauff er befohlen/ diese gedächt-
nüß-tafel in einer Pagode zu verwahren/ darinnen derselbe stein/ eine viertel-meile von Sianang Fu noch zu sehen
ist. Auf dieser tafel (weiln alles hier anzubringen allzu-
lang fallen möchte) wird von dem Meßia gesprochen/
dessen ankunfft ein Engel verkündiget habe/ und daß Olo-
poven aus Judäa verreiset und im jahr 636 in China gekommen; und weil/ auf befragen/ sein zeugnüß vor gut
erkannt worden / so habe deßhalben der Kayser zu dessen
vortheil ein placat und befehl ausgegeben/ eine kirche zu
erbauen 2c. Wer mehr hiervon zu wissen verlangt/ der be-
sehe Kircherum in seinem verherrlichten China / oder auch
le Comte in seiner beschreibung China/ woselbst er dieses
vollkommen erzehlet.

**** Man kan wahrscheinlich muthmassen / sagt J. G.
de Mendosa pag. (mihi) 50. daß der H. Apostel Thomas
in diesem Reich geprediget habe. Dann man findet in
seinen festtags-lectionibus, daß/ als er den H. Geist em-
pfangen/ und das wort GOttes denen Parthern/ Meden/
Persern Brachmanen und andern völckern geprediget ge-
habt/ er in Indien gegangen/ und des glaubens und des
evangelii halben/ welches er predigte / in der stadt Kala-
mina ein Märtyrer worden. Die rand-glosse thut hinzu
nachfolgendes: Zu Kalamina/ heut zu tage Malipur genannt / wurde St. Thomas gemartert/ und daselbst ist
auch sein leichnam. Auf derselben seite/ sagt er ferner:
daß St. Thomas/ als er nach Indien gegangen/ allwo er
ein Märtyrer worden/durch China gezogen/u. daselbst/wie-
wol mit wenig nutzen/ weil dz volck dazumal in krieg ver-
wickelt war/ geprediget habe/ doch habe er etliche einge-
bohr-

bohrne des landes getaufft/ und in unserm glauben un=
terwiesen/ zurück gelassen/ damit sie zu gelegener zeit seine
lehre ausbreiten möchten.

Das VI. Capitel.
Von der Landschafft Honan.

ES lieget diese landschafft in der mitten
China/ gegen mittag gräntzet es an die
landschafften Huquang/ Kiansi; gegen
mitternacht an Peking und Xansi; gegen mor=
gen an Xantung und Nanking; gegen abend an
Suchuen und Xiensi. Zu alten zeiten/ da Chi=
na noch kein Ober=haupt allein/ sondern eine jede
landschafft oder Reich ihren eignen König hatte/
wurde es vor ein Mittel=Reich gerechnet/ und
auch mit diesem nahmen beleget. Nun wird
China wegen der umliegenden länder und Kö=
nigreiche/ in deren mitten es lieget/ mit diesem
nahmen beehret/und dadurch verstanden: dann
die Chineser sagen: gegen mittag liegt das Kö=
nigreich Tunking und Siam; gegen morgen
Japan/ nebst noch einigen andern Insuln; ge=
gen abend Pegu biß an Bengalen und die Tar=
tarey; gegen mitternacht liegen die barbarische
Tartarn/ welche ehemahls tribut und schatzung
als unterthanen demselben bezahlten. Weiln
nun China mitten in allen diesen landen und Rei=
chen lieget/ wird es mit recht in der Chinesischen
spra=

sprache Chung Jvoi/ das ist/ Mittel-Reich genannt.

Das land dieser provintz ist flach und eben/
nicht bergicht/ und sehr fruchtbar; reiß und anderes korn bringt es in überfluß herfür/ und das
ist sehr wohlfeil/ so daß man 100 pfund reiß offters vor 6 groschen käufft.

In dieser landschafft liegen 8 grosse städte/
welche 108 kleinere unter ihrem gebieth haben.
Die haupt-stadt heisst Schaifung Fu. Ehemals
war hier die Königliche residentz: wurde aber
durch eine grosse * wasser-fluth gantz mit sand
überschwemmet und bedecket. Nunmehro ist
eine stadt recht gegen über erbauet. Quinte Fu/
Hincte Fu/ Vecfe Fu/ Vaking Fu/ Honan Fu/
Nining Fu/ Hogang Fu/ seyn die nahmen der
übrigen/ welche zusammen 8 ausmachen/ und ü-
ber die oben gemeldte 108 kleinere regieren.

* Durch diese wasserfluth muß verstanden werden/
das durchstechen des walles/ (davon oben in der beschreibung Xansi und des flusses Hoango gesprochen ist) welches auf befehl des Kaysers/ die stadt von der belagerung
zu befreyen/ und den aufrührer Khuang mit seinem heerlager im wasser zu ersäuffen/ doch leider! zum verderben
und überschwemmung dieser haupt-stadt und so vieler
100000 menschen geschehen. So weit seye die geschicht
mit eingerückt/ und man bediene sich der gezeigten anwei-
sung. Diß wollen wir noch hinzu fügen: daß das blatte land dieser provintz seit der zeit/ in einen pfuel oder
morast verwandelt worden ist: man hat sich wohl vorge-
nom-

nommen/ das land von dem vielen waſſer zu ſäubern/und
es in vorigen ſtaat und ſtand zu bringen ; aber die unter-
nehmung iſt faſt auſſer menſchlichen kräfften / die unkoſ-
ten ſeyn aus der maſſen groß/ ja es iſt unmüglich/ ſolches
zu einem vollkommenen ende zu bringen ; über dieſes ſtehet es bey der ſouverainität des hofes.

Das VII. Capitel.
Von Leaotung.

DIeſe landſchafft lieget gegen mitternacht
von Xantung/ von Korea gegen morgen ;
aber von der Norder-Tartarey gegen
mittag. Durch dieſe landſchafft ſeyn die nun
herrſchende Tartarn in China gekommen. Zur
zeit des Kayſers Vanli/ ohngefehr anno 1590/
waren die Tartarn auch biß Leaotung durchge-
brochen/aber von dem Kayſer wieder heraus gejaget worden : welches um eben die zeit ſich zuge-
tragen/ als der Jeſuit/ P. Matthäus Riccius in
China gekommen. Der Kayſer Vanli hatte
Leaotung 49 jahr friedlich beſeſſen und regieret :
nach ſeinem tode aber ſeyn die Tartarn/ durch
hülffe einiger Chineſiſchen verräther/ welche nach
Leaotung (welcher ort/ als gleichſam ein gräntz-
pfahl/ das Reich China von der Tartarey ab-
ſcheidet/ und dahin diejenigen / welche in China
ſich nicht wohl verhalten hatten/geſandt/und ver-
bannet wurden/) ins elend verwieſen waren/wie-
der-

derum hinein gekommen. Dieſes geſchahe/ da
der Kayſer noch jung war / und alles durch ſeine
Stadthalter regieret wurde. Da dann die
Tartarn von tag zu tag mächtiger wurden: Uber
dieſes ſtund anno 1630 wider ihn in Xienſi ein ge=
wiſſer auffrührer/ Lichuang genannt/ auf/ welcher
ſich nicht allein zu einem Herrn dieſer Landſchafft
auffwarff/ ſondern noch andere verſchiedene pro=
vintzen mehr eroberte / ohne daß der Kayſer das
geringſte davon wuſte; indem es ſeine Befehls=
haber und Stadthalter vor ihm verborgen hiel=
ten; er erfuhr es auch nicht eher/ als da es ſchon
zu ſpät war / da der aufrührer mit ſeiner gantzen
kriegs=macht ſchon nahe an Peking ſtund/ auch
den tag darauff des morgens mit ſeinem völck
hinein zog.

Der Kayſer * dieſes hörende/ legte wol ſei=
ne hand an ſein ſchwerdt; aber aus keiner andern
urſache/ als aus verzweiffelung / indem er durch
daſſelbe ſeine gemahlin/ ſeine kebs=weiber und
tochter/ welche weinten und heuleten/ ſo daß ſich
ihrer ein ſteinern hertz hätte erbarmen mögen/ er=
tödtete. Als er dieſes gethan/ ſtieg er auff den
berg/ welcher an dem Königlichen ſchloß lieget/
und/ damit er nicht lebendig in die hände dieſes
haupt=rebellens kommen/ ſondern durch ſeine ei=
gene ſterben möchte / erhieng er ſich an einem
baum.

Nach

Nach dem tode des Kaysers bestieg Lichuang
den thron/ befestigte sich auf demselben als ein
Beherrscher des volcks in besitzung des Reichs/
und führte sich als ein Kayser/ oder besser zu sa-
gen/ wie ein grausamer tyrann auff. Dann er
fieng seine regierung mit grausamkeit an/ und ließ
unter andern grossen/ auch den vater des Prin-
tzens/ welcher Feld-Oberster über das lager an
der grossen mauer war/ und den er nicht auff seine
seite hatte bringen können/ durch grosse quaal und
viele schmertzen tödten. Der Printz nahm sich
darauff vor/ nicht allein seines vaters tod zu rä-
chen/ sondern auch das Reich von diesem tyran-
nen zu erlösen.

Er begab sich deßwegen nach Leaotung ** und
ersuchte die Tartarn um hülffe. Im anfang
traueten sie ihm nicht/ er aber versprach ihnen/
daß er/ als ihr Feldherr/ treulich mit ihnen wolle
handlen/ und befestigte seine versprechungen mit
einem eyd-schwur über seinem blossen säbel.
Darauff zohe er als ihr Haupt voraus/ und sie
folgten ihm mannhafftig nach; der herrschende
tyrann hatte sich auch ausser der grosser mauer be-
geben/ und ingleichen die Leaotunger um hülffe/
doch vergebens/ angesprochen.

Als nun der hochgedachte Feldherr ihm heldenmüthig unter die augen gieng/ nahm er von
ihm die erste rache wegen der an seinem vater be-
gan-

gangenen mörderischen that/ indem er ihn nach
einem harten treffen in die flucht schlug/ die flüch-
tigen verfolgte/ welche biß Peking entkommen
waren/ als wohin Lichuang sich mit seinem flie-
genden heer gewendet hätte/ aber keinen stand
hielte; sondern/ nachdem er alle kostbarkeiten/
nebst 190 kebs-weibern aus Peking gegen abend
zu weggeschleppet hatte/ ließ er den Kayserlichen
pallast in brand stecken. Der Printz aber verfolgte ihn mit seinen und einigen andern Tar-
tarn/ und ließ die übrigen in Peking.

Der Tartarische Cham oder Fürst/ welcher
als ein genöthigter gast zu hülffe gekommen war/
und ohngefehr 7 oder 8000 Tartarn nebst denen
Leaotunger-Chinesern bey sich hatte/ nimmt diese
gute und schöne gelegenheit in acht/ und bemächtigt sich des throns in diesem mächtigen und grossen Reich. Welches zu der zeit/ da der ehr-
würdige P. Jesuit Johannes Adams in China
sich aufhielt/ und ohngefehr 10 jahre schon da gewesen war/ sich zugetragen hat.

Als nun der FeldOberste vom verfolgen seiner
feinde wieder kam/ fand er den Tartar/ welchen
er zu hülffe geruffen hatte/ auf dem thron/ und
wurde genöthigt/ ihm zu gehorsamen: doch durch
eine heyrath befreundeten sie sich mit einander/
und der regierende Cham oder Kayser von China
machte den Printzen zum König von Junan.

T Die

Diese aufgerichtete rechtmäßige verwand-
schafft war doch zu schwach/ und die Junanische
crone zu leichte/ das gemüth des benannten Feld-
Herrns/ welches das Kayserthum zum endzweck
hatte/ zu stillen und vergnügt zu halten. Darum er auch nach verfliessung einiger jahre sich wider den Kayser empöret/sich selbst unter dem nahmen Vii Sangqvei einen Kayser nennet/ und
verschiedene im mittag liegende länder und Reiche unter sein gebieth bringet: nachdem er nun
schwere kriege mit dem Cham geführet/ und sich
wohl der helffte des Reichs bemächtigt hatte/
starb er endlich in einem sehr hohen alter.

Sein jüngster sohn/ welcher ihm als Erb-
Printz in dem Reich nachfolgen solte/ war noch
minderjährig; und daher entstund/wie mehrentheils bey solchen veränderungen eines neuen re-
giments grosse verwirrungen vorfallen/ unter denen Fürsten eine hefftige uneinigkeit/ durch welche er nicht zu der regierung gelangen konte. Der
älteste sohn hielte zu Peking hof/ und ob er wohl
mit dem Kayser verwandt war/ und auch 3 söhne
hatte/wurde er dannoch/ dem allen ungeacht/ im
35 jahr seines alters/ nebst seinen 3 söhnen umgebracht. *** Nach dieser zeit ist das gantze Kayserthum China unter einem Ober-Haupt geblieben. Wiewohl kurtz zuvor einige Herren wider den Kayser sich aufflehnten und krieg führten/

Dan-

dannoch aber nicht viel ausrichteten/ weil sie unter einander nicht einig waren: Indessen wurde
eine unglaubliche menge von menschen niederge-
macht/ deren anzahl/ wie einige schreiben/sich auß
40 millionen/ oder wie andere wollen/auf viertzig
hundert tausend menschen belauffen haben soll;
so daß auch das menschen-blut (welches eine sache wäre/ so nie erhöret worden/) von etlichen
bergen strom-weise/ wie ein wasserfall/ herunter
geschossen/ ja daß man mit denen todten leibern
tieffe graben gefüllt/ und so mit denenselben alles
eben gemacht/ daß man mauren und hohle wege
besteigen können. Dieses ist geschehen zu der
zeit/ da der itzt regierende gegenwärtige Kayser
Canghi **** ohngefehr 14 oder 15 jahr alt
war.

Sein vater war ohne grosse mühe und ver-
drießlichkeit zu dem Reich gelanget/hat es auch in
fried und ruh beherrschet; dabey aber seinem
sohn noch viel schwierigkeiten hinterlassen/ wel-
cher/ dem allen ohngeachtet/alles durch seine grosse weißheit/ klugheit und tapfferkeit/ Königliche
tugenden/ und andere hohe gaben/ überwunden
hat.

Hierauff wenden wir uns zu denen landschaf-
ten so im mittage liegen/ und sagen nur noch/ daß
Leaotung an sich selbsten ein sehr gutes und treff-
liches land ist/ ob es schon wenige/ nemlich nicht

mehr

mehr als 10 oder 12/ so wohl grosse als kleine städ-
te/ unter seinem gebieth hat.   Hierzu fügen wir
noch dieses/ daß in dieser landschafft die wohlbe-
kannte wurtzel Ginseng † gefunden wird/ welche vor eine gute artzney und bey denen ärtzten vor
ein hertz-stärckendes mittel/ welches einem krancken neue kräffte giebet/ gehalten wird.   Die
Chinesische Medici brauchen diese wurtzel wider
alle hitzige und pestilentzialische fieber/ wie auch
wider viele andere gefährliche kranckheiten. Sie
gebrauchen dieselbe entweder allein/ oder ver-
mengen sie auch wohl mit andern artzneyen. Unter diesen wurtzeln werden die vor die beste gehal-
ten/ welche groß/ hell und schwer seyn; sie bewi-
ckeln diese wurtzeln mit papier/ und heben sie entweder in trückner erde/ oder auch wohl in pfeffer
auff: wenn sie sie brauchen wollen/ kochen sie dieselbe in hüner-brühe/ oder auch wohl in reinem
wasser/ so daß sie davon 1 oder 2 gran klein schneiden; †† dabey aber man sorge tragen muß/ daß
der topff oder kessel/ darinn die wurtzel gekocht
wird/ mit einer decke wohl verwahret sey/ sonsten
sie/ wann man selbige in einem offenen topff oder
kessel kochen wolte/ zu viel von ihrer krafft verlieren würde.

* Er war der letzte von dem stamm Taiminga Zungchi
genannt: Chu war der stamm-vater desselben. Er vertrieb die Tartarn/ welche zu der zeit auch China beherrsch-
ten.

ten. Seine nachfolger/ biß auf diesen letztern/ haben das Kayserliche Reich etliche 100 jahr besessen/ davon an einem andern ort weitläufftiger gesprochen werden soll.

** Hieraus/ wie auch aus dem was noch folget/ daß Lichuang sich ausser der grossen mauer begeben/ die Leaotunger zu hülffe zu ruffen/ erhellet klärlich/ daß Leaotung ausser der grossen mauer liege/ dieweil auch benannter Printz/ welcher Usangeii/ und von unserm schreiber Wil Sangqvei genannt wird/ dem die grosse mauer zu bewahren anbefohlen war/ sich auch von der grossen mauer ingleichen zu ihnen begeben/ welches auch der rebell/ wie gesagt ist/ beyde aus einerley ursachen/ gethan. Doch im anfang/ dahin wir den Leser weisen wollen/ ist dieses so deutlich angezeiget/ daß solches zu beweisen keiner mehrern überzeugung nöthig hat/ dieselbe bey-und anzubringen.

*** In China ist ein hartes gesetz/ welches die rebellen biß ins neundte glied ihrer nachkommen gestrafft haben will. Dieser itzt regierende Kayser Canghi/ welcher sanfftmüthig ist/ und einen grossen abscheu vor aller grausamkeit hat/ war durch die landes-gesetze gezwungen/ weil Ousangeit als ein rebell betrachtet wurde/ die kinder und einige nahe vettern des Ousangeii tödten zu lassen: doch zu bezeugen daß solches ihm zu wider sey/ ließ er zuvor ausruffen/ daß nicht er derjenige sey/ der sie zum tode verdammt habe: sondern daß er durch das strenge gesetz des staats verbunden/ und durch die allgemeine versamlung der Printzen von geblüte/ ja durch die hohe gewalt der Vierschaaren oder Hochgerichten des Reichs/ verpflichtet und gezwungen sey/ niemand übrig zu lassen von denen/ welche sich durch das laster der widerspenstigkeit der darauff gesetzten straffe/ schuldig gemacht hätten.

**** Es diene zu des Lesers nachricht und mehrerer erkäntnuß des Tartarischen Kayserlichen stamms; daß Canghi der sohn sey Chuntchi oder Xunchi/ dessen vater Jungti sonst Tzonte genannt/ und zu allererst der beherrscher China gewesen; wir bemercken das zu mehrern ansehen

T 3　　　　　sehen

sehen des itzt regierenden Tartarischen stammes / welcher
Taisou Taiconng oder auch wohl Taicin genannt wird.
Diejenigen völcker/ so unter sein gebieth gehören / waren
die morgenländischen Tartarn / Manticheons genannt.
Dieser Tzonte wurde von Dusangeit zu hülffe geruffen/
den auffrührer Li oder Licong zu vertreiben/ und ihm dazu
seine kriegs-macht zu lehnen/ welches er auch that; aber
während zeit / daß Dusangei Licoung verjagte und
schlug/ bemächtigte sich Tzonte des Chinesischen throns/
welchen er aber nicht lange besaß/ so daß le Comte sagt/ er
habe keine zeit gehabt / das neue regiment / so er erobert
hatte/ zu besitzen; dann er starb/ so bald er ins Reich gekommen war/ und überließ seinem bruder Amavan das
regiment/ und die sorge/ seinen sohn aufzuerziehen / welcher nicht mehr als 6 jahr alt war; welcher auch diesem
jungen Printzen/ während seiner minderjährigkeit/ alle
andere provintzen und das gantze Kayserthum unterthänig machte: überlieferte auch / so bald dieser junge Mo-
narch zu einem alter/ das zu regieren tüchtig war / gelan-
get/ ihme das regiment: trug also so viel sorge / ihn auff
seinem thron zu befestigen/ als er zuvor gehabt hatte/ sich
vor ihm desselben zu bemächtigen. Warlich eine treue
eines Fürstens/ welche ihres gleichen nicht hat / der deßhalben auch nicht gnug kan gerühmet werden. Chunch-
ti beherrschte China auch nicht lang/ dannoch in guter ruhe; er starb anno 1662/ da der itzt regierende Kayser/ davon unser schreiber meldung thut/ ohngefehr 8 jahr alt
war/ welcher viele schwere kriege wider Dusangeit/ wider
die Könige von Canton und Fohien geführet/ bürgerliche
und einländische auffrühre/ kriege und zusammen-ver-
schwerungen in der zeit/ deren unser Autor meldung thut/
ausgestanden/ durchgedrungen/ und dieselbe durch seine
weißheit und heldenmühtigkeit endlich überwunden hat.
Seine familie ist die 22/ welche in China geherrschet hat/
und wie gesagt/ Taison oder Taicin zugenahmet ist; welche ihren anfang in China ohngefehr anno 1643/ da der
Stamm Taiminga (dann aus diesem stamm war der letzte
Chine-

Chinesische Kayser/ welcher/ wie wir oben gehöret haben/
so betrübt umgekommen/) sein ende genommen/ nachdem
aus diesem stamm 16 Kayser entsprossen waren/ welche
diß blühende Reich 276 jahr beherrschet und regieret
haben.

Der Kayser Tzonte starb anno 1644/ fast wie ein anderer Moses/ indem er sein land nur übersahe/ doch mit
diesem unterscheid/ daß der Kayser den thron nicht nur
selbsten besaß/ sondern auch auf demselben sein geschlecht
löblich befestigte; von welchem der dritte in der nachfolge den Reichs-stuhl so herrlich bekleidet/ und gnugsam zu
erkennen giebt/ daß er selbigen keinem unartigen Hoang-
taitse/ mit welchem nahmen der Cron-Printz/ welcher
schon ohngefehr 28 jahr alt ist/ beleget wird/ zu hinterlas-
sen willens sey.

† Vom gebrauch/krafft und wirckung dieser wurtzel besiehe le Comte in seiner schon mehrmahls angezogenen
beschreibung China/ gedruckt im Haag anno 1698 bey
Bouqvet pag. 171 & 172. Vor dieses mahl wollen wir
nur dieses heraus nehmen/ weiln dadurch zugleich befestiget wird/ daß Leaotung ausser der grossen mauer/ und also
nicht in China/sondern in der morgenländischen Tartarey
lieget: daß er auff der vorhin angezogenen pag. 172 nem-
lich/sage: die wurtzel Ginsem/ welche man gegenwärtig
gebrauchet/ wird aus Leauton/ einer landschafft/ welche
von China dependiret/ und in der morgenländischen Tartarey gelegen ist/ gehohlet.

†† Eben derselbe le Comte verbietet an benannten ort
diese wurtzel mit einem messer zu zerschneiden/ wann er
sagt: brich dieselbe mit den zähnen/ und nicht mit einem
messer/ weiln das eisen die krafft dieser wurtzel ver-
ringert/ in kleine stückgen/ ꝛc.

T 4 Das

Das VIII. Capitel.

Von der landſchafft Nanking.

Nachdem wir nun von denen mitternächtlichen landſchafften China geſprochen
haben/ gehen wir zu denen mittäglichen
Reichen deſſelben über.

Nanking/welche wir billig die erſte nennen/iſt
ſehr groß/ und hat 2 Unter-Könige; die haupt-
ſtadt heiſſt Nanking/ oder anitzo Kiamning/wel-
che veränderung des nahmens von denen Tartarn herrühret. Ehemahls war hier der Reichs-
ſtuhl und der Kayſerliche hof/ welche nun nach
Peking verleget ſeyn. Unter allen ſtädten iſt
dieſe die gröſſeſte; dann ſie begreifft nun noch
würcklich 16 oder 17 Frantzöſiſche meilen in ihrem
umkreiß/ da ſie vorhero wohl dreymahl ſo groß
geweſen/und ehemahls wol 30 meilen in der runde ihres bezircks * gefaſſet. Seit dem aber
die Kayſerliche reſidentz hier von dannen verleget
worden/ iſt auch dieſer ort mehrentheils verwüſtet und zu grunde gegangen; ſo daß ſie in ihrem
gegenwärtigen umkreiß ohngefehr 16 oder 17 meilen begreiffet. In welchem bezirck mehr als 30
berge liegen. **

Dieſe ſtadt/ ſo billig die allerannehmlichſte
und luſtigſte aller ſtädte genennet werden mag/
iſt auch die crone der andern allen: über dieſes
iſt

iſt ſie mit einem hohen thurm/ welcher von dem allerbeſten porcelin von verſchiedenen farben erbauet iſt/ gezieret; *** daran auch von auſſen viel artiges bildwerck zu ſehen iſt: er iſt 9 ſtockwerck hoch/ inwendig voll ſteinerner bilder/ und auf eine koſtbare weiſe vergüldet. Die ſträſſen der ſtadt Nanking ſind ſehr weit und breit/ auch ſehr ſauber und rein/ man findet daſelbſten allerley raritäten und ſchönheiten zu kauff; am allerverwunderns-würdigſten aber iſt die faſt unglaubliche menge der menſchen/ ſo man allhier ſiehet. Die zahl der einwohner/ nicht an einzelen menſchen/ ſondern an familien und haußgenoſſen/ wird auf 8 millionen geſchätzet/ ſo daß das gewimmel der menſchen auf denen ſtraſſen/ dem/ welchem man davon erzehlet/ und der es nicht ſelbſt geſehen hat/ unglaublich vorkommt.

Nahe an der ſtadt flieſſet ein ſtrom/ welcher 2 Frantzöſiſche meilen breit iſt. Sie nennen denſelben in ihrer ſprache Tangzku Kiam/ ſo viel geſagt/ als ein ſohn des meeres; durch gantz China iſt dieſer ſtrom ſchiffbar; **** er flieſſet nicht nur bey vielen ſeen und ſtrömen vorbey/ ſondern durchſtreichet auch dieſelbe/ ſo daß ſie alle/ vermittelſt dieſes ſtroms/ ſich in die ſee ergieſſen: deßhalb auch dieſer ſtrom ſehr ſchiffreich/ und mit einer unzehligen menge groſſer und kleiner ſchiffe verſehen iſt/ welche alle inwendig ſchön gezieret/

T 5 und

und köstlich vergüldet/ ja mit köstlichen farben
und schönen gemählden ausgeputzet seyn; über
welches alles man allerhand gemächliche sitze/
tafeln und ruhe-betten zum dienst der reisenden/
selbst vielerley speiß und tranck darinnen findet.

Die Jesuiten/ welche die grosse anzahl und
menge dieser schiffe gesehen haben/ sagen/ daß deren so viel seyn/ daß man gar wohl davon eine
schiff-brücke erbauen könte/ vermittelst derselben
man/ wann es sonst/ so zu reden/ müglich wäre/
aus China in Europa kommen könte.

Diese landschafft hat unter sich 14 grosse und
berühmte städte/ die haben an reichthum grossen
überfluß/ unter deren gebieth/ bald mehr bald we-
niger/ bald grosse bald kleinere städte/ stehen/ wie
vorhin angewiesen worden ist.

Die zweyte grosse stadt dieser landschafft wird
Sucheu genannt/ welche die allerlustigste/ grösseste und berühmteste aller andern ist: sie ist die beste handels-stadt im gantzen Kayserthum/ und siehet man allhier der schiffe und menschen fast eine
so grosse anzahl als sand am rand des meeres gefunden wird.

Der Kayser bekommt jährlich an zoll auff 5
millionen Laen/ (ein Laen aber ist 2 reichsthaler
am werth) ausser korn/ reiß/ und andern früch-
ten/ welche von dannen durch 9999 grossen schiffen oder Jonken/ auch jährlich nach Peking gebracht

bracht werden; deren eine jede Jonke 30 oder
40000 pfund führen kan. Uber welches alles
sie noch jährlich allerley seiden und andere waaren mehr dem Kayser liefern müssen.

Die schiffe seyn 6 monat unterwegens: so
bald sie aus dem grossen strom heraus seyn / kommen sie in solche wasser / welche durch menschen
hände gegraben und schiffbar gemacht seyn/ und
allezeit eine Frantzösische meile von einander eine
schleuse haben/ † damit sie durch dieselbe das
wasser desto besser zusammen halten können.

Die nahmen der andern städte seyn/ Ninchueu Fu/ Thaiping Fu/ Ganking Fu/ SunKiang
Fu/ChingKiangFu/Geancheu Fu/Jungjan Fu/
Chingan Fu/ Lucheu Fu/ Quongte Fu/ Chängcheu Fu/ Kingcheu Fu. Diese 14/ wann man
die vorigen 2 darzu rechnet / regieren und haben
über 113 ander schöne städte zu gebieten.

---

* Man siehet hievon noch einige rudera,/welche/wie le
Comte sagt/ eher ei ner gräntze einer landschafft / alß nur
einer stadt gleich seyn; ja obschon Peking groß und volck=
reich ist/ und Nanking viel von seinem ersten ansehen und
gutem zustand verlohren hat / so ist es nichts desto weni=
ger noch itzo viel volckreicher alß Peking. Die ursachen/
warum die residentz von hier nach Peking verleget wor=
den/ haben wir im zweyten capitel angewiesen/ dahin wir
auch den Leser hiermit wollen gewiesen haben.

** Hier solten wir auch anweisen / wie diese stadt bey
nahe/ so daß es nur an einer nacht fehlte/ in die hände Co=
xinga oder Couesius gefallen wäre; indem aber unser
seri=

ſcribent davon in dem XVIII Cap. bey verhandlung Fo-
kiens und der Jnſul Formoſa meldung thut/ weiſen wir
auch den leſer dahin. Durch den dritten theil oder bezirck dieſer ſtadt/ davon unſer ſchreiber etwas/ doch nicht
weitläufftig meldet/ und wir aus andern ausgezogen ha-
ben/ verſtehen wir den alten Kayſerlichen hof oder pallaſt/
darinnen ehemahls die Chineſiſchen Kayſer mit nicht we-
nigerm pracht als zu Peking reſidirten: es lag derſelbe
ins gevierdte an der mittags-ſeite der ſtadt/ mit einer mauer umſchloſſen/ welche gegenwärtig das vornehmſte theil
der ſtadt umgiebt. Ein jedwedes viertel war wohl einer
Jtaliäniſchen meile groß/ und alſo war der gantze bezirck
mehr als eine ſtunde gehens lang/ deßhalben auch derſelbe von Nieuhoff mit Harlem in Holland verglichen wird.

*** Diejenigen Scribenten/ ſo von China geſchrieben
haben/ ſeyn wunderbarer weiſe von einander unterſchie-
den/ ſo wohl was die nahmen/ als nahmen - bedeutungen
und ſachen anlangt. Dieſer ſchreibt China/ jener Sina/
dieſer Xanſi/ Xienſi/ jener Chanſi/ Chienſi/ und auch Chenſi. Von einem wird der Kayſer Canghi/ von dem andern Kamhi genannt/ Ouſangouei heiſſt einmahl Uſange-
ſus/ ein ander mahl Vii Songuei/ und doch kommen ſie
alle in der ſache ſelbſten überein. Eben ſo iſt es bewand
mit dem porcelinenen thurm in/ oder beſſer zu reden/ auß-
ſer Nanking. Unſer ſchreiber ſagt/ daß das porcelain an
dem thurm das allerfeinſte und beſte ſey; andere ſagen/
der thurm ſey nur mit porcelain bekleidet/ und obwohl der
ſtaub und regen die ſchönheit deſſelben ſehr verdorben
hat/ ſo könne man nichts deſto weniger/ was noch daran
iſt/ gnugſam erkennen/ daß es porcelain geweſen ſey/ nicht
zwar vom allerfeinſten/ ſondern von dem das ziemlich
grob iſt. Eben ſo verſchieden ſind auch die Scribenten/
in beſchreibung/ wie das porcelain gemacht werde/ davon
im X capitel geſprochen wird. Ehe wir von der betrachtung dieſes thurms uns wegbegeben/ thun wir noch meldung desjenigen/ was Nieuhof ſaget/ daß vor 700 jah-
ren/ zum groſſen leidweſen der Chineſer/ und zur gedächtnüß

nůß der ſiegenden Tartarn/ welche zur ſelben zeit auch diß
Reich deherrſchet haben ſollen/ die Tartarn dieſen thurm
haben auffrichten laſſen. Le Comte dagegen ſagt/ daß
dieſer thurm mit dem tempel/ welcher der tempel der er=
kåntnůß genannt wird/ vom Kayſer Yonlo erbauet
worden ſey: wann er ferner von dieſem thurm redet/ ſagt
er: daß die ſpitze deſſelben nicht die geringſte ſchönheit
deſſelben an ſich habe/ auf welchem ein vergůldeter knopff
(Nieuhoff will/ dieſer knopff ſey/ nach auſſage der Chine=
ſer/ von lauter und maßiv gold) einer ungemeinen gröſſe
ſtehet. Da habt ihr den porcelinenen thurm/ ſagt ferner
le Comte/ welchen viele Europäer/ wie mich deucht/ (in=
dem die Chineſer eine wunderbare geſchicklichkeit haben/
allerley zierrathen auf ihre ſteine zu machen) den ziegel=
ſteinernen thurm nennen würden. Doch dem ſey wie
ihm wolle/ diß iſt einmahl gewiß/ daß dieſer thurm das
beſte/ feſteſte und ſtårckſte werck ſey/ ſo in gantz morgen=
land gefunden wird.

**** Es wird geſagt/ dieſer ſtrom ſey unergründlich;
daraus dann das Chineſiſche ſprichwort entſtanden iſt:
die ſee hat keine grántze/ und der Kiam keinen
grund: dieſes bezeugen auch wahr zu ſeyn diejenigen/ ſo
ſich daſelbſt aufgehalten haben/ nemlich daß die erfah=
rung gebe/ daß an etlichen orten dieſes ſtroms kein grund
zu finden ſey: hierzu aber thun ſie auch dieſes/ daß ihre
ſteuerleute/ wann ſie den grund ſuchen wollen/ ſich einer
leine/ ſo nur 50 oder 60 klafftern lang iſt/ gebrauchen/ ſo
daß wann ſie ſich einer ſolchen leine/ die 200 oder 300
klafftern lang wåre/ bedienen ſolten/ ſie bald ein ander
zeugnůß abſtatten würden.

† In der reiſe=beſchreibung werden ſie ſchleuſen ge=
nannt/ ſeyn aber weit von deſſen bey uns bekannten
ſchleuſen unterſchieden; dann es ſind ſelbige eher waſſer=
fålle zu nennen/ über welche die ſchiffe durch eine groſſe
anzahl menſchen/ die ſich gewiſſer winden bedienen/ gezo=
gen werden. Es iſt zu verwundern/ daß die ſonſt ſpitz=
finnigen Chineſer bißhero noch keine von dergleichen art/
als

als die unsrigen sind/ erfunden haben / ja wann sie die bey uns bekannten schleusen sehen solten / würden sie beken-ten müssen/ daß wir nicht solche barbarn und tumme leute wären/ als sie uns wohl und andere völcker dafür halten/ ja sie selbst wären eher vor tumm zu achten / indem sie die schiffe mit einer solchen gewalt und macht durchziehen müssen / welches bey uns doch ohne einige hindernuß und mühe geschiehet.

Das IX. Capitel.

Von der Landschafft Chekiang.

DJeses Reich gräntzet an Nanking: die Chineser nennen es unter andern das In-dianische paradieß und den lust-gar-ten der Götter / weiln hier an allem ein über-fluß gefunden wird. Durch das gantze land hin und wieder findet man tieff ausgegrabene gra-ben/ auf welchen man gemächlich in und aus die-ser landschafft/ zu wasser und zu land/ wohin man nur will/ kommen kan.

Die brücken haben alle sehr hohe/ köstliche/ steinerne gewölbe und schwiebogen. Die an-zahl der schiffe ist daselbst so groß als die menge der menschen zu Peking auf denen grossen stras-sen/ das ist/ es seyn ihrer so viel / daß man sie nicht zehlen kan/ indem von hier alle seide in alle andere lande und enden der welt verführet wird.

Diese provintz begreifft in sich 11 grosse und be-

rühmte ſtädte / deren haupt-ſtadt Hancheu die
ſchönſte unter allen iſt; ſie iſt inwendig und auswendig mit groſſen breiten und tieffen. graben
und furten verſehen; meiſt an allen ecken der
ſtraſſen ſtehen ſehr hohe ſteinerne ſieges- und eh-
ren-pforten. Gegen abend / nicht weit von der
ſtadt-mauer / liegt ein ſchönes ſtehendes waſſer
oder ſee / welches einige meilen in ſeinem umkreiß
hat. Das waſſer / welches in dieſes meer von
dem gebürge herabfällt / iſt ſehr hell und klar / deßhalb es auch durch die benannte graben und furten zu denen ſtädten gebracht und geleitet wird.

Gegen morgen / ebenfalls nicht weit von der
ſtadt-mauer / flieſſet ein groſſer fluß / Zhien Tang-
kiang genannt; und iſt daſelbſten derſelbe 2 meilen / oder ſo breit als der Nankingiſche fluß Kiam /
doch iſt er nicht ſo tieff / erſtrecket ſich auch nicht ſo
weit als derſelbe; indem er nur eine landſchafft
durchflieſſet.

Die andern groſſen ſtädte dieſer provintz / deren noch 10 an der zahl ſind / werden nachfolgender geſtalt benennet: Kiaking Fu / Xanking Fu /
Nimpo Fu / Kiuncheu Fu / Vencteu Fu / Nien-
cheu Fu / Chinchem Fu / Kingkoa Fu / Taicheu Fu /
Ninchi Fu. Dieſe haben unter ihrem gebiet 76
geringere ſtädte; und noch auſer dieſen eine ſtadt
Vücheu Fu genañt / von dañen ſehr viel ſeide her-
kommt / welche deßhalb auch keiner unter den andern allen weichet.   Das

Das X. Capitel.

Von der Landschafft Kiangsi.

Diese provintz ist sehr groß/und alles in derselben überflüßig: gräntzet auch an Nanking. Ein meer oder kleine see / so 300 Frantzösische meilen groß ist/ Phogang Fu genannt/ umgiebt ein grosses theil derselben; auff welcher eben so grosse schiffe/ als in der offenbaren see gehen können. Rund herum liegen eine grosse menge schöne städte und dörffer. Das wasser aller ströme dieser landschafft/welches sich in diesem meer versammlet/ fliesset und ergiesset sich wiederum in den grossen Nankingische strom/ und durch denselben in den Oceanum.

In dieser landschafft liegen 13 grosse städte: die haupt-stadt derselben ist Nanchang Fu/ welche wohl eine grosse / aber darbey durch den krieg sehr verwüstete. und von menschen entblössete stadt ist.

Vieicheu Fu eine stadt/ allwo das porcelin * gemacht und gebrandt wird/ liegt auch in dieser landschafft.

Es wird aber das porcelin von einem gewissen sand/ mit erde vermengt/gemacht; selbiger sand wird aus einer stadt der landschafft Nanking geholet/ aus beyden diesen materien wird das por-

reli

celinene geschirr zusammen gesetzt/ in eine forme gebracht/ getrocknet und gebrandt: wann es bey nahe kalt worden/ wird es mit denen behörigen farben bemahlet und mit glasur bestrichen/ dann wieder in den ofen gesteckt und nochmahls gebrandt/ alles in solcher form und gestalt/ wie man es nur wünschet und haben will.

Die andern grossen städte werden Kincheu Fu/ Suicheu Fu/ Nanhang Fu/ Quoangsin Fu/ Quienchang Fu/ Linkiang Fu/ Chungcheu Fu/ Tungcheu Fu/ Nangan Fu/ genannt. Diese grosse städte haben über 78 kleinere zu gebieten.

* Daß das porcelain in China ein gemeines geschirr sey/ ist gnugsam bekannt; daß auch so wohl hier als in China das alte vor das beste gehalten wird/ wissen auch die meisten/ theils weiln es alt/ theils weiln es weisser als das itzige ist/ so nicht so gut gemacht wird: und das aus diesen ursachen/ weiln der Kayser daselbst/ wo es gemacht wird/ einen Mandarin hält/ welcher die schönsten gefässe aussuchet/ und dieselben nicht theuer bezahlet/ dadurch die Meister/ so es machen/ und nach ihrer meynung nicht gnug oder doch schlecht bezahlt werden/ verdrießlich werden/ und die lust verlieren/ es besser als gemeines zu machen/ wollen auch keine mühe noch allzu grosse kunst und kosten an das irrdene geschirr legen/ dafür sie nachmahls nicht reichlich belohnet werden. Unser historien-schreiber erzehlet hier einfältiglich nach seiner gewöhnlichen weise/ wie das porcelain gemacht werde; andere hergegen/ als J. G. de Mendosa wollen/ das porcelinene geschirr werde nachfolgender gestalt/ und zwar aus harter kreyde gemacht/ welche/ nachdem sie zerbrochen und gemahlen worden/ in einen wohl und dicht ausgemauerten

Y wasser-

waſſer-pfuhl geſchmiſſen werde / wann nun dieſe materie
darinnen anfängt zu ſchmeltzen/ ſich zu verzehren und auf-
zukochen/ und blaſen aufwirfft/ ſo würde dieſelbe davon
genommen und daraus das allerfeinſte porcelain ge-
macht/ von demjenigen / was etwas tieffer in dem pfuhl
iſt/ machten ſie auch geringer geſchirr/ ſo daß/ je tieffer die
materie aus dem grund geholet wird / je gröber würden
die gefäſſe. Darauff werden die geſchirr in eine form ge-
bracht/verguldet und mit allerley farben/nach eines jeden
ſinn/ welche nimmermehr wieder abgehen/bemahlet. So
bald ſie gemacht ſeyn/ werden ſie in die brenn-ofen geſetzt/
und ſo gebacken. Ferner ſagt eben dieſer Autor, dieſes
weiß man aus der erfahrung/ und iſt auch wahrſcheinli-
cher/ als daß es aus ſee-ſchnecken/ welche etliche 100 jahre unter der erde gerottet und gefaulet haben/ wann ſie
zermalmet worden/ ſolte gemacht und gebrandt werden.
Nieuhof ſagt : es werde aus erde welche aus einem gebürge bey Hoeichen in der provintz Nanking geholet wird/
gemacht ; welche erde nicht ſett wie kleyen oder kreyde/
ſondern gantz mager und wie feiner ſand ſey/ welche
ſie in waſſer weichen/ doch nicht in das waſſer zu Hoeichen
oder in derſelben gegend/ indem es/ vermittelſt deſſelben
waſſers/ wie die erfahrung / ob ſie es wohl offters probiret haben/ gelehret hat/ nicht zubereitet werden kan ; ſondern in ſolch waſſer/ welches zu Vielcheu Fu und in der-
ſelbigen gegend entſpringet; Er meldet ferner/ daß die
gefäſſe/ wann ſie eine forme empfangen haben/ erſt in der
ſonne getrocknet werden/ ehe man ſie in den ofen ſetzet ;
nach dieſem würden ſie in den ofen geſetzt/ und 15 tage
lang gehärtet / und darauff nach noch einmahl 15 tagen
wieder heraus genommen rc. Le Comte ſagt: es werde
von einer gewiſſen erde/ welche etwas härter als ſonſt gemeine erde/ und einem weichen weiſſen ſteine gleich ſey/ gemachet ; welche erde in denen ſtein-gruben dieſer landſchafft gefunden werde/ die man ſäubere/ reibe oder mah-
le zu einem feinen pulver; daraus ſie einen klumpen ma-
chen/ welcher noch lange gemenget und geklopffet wird/

ihn

ihn auffs allereinste zu säubern und zu reinigen.   Dahero es wahrscheinlich ist/ daß sie solche erde/ alsdann/gleich wie bey uns die töpffer/ auf der scheibe/ zu einer solchen form und gestalt bringen/ als es dem willen des Meisters beliebet/ oder wie derjenige der es machen läst/ es verlanget; darauff sie die gefässe in der sonne etwas trocknen/ mit einem grund überstreichen /   und hernachmahls mahlen/ darnach setzen sie dieselben in den ofen/ härten sie mit einem gelinden und mäßigen feuer /   und wann sie gnug gebrandt seyn/ langen sie dieselben nach einer langen zeit/ und wann sie gnugsam gekühlet/ wiederum heraus. Mehr von dieser materie beyzubringen / achten wir unnöthig/ und weiln die angeführte Autores die scheinbarsten gründe an die hand geben/ brechen wir auch hiemit davon ab.

Das XI. Capitel.

Von der provintz Huquang.

Diese landschafft und Xiensi/ davon zuvor geredet worden / seyn die allergrössesten unter allen. Diese ins besonder hat unter sich 15 städte/ hat an reiß/ früchten und fischereyen vor den andern allen den grössesten überfluß/ und kan mit ihrem korn allein das gantze Kayserliche Reich ernehren: zehen gantzer jahre ist dieses land mit einheimischen aufruhren und kriegen grausam geplagt gewesen/ darinnen eine unglaubliche anzahl menschen umgekommen.

Der aufrührische Lichuang/ welcher in dieser historie und an seinem orte in der beschreibung Leaotungs benannt worden/ und dessen daselbst

U 2   mel-

meldung geschehen / ist eine ursache alles dieses blutvergiessens gewesen/da er nemlich diese landschafft überwältiget und eingenommen hat.

Nach verfliessung etlicher jahre hat sich der Printz Vii Sangvei/ welcher die Tartarn zu hülffe rieff und nöthigte/ auch von ihnen zum König von Junan erkläret wurde/ eines guten theils dieser landschafft bemeistert/ und viel jahre einen schweren und hefftigen krieg wider den Kayser geführet.

In dieser landschafft liegt eine see / mehr als 400 Frantzösische meilen/ in der rundte/ groß; viele starcke bäche und ströme fliessen da hinein/ an desselben eingang liegen berge und kleine Insuln/ Dahero/ und aus denen grossen wellen/ nebst starcken fluthen desselben / man sie vor die offenbare see halten solte. Sie wird von unglaublich viel schiffen befahren/ auch ergiesset sich aus derselben ein sehr grosses wasser in den berühmten Nankingischen fluß.

Auf denen vier ecken dieser landschafft liegen 4 städte. Die erste Jocheu genannt/ an dem eingang des flusses/ ist sehr starck und mächtig/ ja der schlüssel zu den andern allen. Vii Sangvei/ König von Junan/nahm sie zu seiner zeit ein. Des Kaysers bruder aber / welcher König über dieses Reich oder land war/ zohe mit hülffe des Kaysers und einer sehr grossen krieges-macht davor/ und

schloß

schloß sie genau ein/ so daß viel volcks davor blieb.
In einer gewissen nacht geschahe es/ daß/ entweder sich vieler unnützen und unbewehrten menschen bey dieser gelegenheit zu entledigen/ oder um
einer andern ursach willen/ eine grosse menge
volcks mit 300 schiffen/ über das meer sich geschwind zu salviren/ heraus begaben; indessen entstund auf dem meer ein so schreckliches ungewitter und gefährlicher sturm/ daß alle 300
schiffe mit wol 50000 seelen untergiengen. Endlich kam und fiel nach dem tode des Königs Vik
Sangvei diese stadt nebst dem gantzen Reich voll-
kömmlich wieder dem Kayser anheim.

In dieser landschafft liegen 15 grosse städte/
mit dem beynahmen Fu/ welche 125 kleinere oder
geringere städte unter ihrem gebiethe-haben. Die
haupt-stadt Viichang Fu/ eine sehr grosse stadt/
wird von einem fluß durchflossen; auch wird in
derselben durch eine grosse menge abgehender un
ankommender schiffe grosse handlung getrieben.

Baum-wolle wächst daselbst in solchem über-
fluß/ daß sie auch von dannen nach allen andern
örtern verführet wird.

Die übrigen grossen städte heissen Hanjang
Fu/ Huangcheu Fu/ Gangling Fu/ Sangjang
Fu/ Juniang Fu/ Tegan Fu/ Jangjang Fu/ Jo-
cheu Fu/ Changxa Fu/ Paoking Fu/ Xincheu Fu/
Changte Fu/ Hangcheu Fu/ und Jungcheu Fu.

U 3 Des

Deren allzusammen/ wie gesagt/ 15 seyn/ welche
über 125 andere städte zu befehlen haben.

Das XII. Capitel.

Von der landschafft Suchuen.

Jese landschafft / welche durch viele krie-
ges-züge und feindseligkeiten sehr verwüstet und verdorben worden / ist die kleine-
ste aller andern provintzen/ und sehr bergicht ; sie
ist an qveckfilber/ wein/ zinn/ und ins besonder an
rhabarbar reich/ welche nach andern landen verführet wird ; doch wird die rhabarbar/welche von
dannen kömt/ nicht vor gar zu gut gehalten / auch
nicht gar starck verführet und gebrauchet.

Neun grosse städte liegen in dieser landschafft/
deren Chinctu Fu die haupt-stadt ist.   Es ist
wohl eine grosse und vornehme stadt/ dabey aber
ist sie durch vielfältige kriege sehr zu grunde gegangen.   Die andern heissen Lungan Fu/ Xun-
king Fu/Hunghing Fu/Paoning Fu/Chungching
Fu/ Hiencheu Fu/ Mahu Fu/ und Taoy Fu/ins-
gesamt/wie gesagt/ neune/ und haben unter
ihrem gebieth 103 kleinere
städte.

Das

Das XIII. Capitel.

Von der landſchafft Queicheu.

Iß iſt ein bergichtes land/ und findet man allhier viel qveckſilber/ kupffer und zinn; es gehören dazu 14 groſſe ſtädte/unter deren gebiethe 24 andere ſtehen. Obſchon dieſe landſchafft wenig ſtädte hat/ iſt ſie doch ziemlich groß in ihrem umkreyß: dabey aber auch durch ſchwere kriege ſehr verwüſtet und verdorben.

Die haupt-ſtadt heiſſt Qveijang Fu; die übrigen werden Gangxun Fu/ Tugven Fu/ Cin-qven Fu/ Laiping Fu/ Suchuen Fu/ Sunan Fu/ Xecang Fu/ Tungin Fu/ Pinjung Fu/Pingiuen Fu/ Thaiding Fu/ Veineng Fu/ und Meſi Fu genannt/ ſind alſo derſelben/ wie oben berühret/ vierzehen groſſe ſtädte / welche/ wie geſagt/ 24 andere kleinere unter ſich haben.

Das

Das XIV. Capitel.

Von dem Reich oder Landſchafft Junan.

Unan iſt die äuſſerſte landſchafft China/ und gräntzet gegen abend an das Reich Lao; gegen mittag an das Königreich Tunkin/ iſt ehemahls zu denen Chineſiſchen landſchafften gezehlet: nun aber entrichtet es demſelben nur gewiſſe ſchatzungen.

Chochin China und Tonqvin/ waren ehemals auch wohl ein eigenes Reich/ nach der hand aber wurden dieſe zwey Königreiche unter zwey brüder getheilet/ welche einen ſehr hefftigen und immerwährenden krieg wider einander führten.

In dieſer landſchaft wird überflüßig viel gold/ ſilber/ kupffer und zinn gefunden/ wie auch viele edelgeſteine/ vornehmlich rubinen/ auf den gebürgen/ und in den bächen und ſtrömen.

Dieſes Reich iſt groß. Ehemahls war es dem Fürſten Vii Sangvei abgetreten/ es mit dem Königlichen titel ſouverain zu beherrſchen: er hat auch daſelbſt ſeinen Königlichen hof gehalten/ und einen ſehr ſchönen pallaſt erbauet; nach ſeinem abſterben aber iſt das gantze Reich/ hof und landſchafft ſehr verwüſtet worden und verfallen. Das land iſt theils bergicht/ theils eben/ ge-

gesund/ und mit temperirter lufft begabet/nicht zu
heiß/ und nicht zu kalt: hat auch eine sehr fisch-
reiche see.

Es liegen darinnen 20 grosse städte/ welche 68
andere unter ihrem gebiethe haben: die haupt-
stadt wird Junan Fu genannt/ und ist eine sehr
lustige und plaisirliche stadt; es seyn hier allerley
baum-früchte/ als äpffel/ birnen/ pfirsigen/ pflau-
men ꝛc. und das alles in grossem überfluß.

Die andern grossen städte neñet man Quongsi
Fu/ Kaihoa Fu/ Cinsung Fu/ Chingkian Fu/
Qvagnan Fu/ Jvenking Fu/ Chokium Fu/ Vii-
ting Fu/ Tali Fu/ Manghoroa Fu/ Junchang
Fu/ Lisikang Fu/ Hoking Fu/ Kintung Fu/ Ju-
ning Fu/ Xunning Fu/ Xingan Fu/ Tungoha
Fu/ und Sinkoa Fu: diese seyn/wie oben gesagt
ist/ die 20 städte/ welche über 68 andere
zu gebieten haben.

Das

Das XV. Capitel.

Von der vierzehenden Landschafft Qvoangsi.

Jese landschaft ist meistentheils bergicht/ dabey aber auch sehr fruchtbar; sie grän-zet mit einer ecke an dz königreich Cochin China. Der zimmet wächst hier in grossem ü-berfluß/ wie auch ein gewisses holtz/ so sehr gut ist roth damit zu färben; und wird von denen Por-tugiesen sapao genannt: welches auch in Siam in grosser menge gefunden wird; nebst vielem andern holtz/ welches nutzbar und gut zu verar-beiten ist. Aus dieser provintz wird auch viel reiß nach Kanton verführet.

Zu dieser landschafft gehören 13 grosse städte/ nebst 80 geringern/ welche unter der grossen ge-biethe stehen. Die haupt=stadt Qveiling Fu liegt sehr annehmlich an einem lustigen ort: diese landschafft ist ehemahls durch einen König/ wel-cher ein Fürst von dem älten Kayserlichen ge-schlecht gewesen/lange zeit beherrschet worden/da er nun ohne leibes=erben verstorben/ hat seine ge-mahlin/ als wittib/ daselbst noch einige zeit regie-ret. Nach ihrem tode aber ist der Königliche hof vernichtet worden/ und von dannen wegge-kommen; und in diesem zustand befindet sich

noch

noch gegenwärtig diese stadt. Die andern grossen städte werden genannt: Pinglo Fu/Biicheu Fu/Zincheu Fu/Nann'ng Fu/Taiping Fu/Sunun Fu/Teucheu Fu. Zhincheu Fu/Singuen Fu/ Chincheu Fu/ (an diesem ort Chincheu wird von einem gewissen kraut/ welches daselbst wächst/ein gewisses zeug wie tuch gemacht/welches am werth die seide übertrifft/) Suchin Fu und Chingan Fu; diese haben zu gebiethen über 80 kleinere städte.

In dieser provintz wird auch porcelain gemacht/ welches fein und gut ist; die erde aber/ davon es gemacht und gebrandt wird/ kommt aus einer andern landschafft/ (wie wir oben zugleich in unsern noten * angewiesen haben) und das wasser auch von einem andern ort; ohne zweiffel weiln es kräfftiger ist/die erde sein zu machen und zu erweichen/ oder auch/ weiln es besser damit vermenget werden kan/ oder um einer andern verborgenheit der natur/indem dieselbe vielmahls das/ was sie dem einem lande entziehet und nimmet/ einem andern doppelt wiedergiebt. Diese landschafft ist/wie mehrentheils gantz China/ sehr volckreich: dann es werden allhier mehr als zwey millionen bewehrte männer/ und bey 200000 familien oder hausgenossen gezehlet.

* Beste

* Beſiehe hievon/ nemlich wie das porcelain gemacht
und gebrandt werde/ das X cap.　Wir ſolten uns hier
wohl tieffer einlaſſen /　von dem unterſchied des waſſers
und derer materien/ nebſt desjenigen/ welches zu einer
guten verfertigung dieſer und dergleichen ſachen mehr
dienlich iſt/zu reden und zu melden/ woher es komme/daß/
da einerley gebraucht wird /　dannoch an dem einem ort/
welcher nur einige ſtunden /　und noch weniger von dem
andern abgelegen iſt/ dasjenige/ was daſelbſten gut und
fein/　von einem und demſelben Meiſter/　aus einer und
derſelben materie gemacht und zubereitet iſt/ dannoch
nichts deſto weniger an einem andern orte/ obſchon alles
was dazu gehöret und dazu kommen muß/ auch dazu gebrauchet wird/befunden werde/ daß es nicht ſo gut ſey als
das ander.　Gleichwie aber das backen des zwiebacks/
brauen und dergleichen handthierungen mehr /　wie aller
welt bekannt und niemand unbewuſt iſt/ nach unterſchied
der örter/ von einander verſchieden iſt;　alſo wollen wir
es auch bey der beſchreibung des porcelains/ wie daſſelbe
von unſerm Schreiber angeführet wird /　wie auch/　was
er dabey vor urſachen/ob uns ſchon dieſelben dunckel
und unergründlich vorkommen/anführet/
bewenden laſſen.

Das

Das XVI. Capitel.

Von der funffzehenden Landſchafft Qvoangtung.

Voangtung von denen Europäern Canton genannt/ iſt gegen mittag die äuſerſte landſchafft China/ und lieget dem Oceano gegen über; hat auch an dem ende des fluſſes einen ſchönen hafen/ in welchem man mit groſſen ſchiffen biß an die ſtadt Canton hinſeglen kan. Es iſt ein ſchönes land/ und hat alles im überfluß: deßhalb auch daſelbſt/ ſo wohl von denen Indianern als Europäern groſſe handlung getrieben wird/ indem die letztern ins beſonder jährlich mit mehr als 100 ſchiffen/ die ſo wohl aus Engliſchen und Holländiſchen/ als Portugieſiſchen beſtehen/ allda ankommen und wieder abreiſen.

In Macao/ einer nahe dabey gelegenen halbinſul/ haben die letzt genannte/ welche es eingenommen haben/ einen ſchönen hafen/ und handlen in Canton ſehr ſtarck/ doch müſſen ſie davor jährlich dem Kayſer/ mehr/ als/ oder wie andere ſagen/ würcklich 50000 Laenen (ein Laen macht 2 reichsthaler) bezahlen. Dieſe inſul haben ſie mehr als 110 jahr (dabey zu mercken/ daß ohngefehr anno 1694 dieſes von unſerm ſchreiber beſchrieben iſt/) in beſitz gehabt und ſehr befeſtigt/ auch viele kirchen und klöſter darauf erbauet.

Die

Die waaren/ darinn die meiste handlung bestehet mit denen Chinesern/seyn pfeffer/zinnamet/
würtz-negelein/ sandel-holtz/ welches zu farben
gebraucht wird/ baumwollene zeuge/ das holtz
bucho/ welches eine gute artzney ist/ eben-holtz/
roth-holtz/ so auch zu farben gebraucht wird/ wein
und vogel-nester; dieses alles/wird in der benannten insul gefunden: die genannten vogel-nester
ins besonder werden vor eine gute artzney gehal-
ten/welche einen krancken zu stärcken dienlich seyn
sollen; man kocht sie eine viertel-stunde/und nicht
länger/ in hüner-brüh; dann wann man sie länger kochen liesse/ würden sie gantz verschmeltzen;
das pfund davon kostet 3 auch wohl 4 laenen/ die
weissestenwerden vor die besten gehalten.   Uber
dieses wird auch eine frucht von palm-bäumen
Arecca genannt/ welche hart/ bitter und zusammen ziehend ist/ zu kauff gebracht: die Indianer
gebrauchen es ingemein mit denen blättern/ welche sie betel nennen/wann diese blätter etwas mit
kalck-wasser abgewaschen werden/ werden sie
blut-roth: so man sie kauet/wird der speichel auch
roth: in so fern auch jemand/ der ihrer nicht gewohnt ist/ sie gebrauchet/ wird er davon im angesicht gantz roth und truncken.

In Indien wird dieses kraut sehr gerühmt/
und viel gebraucht: sie zerbeissen und kauen es
den gantzen tag/wie man sonst etwa taback kauet:
es

es iſt trocken und hitzig; erwärmt den magen/und
hilfft zu verdauung der ſpeiſen: auch wird es wol
im waſſer gekocht/ und weiln es eine zuſammen-
ziehende krafft hat/ wider den durchlauff gebraucht: von dannen werden auch einhörner/elf-
fenbein/ allerley peltzwercke/ nacker-rothe farbe/
davon Spaniſch ſiegel-lac gemacht wird/ gebracht: dieſes letztere iſt der abgang oder dreck einiger würme oder ameiſen/ welche in denen blättern der pflantzen und der ſträucher niſten. Von
den früchten dieſer landſchafft wollen wir hier-
nechſt ins beſonder handlen.

In dieſer landſchafft findet man auch viel
braunen und weiſſen zucker/ ſeidene zeuge werden
auch hier auf allerhand art bereitet/und alles was
nur zu erdencken iſt/davon gemacht/und von dannen nach Indien und andern örtern verführet.
Die Indianer kauffen auch viel porcelain/ zinn/
eiſen und kupffer/papier und viele andere waaren
und raritäten/welche mehrentheils mit gutem ſilber bezahlet werden/ dagegen ſchleppen ſie auch
viel geld aus China nach Indien.

Die haupt-ſtadt dieſes Reichs heiſſt Quangcheu Fu/ und iſt eine ſehr ſchöne ſtadt/ man findet
daſelbſt allerley Europäiſche und Indianiſche
waaren zu kauffe. Vier Frantzöſiſche meilen
von dieſer ſtadt liegt ein dorff/ Fuxan genannt/
daſelbſt die gröſte handlung in gantz China ge-
trie-

trieben wird; dann man findet daſelbſt allerhand
artē gemachter waaren zu kauffe. Es wird geſagt/
daß 60000 familien oder haußgeſinde hier wohnen. Dieſe landſchafft hat viel durch krieg erlitten. Im anfang der veränderung des Kayſerlichen Reichs wurde die haupt-ſtadt von zwey-
en kleinen Königen/welche Prinzen * von Kayſerlichen geblüt waren/ mit einer groſſen krieges-
macht belagert/ länger als ein jahr mit canonen
und ſtarcken feuer angegriffen und bombardiret/
dadurch auch ein theil der mauer über einen
hauffen geſchoſſen/ doch die ſtadt nicht überwältiget wurde; Da nun mit gewalt nichts ausgerichtet werden konte/ legte man ſich auf betrug;
dann da ſie einen/ welcher das ober-commando
an einer der ſtadt-pforten hatte/ mit groſſem geld
und noch herrlichern verheiſſungen umgekaufft
hatten/ wurden ſie eingelaſſen/ und der/ ſo ſie eingelaſſen hatte/ bekam aller verräther lohn/ indem
er/ an ſtatt des geldes und der verſprochenen gü-
ter/mit ſand überſchüttet wurde/nachdem vorhero
alles niedergemacht und die ſtadt ausgeplündert
worden: nach dieſer eroberung ergab ſich auch
die ganze provintz.

In dieſer ſtadt werden auf 8 biß 1000000 fa-
miliengezehlet: in ihrem umkreyß hat ſie ohne
das ſchloß oder caſtel 2 meilen. Von oben bemeldten Prinzen wurde einer darauff zum Könige

nige declariret: Deßhalb er sich auch daselbst einen ansehnlichen Königlichen pallast erbauete:
da er aber nach der hand einiger missethaten halber bey dem Kayser angeklaget wurde/ ward er
seines lebens beraubet. Der andere Printz dagegen wurde seiner tapffern thaten halber zum
König von Fokien erhoben.

Als der erst benannte Printz oder König todt
war/ wurden die Kayserlichen hauß-zierrathen/
und der Königliche schatz/ weiln die familien mit
einander verwandt waren/ nach Peking geführ-
ret. Der schatz ins besonder mochte wohl recht
Königlich heissen/dann es belief sich derselbe über
100 millionen/ausser denen andern kostbarkeiten
und Fürstlichen hof-und hauß-zierrathen.

In dieser landschafft liegen 10 grosse städte/
welche 74 andere unter sich haben/ die grossen
städte seyn nachfolgende: Quangcheu Fu/davon
wir schon meldung gethan haben/Nankiang Fu/
Xancheu Fu/ Hoycheu Fu/Xanking Fy/Kiaocheu
Fu/Luicheu Fu/Liencheu Fu/Chaucheu Fu u.Kin-
cheu Fu; diese letztere stadt liegt auf einer see Ai-
nan ** genannt/ daselbst grosse handlung mit
denen Königreichen Tonkin und Cochin China
getrieben wird. Diese insel ist in ihrem umkreyß
300 meilen groß/und liegen darinnen 13 geringere städte. Daselbsten ist auch eine schöne perl-
fischerey; ingleichen viel aloe/ welche auf die art
wie

wie rohr wächset / ohngefehr eines fingers dick/ aber wohl 40 ja 50 ellen lang / und die zu vielen dingen und würckungen zu gebrauchen nützlich ist.

* Nach diesem wurden diese Printzen / der eine zum König von Qvantong / der andere zum König von Fokien erkläret; aber ihr Reich und regiment währete nicht lange/ zum wenigsten kam es nicht auf ihre nachkommen. Dann einer nach dem andern wurde mit einer missethat und schuld beleget / um gelegenheit zu haben/ sie aus dem wege zu räumen; welches dann ratio status so erfoderte; nach welcher kein König von vorigem stamm/ der den Tartarn verdacht/ denen Chinesern aber angenehm war / gedultet werden muste. Diese war auch die haupt-ursache/ derenthalben die nachkommen Usangoveii umgebracht wurden/ ob man schon diese grausamkeit mit einer schönen farbe zu bestreichen sich bemühete/ und vorgab/ man werde durch die strengigkeit der Chinesischen gesetze/ welche erfoderten/ daß rebellen biß ins neundte glied gestrafft werden müsten/ darzu obligiret und gezwungen.

** Der von uns schon offt erwehnte le Comte erzehlet/ daß in dieser insel Ainang oder Hainang ein spring-oder stehendes wasser ist/ darinnen die fische zu stein werden. Ich habe selbst / sagt er/ krebse hinein geworffen/ welche zwar ihre natürliche gestalt gantz und gar behalten/daben aber über und über/ ja so in stein verwandelt worden/ daß die scheeren und der leib gantz hart und nicht viel von einem kieselstein zu unterscheiden gewesen. Doch thut er hinzu: solche wunder der natur seyn nicht nur etwas besonderes allein in China / sondern man findet dergleichen auch an mehr andern orten: ja ob schon über dieses in China noch mehrere wunderbare würckungen und verborgenheiten der natur gefunden werden/ so muß man dennoch denen Chinesern in allem was sie sagen / eben nicht glauben; nicht/ als ob alles das / was sie erzehlen/ unwahr wäre/ sondern weiln sie sehr aufschneiden / insgemein

gemein unter die warheit solche fabeln mengen / welche
verursachen / daß man vielmahls an der auffrichtigkeit der
historie zweiffeln muß. Was aber obberührte krebse anlangt / so darff an der warheit solcher erzehlung / daß nemlich dieselbe / nebst vielen andern sachen / in stein verändert
werden / der Leser gar nicht zweiffeln / indem dergleichen in
stein verwandelte dinge zu Amsterdam in des Herrn S.
Schynvoet cabinet / wie auch an andern orten mehr zu sehen seyn.

Das XVII. Capitel.

Von dem Reich oder Landschafft Fokien.

DIese landschafft hat in verschiedenen kriegen sehr viel ausgestanden. Vor dem
Vice-Roy / welcher es anitzo bey gegenwärtigem staat regieret und beherrschet / hatte sie
einen mächtigen Fürsten zum beherrscher; dieser
wolte sich dem Tartar / welcher dazumahl das
Kayserthum überkam / nicht ergeben / noch unter-
werffen : wurde aber durch list / unter dem schein /
als ob mit ihm staats-sachen abgehandelt werden solten / zu hofe genöthigt. Ob er nun schon
gewarnet wurde und lunte roch / beschloß er
nichts desto weniger dahin zu gehen / und überließ
die regierung seinem sohn ; deßhalb er sich / weil
er die regierung des Reichs einem so tapffern
sohn und Printzen überlassen hatte / desto weniger
einbildete / daß man ihm einiges leid zu zufügen /

oder

oder ihn gar gefangen zu nehmen/sich unterstehen werde. Der sohn indessen war vorsichtiger als der vater; dann ob er schon auch an hof zu kommen ersuchet ward / weigerte er sich doch desselben/ und erfuhr unter der hand / daß sein vater wider seinen willen bey hofe in verhafft sey / deßhalb fängt er mit dem Kayser einen schweren krieg an / führet auch denselben viele jahre sehr mannhafftig: da aber der Kayser dagegen/ welcher sehr begierig war / diese schöne landschafft wiederum mit dem Kayserlichen Reich zu verknüpffen/ nichts ermangeln ließ/ alles das herbey zu bringen/ was seinen zweck zu erreichen ihm nöthig war / und deßhalb den jungen Fürsten auff einmahl über einen hauffen zu werffen / ein grosses krieges-heer zusammen zohe/ sahe der junge Herr gar wohl/ daß er einem so mächtigen Herrn und so großmächtigen Kayser mit einer provintz zu widerstehen/ nicht kräffte genug habe; und darum/ob er schon dann und wann dem Kayser manche schlappe anhieng/ resolvirte er doch endlich/ aus der sache zu kommen / das land zu verlassen/ und sich zu schiff zu begeben. Deßhalb rüstete er eine flotte zu/ gehet mit seiner kriegs-macht zur see/ lauffet mit derselben gegen Tajoan oder der insul Formosa an/ ländet auch daselbsten/ schlägt und treibt die Holländer heraus / und bemeistert

sich

ſich ſo dieſer ſchönen inſel. Dieſer Fürſt wird
von ihnen Qvoeſing/ſonſt Coxinga genannt.

Sonſten beſaß dieſe inſel die Holländiſche
Oſt-Indiſche Compagnie/ welche es mit verſchiedenen kriegs-bau-künſtlichen feſtungen verſtär-
cket hatte.

Zur zeit der Chineſiſchen veränderungen und
groſſen zerrüttung des Reichs/ war dieſe inſel
von den Chineſern gantz verlaſſen und in die rap-
puſe gegeben; da nun dieſes die Spanier zu Manilhas oder Luſong/welches 15 oder 20 meilen davon lag/ erfahren hatten/ bemächtigten ſie ſich
derſelben/ und baueten eine ſtadt auf derſelben.
Sie wurde ihnen aber nach dieſem durch die Nie-
derländer wieder abgenommen. Als nun dieſe
von der inſel meiſter geworden/legten ſie darauff
verſchiedene feſtungen an: und waren willens/
weiln ſie daſelbſt eine herrliche gelegenheit fan-
den/ allda den gröſten handel-platz von gantz Indien und der angräntzenden Reiche aufzurichten.

Dieſe inſel/welche Formoſa genennet wird/iſt
warlich ſehr ſchön/ und mit einer geſunden tem-
perirten lufft begabet/ an ſich ſelbſt fruchtbar;
und weiln es auf der nähe Japan/ China und
Manilhas hat/ trefflich wohl gelegen/ gegen
abend und morgen groſſe handlung zu treiben;
dieweil durch das gantze jahr ſchiffe daſelbſt ankommen und abfahren können.

X 3 Da

Da nun der gemeldte Chinesische Printz
Qvoesing oder Coxinga anlåndete/ waren einige
so wohl grosse als kleine schiffe in dem hafen;
auch waren und wohnten wohl 9 biß 10000 Nie-
derländer darauff/ welche reich und wollûstig
worden/ indem es ihnen so wohl gieng/ als irgend
an einem andern ort. Ob nun schon die Ost-
Indische Niederländische Compagnie so starck
war/ hatten doch die Chineser ihr vaterland ver-
lassen/ und belagerten mit ihrer flotte diesen hafen: griffen darauff die Holländischen schiffe
tapffermûthig an/ welche sie theils eroberten/
theils verbrandten/ und in den grund schossen.
Stiegen darauff mit ihrer gantzen krieges-macht
aus/ und bemächtigten sich nicht nur der stadt/
sondern auch aller festungen/ und der gantzen insel; giengen auch mit denen überwundenen
grausam um/ dann sie erwürgten viele; einigen
hieben sie hände und füsse ab/ andern schnitten sie
nasen und ohren ab/ und sandten darauff diese
unglückliche menschen in solchem erbärmlichen
zustand mit 3 schiffen nach Batavia. Nach
verrichtung dieser dinge/ sandten die Chineser einen Abgesandten an die Spanier nach Manil-
has/ und foderten von ihnen die unterthänigkeit
und auch schatzung/mit angefügter dräuung/daß/
wann sie solchem begehren nicht nachleben wür-
den/ auch auf eben die weise mit ihnen/ wie mit
denen

denen Niederländern/ umgegangen werden solte: die Spanier aber schlugen dieses in den
wind/ und gaben eine abschlägige antwort. Ehe
wir von dieser geschicht abbrechen/ wollen wir
noch etwas von diesem Fürsten * zu Tajoan erzehlen.

Nemlich es geschahe zu einer gewissen zeit/daß
er einen seiner bedienten irgend wohin mit drey
schiffen voll silber ausgesandt hatte; der bedien-
te/ an statt daß er diese schiffe nach erhaltenen befehl und ordre an den behörigen ort bringen solte/
führt sie nach China zu dem Kayser/ welcher den
bedienten in schutz nahm/ und diese that sehr lob-
te. Der Fürst hierüber sehr erzürnet/ versamlet
eine heeres-krafft von mehr dann 100000 men-
schen/ nebst einer unzehlbaren menge schiffe/ darinn er seine kriegs-leute geschwind einschiffet/und
da er so unversehens auf dem grossen Nankingischen fluß ankam/ belagert er mit seinem kriegs-
heer und mit seiner flotte zu wasser und zu land
rund herum die haupt-stadt Nanking. Er hatte auf solche weise die stadt so enge eingeschlossen/
und beängstiget/ daß er wohl sehen konte / daß er
sich derselben/ ohne grosse mühe / würde bemäch-
tigen/ und so sie einnehmen können/ wann nur
nicht ein tag (welchen er mit frölichkeit und freu-

X 4 Der

* Bey einigen Schreibern wird er Covesius oder auch
wohl Coxinga genannt.

de/ weiln es sein geburts-tag war/   Dem gantzen
kriegs-heer zu feyern/ anbefohlen hatte/)   wäre
versäumt worden/ indem dieser tag zwar mit einer aus dermassen grossen frölichkeit angefangen/
aber auf eine herbe und blutige weise geendiget
wurde.   Dann als die Nankinger dieses/ wie
auch der schlechten wache/gewahr wurden/indem
so wohl die schild-wachten/   als die abgelösten
truncken und voll waren/thaten sie alsobald einen
starcken ausfall an allen orten/ und überfielen sie
so alle in ihrer truncken heit/ und massacrirten biß
auf etliche wenige/ welche diese zeitung nach hause überbringen konten/ also das gantze lager.

Mit denen übrig gebliebenen begab sich darauff der Printz wieder nach seiner insel; da man
dann von ihm sagt: Daß er über diesem schändli-
chen verlust so rasend und toll worden/ daß er sich
ein stück von seiner zungen abgebissen/ daran er
denn auch/   indem das starcke bluten nicht alsobald konte gestillet werden/ ersticken müssen.

Nach ihm hat sein sohn/ welcher noch jung
war/ und wenig wissenschafft von krieg/und krieg
führen hatte/ regieret: und also blieb der verlust
seines vaters ungerochen/ und die schöne gelegenheit Nanking zu erobern/ ward durch den trunck/
und durch eine allzufrühzeitige freude/ schändlich
versäumet.

Der Kayser dagegen ruhete nicht/ sondern be-
mü-

mühete ſich/ den vorigen hohn und die ſchmach/
welche ihm und der ehemahl Kayſerlichen haupt-
reſidentz- und Reichs-ſtadt durch den unvermu-
theten einfall angethan worden war/ zu rächen
und auszulöſchen/ zugleich auch zu verhindern/
daß ſolches nicht mehr geſchehe/ darum er eine
flotte von 450 ſchiffen aufrichtete/ meynende/daß
er mit ſeiner darauff habenden krieges-macht
ſtarck genug ſeyn werde/ ſich vermittelſt derſelben
Tajoan oder Formoſa zu bemeiſtern/ indem die
gantze inſel durch dieſe ſchiffs-macht gantz um-
ringt und eingeſchloſſen war. Doch es gieng
ihm anders als er vermuthete/ indem der junge
Fürſt/ welcher die gelegenheit des wetters und
des windes wohl in acht nahm/ mit ſeinen ſchiffs-
Admiralen und See-Helden/ wie auch ſeiner
kriegs-macht zu ſchiffe/ welche aus 40 ſchiffen be-
ſtund/ des Kayſers groſſe flotte mannhafftig und
tapffer angrieff/ ſchlug/ in den grund borete und
zerſtreuete. Der Kayſer/ welcher hierdurch gelehret wurde/ ſeinen feind nicht allzu gering zu
achten/ ſondern vorſichtig zu ſeyn/ nahm in dem
folgenden jahr denſelben zug noch einmahl vor/
ſchickte eine weit gröſſere kriegs-macht und viel
mehr ſchiffe dahin/ welche die gantze inſel/ doch
mit mehrerer vorſichtigkeit und nachdruck/ als
vorhero/ umringten/und gantz genau eingeſchloſſen hielten.

X 5 Der

Der Printz ließ zwar keine gelegenheit vorbey
gehen/ seinem feind abbruch zu thun/ und da er
seinen vortheil abgesehen zu haben vermeynte/
gieng er mit grosser tapfferkeit/ aber mit wenig
schiffen auf eine so grosse armee und schiffs-macht
seines feindes loß; wurde aber aus der see ge-
schlagen/ und gezwungen/ seinen rück-marsch
nach der insel und so die flucht zu nehmen. Auf
der insel wehrte er sich auch noch tapffer/ und wi-
derstund viele jahr lang seinem feinde; da aber
die insel eingeschlossen blieb/ gieng die handlung
auf derselben verlohren/ und weiln noch dazu eine
grosse Dürre/ indem es in 5 jahren nicht regnete/
einfiel/ und kein entsatz bey ihm ankam; ward er
durch krieg und hungers-noth auffs äusserste ge-
bracht/und endlich gezwungen/sich der gnade des
Kaysers zu ergeben/und zu unterwerffen/darauf
er nach Peking gebracht wurde. Als ihn nun
der Kayser sahe/ jammerte ihn seiner zarten ju-
gend/ und erbarmete sich über diesen jüngling seiner tapfferkeit halben/ ließ ihn beym leben/ und
begnadigte ihn hernachmahls noch darzu mit der
vorbenannten insel/ nebst dem Königs-ehren-ti-
tel/unter welchem character derselbe solche insel
noch itzo beherrschet.

Und auf solche weise ist das gantze Chinesische
Kayserthum anno 1682 wieder unter ein haupt
gebracht worden/auch wird die insel Tajoan oder

For-

Formosa/ unter dem zunahmen Fu/ zu der provintz Fokien und vor eine der grösten städten des
landes gerechnet.

Es begreifft die insel in ihrem umkreiß 500
meilen/ und ist vom festen lande ohngefehr 40
meilen abgelegen. Hirsch-felle und zucker werden daselbst in überfluß gefunden.

Die haupt-stadt dieser landschafft heisst Fo-
cken Fu/ und ist eine schöne grosse stadt/ durch den
täglichen handel mit denen Japanischen/ Indianischen und Europäischen völckern sehr berühmt.

Zu dieser provintz gehören auch noch 9 grosse
städte/ deren eine Formosa/ wie gesagt/ist. Unter diesen 9 städten seyn 3 besondere groß und sehr
berühmt/ wie auch noch eine insel/ Haimui ge-
nannt/ woselbst der schönste hafen der gantzen
landschafft zu sehen; die insel an sich selbst hat in
der rundte ohngefehr 11 oder 12 meilen. Vor
diesem hatte der mehr genannte Printz von Formosa auch diese insel in besitz/ darinnen er sich gegen den Kayser sehr lange und heldenmüthig de-
fendirte: einige zeit aber darnach ist sie von einem der zwey Könige/ deren/ wie vorhin gedacht/
einer Canton/ der andere Fokien beherrschte/ein-
genommen worden. Diese beyde Könige waren zwar ihrer tapffern thaten und guten dienste
halber vom Kayser wohl beschenckt; dem aber
ohngeacht/ rebellirte doch der König von Fokien
wie

wider den Kayser. Er führte auch eine zeitlang
so wohl gegen den Fürsten von Tajoan zu wasser/
als gegen den Kayser zu lande/ einen hefftigen
krieg; da er aber ihnen beyden zu widerstehen zu
schwach war/ unterwarff er sich dem Kayser ge-
horsamlich. Als er nun auf des Kaysers befehl
nach Peking gekommen war/ wurde er nebst seinem sohn seines lebens beraubet.

Zu diesen auffrührischen zeiten seyn in dem
Reich durch das kriegs-feuer/ wie wir schon oben
angemercket/ mehr als 40 millionen menschen
aufgerieben worden und umkommen.

Ehe wir von der beschreibung dieser letztern
landschafft abgehen/ müssen wir die nahmen der
noch übrigen grossen städte anweisen. Es heissen aber dieselben/ Zhivencheu Fu/ Hinghoa Fu/
Chaocheu Fu/ Oviennin Fu/ Tingcheu Fu/
Change Fu/ Taioan Fu/ oder Formosa. Diese 9 städte regieren und haben zu gebieten über 60
andere örter.

Die städte des gantzen Kayserthums Chinå
werden an der zahl auf 1700 geschätzet; wann
wir aber dieselbe alle bey nahmen nennen und
herzehlen solten/ würde es allzu viel zeit wegneh-
men/ und dem Leser verdrießlich fallen/ deßhalb
wir auch nur die vornehmsten angemercket haben.

Wir berühren dann nur kürtzlich und einfältiglich einige geschichte uñ dinge/ welche uns wohl
be-

bekannt/ und wohl mehrentheils zu unſerer/ und
des letzt als itzt regierenden Kaysers/ aus dem
Tartariſchen ſtamm/ zeit ſich zugetragen haben/
oder uns bekannt gemacht worden. Wer ſonſten alles ſtück vor ſtück beſchreiben wolte/ der
würde jahr und tag zu thun haben. Deßhalb
geben wir nur eine kurtze beſchreibung heraus von
dem das wir wiſſen/ und zum theil/ unter viel
ſchmach und elend/ ſo wir um Chriſti willen aus-
geſtanden/ ſelbſt erfahren haben. Dahero wir
auch in unſerm ausgeſtandenen leiden GOTT
vielmahls angeruffen haben/ und gebeten/ daß er
uns die gnade thun wolle/ dieſe geſchicht der welt
bekannt zu machen; welches ich auch nun hiermit unter beyſtand Göttlicher güte thue. Dabey erſuche ich den Leſer/ dieſen wenigen blättern/
in welchen ich nur das mir bewuſte/ würdigſte uñ
vornehmſte/ welches ich auch im folgenden thue/
angewieſen/ denjenigen glauben beyzumeſſen/
welchen ſie verdienen.

Hierauff gehen wir nun fort/ die benachbarten landſchafften China zu betrachten: da wir
dann zugleich die völcker des landes/ und den
wachsthum der Chriſtlichen religion und deren
Gottes-dienſt/ wie auch ſtröme/ ſeen/ ſchiffe/ brücken und mauern beſchreiben: dabey thun wir
auch meldung von der Chineſer ſitten-lehren/von
erziehung ihrer kinder/ wie auch von ihren guten
ma-

manieren/ andern guten lehren und ehrerbietigkeit: endlich wird auch von denen bäumen/
baum-früchten und gewächſen dieſes landes/ wie
auch von denen dabey nahe angelegenen inſeln/
ländern/ Reichen und völckern meldung gethan/
und darauff das gantze werck/ mit anmerckung
aller ehemahligen Chineſiſchen Kayſer/ biß auf
dieſen letztern und itzt regierenden Kayſer Canghi/
beſchloſſen.

Das XVIII. Capitel.

Von denen angrätzenden Reichen und Ländern; wie fern und wie nahe die- ſelben von einander ge- legen.

Je haupt-ſtadt Xuntien Fu/ ſonſt Peking genannt/liegt 200 meilen von Leaotung. (Wobey nochmahls erinnert
ſey/ daß/ wie ſchon gedacht/ durch allhier nahmhafft gemachte meilen/ Frantzöſiſche meilen oder
ſtunden/ verſtanden werden.) Xantung iſt von
Peking entfernet 160 meilen/ deßgleichen Xanſi
160 meilen/ Xienſi 250/ Nanking 260/ Honan
130/ Kiangſi 430/ Chekiang 350/ Suchuen 650/
Huqvang 350/ Qveichei 800/ Junan 1000/ Qvo-
angſi 850/ Qvantong 800/ und Fokien 750 meilen. Dieſes iſt die diſtantz der benachbarten
land

landschafften / oder wie weit dieselbe von einer haupt-stadt zu der andern von einander abgelegen seyn.

Von Nanking biß Xantung rechnet man 200 meilen / biß Honan 180 / biß Huqvang 200 / biß Chekiang 100 / biß Kiangsi 160. Dieses ist auch der benachbarten haupt-städte ferne und entlegenheit von einander.

Xiensi liegt von Honan 200 meilen / von Xansi 150 / und von Suchuen 200.

Huqvang ist von Kiangsi 130 / von Honan 160 / von Suchuen 200 / von Koangsi 360 / und von Canton 400 meilen entfernet.

Chekiang liegt von Kiangsi 200 und von Fokien über 300 meilen.

Canton von Fokien liegt 350 meilen / von Qvoangsi 400 / und von Kiangsi 380 meilen.

Von Junan biß Qvoangsi hat man 300 meilen / biß Qveicheu 330 / und biß zu dem Königreich Laos 300 meilen. Dieses ist die distantz / nähe und ferne der haupt-städte von einander / nach der landmeß-kunst ausgerechnet. (Doch ist hiebey dem Leser zu wissen nöthig / daß / indem hierinn in unsers Scribenten lateinischer und hochteutscher abschrifft hie und da etwas gefehlet worden / wir es aus denen land-carten uñ andern beschreibungen / so wie wir es am wahrscheinlichsten zu seyn gemeynet / eingerichtet haben.)

Die

Die an der see liegende provintzen seyn Xantung/Nanking/Chekiang/Fokien und Qvantung oder Canton.

Nanking/ Chekiang/ Huqvang/ Kiangsi/ Junan/ Canton und Fokien/ werden vor die besten gehalten.   Mittelmäßige seyn/Xantung/Xansi/ Xiensi/ Peking/ Honan und Leaotung.   Unter die geringern und geringsten werden Qveicheu/ Suchuen und Qvoangsi/ weiln sie sehr bergigt/ und durch den krieg sehr verwüstet seyn/ gezehlet. Die grösten landschafften seyn/Xiensi/Huqvang/ Nanking/ Junan/ Kiangsi und Chekiang: jede landschafft dieser grösten provintzen ist mehr als 300 meilen breit/ und noch weit länger.   Doch werden in vergleichung dieser grössesten landschafften/ Peking/ Xantung/ Qvoangsi/ Qveicheu/ Honan und Fokien/ vor mittelmäßige provintzen gerechnet/ weiln sie nicht mehr als 200 meilen breit sind: ingleichen Qvantung/welches kaum 150 meilen breit/ und 300 meilen lang ist; in dieser absicht werden auch Xansi/Leaotung und Suchuen/weil sie nur ohngefehr 150 meilen in die breite/ und 160 in die länge sich erstrecken/ unter die kleinern gezehlet.

Die berühmtesten see- und handels-städte/ wie auch diejenigen örter/ allwo mit denen Indianern/ Japanern und Europäern allerley verkehrung getrieben wird/ sind diese zehen: nemlich

lich Canton/ die insel * Macao/ Hainan/ ingleichen die insel Chaocheu; diese alle gehören unter die landschafft Qvantong: unter Fokien aber gehören Fochen Fu/ und die inseln Haimui/ und Tajoan oder Formosa; diese treiben ins besonder eine grosse handlung mit denen Europäischen und Indianischen völckern: darin noch 2 städte/nemlich Nanking und Xanghai liegen; nebst der stadt Nimpo in der landschafft Chekiang/ welche alle drey grosse handlung mit denen Japanern treibē. In der landschafft Xinsi oder Xiensi liegt die stadt Zinning: auch wird daselbst mit denen abendländischen Tartarn/Mogolen/Tibetten und Moscowitern zu lande starcke handelschaft getrieben.

* Die insel Macao/ davon oben in dem XVI cap. geredet worden/ gehöret itzt denen Portugiesen; zum wenigsten haben sie daselbst eine festung und eine stadt/in so fern man einige häuser/so mit keiner mauer umgeben sind / mit dem nahmen einer stadt belegen kan. Diese insel ist sehr berühmt wegen der Portugtesen handlung/ welche sie/ ehe die Ost=Indische Holländische Compagnie sie aus den vornehmsten ländereyen Indiens vertrieb/ daselbst hatten. Anitzo besitzen sie dieselbe aus gnaden der Chineser/ welchen sie/ wann sie dieselben in fried und ruh besitzen wollen/in allem blindlings folgen müssen: alle rechte der einkünffte daselbsten kommen dem Kayser zu/ und ob wol die Portugiesen noch einige form der regierung in solchen dingen/ welche die Chineser nichts angehen/unter sich haben/ müssen sie dannoch unter dem gebieth und gehorsam der Mandarynen von Qvoantung oder Canton stehen.

Y   Das

Das XIX. Capitel.

Von denen landes-völckern und Christen/
so in China sind und gesunden
werden.

JN China/ so wol in denen grossen städten/
als in denen dörffern/ erstrecket sich die anzahl der menschen nicht nur auf 10 oder
100000 personen/ sondern auf etliche millionen.
Dann es ist die menge der menschen so groß/ und
China so volckreich/ daß es fast unglaublich/ und
deme/ der selbige von einer höhe anschauen solte/
nicht anders als ein durch einander her kriechen-
der ameisen-hauffen vorkommen solte.   Jn einem gemeinen oder schlechten hause wohnen offters 5 oder 6 familien bey einander/ so daß auf denen gemeinen wegen/ stegen und strassen/ obschon
dieselbe raumlich und breit seyn/   dannoch kaum
so viel platz übrig ist/ daß sie ohne einander anzu-
stossen/ bey einander vorbey gehen und kommen
können.   Es werden auf denen strassen keine
frauens-personen gefunden/ als nur allein (welches sonsten in dem gantzen Reich nicht gesehen
wird) in der stadt Peking/ daselbst sie aber nicht
zu fusse gehen/   sondern in überdeckten sänfften
dahin/ wo sie hinwollen/ gesehen und getragen
werden.

Die volckreichsten städte sind nachfolgende/
Nan-

Nanking/ Hangcheu/ Sucheu/ Peking/ Jancheu/
Canton/ Fochen/ Viichang Fu/ Chengcheu/ Zuen-
cheu/ und noch viele andere mehr. Wir wollen
anitzo die ertichtete fabeln von der ersten fort-
pflantzung der menschen in diesen ländern vorbey
gehen/ und sagen/ daß diejenigen völcker / welche
vor die allerersten einwohner dieser länder oder
dieses Reichs gehalten werden/ die nachkommen
Sems/ des sohnes Noe gewesen seyen. Aller-
massen diesen leuten/ in der eintheilung der länder
der welt/ einstimmig Asia / dessen China ein theil
ist/ zugetheilet wird. Dann weil sie/ zur zeit der
Babylonischen sprach-verwirrung/ die länder hin
und wieder durchstrichen / und indem alhier eine
gesunde und in hitze und kälte temperirte lufft ge-
spüret wird/ auch an fruchtbarkeit der erde/ und
was mehr zum menschlichen leben und unterhal-
tung des viehes nöthig ist und erfodert wird/ kein
besseres fanden/ wurden sie dadurch gelocket/ dasselbe vor allen andern als das beste zu erwehlen/
und sich daselbst nieder zu lassen. Die erfahrung lehret auch/ daß ihre wahl nicht ungereimt
gewesen/ indem man befindet / daß am überfluß
allerley dinge/ welche zur nothdurfft/ lust u. pracht
köñen oder mögen gewünschet werden/ hier nichts
ermangle. Uber dieses machet der fleiß/ die vernunfft uñ kunst/ dadurch der natürlichen güte des
landes geholffen wird/ daß die benachbarten län-

Y 2   der

der und Reiche/China vor ein irdisches para-
dieß/und die einwohner vor die manierlichsten
u. ordentlichsten menschen der gantzen welt
hielten/ so gar / daß auch diejenigen/welche ihnen
nachahmten oder nechst beykamen / vor die verständigsten unter allen Asiatischen völckern
geachtet wurden.

Und hiedurch haben sie ihr Reich weit ausser
China ausgebreitet ; so/ daß nicht nur Tunking/
Cochin/China/Laoes und andere in der nähe um-
her gelegene inseln/ sondern auch selbst die Reiche
Siam/Pegu/und ein theil der Tartarey/Cambo-
jen und Japan ihnen unterthänig worden/ wie
solches aus denen sitten und gebräuchen dersel-
ben/ wie auch aus andern alten hinterbliebenen
gewohnheiten angewiesen werden könte ; indem
über dieses das Chinesische Reich/so vor mehr als
1000 jahren bekannt worden/ biß heut zu tage
allezeit bey einerley sprache/ lehre/regierung/klei-
dung und tracht geblieben. Doch ist dabey an-
zumercken/ daß seit der zeit eines halben seculi/un
nachdem das Reich durch den Tartar überwunden und eingenommen worden/ in ansehen der
haare rc. einige veränderung sich zugetragen ha-
be/welches aber durch zwang und aus erkentnüß
ihrer so schmertzlichen zerstörung und verheerung
geschehen ist.

Ehemahls trugen die Chineser lange haare/
da-

dadurch ſie vielen hoffart trieben/indem ſie dieſelben mit güldenen drat ziereten; Dann ſie glaube-
ten/ daß ſie bey denenſelben ſoltē in den himmel
gezogen werden; deßhalb geſchahe ihnen auch
ein groſſer tort/ da ſie daſſelbe miſſen und es nach
der Tartariſchen art tragen muſten, Sie haben auch darum lieber einen harten krieg führen/
und viele köpffe * laſſen/ als ihre haare abzu-
ſchneiden zugeben wollen; dann in die länge war
der Tartar allbereit ſo weit eingebrochen/ daß ſie
ſeiner macht nicht mehr widerſtehen konten. Zu
dem/ ſo verſüſſte die gelindigkeit des Kayſers **
und deſſen ſanfftmüthige art zu regieren/da er die
Chineſiſche Amtleute/ welche Mandarynen genennt werden/in ihren vorigen bedienungen ließ/
allerdings den ſchmertz des gehabten verluſts und
ihrer unterthänigkeit. Dann da die Tartarn in
China eingedrungen/ und ſich deſſelben bemeiſtert hatten/veränderten ſie in dem ſtaat der regi-
rung nichts; die Chineſiſche Mandarynen blie-
ben/wer ſie waren/ und behielten ihre ämter; ihnen wurde eine gleiche anzahl Tartarn/die mit ihnen gleichen rang hatten/ zugegeben/ und alſo
wurden ſie ohnvermerckt auf eine gelinde weiſe
unter eine ausländiſche ober-herrſchafft gebracht/
die ſie allezeit vorhero mit ſcheelen augen angeſe-
hen hatten. Und auf ſolche weiſe wurden die höchſten und ſouveraineſten mit den geringſten und

nie-

niedrigsten höfen/gerichten und vierschaaren/jed-
wede mit zweyen beamten/deren der eine ein Tar-
tar/ der ander ein Chineser war/versehen/und also unter dem Kayser China und der Tartarey/
diesen leuten zu beyden theilen/die regierung nach
denen gesetzen des Reichs anbefohlen und anver-
trauet/ welche auch biß hieher noch friedlich von
ihnen verwaltet wird.

Unter des itzt regierenden Kaysers regiment
wird der Christliche Gottes-dienst mit mehrerer
freyheit/als sonst jemals/geduldet: und kan man
hoffen/daß noch durch GOttes hülffe/China der-
maleinst den allein wahren seligmachenden
glauben annehmen werde. Dann bald im an-
fang/ als die dahin abgesandte Patres in dieses
Reich angekommen waren / haben sie allen mög-
lichsten fleiß angewendet/diesem wilden volck das
Christenthum beyzubringen/und die seligmachen-
de lehre einzupflantzen : welche auch heut zu tage
sehr weit in China ausgebreitet ist.

Der itzt regierende Kayser Kanghi hat an.1692
denen Jesuiten/ und andern der religion halben
Abgesandten/ vergönnet/(welches selbst von dem
alleroberssten hof-gerichte/ nach des Kaysers wil-
len/bekräfftiget worden/)und aller welt zugestan-
den/ in ihren kirchen GOtt anzuruffen/ oder welches eins und dasselbe ist/Christen zu werden/und
den glauben annehmende sich tauffen zu lassen/
auch

auch frey und ungehindert auf eine Chriſtliche
weiſe den Gottes-dienſt/ welches vorhero verboten war/zu üben ; darnach ſie vielmals geſeuffzet/
und dann und wann harte zeiten erlebet/ auch
ſchwere verfolgungen ausgeſtanden hatten: itzt
aber durch GOttes güte von vielem elend/groſſen
qualen und ſchweren anläuffen/ wie auch wider-
wärtigkeiten erlöſet ſind/dafür wir mit ihnen dem
HErrn vor ſeine gnade dancken.

Mitten in dem 1500ten ſeculo bemühete ſich
Franciſcus Xavier/ den glauben fortzupflantzen ;
deßhalben er von Japan nach China abreiſete/
aber faſt im anſchauen des landes ſtarb.   Nach
ihm ſind mit eben demſelben vorſatz mehr andere
Prieſter u. geiſtliche Abgeſandten/ nemlich Martinus Xerrada/Geronimo Marino/Michael Ru-
gieri/ Piedro Alfaro/ und Matthias Ricci/nebſt
noch vielen andern mehr/ in China angelanget ;
welche nur wenige zeit vor dem 1600ten ſeculo
unter der regierung des Kayſers Vanlie den erſte
grund zum Chriſtenthum daſelbſt geleget haben.

Der letzt benannte Jeſuit Ricci that ſich vor
allen andern herfür/ er bekehrete viel groſſe des
landes ; und wurde vor einen treflichen mann ge-
halten/indem er die Chineſiſche ſprache nicht nur
verſtund/ſondern auch redete/ und von dem man
wohl ſagen mag/ daß er als ein getreuer arbeiter
in dem geiſtlichen weinberge wol das meiſte gute

Y 4   im

im anfang verrichtete; deßhalb er auch unter allen Abgesandten zufoderst und am meisten billig gerühmet wird.

Zu der zeit/als der Pater Ricci in China war/ und der Kayser Vanlie regierte/ fielen die Tartarn in China ein/ eroberten einige länder u. plätze/ wurden auch kurtz drauff von hochgedachtem Fürsten wieder heraus getrieben/welcher sein folgendes leben in friede zubrachte/ und darauf an. 1620 im 58 jahr seines alters/ nach einer 48 jährigen regierung starb. Nicht lange vor seinem tode/ungefehr anno 1615 entstund eine harte verfolgung/ welche dem nur neulich erst gepflantzten glauben das euserste verderben und gäntzlichen untergang zu dräuen schiene; das haupt dieser verfolgung war einer der vornehmsten Amtleute zu Nanking Chinkio genannt. Man grieff zuerst die hirten an/ damit die heerde desto besser zerstreuet werden möge; doch nach ausgestandenen vielen leiden/ und nach verfliessung einer zeit von 6 jahren/schickte es die vorsehung des HErrn so/ daß die todes=straffe auf den verfolger fiel/ und die kirche ihre vorige freyheit genoß/ ja mehr als zuvor anfieng zu wachsen und zuzunehmen; vornehmlich da der P. Johannes Adams *** welcher durch seine weißheit/gelehrsamkeit und geschickte übungen in offenbare gunst bey hofe und bey dem Kayser selbst kam/ und dadurch alles/

was

was zu befeſtigung und fortſetzung des Chriſtlichen Gottes-dienſts dienen konte/zuwegen brachte. Ob nun ſchon indeſſen eine veränderung ****
in dem Kayſerl. Reiche/da daſſelbe von dem Chineſiſchen Kayſer auf den Tartar fiel/ ſich zutrug/
und ſich ſo deren regierung durch den tod Zunghi/
welcher der letzte von dem ſtamm Taiminga/ der
es ungefehr 280 jahr unter 16 Kayſern beherrſchet
hatte/ war/ endigte: wuſte dannoch der vorbenannte P. Adam ſich am hofe / und bey den Tartariſchen Fürſten/ſo beliebt zu machen/daß er zum
Präſidenten-amt † in denen vierſchaaren der
ober-gerichten der Philoſophorum erhaben wurde ; und alſo war er/ wiewohl nicht ohne neid/haß
und wiederwärtigkeit/in groſſen anſehen bey dem
Kayſer/und nachdem er das itztbenannte amt viel
jahre lang bekleidet hatte/ſtarb er anno 1665.

An P. Adams ſtelle wurde zum Präſidenten
hierauf erwehlet Yamquamſien / ein werckzeug
der allerſchwereſten verfolgung/ ſo jemals in China geweſen iſt ; doch er blieb nicht lange in ſolcher
würde/ dann da P. Ferdinand. Verbieſt ſich ihm
widerſetzte/und von ſeiner wiſſenſchaft/ welche die
gelehrſamkeit des verfolgers übertraff/ ſonnen-
klare merck-zeichen ſehen ließ/ und ſo durch dieſelbe beſonders ſich herfür that/ wurde ihm das Präſidenten-amt anvertrauet. Yamquamſien dagegen kam in groſſe ungnade/und fehlte es wenig/

daß

daß er nicht durch ein hartes todes-urtheil die
früchte seiner verfolgungen / welche er wider P.
Adam und andere ausgeführet hatte/ würde empfunden haben/ wann nicht mit der execution nach
der gnädigen güte des Kaysers wäre eingehalten
worden.

Nach dem tode P. F. Verbiests/ welcher anno
1688 starb/ und von dem Kayser selbst in einer lob-
rede beklaget wurde/ folgte ihm in dem schon mehr
benannten Präsidenten-amt des Philosophischen
ober-gerichts P. Philippus Grimaldi/ welcher
dieses amt nicht mit geringern ruhm bekleidete/ u.
bey dem Kayser in so hohen ästim kam/ daß er ihn
an. 1686 mit dem character eines Gesandten in
wichtigen dingen etwas mit dem Czaar von Moscau zu handlen/ in Europa abschickte/ da indessen
seine Präsidenten-stelle in der bemeldtē vierschaa-
re von denen P. P. Thomas ††† Pereira und An-
tonio Thoma ruhmwürdig bekleidet und vertre-
ten wurde.

Die anzahl der Christen/ welche durch das grosse ansehen der Jesuiten am hofe/ u. durch die ästim
welche der Kayser von der gelehrsamkeit der Europäischen kunst uñ gelehrtheit machet/ anwächst/
wird zum wenigsten nur in Peking biß auf 16000
menschen vergrössert. In der provintz Chekiang
werden derselben 7 oder 8000 gezehlet; in Ko-
angsi/ u. in demselben bezirck/ rechnet man 10000.

in

in Huqvang ſind auch gar wol 6 oder 7000/ in
Canton ſind ohngefehr 10000/ in Fokien mehr
als 5000/und in Xienſi ohngefehr 3000 Chriſten/
ſo/daß die gantze anzahl der Chriſten im gantzen
Reich zuſammen gerechnet/ ſich mehr als auff
200000 menſchen belauffen ſoll.

†††† Die anzahl der Jeſuiten oder P. P. und
Hirten/welche über dieſe heerden als wächter ge=
ſetzet ſind/ und ſich noch mehr andere zu bekehren/
befleißigen/beſtehet nur aus 60 perſonen.

---

* Le Comte ſagt/ die Chineſer haben lieber / ehe ſie ihre
alte kleidungs=tracht verlaſſen hätten/einen hefftigen krieg
mit denen Tartarn erneuret und angefangen/und der meh=
rere theil hat eher ſein haupt verlieren/ als ſein haar ſich
abſchneiden laſſen wollen. Dieſes eigenſinnige vorneh=
men kam gar närriſch heraus/ indem zwiſchen dem verluſt
der haare und des haupts ein groſſer unterſcheid/und die
zierde des letztern mit dem erſten nicht verglichen werden
kan: nichts deſto weniger/ ſagt ferner der angeführte Autor, muß man geſtehen / daß die beſtändigkeit dieſer völ=
cker etwas verwunderliches ſey; indem dazumahl/da nun
letztens die Tartarn die Chineſer überwanden/ mehr als
1000 jahr verfloſſen waren/in welcher langen zeit ſie dan=
noch ihre erſte kleidung und tracht behalten hatten: Und
gewiß/ dieſes kan keiner andern urſach als der guten ord=
nung im regiment des Reichs/ darinn die regierung jeder=
zeit in gleicher form / und die geſetze biß auf die geringſte
dinge allzeit ſcharff unterhalten worden ſind/zugeſchrieben
werden.

** Es iſt anmerckens würdig/ was von dem erſten Kay=
ſer/welcher von Duſangovei gegen Liſoung/oder wider den
räuber/ der ſich China bemächtiget hatte / zu hülffe geruf=
ſen wurde/ erzehlet wird; belangende die liſtigkeit deſſel=
ben/

ben/ die Chineser unvermerckt bald im anfang seiner regierung zum tragen des Tartarischen jochs zu gewehnen;
welches denn billich eine der bedachtsamsten maximen/da-
von jemals gehöret worden/mag genennet werden. Dann
der Tartar kam mit einer grossen macht dem Ousangovei
zu hülffe; doch ehe er wider den räuber zu felde zog/ rieth
der Tartarische König dem Ousangovei/ daß er seinen
Chinesischen soldaten Tartarische kleidung und mützen zu
tragen/ und ihr haar nach Tartarischer weise abzuschnei-
den/ anbefehlen solte/ damit der räuber Lisoung/ durch
diese kriegs-list betrogen/ sie alle zusammen vor Tartarn
ansehen möge.   Ousangovei/deme die begierde sich zu rächen die augen verblendete/ williate/ ohne auf die schlan-
ge/welche unter diesem graß und schönen schein verborgen
lag/ acht zu haben/ in des Tartars begehren/ und ließ also
seiner einbildung den freyen lauff/ so daß er/ nach dem
Chinesischen sprichwort/ die tyger/ durch dieselbe die
hunde heraus zu jagen/ in das land brachte: welche
auf solche weise zu diesem mächtigen Reich gelangten/und
die Chineser unter der hand gleichsam am strick zu gehen
lehreten und gewehnten.

*** Von andern Scribenten wird Adam Schaal/von
Nieuhof aber/ Adam Schaliger genannt.

**** Von der veränderung des Kayserlichen Reichs
und dessen ursache wollen wir in dem XXV oder letzten
cap. weitläufftiger handlen.

† Anno 1654 im 10 jahr der regierung Cunchi/ des itzt
regierenden Kaysers Canchi vater/ wurde P. Schaal zum
zweyten Präsidenten der vierschaaren geordnet.

†† Die verfolgung entstund anno 1664/ darinnen
nicht nur die alte lästerungen wieder erneuret/ sondern
noch mehrere neue hinzu gefüget wurden/ dadurch denen
geistlichen Gesandten eine grosse menge vieler feinde er-
wecket wurde.   Man vertrieb sie aus ihren kirchen/ und
wurden in ketten und banden geleget/ und gantzer 10 monat lang in harten gefängnüssen verwahret; P. Adam
selbst war davon nicht befreyet/ sondern wurde seiner hohen

hen bedienungen entſetzet/ und in die feſſel geleget/ ja zu
der höchſten ſtraffe verurtheilet: GOttes vorſehung aber
ſchickte es ſo wunderlich / daß er in ſein amt wieder einge-
ſetzet/ und ſein verfolger Gobien dagegen verurtheilet
wurde.

††† Diß iſt der P. Pereira/ welcher nebſt dem P. Gerbillon zu zweyen verſchiedenen mahlen als Amtleuts des
dritten rangs/ und als dollmetſcher der groſſen Geſandſchafft und der handlung wegen Nipchou/ welches von
denen Moſcowitern Nogobien genannt wird/ beywohne-
ten ; von denen auch mit groſſem lob bezeuget wird/ daß
ſie mittel ausgefunden haben/ einen beglückten frieden
zwiſchen denen Moſcowitern und Chineſern zu ſchlieſſen.
Es war auch Gerbillon/ welcher verſchiedene mahl in
dem lager der Moſcowiter geweſen war/ deßhalb auch allein dahin geſandt wurde / und es ſo weit brachte/ daß/
da er denen Moſcowitern die wahre beſchaffenheit der
ſache vorſtellte/ bald darauff zu Nipchou oder Nogobien
ein friedens-ſchluß unterſchrieben und darauff ſolenniter
den 3 Septemb. anno 1689 zwiſchen beyden Kayſerlichen
Reichen beſchworen wurde.

†††† Le Comte/ den wir mehrmahls erwehnet haben/
redet hiervon nachfolgender geſtalt: Es ſind mehr als
zwey hundert beſondere kirchen oder capellen/ darinn
dem wahren GOtt gedienet wird/ und welche von geiſtlichen vorgeſetzten regieret werden. Zu Peking/ Nan-
king/ und Macao haben jedwede einen beſondern ordent-
lichen Biſchoff. Die Jeſuiten/ welche dieſe geiſtliche Geſandſchafft fundiret oder geſtifftet haben/ unterhalten eine gewiſſe anzahl dergleichen geiſtlichen Geſandten ; Als
ich von dannen wegreiſete/ waren derſelben an der zahl
ohngefehr vierzig / ſeit derſelben zeit aber/ haben die
P.P. Grimaldi und Spinola noch verſchiedene andere
hinein gebracht. Doch was helffen vierzig oder ſechzig
arbeiter in einem ſo groſſen felde ? Nichts deſto weniger wird überall mit gutem fortgang gearbeitet/ indem
man

man in fünff oder sechs jahren mehr als funfftzig tausend
deren/ die vom götzen-dienst zum Christenthum bekehret
worden/ zehlen kan.   Uber dieses werden auch alle jahre
vier oder fünff tausend kinder getaufft.   Was uns aber
am meisten antreibt zu diesem werck/ ist die hoffnung/
noch dermahlen einst den Kayser selbst zu bekehren/ dessen
bekehrung hernach das gantze Reich ohnfehlbar folgen
würde.   Ich habe/ thut er hinzu/ die rechte anzahl der
gläubigen niemahls bekommen können/ glaube aber
nichts desto weniger/ daß sich die summa derselbigen/
ohne von der warheit weit abzugehen/ wohl auff
dreymal hundert tausend menschen
erstrecke.

Das

Das XX. Capitel.

Von der grossen mauer/von denen flüssen/ schiffen/ meeren/ brücken/schleusen/ hafen rc. dieses landes.

JN der Chinesischē sprache wird diese mau-
er/ welche von dem Chinesischen Kayser
Chien Chuvoang * nur wenige secula vor
Christi geburt erbauet worden/ Vaulitcham-
tchim genannt/ durch dieselbe denen abendländischen Tartarn den einbruch ins land zu verweh-
ren. Sie fängt sich an dem meer-busen der Leao-
tungischen oder morgenländischen see an/ und erstrecket sich biß an und in die landschafft Xiensi/
und umschliesset die landschafften Peking/ Xansi/
und fast die gantze itzt benannte landschafft Xiensi. Sie ist nach einer geraden linie abgemessen/
wie wir schon in 2 cap. ** angewiesen haben/
mehr als 650 Frantzösische meilen lang; wann
man aber die krümmen derselben dazu rechnet/
erstreckt sich deren länge wol auf 1000 meilen;
deßhalben sie auch von denen Chinesern mit dem
oben angeführten Chinesischen nahmen/ welcher
1000 meilen/oder wie andere wollen/1000 stadia
bedeutet/ benannt wird. Sie ist wohl 8 lange
ellen breit/ und 6 hoch. Es ist wunderlich anzu-
sehen/ daß diese mauer über erschreckliche hohe
berge hingeleitet/ und alle meilweges auf derselben

ben eine erhabene festung oder schieß-thurm erbauet ist/ wie auch/ daß/ da sie so viele secula ge-
standen/ sie dannoch noch so beständig und fest ist.

In diesem Reich findet man 2 haupt-flüsse;
deren der eine der gelbe *** fluß/in ihrer sprache Hoangso/ der andere Ygangzukiang **** das
ist/ der sohn des meeres/ ihre grosse tieffe und
breite/ indem er wol 2 meilen breit ist/ zu erkennen
zu geben/ genannt wird; dieser fluß träget auch
den nahmen des Nankinger stroms/ indem er
durch diese landschaft und nicht fern von der stadt
dieses nahmens in die see fliesset. Dieser letzte
strom ist durch das gantze Reich schiffbar; viele
stehende meere ergiessen sich in denselben; wie
auch noch viele andere kleinere wasser/welche aus
denen landschafften Kiangsi/ Huqvang/ Qvangsi/
Qvoantung/ Chekiang/ Suchuen und Honan
hinein fliessen. Aus diesem Nankinger-fluß kan
man zu schiffe durch ausgegrabene furten in den
gelben strom kommen. Dieser gelbe strom durchfliesset viele felder und länder/ ist auch sehr tieff/
und an einigen orten breit/ an andern wiederum
schmal. Es entspringet dieser fluß aus einem
meer/in dem abendländischen theil der landschaft
Xiensi/ und fliesset entweder durch oder um die
länder Xansi/Xiensi/Honan und Nanking/alwo
er ein ende nimmt/ und sich gegen mittag in die see
ergiesset. Weil dieser fluß seh schnell laufft/ und
einen

einen allzustarcken strom hat/kan er kaum beschif-
fet werden: thut auch vielmahls/ wann er durch
das viele wasser/ so aus der Tartarey/ dadurch er
ein stück weges fliesset/ wie auch aus denen abendländischen örtern/ sich dann und wann in ihn er-
giessen/ starck aufgelauffen ist/ grossen schaden an
menschen und vieh/ indem er gantze felder über-
schwemmet/ und stunden weit vielmahls häuser/
hütten/ und dergleichen mit sich wegführet/ ja vielmals gantze örter/ dörffer und † städte/ wie in
dem IV. cap. angewiesen worden.

Auffer diesen beyden haupt-flüssen finden sich
hier noch mehr andere/ und unter andern der fluß
Zhientangkiang/ von welchem im IX cap. gesprochen worden; welcher wol lang und breit/ aber
dannoch mit denen beyden vorigen in länge/ breite und tieffe nicht zu vergleichen ist. Er durchfliesset auch nur eine provintz/ nemlich Chekiang/
allwo er in die see fällt. Die übrigen flüsse/ ob
wol noch grosse ströme darunter/ sind doch noch
weniger mit obigen zu vergleichen.

Man findet auffer denen selbst entspringenden
strömen/ viele schöne/ künstliche/ und mit händen
zubereitete canäle/ uñ mehrentheils in allen landschafften einen breiten graben/ welcher an statt eines breiten weges von einer landschafft zu der an-
dern/ oder biß zu denen grossen strömen zu kommen/
dienen muß. Diese graben sind insgemein gerade

rade aus ins geſicht ausgegraben / und an denen
ſeiten mit blatten ſteinen ausgeſetzet/wie auch mit
ſchönen hohen ſteinernen brücken/welches die länge hin angenehm anzuſehen iſt/ überwölbet und
verſehen.

Einige glauben und wollen/bemühen ſich auch
ſolches zu erweiſen/ daß der gelbe fluß durch menſchen hände gemacht/und vor mehr als 3000 jah-
ren/ auf befehl des Kayſers Juvoang ausgegraben worden.   Dieſe ihre rede zu erweiſen / thun
ſie dieſe erzehlung hinzu; nemlich es ſey zur ſelbigen zeit durch eine groſſe waſſerfluth das gantze
land/ allwo ſich dieſer fluß anfänget/überſchwem-
met worden; da dann der Kayſer/ das waſſer
abzuzapffen einen ſehr breiten und langen graben
habe aufwerffen laſſen/ und als darauff das waſſer lufft bekommen/ſey es mit einer ſolchen gewalt
durchgebrochen/ und habe ſich in dem benannten
graben ſo ſtarck ergoſſen/ daß der gelbe fluß daraus entſtanden.   Doch dieſes findet wenig oder
gar keinen glauben; indem die ergieſſung eines
waſſers unmöglich einem ſolchen ſtrom / welcher
mehr als 600 meilen umflieſſet/ und über dem ſo
ſehr tieff und breit iſt/zum ſchnellen lauff deſſelben
kaum gnugſames waſſer hergeben/noch auch denſelben verurſachē würde. Durch das gantze Reich
kan man/wohin man wil/zu waſſer koͤmen/ausge-
nomen in denen provinzen Suchuen/ Qveicheu/
Xanſi und Xienſi.
                                          In

In China sind unzehlig viel schiffe/die man fast mit dem sand des meeres vergleichen könte. Diejenigen/ welche das korn allein nach Peking führen/ sind an der zahl 9999 ** grosse schiffe/deren ein jedwedes 30 biß 40000 pfund führen kan; zu ihrer reise von Nanking nach Peking/ welches 7 oder 800 *** Italiänische meilen von einander lieget/ haben sie/ indem sie mehrentheils durch ausgegrabene furten fahren müssen/ 6 monat von nöthen. Ausser diesen siehet man noch daselbst viele schiffe/ welche seide und andere waaren und zeuge zu verführen/ dahin kommen. Gewiß ist es/ daß dieselben wegen ihrer grossen menge/ ausser denen schiffen der kaufleute/ bey nahe ohnzehlbar sind: also/ daß man über die vielen schiffe von Nanking biß Peking/ wo sie beysammen stünden/ nicht allein gleich als über einen **** gebähnten weg würde gehen können/ sondern auch mit jenen Jesuiten verwundernd bekeñen müssen/ daß man in warheit/ wann es möglich wäre/ von allen solchen schiffen eine brücke aus China biß in Europa erbauen könte.

Ausser diesen kleinern schiffen siehet man auch nicht allein in Nanking/ sondern in mehr andern see-hafen des Reichs noch andere schiffe/ welche noch einmal so groß sind als die itztbeschriebene/u. 70 biß 80000 pfund führen können/ mit welchen alles saltz durchs gantze Reich verführet wird.

Z 2　　Die

Die Mandarynen und Land-voigte/nebst andern haben auch wohl ihre eigene koſtbare ſchiffe/
und die in groſſer menge / darinnen dann groſſe
ſäle und zimmer ſind/welche mit allerley haus-ge-
räthe/ ſo wol als mit demjenigen/ ſo zur zierde ge-
höret/ verſehen ſind.   Man ſiehet an denſelben auch ſchöne gallerien/ lehnen/fenſter und thüren; über dieſes ſind ſie insgemein ſchön vergül-
det/ lacciret und mit allerley farben gezieret: ſo
daß man auf denenſelben alles/ was zur gemächlichkeit und auch zum plaiſir nöthig iſt/findet.Die
Chineſer haben auch zu ihrer luſt und zeit-vertreib
ſpiel-oder luſt-ſchiffe/ deren ſie ſich/ wann ſie mit
einander frölich ſeyn wollen/bedienen.   Sie haben in denenſelben ſchöne gemahlte/ laccirte und
aus-und inwendig vergüldete zimmer und kam-
mern; ſo daß man ſie ehe bewegliche häuſer/ als
ſchiffe/nennen möchte.   Uber dieſes findet man
auch überall bequeme ſchiffe zum dienſte der reiſenden; indem kaum eine ſtadt/ſie ſey ſo groß oder
klein/ gefunden wird/ zu der man nicht zu waſſer
gelangen könte.   Auch ſind noch viele treibende
flöſſe auf denen waſſern/ darauf ſich gantze familien ernehren/ indem ſie eine gewiſſe art enten unterhalten und auffüttern/oder ſonſt andere handlung treiben/ dadurch ſie ihre koſt gewiñen/ ſo daß
wann man dergleichen vielerley ſchiffe an einem
ort beyeinander ſiehet/es nicht anders ſcheinet als
ſe-

sehe man eine schwebende stadt/ darinnē die schiffe wie ameisen durch einander her lauffen.

In China sind 7 oder 8 berühmte stehende meere oder kleine seen/ deren ins besonder 3 anmerckens würdig. Die erste liegt in der landschafft Huqvang und trägt den nahmen Tungtinghu/ welche 400 meilen in ihrem umkreiß begreiffet. Die zweyte findet man in der landschaft Nanking/nicht weit von der grossen stadt Sucheu welche auch ohngefehr 400 meilen in der rundte groß ist. Diese see ist sehr tieff/und in derselben mitte lieget eine inset/ welche 7 oder 8 meilen in ihrem umkreyß hat/ mit hohen bergen umgeben/ und Thaihu genannt wird. Das dritte meer liegt in der landschafft Kiangsi / und ist in seinem umkreyß 300 meilen groß. Wann man diese seen siehet/ scheinen sie wegen ihrer hefftigen aufwallung und grossen wellen/ die sie werffen/ nicht anders als eine offenbare see. Die andern liegen in Nanking/und haben ohngefehr in der runte 2 oder 300 meilen. Von einigen dieser meere in China/ werden wunderbare dinge erzehlet; nemlich in der landschafft Canton seyn etliche/deren wasser ein jahr nach dem andern ihre farbe verändern; in Fokien sey ein meer/ dessen wasser/ welches grün aussiehet/ das eisen in kupffer verwandle; und an dem ufer einer andern see/ liege ein pallast/ von dannen nicht weit ein schall vieler glocken/so bald nur ein ungewitter entstehen solle/

ge-

gehöret werde ꝛc. von welchen allen wir ſie warheit an ſeinen ort geſtellt ſeyn und der erfahrung
überlaſſen.

In China ſind auch viele hohe zierliche und
künſtliche ſteinerne brücken / welche bogen-weiſe
von lauter ſteinen erbauet ſeyn; deren ins beſonder zwey über einen arm des meers geleitet und
gebauet. Die eine brücke heiſſt Lojang / die andere Fungiang; eine jede iſt einer ſtunde gehens/
oder eine Frantzöſiſche meile lang. Die erſte
hat 19 bogen/ welche ſo hoch ſind/daß groſſe ſchiffe
mit aufgerichteten maſtbäumen und aufgeſpann-
ten ſegeln drunter durchfahren können. Jedweder bogen wird von 2 ſteinen geſchloſſen/da ein jeder ſtein mehr als † ⸪ ⸫ ⸪ groſſe ellen lang/ ü-
ber 2 dergleichen breit/und mehr als 3 kurtze ellen
dick ſeyn ſoll; und hierinn ſeyn alle bogen überein.
Die Jeſuiten und andere Europäiſche völcker/
welche ſie geſehen und betreten haben/ ſtehen ver-
wundert/und können nicht begreiffen/wie es möglich geweſen/ und mit was kunſt/ werck-zeugen/
menſchen und menſchen-händen dergleichen groſ-
ſe/ſchwere und lange ſtücken/welche alle von weiſſen marmor ſeyn / zu einer ſo groſſen höhe haben
können aufgeführet werden. Die zweyte brücke
iſt wol nicht ſo hoch/dannoch ſo breit und lang/als
die vorige. Auſſer dieſen beyden findet ſich noch
eine dergleichen dritte brücke in der landſchafft

Qvan-

Qvantong / nicht weit von der stadt Chaoceu ;
welche aber über land von einem gebürge zu dem
andern geschlagen/und auch sehr lang ist. Durch
das gantze Reich findet man dergleichen art steinerner brücken/welche/ ob sie wol nicht so aus dermassen groß sind/so sind sie dannoch künstlich und
zierlich aufgemauert; es seyn diese brücken an
allen orten über alle furten zum dienst der reisenden geschlagen/damit dieselben desto geschwinder
ohne grosse umwege zu suchen / zu lande fortkommen mögen.

An wässerichten und morastigen örtern sind
auch wälle aufgeworffen / dieselbe an statt der
land-strassen zu gebrauchen/ in so fern auch höhen
oder gebürge in dem wege wären; werden keine
kosten gesparet/ dieselbe zu schleiffen/ oder doch sie
so zu aptiren/ daß man gemächlich dadurch hin-
reisen könne. Der weg von Siqvan Fu nach
Hamtcheu ist durch einen berg gemacht / und wo
derselbe felsicht und sehr hoch war/ haben sie balcken geleget/und so durch das gebürge und die luft
einen weg/ einer hangenden wolcken gleich/ oder
steg gemacht/ welcher dem/ der dergleichen niemals zu bewandern gewohnet gewesen/ recht entsetzlich vorkomt : doch sie haben maul-esel/die auf
dergleichen wegen zu gehen abgerichtet sind / mit
welchen diejenigen / die dessen gewohnt sind/ die
grausamsten und jähesten höhen mit so gutem
muth

muth aufklettern/ eben als ob sie eine schöne ge-
bähnte straße vor sich hätten.

Auf denen gemeinen land-straßen findet man
fast alle halbe stunden eine pforte/ welche wie ein
triumph-bogen/ ohngefehr 10 ellen hoch/ gemacht
ist/ auf welcher/ zum dienst und nachricht der vor-
beyreisenden/ mit grossen buchstaben geschrieben
stehet/ wie weit der eine ort von dem andern ab-
liege/ da dann zugleich angewiesen wird/ wie das
dorff/ flecken/ oder stadt/ dahin dieser weg führet/
heisse.

Durch gantz China stehet man viel triumph-
bogen von marmor-stein/ welche gemeiniglich aus
3 gewölbten pforten bestehen/ die gröste stehet ins
gemein in der mitte; an denen seiten der pforten
stehet man grosse läuben/ und andere ausgehauene bilder; sie sind auch überall ins besonder auf
der auswendigen seite mit sehr künstlichen und
zierlichen bildnüssen/ blumen und laubwerck gezieret. Die anzahl dieser bogen ist in vielen städten so groß/ daß die straßen dadurch mehr enge
gemacht/ als ausgezieret werden.

Auch sind in China sehr schöne hafen; ins besonder ist der hafen zu Nanking/ allwo der Nankinger fluß in die see fällt/ wegen seiner tieffe/ breite und grossen handlung/ welche von dannen nach
der stadt dieses nahmens u. noch weiter/ nemlich
nach Peking/ und in gantz China getrieben wird/
sehr

ſehr berümt. Doch anitzo komen die ſchiffe nicht
mehr ſo nahe an die ſtadt/ nachdem der beruffene
räuber dieſelbe/wovon in dem XVI cap.gehandelt
worden iſt/belagert/und faſt ſo gut als eingenom=
men hatte/ in ſo fern es nicht durch ſeine eigene
verſäumnüß wäre verſehen worden.

Der hafen zu Qvoantung oder Canton lieget
an dem groſſen Oceano/ welcher gegen mittag an
dieſe landſchafft ſtöſſet. Ehe man an dieſe ſtadt
dieſes nahmens kommt/findet man viele kleine in=
ſeln/ unter denen Macao die vornehmſte iſt/alwo
ein ſchöner hafen/ welcher wegē der groſſen hand=
lung derPortugieſen/welche ehemals daſelbſt im
ſchwang geweſen/ſehr berühmt iſt; darzu die nä=
he Cantons ein groſſes beyträgt/ als wohin die
groſſe ſchiffe ſegeln/ und woſelbſt allerley arten
von waaren und erfriſchungen im überfluß zu be=
kommen ſind.

Fokien iſt auch mit einem ſchönen hafen verſe=
hen/ in welchem die ſchiffe wohl verwahrt liegen/
und faſt gantz an land kommen können; indem
die ſee nicht nur tieff/ ſondern auch an der andern
ſeite mit der inſel Emoni umſchloſſen iſt. Und
hier wird auch groſſe handlung mit denen Aus=
ländern getrieben.

Der hafen zu Nimpo/in der landſchafft Che=
kiang/ iſt ſehr bekannt/ durch den groſſen handel/
der daſelbſt mit denen Japanern getrieben wird:

indem man von dañen in kurtzer zeit nach Japan/
wiewol mit keinen grossen schiffen/ weiln der eingang durch einige örter/ da nicht tieff wasser ist/
sondern kleine klippen gefunden werden/ sehr beschwerlich ist/ kommen kan.   In der landschafft
Xantung/ welche neben Chekiang gegen morgen
an dem grossen Oceano liegt/ist wol ein guter ha-
fen/und eine gute handlung mit denen von Corea
und Japan/ doch ist der handel nicht so groß/ und
der hafen nicht so berühmt als zu Nimpo/obschon
die provintz an sich selbsten sehr wasser-reich ist:
deßhalb man auch daselbsten wie in gantz China/
beqveme canäle oder furten/ welche mit schleusen
verwahret sind/findet.   Dann indem der grund
nicht überall einerley höhe hat/und das wasser allezeit nach denen niedrigen örtern sich sencket/und
alle furten/ so ausgegraben sind/ daß höhere in
niedrigere fallen/ würden sie bald unbrauchbar
und trocken werden.   Welches zu verhüten/ sie
einige wasser-fälle und schleusen erfunden haben/
durch welche das wasser in gewisser höhe gehalten
wird/ und durch welches hernachmals die schiffe
durch gewalt der menschen/ die dieses handwerck
verstehen/und sich damit ernehren/ durch stricke/
winden/ und andere beqveme instrumenten über-
gezogen und hinüber gewunden werden/ und so
aus dem einen furt in den andern kommen.

* Andere nennen ihn Chius.

** Weiln wir daselbst von dieser mauer weitläufftiger gesprochen haben / weisen wir den Leser auch wiederumb dahin.

*** Aus was ursachen dieser fluß Hoamso oder der gelbe fluß genannt werde / ist in dem IV cap. angewiesen worden.

**** Von diesem fluß wird auch im VIII cap. meldung gethan.

† Siehe hievon einen beweiß im VI cap.

†† Indem in dem VIII cap. auch diese zahl / nemlich 9999 stehet / so lassen wir es auch dabey anitzo bleiben. Le Comte sagt / daß 1000 schüten von 80 biß 100 tonnen einmahl des jahrs diese reise verrichten; doch an einem andern orte / nemlich p. 177 sagt er / daß jederzeit 9999 zubereitet stünden / dazu er noch dieses füget / daß durch diese redens-art / deren sich das volck bedient / nach ihrer meynung / die anzahl der schiffe mit grösserm nachdruck vorgestellet werde / und nach ihrer sprache es besser laute / als wann man nur schlechthin sagte / es seyen 10000.

††† Daß unser Schreiber hier von Italiänischen meilen spreche / ist ausser allem zweiffel: dann das gantze Kayserliche Reich von der äussersten insel Hainan an / biß dahin / da es mit Moscau gräntzet / erstreckt sich nicht über 8 biß 900 gemeine meilen / auch ist der ort / allwo sich der strom in die see ergiesset / nicht weiter von Peking als 250 gemeine oder Frantzösische meilen; als welche nach der aussage unsers Schreibers bey 7 oder 800 Italiänische meilen ausmachen; welches wir hiermit genau angemercket haben wollen.

†††† Eben derselbe le Comte nennet pag. 82 die menge der schiffe einen wasser-weg / welcher zu verführung des getreydes und allerhand zeuge / so aus denen mittäglichen landschafften nach Peking gebracht werden / dienet. Derselben anzahl / sagt er / ist so groß / daß man sich einbildet / wann man die anzahl der flotten fahren siehet / sie

brin-

bringen allen tribut und schatzungen aus gantz Morgen-
land/ und allen Königen derselben Reiche; ja es können
einige auf dieser reisen gnugsamen vorrath vor viele jahre
der gantzen Tartarey verschaffen und liefern.

    * Indem in der Lateinischen übersetzung allhier von 29/
und in der Hochteutschen sprache von 20 brachiis oder
langen ellen stehet/ haben wir hier einen ledigen platz ge-
lassen/ daß ein jeder die wahrscheinlichste anzahl erwehlen
möge.

Das XXI. Capitel.

Von der Chineser glauben und lehre.

DIe Chineser werden in ihrem glauben von
jugend auf wohl unterwiesen/ seyn auch
sehr wohl in ihrer lehre erfahren. Wann
die kinder 7 oder 8 jahr alt sind/ schicken sie die eltern in die schule/ darinnen sie lesen/ schreiben und
gute sitten lernen/ um ihren eltern und obrigkei-
ten ehrerbietigkeit zu erzeigen/ gehorsam und un-
terhan zu seyn. Sie fangen ihre studia durch die
lehren und fundamenta des weisen und in der Phi-
losophie/ Politic/ wie auch der Ethic/ berühmten
lehrers King/ oder Confucius genannt/ an/ welcher in der Chinesischen sprache mit dem nahmen
Kingsu beleget und sehr hoch ästimiret wird. Seine principia gehen mehrentheils dahin/wie sie ihre
eltern lieben und ihnen gehorsamen/ die/welche
älter/als sie/und über sie erhaben seyn/hochachten
und ehren/ und mit jederman treu und aufrichtig
hand-

handlen sollen. Auch wird ihnen gezeiget/ wie
sie ihren nächsten lieben sollen als sich selbst/ wie
sie tugendsam und ehrlich leben/niemand unrecht
oder etwas zufügen sollen/das sie selbst nicht wol-
len/ daß es ihnen von andern wiederfahre; auch
wird ihnen gezeiget/ wie sie einem jedweden das
seine zu lassen und zu geben schuldig seyn. Alle
diese lectiones sind in V bücherchen verfasset/wel-
che sie in ihrer jugend auswendig lernen müssen:*
ja ausser dem daß sie wohl lesen lernen/ werden
sie in der rechen-kunst und oratorie exerciret.
Wann sie nun in allen diesen wissenschafften zu
einiger geschickligkeit gekommen/ werden sie exa-
minirt/ und von demjenigen/ was sie wissen und
können/scharff befraget/ Und wann sie tüchtig
gnug sind/ werden sie staffel-weise zu Lehrern/
Meistern/ und darauff zu Doctoren höherer wiß-
senschafften befördert/ auch wol zu Mandarynen
und Reichs-ständen erhaben/ nachdem ihre ge-
schicklichkeit/ würdigkeit und gelehrsamkeit es zu
verdienen geurtheilet wird. Und also wird ihnen entweder die regierung über land und leute/
oder gerichts-sachen/oder auch die bekleidung anderer stadt- und bürgerlichen ämter und stände
anvertrauet.

Der gelehrte und hochgeehrte Confucius ist einige 100 jahr vor ** Christi geburt auf die welt
gekommen/ und in der landschafft Xantung/ wie
wir

wir im III cap. angewieſen haben/ gebohren/ wie
auch im 73 (andere ſagen im 63) jahr ſeines alters verſtorben. Er wurde von jederman vor einen verſtändigen/ gelehrten und treflichen mann
gehalten/ und deßhalb ſehr hoch geachtet. In
allen ſtädten und dörffern ſind zu ſeiner gedächtnüß ehren-tempel aufgerichtet; doch iſt ſein bildnüß nicht hineingeſetzet. Seine tugenden und
erbauliche lehren werden wol hoch gerühmt/ und
ſeine geſetze faſt vor GOttes ſtimme gehalten/
dabey aber dannoch auch vor ſolche/die von einem
menſchen/ geſetzgeber und Meiſter herkommen/
äſtimiret. Die Chineſer haben ihm zu ehren
nach ſeinem tode ein grabmal/ nicht von ſtein/ſon-
dern in ihrem hertzen aufgerichtet/ indem ſie jährlich zeichen der danckbarkeit und erkäntlichkeit gegen ihm ſehen laſſen und zeigen.

In China leben noch einige ſeiner nachkomen/
denen eine ſtadt mit allen einkünfften/ gerechtig-
keiten und herrſchafften/ ewig und erblich/ mit u.
unter einem hohen ehren-titel geſchenckt iſt/ in
welchem ihren recht/ zu rühmlicher gedächtnüß
aller Kayſer/ ſie biß auf den heutigen tag unzer-
brüchlich/ von allem zoll und ſchatzung frey/ ge-
ſchützet werden. Er hatte 70 (andere ſchreiben
500) diſcipel/ welche ſeiner lehre diß zeugnüß bey-
legen/ daß ſeinen eyfer/ und die reinigkeit ſeiner
ſitten-lehren nichts im geringſten übertreffe/ welches

ches zeugnüß von ihm sie überall verkündigten:
ja wann man seine reden recht betrachtet/ so scheinet er vielmals ehe ein Lehrer des neuen gesetzes/
als ein mann/ welcher in der verderbnüß der natur erzogen ist/ zu seyn.

Die Chineser haben über 2000/ und ungefehr
wohl 5 oder 600 jahr vor Christi geburt/ den
HErrn des himmels und der erden/ ohne daß sie
mit einiger abgötterey befleckt gewesen/ erkannt;
und das erhellet aus ihren geschichten/ und aus
den büchern des hochgedachten Confucii/ darinn
man diese worte findet: Kiao ye chi li soy su
yang tie; das ist: man soll dem HErrn des
himmels und der erden opffern. Welches
fast eben das ist/ was in der heil. schrifft befohlen
wird/ da die Juden dem HErrn ein kalb oder
lamm opffern musten. Doch erkannten sie den
HErrn so deutlich nicht wie die Juden/ sondern
gleichsam nur unter einer decke. Indessen nahm
mit der zeit die erste erkäntnüß GOttes mehr und
mehr ab als zu/ und das vornehmlich dazumahl/
da ein gewisser Philosophus/ Lilaokim genannt/
nach den zeiten Confucii aufkam; welcher wohl
einige gute bücher schrieb/ dabey aber lehrte/ daß
der höchste GOtt leiblich gestalt wäre/ und die
andern Gottheiten/ wie ein König seine unterthanen/ regiere; wie auch daß ein mensch unsterblich
werden könne. Und hiermit schlich die abgötte-
rey

rey ein/ und verdarb so wol die gemüther als gute
sitten; daß man legte sich auf zauberey und andere
teuffels-künste/ in hoffnung/ dem tode zu entge-
hen.   Dem Lilaokim wurden zu ehren tempel
erbauet/ welche zu seiner gedächtnüß (da er nach
Göttlicher weise scil. verstarb/) geheiliget wurden.   Man suchte und trachtete durch bündnüs-
se mit dem Satan und andern teuffeleyen immer
noch nach der unsterbligkeit/ welche doch ihr Meister selbst nicht hatte weder erfinden noch erlangen können.   Die länge der zeit vergrösserte die
falsche lehre und vermehrte deren lehrer/die durch
ihre verführungen/ zaubereyen/ gauckeleyen und
andere betriegereyen biß auf diese zeit wunderbarer weise die hertzen des gemeinen volcks eingenommen haben/ welche von ihnen in ihren fal-
schen meynungen und glauben so gestärckt und
verführet werden/ daß sie auff der erden dasjenige suchen/ was doch darauff nicht zu finden ist.

Die Chineser erzehlen auch/ daß lange nach
dieser zeit ein Kayser ** Fanvang genannt/ge-
träumet/ oder eine offenbarung gehabt haben sol-
le/ daß in dem abendländischen theil der welt ein
Heiliger sey/ dessen glauben (leichtlich wurde
dadurch Christus und seine lehre verstanden/)
man annehmen müsse.

Er schickte deßhalben einen Gesandten ab/auf
daß solche heilige lehre möchte in China gebracht
wer-

werden; der Abgeſandte aber irrete von dem
rechten wege ab/ und kam mittagwerts in ein
land/ da er die Braminen/ welches abgöttiſche
Pfaffen ſind/ die das bildnüß eines ihrer Könige
anbeten/ antraff. Als er nun die urſachen ſeiner geſandſchafft angezeiget hatte/ fand er bey
denen teuffels-prieſtern ſo viel gunſt/ daß ſie ihm
ein bildnüß ihres götzens und zugleich ihre ver-
dammliche lehre mitgaben/ welche er auch in China brachte/ und deren biß auf den heutigen tag
noch die meiſten Chineſer anhangen/ indem ſie
ihren abgöttiſchen glauben behalten/ und ſelbigem götzen überall viele tempel erbauet haben:
ſo/ daß die anzahl der gottloſen pfaffen und gö-
tzen-Diener unendlich groß iſt. Sie werden
Bonſis genannt/ und ſollen ſich vom fleiſch und
weibern enthalten; die erfahrung aber lehret ein
anders/ nemlich daß ſie heimlich in fleiſchlichen
lüſten leben; dahero ſie auch von denen Chineſern nicht viel geachtet werden/ ob ſie ſchon von
benannter zeit an den götzen und andere bilder
angebetet haben. Ehemahls hatten ſie auch
wohl einige alte bildnüſſe durchläuchtiger männer geehret/ wie ſolches cap. IV in abhandlung
der landſchafft Xanſi von einem tapffern und
großmüthigen helden/ der aus ſelbiger landſchaft
entſproſſen war/ angewieſen worden iſt. Solche bilder aber beten ſie an und verehren ſie nur

A a als

als halbe Götter/ durch welche in ihnen die tapf=
ferkeit und heldenmüthigkeit angezündet/ und zu
derselben sie durch jener gute exempel angetrie=
ben werden.   Selbst die Tartarn/welche anitzo
China beherrschen/ beten selbige bildnüsse gehör=
ter massen an/ doch so/ daß sie solches nicht vor ein
werck der religion/   des glaubens und der lehre
halten/ sondern der götzen=dienst und die religion
der Bonsis ist durch gantz Ost=Indien/im König=
reich Pegu/ Laos/ Siam/ Cochin China/Japan/
und in der gantzen Tartarey überall ausgebreitet.
Selbst unter denen gelehrtesten Chinesern sind
viele Atheisten/   welche keinen GOtt und keinen
teuffel glauben/   verwerffen auch die meynung/
daß nach diesem noch ein ander leben zu hoffen
sey; und sagen noch dazu spotts=weise: Wer
hat jemahls den himmel oder die hölle gese=
hen/ oder ist von dannen wieder gekom=
men? es wären also nichts als blosse phantasi=
en/ und eitele/ ja sinnlose einbildungen der men=
schen/ daß sie einen himmel und eine hölle glauben
wolten.   Doch die/ welche die bilder verehren/
glauben/ daß ein himmel und eine hölle sey; wie
auch daß die frommen und selig verstorbenen in
dem himmel als starcke geister und seelen woh=
nen; von dannen sie/als über den mond erhabe=
ne Fürsten/ die menschen lieben und ihnen guts
thun; ja daß sie an glück und heyl/ und allerley
reich=

reichthümern theil haben; und ſich mit wein und
allerley leckerbißlein dort oben in guter ruh belu-
ſtigen und erfreuen.　Die ſeelen der gottloſen
und böſen hergegen/ würden dermahleins entweder in die hölle kommen/ oder in andere thiere/
nachdem ſie es verdienet hätten/ verwandelt und
verändert werden.　Und auf ſolche weiſe ſiehet
man zu dieſer zeit in China den Heydniſchen/ Mahometaniſchen und Chriſtlichen glauben.

In der erſten/ nemlich der Heydniſchen lehr
und glauben/ muß nicht vorbey gegangen werden
dieſe anmerckung **** daß die ſtaats-maximen/
oder wie man dieſes ſonſt nennet/ eine gute poli-
cey vor ihren GOtt und erſte Gottheit gehalten
wird/ weiln dieſe vornehmlich in China herrſchet/
und der alles aufgeopffert wird.　Was nun hiemit und mit dem zweck des ſtaats nicht überein-
kommt/ wird nicht gelitten/ ſondern als eine ſün-
de verurtheilet.　Sie ſind groſſe feinde aller
neuerungen/ und lieben alles was alt iſt/ nur darum weiln es alt iſt; was aber neues herkomens/
verwerffen ſie; zum wenigſten nehmen ſie es
nicht leichtlich an.　Und ſo ſind ſie nicht nur geartet in weltlichen Dingen/ darinn ſie nichts im
geringſten/ ohne geheiß und gutbefinden/ oder ohne ausdrücklichen befehl des Kayſers/ was einige
gebräuche oder gewohnheiten anlangt/ verändern
wollen; ſondern auch vornehmlich in geiſtlichen

ſa-

ſachen/ ob ſie ſchon ſehen und bekennen müſten/
daß darinnen etwas gutes zu finden ſey. Und
deßhalben verwerffen ſie auch den Chriſtlichen
Gottes-dienſt; weiln derſelbe in anſehen des al-
terthums ihres Kayſerlichen Reichs zu jung/ und
zu ſpät in die welt gekommen/ eben als wann die
jahre über die warheit zu erheben wären/ und als
ob die ſecula/ darinnen man blind geweſen/ verhindern müſten/ daß man/ wann man hülffe finden kan/ dannoch blind bleiben/ und nicht recht
ſehen dürffe.

In China und unter dem Chineſiſchen Gottes-dienſt finden ſich noch viele andere ſecten.
Dann einige unter ihnen glauben/ daß ein aller-
höchſtes geiſtliches weſen/ welches allmächtig und
ewig ſey/ ja alles regiere/ gefunden werde: daß-
ſelbe erkennen ſie vor den HErrn himmels und
der erden/ den ſie/ ehe der götzen-dienſt in China
überhand nahm/ als den HErrn des himmels unter dem nähmen Chamti/ geehret haben. Nachdem aber der heilloſe ſaamen der abgötterey überall ausgeſtreuet iſt/ ſind nur noch einige wenige/
und zwar unter den groſſen des landes/ dieſer
meynung. Von dem Kayſer ſelbſt wird geſagt/
daß er noch benannter alter lehre anhange. Und
das iſt nicht ſo gar unwahrſcheinlich/ indem er
dem Chriſtlichen Gottes-dienſt und derſelben lehre nicht hart zuwider iſt/ ja gar leicht dieſelbe nicht

nur

nur nicht verwerffen/ ſondern wohl ohne groſſes
bedencken annehmen würde/ wann ihn nicht eini=
ge ſtaats-urſachen/ und die furcht vor rebellionen
und aufrühren in ſeinem Reich zurück hielten.

Noch andere finden ſich/ welche die natur ſelbſt
vor eine Gottheit halten/ glaubende/ daß es die
natur und deren krafft und natürliche würckung
ſey/ welche/ als der erſte urſprung aller bewegung
und ruhe/ auch alles herfür bringe/ erhalte und
bewahre. Sie ſehen deßhalb die natur gleich=
ſam an als einen brunnen aller dinge/ und eines
jedweden weſens ins beſondere; ſchreiben ihr
auch ein vermögen zu/ die ordnung/ verwechſe=
lungen und veränderungen aller dinge zu verur=
ſachen. Uber dieſes betrachten ſie die natur als
die ſeele aller dinge/ welche in allen materien aus=
gedehnet iſt/ und alles würcket/ ſo daß ſie der na=
tur alles dasjenige zuſchreiben/ welches die alten
vom himmel erwarteten/ oder das wir von GOtt
herzurühren bekennen/ deßhalb ſie auch die natur
nennen den erſten anfang aller dinge/ der von kei=
nem andern dependire; und alſo unterſcheiden
ſie die natur von aller materialiſchen unvollkom=
menheit und von allem dem/ was leiblich und ſen=
ſibel iſt. Von der welt glauben die/ welche die=
ſer ſecte anhangen/ daß ſie einen anfang gehabt
habe/ und ein ende nehmen werde/ dabey aber/
daß ſie hernachmals wiederum wie vorhin einen

Aa 3 an=

anfang und ein ende nehmen werde/ und also
werde sie jederzeit sich verändern/ bald erneuret
werden/ bald wiederum vergehen.   Nach dieser
ihrer meynung sind auch schon viele welte/ (wann
ich so reden darff/) gewesen/ und werde auch ins
künfftige eine unendliche zahl derselben seyn/ indem eine der andern immer platz machen müsse.
Ob nun schon diese meynungen und gefaste einbildungen von der natur nichts anders als ge-
müths-phantasien ohne grund seyen/ so werden
doch dieselben von vielen/ und wohl von denen
meisten Chinesischen gelehrten hochgeachtet/ indem sie darinnen so etwas finden/ welches ihnen
zeitvertreiblich und auch erbaulich seyn/und ihren
verstand zu schärffen dienen kan.

Von denen Braminen ist schon in diesem capitel gesprochen worden; und ob sie wohl mit denen Lamaas fast übereinkommen/ (dann sie seyn
Tartarische Pfaffen/ und nur allein durch ihre
äusserliche gelbe kleidung und einige besondere ceremonien von denen andern unterschieden/) indem sie nebst ihnen eben denselben götzen Fo verehren; und in ihrem götzen-dienst/ meynungen
und glauben fast gar nicht von denen vorbenannten abgöttischen Priestern verschieden sind/so dienet doch zu wissen/ daß sie in China eigentlich der
Tartarn Priester sind.   Und unter diesem volck
spielen sie selbst Lama oder Gott/ dann man sie-
                                                het

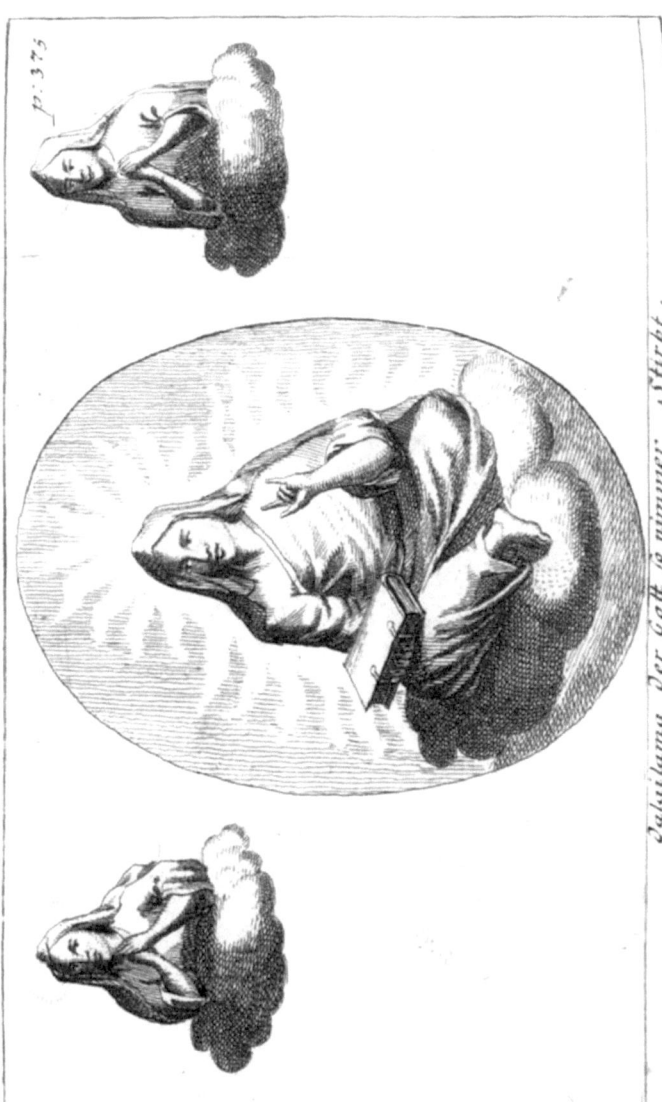

Saluilamu Der Gott jo nimmer Stirbt.

het auf einem thron den ſo genannten gößen Fo/
unter der geſtalt eines lebendigen und vernünfftigen menſchens/ welcher nimmermehr ſtirbet/
oder deſſen ſtelle zum wenigſten allezeit mit einem
lebendigen erſetzet wird; dann weiln es ein ſterb-
licher menſch iſt/ ſetzen ſie jederzeit/ wann derſelbe
ſtirbt/ in dem tempel einen andern an ſeine ſtelle/
damit ſie das volck in dem beſtändigen wahn er-
halten/ diß ſeye der immerlebende Gott/ auff
daß alſo der glaube/ die unſterblichkeit zu erlan-
gen/ nicht vergehen möge. Indeſſen wird der
menſchliche götze mit gottes-dienſtlichen ehren-
bezeugungen/ ſo groß/und dabey gottloß ſind/von
einer zahlreichen menge Lamaas bedienet. Die
liebe zu dieſem glauben (ob wohl nicht zu denen
Prieſtern deſſelben/) iſt ſo groß/daß dieſelbe dem
gantzen volck durch die gantze Tartarey und China genau eingepräget iſt/ ſo daß der Kayſer/ aus
furcht einer rebellion in ſeinem Reich/ wie man
wohl vermuthen kan/ſich enthalten muß/ſeine ge-
neigtheit gegen die Chriſtliche religion ſehen zu
laſſen/ oder gar dieſelbe anzunehmen. (Wie
der Lama vorgeſtellet werde/ zeiget unſer kupfferſtück.)

Wolten wir nun hierauff auch etwas melden
von denen Chriſten/ wie und wann ſich dieſelben
zuerſt haben anfangen in China zu ſetzen/ den
glauben fortzupflantzen/was vor früchte deſſelben

Aa 4 ſie

sie gesehen/ was vor verfolgungen sie ausgestan-
den/ und in was vor einem zustand sie numehro
sich befinden/ so würde solches ein überflüßiges
werck seyn/ indem von diesem allen im XIX cap.
schon mit mehrern gehandelt worden. Ist also
nur noch übrig/ daß wir von denen Mahometa-
nern/ deren menge und glaube/ im vorübergang/
dieses allein melden: nemlich/ ihre anzahl ist in
China zwar nicht gar groß/ dannoch aber sind sie
wohl so starck und noch stärcker als die Christen/
indem sie viel länger/ und wohl 600 jahr vor denen Christen in etlichen landschafften dieses
Reichs gewohnet haben/ darinnen ihnen eine re-
ligions-freyheit vergönnet war/ welche ihre freyheit sie auch niemals mißbraucht haben/ noch itzt
mißbrauchen/ daß sie nemlich ihren gottes-dienst
und lehre andern starck anpreisen/ oder auffdrin-
gen/ noch viel weniger sie zu verführen oder an
sich zu locken trachten solten. Dagegen halten
sie sich still und nahe bey einander; und sind
gleichsam durch heyrathen anverwandt-und ge-
sellschafften nur allein unter sich genau mit einander verbunden/ und haben also wie die Juden in
andern ländern ein genaues bündnüß mit einander. Dem ohngeacht/ ist ihr glaube seit der zeit
ihres anfangs sehr angewachsen und vermehret
worden/ hat auch ins besonder seit der zeit/ da die
freye handlung mit denē Moscowitern/ Tartarn/

Moga-

Mŏgalen und andern vŏlckern/ wie oben gedacht/
erlaubet worden/ ſehr tieffe wurtzeln in China gefaſſet: ſo daß der verderbliche ſaamen dieſer lehre (indem der bŏſe ſaamen und das unkraut ſich
immer eher als andere gute gewächſe ausbreitet
und zunimmet/) bey ſolcher gelegenheit ſich ſo ſehr
ausgebreitet hat/ daß man anitzo vielmehr Mahometaner als Chriſten in China finden wird.

---

* Der Kayſer ſelbſt kan dieſe bücher auswendig/ welche
bey denen Chineſern ſo hoch geachtet werden/ als bey denen Chriſten die bibel und heilige ſchrifft. Doch es ver-
dient angemercket zu werden/ was die P.P. Jeſuiten von
dem gegenwärtigen Kayſer in anſehung ſeiner ſŏhne erzehlen. Wann ſie ſagen/ daß er 14 ſŏhne und einige tŏch-
ter habe/ deren wir 10 ſehr wohl gewachſene Printzen/ indem die andern noch ſehr jung waren/ gekennt haben/ über
welche er die tüchtigſten Doctores zu Lehrmeiſtern geſetzet
hatte. Dem ohngeacht habe der Kayſer ſelbſt auf die
conduite dieſer kleinen Printzen gute achtung/ ſo gar/ daß
er ihre compoſitiones oder was ſie auffgeſetzet haben/ nach-
ſtehet/ und ſie die benannten bücher in ſeiner gegenwart
expliciren läſſet. Vor allen dingen bemühe er ſich/ ſie zu
aller tugend und allen denen guten übungen/ welche ihrem
hohen herkommen anſtändig ſeyn/ anzumahnen. Uber
dieſes ſagen ſie/ daß er den dritten ſeiner ſŏhne/ da derſelbe kaum 17 jahr alt war/ ſelbſt angefangen habe in denen
fundamenten der Geometrie zu unterweiſen/ indem er
ſahe/ daß dieſer Printz zu ſolcher wiſſenſchafft groſſe luſt
hatte. Noch wird von dieſem Kayſer bezeuget/ daß er
ſich in allen freyen künſten und wiſſenſchafften ſelbſt ſo
geübet habe/ daß in ſelbiger ſprache wenig gute bücher zu
finden/ welche er nicht ſelbſt durchleſen. Ins beſonder
aber trägt er groſſe ſorge vor die erziehung des Hoang-

titſe

taitſe oder Erb-Printzens/ welcher der zweyte ſeiner ſöhne
iſt/ und der anno 1698. 23 jahr alt war.

' ** Indem die hier benannten jahre bey andern anders
als bey unſerm ſchreiber angemercket werden/ haben wir
nicht ausgedruckt/ wie viel jahr vor Chriſti geburt er zur
welt gekommen ſey; doch ſie ſind insgeſamt hierinn nicht
einig/ dann der eine ſagt von 451/ der ander von 483/ der
dritte von 500 jahren vor Chriſti geburt; deßhalb ich ſolches lieber nur anzeige/ als vor feſt ſetze.

*** Le Comte nennet dieſen Kayſer Minti/ und erzehlet von ihm nachfolgende geſchicht: nemlich/es habe Confucius offtermahl geſaget · der wahre heilige ſey in dem
abendländiſchen theil der welt zu finden. Welche ſeine
worte eine beſtändige meynung bey denen gelehrten ge-
blieben/ dadurch der Kayſer Minti in ſeinem gemüthe be-
weget worden; und nachdem er über dieſes durch die geſtalt eines mannes/ welcher aus Weſten gekommen/ und
ſich ihm präſentiret hatte / einsmals aus dem ſchlaffe ge-
ſtöret worden/ habe er nach Weſten Geſandten abgeſchi-
cket/ mit befehl/ ihre reiſe ſchleunig fortzuſetzen/ biß ſie den
Heiligen/ welchen ihm der himmel ohngefehr 50 oder 60
jahr nach unſers HErrn Chriſti geburt/ geoffenbaret hat-
te/ würden gefunden haben. Darauff ſeyen die Geſandten durch gefährlichkeit der ſee genöthiget worden/ auff
einer gewiſſen inſel ſtill zu liegen; daſelbſt ſie den götzen
Fo oder Foe gefunden/ durch deſſen teufliſche lehre Indien ſchon ehemals vor einigen ſeculis war verdorben
worden/ von deſſen lehr und glauben ſie ſich auch anitzo
unterrichten und vollkommlich unterweiſen lieſſen; und
davon hernachmals ihrem Kayſer und dem gantzen volck
bericht abſtatteten; dadurch dann von ſelbiger zeit an/
dieſe gottloſe lehre durch das gantze Kayſerliche Reich
ausgebreitet worden ſeyn ſoll.

**** Die grund-regel der Chineſiſchen ſtaats-maximen
iſt/ wie Gobien ſagt/ daß der Landes-Herr ſeine unterthanen zufoderſt mit friede/ruhe/überfluß und andern lebens
vergnüglichkeiten verſorge; ingleichen/ daß ſeine unter-
tha-

thanen ihre pflichten/ die sie ihm dagegen schuldig seyn/ er=
kennen/ und er sie davon selbsten auf itzt beschriebene wei=
se unterrichte. Dann es würde umsonst seyn/wann man
das volck in genaue inachtnehmung ihrer pflichten ein=
schliessen wolte/ wann man nicht nachdrücklich vorhero
das erstere ins werck gesetzet hätte: weiln die gesetze ein
allzuschwaches bollwerck wider die freyheit der waffen
seyn würden; ja gute unterrichtungen würden wenig ein=
druck in dem gemüthe eines solchen volcks haben/ welches
sich einbildet/ daß elend und mangel ihme macht gebe/ al=
les zu thun und zu unternehmen/ was ihm nur gefället.
An einem andern orte redet er also: die wahre grund=re=
geln der vollkommenheit der gemeine und der staats=re=
gierung bestehet ins besonder hierinn/ daß in ansehung
der familien ein jeder schuldig sey seinen eltern zu gehor=
samen/ und die alten zu ehren; in ansehung der regierung
aber sey ein jeder seinem Landes=Herrn/ wann derselbe
seine unterthanen liebe/ verpflichtet/ treu zu seyn. Fried=
fertigkeit/ liebe des nächsten/ tugend und gerechtigkeit/
seyn das wesentliche theil ihrer policey/ dazu dann auch
gehöret die höflichkeit/ und die inachtnehmung der pflich=
ten wohl zu leben; wozu noch die gesetze einer guten
regierung mittel und wege an die hand ge=
ben und ein grosses beytragen.

Das

Das XXII. Capitel.

Von denen sitten/ guten manieren und höflichkeiten der Chineser.

ES werden die Chineser/ wie man aus dem vorigen capitel sehen kan/ sehr wohl erzogen; dannenhero man auch siehet/ wie sie in worten und wercken sehr höflich seyn. Wann sie einen freund als einen gast tractiren/ lassen sie demselben/ ob er schon geringer als sie/ ist/ dennoch die ober-stelle/ und geben ihm den besten platz; dabey zu mercken/ daß in denen mittags-ländern die rechte/ in denen mitternachts-ländern aber die lincke hand die ober-stelle sey. Im sitzen haben sie auch einen gantz andern gebrauch als die Tartarn; dann diese setzen sich platt auf die erde nieder/ die Chineser aber bedienen sich gewisser sitze und stüle. Wann einer den andern besuchet/ kömt der wirth des hauses/ wann er seinen freund von ferne siehet/ reinlich gekleidet aus seinem hause heraus getreten/ und gehet demselben auf den halben weg seines vorhofes entgegen/ doch so/ daß er sein haupt bedeckt behält: (indem in China/ wann einer den andern grüsset/ keine haupt-decke abnimmt/) Wann sie nun nahe zusammen kommen/ begegnen sie einander ehrerbietig/ und grüssen einander nachfolgender weise: der/ welcher von aussen ankommt/ stellt sich dem/ welchen er besucht/

sucht/

ſucht/ (doch daß man hiebey den vorhin angezeig-
ten unterſchied in denen mitternacht-uñ mittags-
ländern wohl bemercke/) zur rechten hand/ darauf dann ſie beyderſeits/ſo daß der wirth des hau-
ſes zur lincken ſtehet/ ihren leib und das haupt 3
oder 4 mal ehrerbietig bücken/ und zugleich ihre
hände/die ſie ſonſt im gehen allzeit in ihren weiten
ermeln feſt in einander geſchloſſen halten/ mit einer beſtändigen ſittſamkeit/oder ſachte und ſachte
in die höhe heben/ und dieſelbe hernachmals mit
gleicher ernſthafftigkeit wieder niederſincken laſ-
ſen/ und dabey einander mit einem ſehr höflichen/
freundlichen und liebreichen gruß anſprechen.
Wann nun dieſes geſchehen/ geſchiehet es auch
wol/ daß ſie nach dem bücken des leibes u. haupts
ihre ſtellen verändern/ſo daß der/welcher zur rechten hand geſtanden hatte/ zur lincken gehet/ ſeinem hauß-wirth eben dieſelbe ehre zu geben/die er
empfangen. Darauf treten ſie endlich in das
hauß/ da aber der/ welcher beſuchet wird/ allzeit
zur lincken hand gehet/ und ſeinem gaſt die rechte
hand läſſet. Wann man nun hineingetreten und
ſich niedergeſetzet hat/ wird einem jedweden ein
copgen thee/nebſt einem ſtückgen confect/vorgeſe-
tzet/da dann der/welcher die ober-ſtelle hat/das er-
ſte/ und dann nach ihm ein jeder das ſeinige bekommt. Im ſitzen werden auch viele ceremoni-
en/ wer nemlich am oberſten oder unterſten ende
ſitzen

sitzen soll/ in acht genommen/ und unter vornehmen leuten entstehen Daher gar offters angenehme streitigkeiten um den vorsitz / wer sich nemlich
zuerst niederlassen solle. Die ansehnlichsten und
vornehmsten werden ob enan gesetzet/ da dann/
wann eine gesellschafft solcher/ die aus einer stadt
seyn/beysammen ist/ die ältesten vor die vornehmsten gehalten werden ; seyn aber fremde/und sol-
che/die aus fernen landen kommen/dabey/so werden diese allen andern vorgezogen.

Wann sie von einander scheiden/ werden fast
eben dieselben ceremonien wieder in acht genom-
men/die sie bey ihrer zusammenkunfft gebrauchet;
der hauß-wirth gehet zuerst mit verschiedenen re-
verenzen und bewegungen der hände an die inner-
ste thüre/ darnach mitten in den vorhof/ und endlich vor die schwelle der thüre / dabey er zugleich
hinaus schreitet; die gäste grüssen und dancken
ihrem wirth mit gewöhnlicher ehrerbjetigkeit/und
begeben sich dann so/entweder zu pferd/oder in einer sänffte/ wie sie gekomen seyn/wieder hinweg ;
darauf wird ihnen ein knecht nachgeschickt / ihnen
nebst einem gruß im nahmen des hauß-herrns eine glückliche reise zu wünschen/auch senden die gäste ihre knechte an den hauß-herrn zurück/und lassen sich noch einmal bedancken. Die gewöhnliche visiten/ so hohe beamte oder einige vornehme
leute einander geben/ werden nicht mit der klei-
dung/

dung/darinnen ſie täglich gehen/ſondern in einem
beſondern/ köſtlichen/ dazu gehörigen Kleide/ oder
ſo genannten parade-rock/ verrichtet; in ſo fern
auch ſolches nicht geſchehe/ würde der/ welcher ei=
nen andern beſuchet/ wann er nicht vorhero ſich
recht angekleidet hätte/ von dem/ den er beſuchen
will/ nicht eingelaſſen werden; ingleichen wird
auch der/welcher einen andern beſuchen will/nicht
eher zu demjenigen eingehen/ den er zu beſuchen
willens iſt/ in ſo fern derſelbe ihn nicht in gleicher
koſtbarer Kleidung empfangen/ und ihm alſo glei=
che ehre erzeigen wolte.   Deßhalben ſorgen vor=
nehme leute/ daß ſie jederzeit ein dergleichen Kleid
bey der hand haben/   auch laſſen ſie ſich wohl gar
daſſelbe nachtragen/ ſich deſſelben bey ohngefehr
vorfallender gelegenheit zu bedienen: dann wann
einer dem andern begegnet/ wird ihm von demje=
nigen/ der ein parade-Kleid an hat/ und dem an=
dern darinne entgegen kommt/ nicht eher ein com=
pliment gemachet werden/ biß er auch ſein ehren=
Kleid angezogen.   Dieſer und dergleichen grim=
maſſen und beſchwerlichen ceremonien haben die
Chineſer ſehr viel/halten es ſich auch vor eine ehre
und berühmen ſich hievon ſehr/mit dem vorgeben/
daß es ein zeichen ihrer guten erziehung ſey/   und
daß ſie hierinn andere völcker und menſchen ſo
weit übertreffen/als ſonſt die menſchen denen be=
ſtien vorzuziehen ſeyen.   In ſo fern einige/ welche
ſich

sich in langer zeit nicht gesehen haben/ einander
begrüssen oder besuchen/ fallen sie wol gar auf ih=
re knie/ und rühren 3 mal mit ihren häuptern die
erde an.   Und dieses ist eine weise/ so selbst bey ge=
ringen leuten bräuchlich/ daß sie sich gehöriger
weise gegen einander bücken/ und so einer den an=
dern bewillkommet/ oder ihm wohl zu leben wün=
schet.   Dieses nehmen auch knechte in acht gegen
ihre Herren/ und andere geringe leute/ wann sie
mit Mandarynen oder hohen amtleuten sprechen.
Wann sie ihre abgötter verehren/ gebrauchen sie
eben diese ceremonie/ und berühren/ wie gesagt/ 3
mal mit ihren häuptern die erde.

Wir haben vergessen zu sagen/ daß/ wann einer
dem andern eine visite geben will/ allzeit ein knecht
vorab gesandt werde/ der einen streiff roth papier
in seiner hand hat/ darauf der nahme dessen/ der
besucht werden soll/ stehet; womit der diener an
deßelben hauß gehet/ und seine botschafft anzei=
get.   Wann er nun den hauß=herrn nicht zu hauß
oder etwa beschäfftiget antrifft/ läst er selbiges
papier zum beweiß/ daß er den ihm auferlegten be=
fehl ausgerichtet habe/ und bringet seinem herrn
die antwort zurück.   ¶ Derer ceremonien/ welche
auff gastereyen bräuchlich seyn/   seyn auch sehr
viel/ dann nach dem gewöhnlichen reverentz und
gruß/ wird ein jedweder nach seinem rang an eine
besondere tafel gesetzt/   dabey ihnen aber weder

ser=

serviett/ noch löffel/noch meſſer gegeben wird/ſon-
dern es werden einem jedweden 2 lange ſtöckgen
von elffenbein oder holtz/ ſo unten mit gold oder
ſilber beſchlagen/ überreichet/ vermittelſt derſelben die ſpeiſen/ welche in ſtücken geſchnitten auff-
getragen werden/zu genieſſen: und hiemit wiſſen
ſie ſich wohl zu behelffen/ und alles ſehr behende/
biß auf ein reiß-körngen aus denen ſchüſſeln zu holen. Sie bedienen ſich auch/wie ſchon vorhin erwehnet worden/ſchöner ſtüle oder bäncke. Seyn
alſo gantz anders geartet als die Tartarn/ bey
welchen keine höfligkeit noch geſchicklichkeit zu fin-
den/ſondern die ſich platt auf die erde nieder ſetzẽ/
und weiter keine umſtände noch ceremonien/ auſſer denen/ die ſie itzt von denen Chineſern ſehen/
und ſo zu reden/vom A.B.C. biß zu dem büch der
guten ſitten zu lernen anfangen/gebrauchen. Die
Chineſer haben auch ſchöne betten und fäul-bett-
gen; die Tartarn dagegen haben gar keine/ und
bedienen ſich nur einer geringen decke/die ſie platt
auf der erden ausbreiten. Die erſte ſchüſſel iſt
insgemein mit naſchwerck angefüllt/ dabey eine
ſchaale oder glaß voll wein überreichet wird/ welchen ſie aber nicht eher koſten/biß der ſpeiſemeiſter
ihnen darin vorgehet; darauf dann jederzeit mit
auftragen anderer ſchüſſeln und weins biß auf die
letzt fortgefahren wird/ welche nicht abgenomen/
ſondern pyramiden-weiſe zum zierrath biß auf 20

24 und noch mehr/ auf einander geſetzet werden.
Im trincken gehet es auf gleiche weiſe her/und ein
jeder trinckt aus ſeinem kruge / doch nur alsdann/
wann der ſpeiſe-meiſter es vorhero gekoſtet hat;
und obſchon inzwiſchen immer viel eingeſchenckt
und getruncken wird/hat es doch nicht leicht noth/
daß man geſchwind truncken werde / dann auſſer
daß ſehr wenig eingeſchenckt wird/ iſt der wein
nicht allzuſtarck. Währender mahlzeit ſiehet jederman ernſthafftig aus/ indem die Chineſer von
allzuvielem lachen nicht viel halten; nach und
auch wol unter der mahlzeit werden von poſſen-
reiſſern einige luſtbarkeiten angerichtet/und freu-
den-ſpiele/ wie auch andere artige ergötzlichkeiten
vorgeſtellet: ſie ſpielen auch wol währender zeit
mit einander/da dann der/ welcher verlieret/ trincken muß/und von denen andern auf eine ſittſame
weiſe ausgelachet/u. ſo mit annehmlichkeit gleichſam ſeines verluſts halben beſchimpffet wird.

In China werden die hochzeiten prächtig ge-
halten/und mit vielen luſtbarkeiten und ſpielen einige tage nach einander vollzogen. Wann eine
heyrath geſtifftet werden ſoll/ ſo iſt zu wiſſen/ daß
diejenigen/ welche ſelbiges im ſinn haben/ nicht zu
einander kommen/ einander ihre liebe und gegen-
liebe zu offenbaren. Dann es wird beyderſeitigen
perſonen keine freyheit gegeben/ zu einander zu
kommen/ ſondern die eltern der kinder ſchmieden
Die

die heyrathen nach ihrem belieben/ so daß sie ihre
kinder vielmals eine lange zeit vorhero mit andern
verloben und versprechen/ und auf nichts anders
ihr augmerck gerichtet haben/ als auf die jahre uñ
ihr alter/daß sie darinn nicht allzusehr von einander unterschieden seyn/ sondern ohngefehr darinn
mit einander überein kommen.   Ob auch schon
ihre söhne und töchter ihre jahre der kindheit über-
lebet hätten/ verfahren doch die eltern so mit ih-
nen/   ohne zustimmung oder einwilligung ihrer
kinder/ die sich mit einander verheyrathen sollen.
Dannoch ist ein grosser unterscheid zwischen hohen standes-personen/ u. denen so von geringern/
oder allergeringsten stande seyn/ zu machen. Unter denen vornehmen geschiehet keine heyrath ohne des Kaysers belieben/da dann ein jeder mit einer person gleiches herkommens gepaaret wird.
Unter denen die etwas geringers standes seyn/
wird auch noch wol darauff gesehen/daß ein jeder
seines gleichen nehme und heyrathe/was aber ihre
kebsweiber anlangt/   so nehmen und kauffen sie
dieselbe von geringern eltern nach ihrem gefallen/
ohne einige umschränckte anzahl.   Die rechte
hauß-frau wird allein als eine mutter des
haus-gesindes geehret/ und von denen andern/
als von ihren bedienten/gefürchtet; wann sie
auch stirbt/traurer. gantzer 3 jahr lang die kinder
der kebs-weiber über sie/ über ihre eigene mütter

aber

aber trauren ſie gar nicht. Unter noch geringern
leuten werdē die kinder auf gleiche weiſe von den
eltern verheyrathet/und die töchter gleichſam ver-
kauffet/ dann den braut-ſchaß oder das heyraths-
gut bekommt auf die treue/ auſſer einigen kleinig-
keiten/ nicht die braut / ſondern die eltern; ob es
wohl ſcheinet/daß ſie/wann ihre heimführung ins
bräutigams hauß gehalten wird/viel hausrath ꝛc.
mitbringe; indem ſolches alles vorhero vom bräutigam biß auf das braut-kleid erkauffet iſt. Uber
ſolches alles giebt der bräutigam der braut vater
und mutter/ nach unterſcheid des geſchlechts/eini-
ges geld vor ihre tochter/ dahero man ſagt/ daß er
ſie erkauffe. Nach dieſem gehet die hochzeit an/
welche einige tage lang mit groſſer frölißkeit und
nicht wenigen koſten zugebracht und geendiget
wird. Wann ein edelmann oder ſonſt vornehme perſon ſtirbt/darf die wittbe nicht wieder frey-
en; auf leute aber/ ſo von geringerm ſtand und
mitteln ſeyn/ wird hierin keine genaue achtung
gegeben. Doch haben auch die wittben wenig ehre davon/wann ſie wieder heyrathen/und bekommen eine geringe ausſtattung. So ſehr auch die
pflichten der guten ſitten bey denen Chineſern in
acht genommen werden/ und ob auch ſchon die ehrerbietigkeit gegē die eltern darunter die vornehmſte iſt : ſo wollen doch insgemein die kinder keinen
ſtief-vater leiden / noch ihm anders als gezwungen

gen gehorsamen: dahero die wittben ihre lebens-
zeit in dem betrübten wittben-stand zubringen.
Die jünglinge heyrathen insgemein im 20 oder
22 jahr; die jungfern aber im 18 oder 20sten.

Die Chinesischen weiber lassen sich von niemand sehen/ selbst nicht von des manns nechsten
freunden/wäre es auch schon der schwieger-vater/
vetter/ des manns bruder/ oder ein ander von
männlichem geschlecht/ ausgenomen des manns
jüngsten bruder/ so lange derselbe noch in seiner
minderjährigkeit ist; von ihrer seite aber ist ihr er-
laubet/ alle ihre nechste bluts-freunde/ ohne einen
davon auszuschliessen/zu sehen. Es werden auch
die Chinesischen weiber in gantz China nirgends
auf denen strassen gesehen/als allein in der haupt-
stadt Peking/allwo sie aber dannoch sich nicht anders als in bedeckten sänfften dahin/ wohin sie
wollen/tragen lassen/ wie dieses schon hiebevor
angewiesen ist.

Die ehrerbietigkeit/ welche die Chineser ihren
eltern erweisen/ ist sehr groß/ welche sie aber niemals mit mehrern und religieusern zeichen an den
tag legen/ als nach der eltern absterben. * Die
trauer-und andere begräbnüßpflichten seyn mancherley;sie bestehen im beweinen der todten/in be-
haltung derselben einige zeit über dem grabe; hernach in begrabung der todten/ und dann in mancherley verehrung ihres gedächtnüsses. Wann sie

Bb 3　　　　　trau-

trauren/ kleiden.sie sich nicht/ wie andere völcker
thun/ in schwartz/ sondern tragen.weisse kleider/ in
welchen sie ihre bluts=verwandten/wann es vater
oder mutter ** ist/ 3 gantzer jahr lang betrauren.
Deßgleichen thun auch die weiber/ wann ihnen
ihre männer verstorben. Ein mann trauret um
sein ehgemahl ein jahr lang: ein bruder oder bru=
ders sohn über seinen bruder oder vetter auch ein
jahr. Kinder dürffen nach ihres vaters oder
mutter tod in den ersten 100 tagen auf keinen
betten liegen/ sondern müssen auff der erde schlaf=
fen/ und täglich über sie morgens und abends
weinen; über dieses ist ihnen auch nicht erlaubt
innerhalb 3 jahren/ mit ihren weibern gemein=
schafft zu haben. Deßhalb auch eine gewisse straf=
fe drauf gesetzt ist/wañ in zeit dieser 3 jahr die frau
schwanger wird. Sie enthalten sich auch zur sel=
ben zeit aller gastereyen und hochzeiten/ wohnen
auch keinen frölichen festen bey/ gehen eine zeit=
lang nicht aus/ und legen gar ihre ämpter und be=
dienungen länger als ein jahr/ ja wohl 3 jahr nie=
der. Wann sie auch gleichsam gezwungen wer=
den/ irgends wohin zu kommen/ thun sie solches
nicht zu fuß/sondern in sänfften/welche mit trauer
kleidung überzogen sind/darinn sie sitzen/ und sich
gantz bedeckt an den ort bringen lassen/ wohin sie
ersucht worden.Die ausführungen der todten ge=
schehen mit grossem pomp/ fast nach art Päpsti=

scher

scher proceßionen. Vorher werden figuren und
bilder von männern/weibern/Löwen und andern
thieren/welche auf papier gemahlet sind/getragē;
darauf folgen etliche mit rauch-fässern; hierauf
kommt endlich der sarg/ welcher von ihrer vielen
getragen wird: hinter demselben her kommen die
söhne und andere bluts-verwandten/ nebst denen
so mehr dazu genöthiget seyn: die söhne sitzen in
weisser kleidung/ in der hand ein stöckgen habend/
nebst ihren weibern in bedeckten trag-sesseln/ welche mit trauer-vorhängen/damit sie von niemand
gesehen werden/überzogen sind. Wann sie an den
ort der begräbnüß (die grabstädten sind ausser
denen städten/ auch viele mit marmor auf die
weise eines pallasts von aussen verschlossen/ und
inwendig/ ehe man zu der todten-grufft kommt/
mit bäumen bepflantzt und umgeben) kommen/
wird die leiche/welche in einem sarg von kostbah-
rem holtze lieget/ nachdem vorhero die papier-fi-
guren und bilder verbrennet sind/ eingesenckt/
und darauf einige andere bildnüsse von stein/
nebst einer grabschrifft/ zum lob des verstorbe-
nen/darauf gesetzet. Zu gewissen zeiten des jahrs
besuchen sie diese gräber/ und begehen mit heulen
und klagen/ mit essen und trincken die gedächtnüß
des verstorbenen/und in der meynung/ daß sie ihn
dadurch gar sehr verehren. *** Bey denen Chinesern werden auch verschiedene feste gefeyret/kei-

nes

nes aber mit grösserm pomp/ als das neue jahr.
Dieser tag/oder diese tage/indem das neue jahr 3
tage währet / werden mit grosser pracht und fröligkeit von einem jedweden feyerlich begangen ;
dann sie kleiden sich zu der zeit herrlich und prächtig ; besuchen einander/geben ihren freunden und
auch andern geschencke : allerley spiele/gasterey-
en und lustbarkeiten haben kein ende/und ein jedweder ist gleich reich und frölich. Alles stehet
still/ die posten und bothen werden aufgehalten/
die rechts-sachen werden aufgeschoben / und die
vierschaaren oder ober-gerichte sitzen nicht/ ja/wie
man daselbst redet/so wird das siegel verschlossen/
welches dann auch in der that geschicht/ indem
dasselbe in einen kasten gelegt und eingeschlossen
wird; welches siegel solche krafft hat/und an welches ein Richter so gar verbunden ist/ daß er auch
sein amt/ obschon ihn der Fürst darzu tüchtig er-
kannt/ und mit behörigen schreiben versehen hat/
nicht verrichten kan / biß ihm das siegel wieder
eingehändiget ist.

Hierauf feyren sie auch das fest der laternen/
welches/indem das neue jahr mit dem neue mond
anfänget/in dem vollen mond gehalten wird/ und
nicht weniger als das vorige berühmt ist; man
siehet zur selben zeit nicht ein hauß in gantz China/
darin nicht liecht wäre. Die laternen/deren viele
aus dermassen köstlich und solcher grösse seyn/daß
uns

unter dem schein von dem brennenden liechte/von
lebendigen personen / eben als von marionetten/
comödien gespielet werden/ stehen in solcher men=
ge vor denen häusern/welche gleicher massen voller
lichter seyn/ daß die stadt/ ja alle städte in vollem
brand zu stehen scheinen. Raqveten werden nicht
gesparet/uñ das schieß-pulver gibt flam auf flam:
ja durch das krachen und donnern des kleinen und
grossen gewehrs/ nebst dem jauchze u. schreyen des
singenden/ lermenden und turnierenden volcks
scheint die gantze welt in freuden zu seyn.

Dem berühmten und offt benannten Confucio
zu ehren uñ zur gedächtnüß/werden auch im früh=
ling und im herbst fest-tage/ zum wenigsten einige
tage nach art eines festes/feyerlich begangen.Die
ceremonie an diesem fest bestehet in dem knien vor
einem bret/welches auf einer tafel stehet/und dar=
auf der nahme dieses Philosophi/ mit vielem zier=
lichen laubwerck umgeben/geschrieben stehet.In=
dem sie dafür knien/ berühren sie mit ihren häup=
tern 9 mal die erde/ und tragen wein/ speise und
früchte 2c. auf/eben als wie wir oben gedacht/daß
die vornehmen leute von hohen stand und vermö=
gen ihre verstorbene eltern zu verehren / und der
verstorbenen gedächtnüß mit einer trauer-mahl=
zeit feyerlich zu begehen pflegen. Ehemals wur=
de wol gar das bildnüß dieses Lehrers auf derglei=
chen weise verehret. Da aber die Kayser sahen/

Bb 5 daß

daß das volck zum götzen-dienſt verfiel/und dieſes
bild als einenGott anfiengen oder anfangen wol-
ten/anzubeten/ſetzten ſie in alle lehr-häuſer u.ſchu-
len/an ſtatt dieſes bildes/ein ſolches nahmen-bret.
Demſelben nun gedachte ehre zu erweiſen/hat eine groſſe zerrüttung zwiſchen denenJeſuiten/Do-
minicanern und andern verurſachet ; indem dieſe
es vor abgöttiſch/ jene aber im gegentheil vor einē
landes-gebrauch hielten/und dabey ſagten/ es ſey
etwas bürgerliches/welches man nicht nur denen
verſtorbenen/ ſondern auch denen noch lebenden
Mandarynen uñ vornehmſten des landes in viſi-
ten und complimenten zu erweiſen gewohnt ſey.

In China wird auch der geburts-tag eines
menſchen in groſſer würde gehalten/und in fröligkeit zugebracht : dann zu der zeit werden glück-
wünſche zu einem langen leben/lob-gedichte/und
was dergleichen mehr ſeyn mag/ſolchen tag deſto
frölicher zuzubringen/ gemacht und gethan ; an
dergleichen tage wird auch nichts geſparet/ ſondern alles herfürgeſucht/ was zu bezeugung einer
aufrichtigen danckbarkeit eines ſo glücklichen tages erfodert wird. Höfliche empfangungen/ge-
ſchencke und luſtige gaſtereyen ſeyn das gantze
werck/ welches ſich insgemein mit einem ſegens-
wunſch endiget.

* Zum

* Zum beweiß der ehre / welche denen todten geschiehet / können wir nicht unterlassen / eine probe vom gegenwärtigen Käyser / in absicht seiner verstorbenen großmut-
ter/ hier anzubringen. Bouvet erzehlet hiervon nachfolgendes : außer einiger traurigkeit/welche er einige tage im
gantzen reich zu haben anbefohlen hatte/ war seine ord re
daß 14. tage lang / da die leiche offenbahrlich im pallast
auff dem parade-bette lag / und von jedermann gesehen
werden konte / alle öffentliche geschäffte und staats sachen
nicht vorgenommen werden solten / er befahl auch allen
printzen vom geblüte/ grossen des reichs / und beamten /
so wohl denen niedrigsten als höchsten / tag und nacht im
pallast/ ohngeacht der strengen jahres zeit / indem es winter war / zuverbleiben / auff behörige manier das absterben dieser Princeßin zu beweinen ; er selbst verließ die leiche niemahls/und brachte gantze nächte/ ohne schlaff/ über
der leiche viele thränen vergiessende/ zu. Die außführung
der leiche wurde sehr herrlich verrichtet/ und belief sich auf
etliche millionen; er begleitete selbst die leiche biß zum grabe / so wohl 25 meilen von Peking abgelegen / gieng auch
nebst seinen kindern / welche in dem stande so weit zu gehen waren / mehr als eine stunde weit zu fuß hinter her.
Uberdieses war sein wille / daß ohne sich selbst außzu-
schliessen / alle grosse ministri des hofes / allerley arten
der lustbarkeiten / freudenspiele / frölichen gesänge / und
was dergleichen mehr seyn konte/ sich enthalten / und denselben nicht beywohnen solten. Währender auch dieser
dreyen jahren / gieng er offters zu dem Grabe / obschon
dasselbe soweit abgelegen war / daselbst die pflichten / so
er dieser leiche schuldig war / abzulegen / und dadurch seine zarte liebe gegen seine gewesene großmutter / und seiner gewissenhafftigkeit / aller welt zubezeigen.

** Hie-

** Hievon zeuget Nieuhoff nachfolgende urſachen an/ daß ſie nemlich hierdurch ihre erkänntligkeit vor diejeni- gen wohlthaten/ die ihre eltern/ in den erſten 3 jahren ihnen in ihrer erziehung/ da ſie ſie ſo viele jahre auff ihren armen getragen haben/ erwieſen haben/ beweiſen und darthun wolten. Hiezu thut er noch dieſes/ daß/ wann ſie über ihre eltern die trauer anlegen/ ſich die ſöhne in ein grobes und hartes hänffenes zeug kleiden/ welches ſie umb ihren leib mit einem ſtrick feſt angürten/gleich denen mönchen vom orden ſt. Franciſci. Bey abſterbung ande- rer freunde iſt die trauerzeit/ trauerkleider zu tragen/ viel kürtzer; dann zuweilen währt die trauer kaum ein jahr/ zuweilen noch weniger zeit/ nachdem ſie weit oder nahe der blutfreundſchafft nach/ einander verwand oder mit einander befreundet ſeyn.

*** Die Jeſuiten ſagen/ es ſeyn in China 3. verſchidene arten oder zeiten die todten zu verehren/ die erſte ſey vor der begräbnuß/ da dann der leichnamb zum ſchau/ nebſt einem bild oder bret/ darauff des verſtorbenen nahmen geſchrieben ſtehet/ geſetzet/ doch ſo/ daß benanntes bret/ auf eine taffel/ welche mit brennenden kertzen und rauch- werck beſetzet iſt/geſtellet wird. Vor denen ſelben begrüſ- ſen und verehren ſie den verſtorbenen mit knie beugen/und mit niederwerffung des haupts auf die erden/ nach oben angezeigter Landes art. Die zweite in achtnehmung ih- rer pflicht/ wird alle 6. monat begangen/ in einem zimmer des hauſes/ welches das gemach der voreltern genant wird/ daſelbſt wird im frühling und im herbſt ſo herrlich vor dem verſtorbenen/ oder zu ſeiner gedächtnuß/ aufge- tiſcht/ daß man einen groſſen herrn oder fürſten nicht beſ- ſer tractiren könte. Die dritte todten ceremonie geſchie- het nur einmahl im jahr/ an der ſtelle wo das begräbnuß iſt; dann weilen die gräber auſſer denen ſtädten ſeyn/ ge- hen ſie ohngefehr im May zu denenſelben/ reiſſen graß und allerley grünes aus der erde/ und geben/ wie bey dem ab-

ſterben

ſterben des verſtorbenen/ kennzeichen einer äſtim und trauerklage von ſich; darauff ſetzen ſie allerley ſpeiſe und wein auf daß Grab/ und erneuren auf ſolche weiſe und hierdurch die begräbnüß-mahlzeit.

Das XXIII. Capitel.

Von bäumen und andern früchten ꝛc.

Je früchte/ wie ſie in Indien wachſen/ werden in denen Norder-Provintzen China nicht/ wohl aber in denen Mit-täglichen landſchafften überflüßig gefunden. Die gemeinen baum-früchte ſeynd äpffel/ birnen/ pfirſchen/ und allerley ärten von pflaumen/ trau-ben/ † oliven/ * auch allerley arten von fei-gen/ nemlich Chineſiſche/ Indianiſche/ und Eu-ropäiſche.

Die Chineſiſchen feigen ſind ſo groß als äpf-fel! die äuſſerſte ſchaale daran iſt ſüß und an-nehmlich/ ſie ſeyn auch verſchiedener ärten/ als kleine/ groſſe/ rundte/ und länglichte. Wann ſie in der Sonne getrocknet ſeyn/ können ſie lan-ge verwahret und gut erhalten werden. Der ſtamm/ darauff ſie wachſen/ iſt rauh und hart: die Indianiſchen feigen/ welche in der Lateini-
ſchen

ſchen ſprache / wie unſer Schreiber meldet/
Plantanon genennet werden/ſind/ wann ſie vollkommen reiff/ gelb von farbe/ wann die ſchale
oder äuſſerſte haut davon abgezogen wird/ſind ſie
länglicht/ weich und ſüß von geſchmack/ auch von
verſchiedenen arten. Dasjenige / worauff ſie
wachſen/ iſt eigentlich kein baum/ ſondern nur
ein anderes glattes gewächs oder pflantze/ und
ſiehet dem palm-baum nicht ungleich/ hat auch
viele lange und gerad-auffſchieſſende ſchwache
zweige/ welche den ſtamm oder das gewächſe
gleichſam bekleiden/ wie die zwiebel-ſchalen
eine zwiebel-pflantze umbgeben ; die blätter
daran ſind aus dermaſſen lang und ſehr breit/
die pflantze an ſich ſelbſten bringt nicht mehr als
einmahl früchte/ welche nur an einem aſt hangen:
die blüte dieſer pflantze iſt eine groſſe leber-far-
bene blume/ dabey dieſes anmerckens würdig/
daß/ indem dieſe blüte herfür bricht/ es eben anzuſehen iſt/ als wann eine frau in der geburts-
noth ein kind kriegt/ wie ſie dann faſt mit eben
dergleichen gewalt aus der wurtzel herfür
ſpringt. Wann die frucht abgepflicket wird/
erſtirbet die pflantze ; doch ſproſſen aus der
wurtzel an ſtatt der vorigen andere und neue
pflantzen herfür. Dieſe art feigen findet man
allein im mittäglichen theil Chinä; in Indien
aber

aber wird dieselbe/ und in grosser menge/ gefunden.　In denen mittags-provinzen findet man
viele Oranien oder China † äpffel/ welche gnugsam bekannt seyn.

Licia ist auch eine sehr angenehme frucht/ welche allhier wächst; ist roth von farbe/ hat eine
scharffe stachlichte schale/ und das fleisch derselben ist weiß und glänzend/ sehr süß/ hat eine er-
wärmende krafft/ und ist so aus dermassen lieb-
lich/ daß sie alle andere früchte/ nicht allein an
geschmack/ sondern auch an farbe übertrifft. Der
baum/ darauff sie wächst/ ist auch sehr schön/ groß
und voll blätter und zweige/ so daß man die augen daran weiden kan:　die frucht/ welche trau-
ben-weise/ doch nicht so gar dicht an einander/
sondern an langen stichlen wächst/ ist so groß
als eine pflaume oder nuß/ und von mancherley art und gestalt.　Wann man von dieser
frucht zu viel isset/ verunreinigen sie den leib/
und entzünden das geblüt/ daraus dann blut-
schwäre entstehen;　deßhalben werden sie mehrentheils mit der schale getrocknet/ und an statt
mit zucker überzognes obsts/ bey einem copgen Thee gebraucht/ auch umb ihrer besondern süßigkeit halber/ die sie hat/ dem zucker selbst vorgezogen:　der kern selbst/ welcher mitten in dieser frucht ist/ zerschmilzet/
wann

wann man ihn in den mund nimmet/ eben wie zucker: deßhalb ſie auch als der könig aller früchte gerühmet wird.

Die frucht Lungan. oder Onjeu genannt/
iſt eine ſolche frucht/ welche faſt mit Licia überein kömmt/ ausgenommen/ daß ſie nicht ſo groß/
und an geſchmack weit von derſelben unterſchieden iſt; ſie iſt weiß von farbe/ wie auch inn-
wendig am fleiſch weiß und glänzend/ iſt ſehr
angenehm und erfriſchend auff der zunge; erhi-
tzet auch das geblüt nicht ſo/ wie die Licia/ thut
auch dannenhero/ ob man ſchon davon viel eſſen
ſolte/ der geſundheit keinen ſchaden; getrocknet iſt ſie auch ſehr ſchmackhafft/ doch mit der
friſchen frucht iſt die getrocknete nicht zu vergleichen. Der baum/ daran dieſe frucht wächſt/
iſt demjenigen/ auff welchem die Licia gefunden
wird/ gantz ähnlich. Aus dieſer frucht/ wann
ſie friſch iſt/ wird ein ſehr annehmlicher und
ſchmackhaffter wein gepreſſet.

Jacca iſt eine ſolche frucht/ welche zu einer ſolchen gröſſe wächſet/ daß manches ſtück
viertzig biß funfftzig pfund wieget; man
findet auch kleinere/ die entweder länglicht
oder rund ſeyn/ welche eine ſcharffe oder
ſtach-

ſtachlichte ſchale haben; das fleiſch inwendig iſt
nicht dicht/ ſondern gantz faſelicht/ an geſchmack
ſehr ſüß/ und an farbe goldgelb/ die euſſerſte ſchale
aber iſt gantz grün: Dieſe frucht/ nemlich von derſelben die gröſte / wåchſet unten an dem fuß des
ſtamms oder der wurtzel/ indem die zweige/ ob
ſchon dieſelbe feſt und ſtarck/ und die baume groß
und grob ſind/ dieſelbe doch nicht würden ertragen
können. Die ſchale dieſer frucht iſt ſo hart und
feſt/ daß ſie ohne ein beil nicht kan geöffnet wer-
den/ inwendig iſt dieſe ſchale voll kleiner håußgen/
darinnen ein gelber ſafft nebſt einer nuß verſchloſ-
ſen iſt/ welche wann ſie recht reiff iſt/ beſſer als eine
gebratene caſtanie ſchmecket: Die blätter dieſes
baums ſind rauch und breit; An denen zweigen
wåchſet auch eine frucht / welche von geſchmack
viel beſſer und auch geſunder iſt als die Jacca.
Wann die erſtere ſtachelichte ſchale zu aſche gebrand wird/ wird dieſelbe von denen Chineſern zu
einer lauge / garn oder wolle damit rein zu ma-
chen/ gebrauchet.

Ananas iſt eine wohlſchmeckende * frucht / und
wann ſie reiff iſt/ eines angenehmen und guten ge-
ruchs/ wie auch hochgelb/ oder rother farbe: Dieſes gewåchs ſchieſſet mit ſeinem laub einiger maſſen wie die aloe/ 4 oder 5 kleine elen in die höhe;
Die blätter deſſelben ſind 3 finger breit/ und gantz
haaricht oder wollicht/ von denen/ weilen ſie zåhe
und wie flachs ſeynd/ tücher / welche ſo ſchön als
ſeidene zeuge fallen / gemacht werden. Mitten

Cc unter

unter denen blättern sprosset die frucht herfür/ und
ist/ wann sie reiff wird/ fast so groß als ein kopff/
süß und doch scharff auff der zungen/ dennoch aber
lieblich zu essen; Von fern siehet sie einer artischo-
cken gleich / um den mittelsten stiel stehen andere
junge sprossen herum/ welche von dem/ der die reiffe frucht abbricht/ alsobald wieder in die erde gesteckt werden/ und innerhalb jahresfrist gleich der
vorigen reiffe früchte tragen.   Die schärffe oder
beissende krafft / welche diese frucht bey sich hat/
wircket selbst auff eisen und kupffer; Dannenhero
sie auch dem/ der diese frucht geniesset/ den halß
gantz heisch und scharricht macht.

Petchi wächset auch an oder in dem wasser; an
dessen wurtzel/ wann man die oberste schale weg-
genommen hat/ man etwas weisses findet/ welches fast wie eine haselnuß schmecket/ und eine besondere krafft hat / kupffer / wann man dasselbe
bey geniessung dieser frucht in den mund nimmet/
zu erweichen. †

Kokos ist die frucht eines auffgeschossenen bau-
mes/ und wird in der landschafft Junan auff dem
eyland Hainan und an mehr andern örtern in
China gefunden: In Indien aber wächst sie in
grosser menge.   Die Kokos-nüsse seyn wohl eines mannes kopffs groß/ die äusserste schale/ so
auswendig herum ist/ ist zäh und haaricht/ die
zweyte schale ist wie holtz/ beyde zusammen sind
wohl 3 oder 4 finger dick/ inwendig seynd sie voll
safft und feuchtigkeit/ welche wann die höltzerne
rinde

rinde durchstochen wird/ so häuffig herausfliesset/
daß man wohl eine gantze schale oder schüssel voll
saffts auffaffen kan. Das marck dieser frucht
ist weiß und fest/ welches wann es geschabet und
mit reinem wasser vermenget wird/ wie milch aus
einer frauen brust aussiehet; Doch ist es etwas
dicker/ eben als ob weisse stärcke drunter gerühret
wäre. Es giebt gute nahrung/ und hat eine stär-
ckende krafft vor die/ so ermüdet und abgemattet
seynd; Es erquicket die schiffleute/ welche durch
langwierige reisen scharbock und andere seuchen in
ihren gliedern empfinden/ deßhalb auch diese
frucht von solchen leuten sehr gesuchet wird/ deren
sie sich auch gar wohl zu bedienen wissen. Sie
kochen mit dem safft dieser frucht reiß/ wie mit
milch/ auch gebrauchen sie dieselbe mit fleischbrü-
he oder suppe/ so sehr schmackhafft seyn soll. Es
wird auch aus dieser frucht ein herrliches öl gezo-
gen/ welches dem mandel-öl nicht weichen noch an
krafft und würckung etwas nachgeben darff.
Dieses öl wird auch nicht allein zu artzneyen/ sondern auch über und zu denen speisen/ gleich dem
oliven-öl/ gebrauchet. Die schale um den kern ist
so hart/ daß dieselbe/ wann das marck herausge-
nommen ist/ zu allerley gefässen dienet/ oder anstatt
einer flaschen/ etwas darinn wohl zu verwahren/
gebraucht wird. Der stamm/ daran diese frucht
wächset/ stehet gerad auff/ wie der mastbaum eines schiffes/ und wohl 40 oder 50 kurtze elen/ oder
wie andere wollen/ so viel fuß hoch; Das holtz

daran

daran iſt hart / und mit ölichten adern durch-
wachſen / inwendig aber gantz mürbe / auch ſeynd
dieſe bäume nicht tieff bewurtzelt / daß man ſich
billich verwundern muß / daß ſolche hohe bäume /
welche mit ſchweren früchten und blättern beladen
ſeyn / dannoch durch den wind nicht umgeſchmiſſen
werden.   Die äſte nebſt denen blättern ſeynd ſehr
lang und ſchön; Die zweige ſeynd aus- und inwendig voll blätter / und beyderſeits ſehr luſtig anzuſehen.   An dieſem baum iſt auch nichts / deſſen
man ſich nicht mit nutzen bedienen könne; Dann
die haarichten fäſerchen / welche um die ſchale der
nüſſe ſitzen / werden nicht nur an ſtatt werg und
mooß / die ſchiffe zu beſtopffen / ſondern auch allerley zeuge daraus zu machen / gebrauchet; die
nußſchalen nutzet man zu krügen und flaſchen / die
blätter zu papier und kleidern : Vom holtz werden maſtbäume / bretter und ſteuerruder gemacht /
von dem baſt des baums macht man ſegel und
ſchiffſtricke / und die frucht an ſich ſelbſten dienet
nicht nur zu einer guten ſchiffs-ladung / ſondern
auch zur artzney.

Arceka, davon in dem XV capitel bey verhandlung der landſchafft Canton auch ſchon geſprochen
iſt / iſt eine Indianiſche baumfrucht / welche von
dannen in China überbracht worden : Der baum
dieſer frucht hat einige gleichförmigkeit mit dem
Kokos-baum / iſt aber nicht ſo dick / und hat auch
nicht ſo viel blätter als derſelbe.   Beyde ſo wohl
der baum als die frucht werden Arceka genannt:
Die

Die frucht iſt hart/ bitter und ſcharff ; und wird
mit Betel-blättern in ein wenig kalck geweichet/und
ſo gekäuet/ davon dann der mund/ die lippen und
der ſpeichel roth werden/ die Indianer gebrauchen
ſich deſſelben allezeit ; darinnen ihnen die meiſten
einwohner in Quantung, Junan, Quoangſi, und andere Chineſer mehr nachfolgen/ welches dann um
deſto mehr zu bewundern / indem die Chineſer ſo
wenig belieben/ ja einen ſo groſſen abſcheu ſonſten
haben / ausländiſche gebräuche anzunehmen ;
Doch die erfahrung/ daß dieſe weiſe/ obige frucht
zu kauen / gut vor das zahnfleiſch ſey / und den
mund rein / wie auch in heiſſen ländern beſtändig
feucht halte/ und über dieſes einen lieblichen athem
mache / hat verurſachet / daß ſie dieſen gebrauch
auch angenommen haben / wie ſie dann auch in
vielen ſtücken ſelbſt denen Europäern/ darinn ſie
ſehen/ daß dieſelbe ſo wohl als ſie ſelbſt / ja wohl
mehr verſtand haben/ nachfolgen.

Die frucht Jambua iſt eine art citronen oder ora-
nien-äpffel/ ſo groß als eines mannes kopff; die
ſchale rings herum iſt 3 finger dick; ſie iſt weiß
oder roth/ gantz ſchwammicht und bitter von geſchmack; inwendig iſt ſie einem oranien▪apffel
ähnlich/ die kernen aber ſeynd viel härter und der
ſafft von einigen iſt ſüß/ von andern ſcharff. Die
bäume ſind viel gröſſer als die citron-bäume / haben auch grobere/ breitere und rauhere blätter;
von auſſen ſeynd ſie dornicht oder ſtachelicht / gleich
dem vorbenannten limonen-baum / welchem ſie

Cc 3　　　　　　auch

auch in der blüte ſehr ähnlich ſeynd; welche blüte
ſehr wohl riechet/ wie auch das waſſer/ das davon
abgezogen und diſtilliret wird.　Von denen Indianern werden dieſe früchte Pampelimanſen genannt.

Der pfeffer-baum iſt nichts anders als nur ein
zweig oder dünnes reiß/ welcher wie bohnen oder
hopffe an einer darneben geſteckten ſtange ſo hoch
als müglich auffwächſet/ und wann er nicht höher
kommen kan/ neiget er ſich wieder gantz herunter
auff die erde.　Es giebt zweyerley art vom pfeffer/
langen und rundten; beyderley hänget an kleinen
reißgen oder zweigen/ und iſt im wachſen groß und
grün/ hänget auch an dem reiſe dicht gegen einan-
der/ wann er reiff iſt/ wird die frucht ſchwartz/ und
alsdann abgebrochen/ und in der ſonne getrucknet.
Wann man die ſchwartze ſchale / ehe der pfeffer
trucken iſt/ abnimmt/ welches dann leicht zu thun
iſt/ ſo ſeynd die körner weiß/ und an geſchmack viel
ſchärffer/ als wann ſie getrucknet worden.　Der
lange pfeffer/ welcher nicht zu denen ſpeiſen / ſondern nur zu artzneyen gebraucht wird/ wächſet faſt
auff gleiche weiſe; doch hält er ſich näher zu der er-
den/ und ſchlinget ſich um niedrige ſtangen / deßhalb er auch mehr feuchtigkeit als der andere bey
ſich führet / welche wann ſie nicht ausgetrucknet
wird / verurſachet / daß die frucht wurmſtichig
wird.　Der lange pfeffer iſt viel theurer und ra-
rer als der rundte; an blättern ſind ſie auch von
einander / doch nicht viel / unterſchieden.　Die
　　　　　　　　　　　　　　　　　blätter

blätter des rundten pfeffers ſind etwas feiner und
mehr dunckel-grün als die blätter des langen
pfeffers/ und ſiehet dem epheu-laub/ oder winter-
grün/ nicht unähnlich. Sonſt ſeyn die blätter/
zweige und wurtzeln dieſes baums ſehr hitzig/ haben eine trucknende krafft/ und beiſſen auff der
zunge und im halſe/ doch nicht ſo ſtarck als die pfeſ-
ſer-körner ſelbſt.

In China wächſt auch ein kraut oder ein gewächs Malvei (in Indien Carambole) genannt/
welches eine frucht iſt/ ſo aus groſſen pflantzen oder
kleinen bäumen/ etwa z kurtzer elen lang/ herfür-
ſproſſet. Die körner dieſer frucht ſehen aus/ wie
die ſo genannte Palma Chriſti; wann man von ſolchen körnern einnimmt/ purgiret man davon ſehr
hefftig; ſo daß ein ſtarcker und erwachſener
menſch an 4 oder 5 körnichen gnug hat. Sie
führen den ſchleim und andere zähe feuchtigkeiten
ab; ſeyn gut vor einen ſchlimmen magen/ und
ſäubern das eingeweide. So wohl die blätter
als die körner ſind ſehr hitzig/ deßhalb man ſich
wohl in acht nehmen muß/ wann man ſie bricht/
daß man mit den händen ſich nicht ins geſicht oder
in die augen fahre/ indem alſobald dadurch das
geſicht entzündet werden kan. Wann man dieſes kraut mit reiß oder teig vermenget/ und ins
waſſer wirfft/ ſo hat es eine krafft die fiſche zu
tödten. Es wächſt ſo wohl in Indien/ als auch
in verſchiedenen landſchafften China. Auch
wird es in töpffen mit zucker eingemacht/ und ſo

Cc 4 ver-

verführet; und hernachmahls wegen seiner er-
wärmenden krafft wider einen schwachen magen
und faulen stinckenden athem gebraucht.

An einigen örtern in China findet man auch
bäume/ auff denen muscaten-nüsse wachsen/ doch
nicht in solchem überfluß/ als an andern heissern
örtern in Indien/ von dannen sie in China gebracht werden. Der baum ist fast einem birn-
oder apffel-baum gleich; wächset auch ziemlich
wild in die höhe/ ja es kommt und schosset derselbe
wohl von selbst/ ohne daß er gepflantzt wird/ in denen wildnissen herfür. Es ist dieser baum ieder-
zeit grün und voller blüten/ wie auch entweder mit
reiffen oder unreiffen nüssen beladen/ die blätter/
welche knospen-weise daran sitzen/ wann sie in der
hand zurieben werden/ seyn wohlriechend/ und
geben einen starcken geruch von sich/ den sie auch
behalten/ ob sie schon gantz verdorret seynd. Die
nuß an sich selbsten/ welche auff die blüte folget/
sitzet auff denen knoten der zweige; im anfang ist
sie grün und rauch; wann sie aber reiffet/ verändert sie die farbe/ und wird gantz sprenglicht/ darauff dann das äusserste derselben von einander
springet/ da man dann die nuß selbst zu sehen be-
kommt/ welche mit der blume gar zierlich umgeben ist/ welche wann sie vollkommen reiff ist/ mehr
als einmahl im jahr/ ja wohl zu 3 biß 4 mahlen abgebrochen werden kan/ und verschiedener art/ tugend und würdigkeit ist.

Die bäume/ darauff die würtznägelein wach-
sen/

sen/ hat man allhier nicht in solchem überfluß/ wie
an andern örtern in Indien / von dannen sie in
grosser menge hieher gebracht werden. Der baum/
darauff sie wachsen ist ohngefehr so groß als der
vorgemeldte/ und wird ziemlich dick: das blat die=
ses baums ist länglicht/ und gleichet dem blat eines
birnbaumes/ auch ist er voller zweige; an deren
enden die würtznägelein puschweise sitzen/ aus wel=
cher köpffen die blume herfürschiesst/ welche gleich
denen nägelein einen sehr starcken geruch von sich
giebet.   Sie ist verschiedener farbe/ und verän=
dert sich/ wann sie erst herfür bricht / und hernach=
mahls reiffer wird/ wie die frucht selbsten; dann
die würtznägelein sind im anfang nicht schwartz/
sondern grün / desgleichen auch die blume / welche
erst weiß aussiehet/ und hernach roth wird.   Die
nägelein werden entweder abgebrochen oder ab=
geschlagen/ und dann auffgelesen. In so fern aber
einige an dem baum hangen bleiben/ fallen dieselbe
hernachmahls von sich selbst ab/ daraus neue spros=
sen herfür wachsen/ woraus wieder bäume gezo=
gen werden.   Mehr von diesem baum und dessen
früchten zu melden/ indem er überall bekandt/ ach=
ten wir vor unnöthig; wollen derohalben/ doch
auch nur etwas weniges/ von dem zimmetbaum
reden.

   In dem XV capitel ist gemeldet worden/ daß in
der landschafft Quoangsi, der zinnamet in überfluß
* wachse/ welcher sehr anehmlich von geruch/ und ü=
ber dieses eines herben geschmacks ist. Der baum/
                 Cc 5   dar=

daran der zinnamet gefunden wird/ist gleich einem
citronenbaum/das blat gleichet denen lorbeerblät-
tern; er träget eine weisse wohlriechende blüte/aus
welcher endlich eine frucht wie eine pflaume herfür wächst/ doch haben weder die frucht/ noch die
blüte/ weder das blat/ einige gemeinschafft mit der
rinde; dann diese allein ist zinnamet/ in welcher
die uns bekandte krafft sich findet/ deren der baum
selbst nicht allein mangelt/ sondern über dieses ein
abgeschmacktes holtz hat/ und keine andere früchte/
als solche die von denen vögeln und affen verzehret
werden/herfürbringet; die rinde aber/welche das
holtz dieses baums umgiebet/ist/ wañ das äusserste
davon abgeschälet ist/ gantz grün/ wann sie aber
hernachmahls/ nachdem sie gesäubert ist/ in der
sonn getrucknet wird/ bekommt sie die uns bekandte farbe.   Ob nun schon diesem baum der bast abgezogen wird / stirbt er dennoch nicht ab/ sondern
krieget nach verfliessung einiger jahre wiederum
eine neue rinde/ und wächset nach wie vor fort.

Noch findet sich in China ein baum/ welcher
aber besser in Choa wächset/ und wird von vielen
der Indianische feigenbaum genannt/ dann es
wachsen an demselben kleine feigen/ gleich denen
andern voll saamen und körner/ werden aber nicht
sehr gesuchet/indem sie nicht gar schmackhafft seyn.
Dieser baum oder stamm schiesset sehr hoch in die
höhe/ die zweige aber neigen sich wiederum auf den
grund und in die erde/ da sie neue wurtzeln schla-
gen/ und gleich dem mutterstamm in die höhe/aber
mit

mit denen zweigen wiederum unterwerts schiessen/
so daß von einem baum ein gantzer busch wird/und
der erste stamm kaum oder gar nicht zu finden ist.
Unter allen bäumen ist der verwunderlichste der so
genannte fettbaum/ welcher sehr annehmlich von
blättern und blumen anzusehen ist/ er ist einer ziem=
lichen grösse/niedrigen stammes/dicht von zweigen
und hat länglichte blätter/ welche die gestalt eines
hertzens haben/ und weisse blüte/ auff welche die
frucht folget/ die/ wann sie reiff ist/ wie eine casta=
nie oder welsche nuß auffspringet.   Rund um den
kern/ indem die frucht einer kirschen ähnlich ist/
sitzet das fett/oder dasjenige/welches die farbe/den
geruch/ und alle die eigenschafften/ welche in dem
fett gefunden werden/an sich hat/ ausgenommen
daß man sich damit die hände nicht fett und schmie=
rich macht.   Das fleisch oder marck/ welches rund
um die kerne/ deren eine jede von dieser frucht 3 in
sich hat/ die mit einem häutgen von einander ge=
schieden seynd/ sich findet/ wird geschmoltzen/und
daraus werden schneeweisse lichte gezogen/darin=
nen der docht nicht von cattun/ sondern von einem
leicht brennenden höltzgen gemacht ist.   Aus dem
kern oder stein/ welcher voll feuchtigkeit ist/ pressen
sie ein öl/ welches aber/ weilen es sehr starck vom
geruch und geschmack ist/ zu keinen speisen/ sondern
nur in der lampe zu brennen / gebraucht wird; in=
dem auch dieser baum rothe blätter und weisse blü=
te trägt/ ist er sehr angenehm und lustig anzusehen.
Allhier wächst auch der cattun in überfluß/ welcher
aber/

aber/ wie eben ietzt gedacht iſt/ nicht zu docht in die
lichter gebraucht wird/ ſondern es werden daraus
vielerley zeuge bereitet.　Es wächſet aber derſelbe
an einem baum　/ der ſehr dick/ hoch/ darbey aber
krumm auffſchieſſet/ hat nicht viel zweige/ dabey
aber gelbe blüte / aus welcher die frucht gleich einem gemeinen apffel herfür kommt/ welche wann
ſie reiffiſt/ auffſpringet/ und ſo die wolle zeiget/ die
darauffzubereitet/ und durch die gantze welt verführet wird.　Dabenebſt finden ſich auch andere
nebenſchoſſe oder nebengewächſe / aus welchen
auch wolle herfürkommt/ faſt auff eben die weiſe
wie ietzt gedacht/ nur daß ſie gelbere blumen und
rauhere blätter haben.　Von dieſen letztern gewächſen iſt auch die baumwolle beſſer und feiner/
als die von dem oben benannten baum/ deßhalben
auch daraus der feine weiſſe cattun gemacht wird.
Die ſtämme der letzt benannten nebengewächſe
ſchieſſen wie rohr ziemlich hoch in die höhe/ welche
abgeſchnitten und in waſſer geleget werden / darinn gleichſam zu weichen / damit ſie hernachmahls
deſto beſſer abgeſchälet werden mögen.　Von dieſem gewächs findet man viel in der landſchafft Fo-
kien/ daraus das beſte und feinſte neſſeltuch daſelbſt gemacht wird.

　Man findet auch dieſer orten gantze büſche von
rohr oder zähem ſchilffe/ welche die Portugieſen
kota nennen/ ſie wachſen von ſelbſt/ und kommen
geſchwind in die höhe/ ſind dabey ſehr zähe; es
werden daraus allerley ſtricke gemacht/ wie auch
git-

gitter/ schräncke/ stühle und ruhebettlein/ welche in
dem sommer sehr kühl seynd ; deren sich deßhalben
die Chineser sehr bedienen.

In der landschafft Suchuen wächst auch das
zucker-rohr in grosser menge/ und lieffert den aller-
besten zucker/ wiewohl derselbe auch in andern
landschafften sehr gut gefunden wird/ und eine gute waare vor kauffleute ist.

Die so genannten Bamboezen wachsen gantz
wild auff in unbebaueten feldern / und ob es wohl
nur ein riet oder rohr ist/ so werden doch davon einige so dick/ groß und starck/ daß leichte schiffgens
davon können gemacht werden/ deren sich die Chineser und Indianer sehr fertig vermittelst gewisser
riemen zu bedienen wissen : doch mehrentheils
werden diese bamboezen zu stangen gebraucht/dar-
an der pfeffer sich in die höhe windet. Wann sie
noch zart und jung seynd/pressen die gemeinen leute einen nicht abgeschmackten safft heraus/ daraus
sie auch den achar/ welcher sehr delicat und angenehm ist/ zu bereiten wissen. Ob schon die maul-
beerbäume und deren früchte überall bekandt sind ;
so werden dennoch dieselbe in China gantz anders
als an andern orten tractiret/ indem sie diese bäu-
me/ welche gantz niedrig an der erde gehalten wer-
den/ alle jahr/ wie man sonst denen weinstöcken zu
thun pfleget/ beschneiden/ weilen die beste seide von
denen blättern der jungen sprossen und schossen bereitet wird. Es ist auch ein grosser unterschied zwischen der seide/ welche durch die seidenwürme von
denen

denen erſten blättern geſponnen wird/ und derjeni-
gen/ welche ſie von ältern blättern zubereiten; indem die alten blätter nicht mehr ſo viel fettigkeit
haben als die jüngere/ ſondern viel härter und her-
ber ſeynd.

Ob wohlen der ingber in vielen landſchafften
Indiens wächſt/ ſo iſt er doch nirgends in ſo groſſem überfluß als in China/ wird auch als der beſte
allem andern Indianiſchen ingber vorgezogen. Er
iſt zweyerley art/ groß und klein; der kleine hat
auch weniger wurtzeln und blätter als der groſſe/
deßhalben der groſſe **männgens ingber**/ und der
kleine **weibgens ingber** genannt wird; der
ſtrauch/ daran der ingber wächſt/ ſiehet aus wie
rohr/ wann es erſt aus der erden herfürſchieſſet.
Die wurtzeln oder ingberklauen ſeynd nicht alle
einerley/ dann die ſchwereſten ſeynd die beſten.
Wann ſie ausgegraben werden/ läſt man eine
oder zwey wurtzeln in der erde liegen/ welche
ein wenig behacket/ begoſſen und gemiſtet
werden/ worauff ſie ſich von neuem mehren/ und
im folgenden jahr mit gutem gewinn wieder ausgegraben werden. Man zeiget auch wohl den
ingber auff eine andere weiſe/ ſo daß der ſtamm
von der wurtzel abgeſchnitten/ und wieder in die erde geſteckt wird/ daran man dann im folgenden
jahre friſche klauen oder wurtzeln findet. Die friſchen wurtzeln ſind nicht ſo hitzig als die getruckne-
ten; Sie werden ins beſonder als eine artzney
wi-

wider verschlossene winde/ verstopffung des leibes
und andere dergleichen kranckheiten gebrauchet.

In China findet man auch überflüßig viel thée,
indem derselbe daselbsten statt eines gemeinen
trancks und eines tractaments guter freunde dienet. Doch weilen dieses kraut mehr als zu bekandt ist/ und von dessen krafft und tugenden/ die
entweder warhafftig seynd/ oder nur in der einbildung bestehen/ verschiedene urtheile gefället werden und darüber disputiret wird/ so wollen wir davon hier nicht weitläufftig handeln/ sondern nur
allein dieses sagen/ daß man allhier keine menschen findet/ welche mit reissen in händen und füssen oder dem podagra gequälet werden/ noch auch
solche/ die dem stein oder graveel unterworffen
seynd. Ob nun dieses dem thée oder dem war-
men wasser/ oder der eigenschafft des landes und
der leute/ bey denen allerley kranckheiten oder ge-
brechen keinen platz finden/ zuzuschreiben sey/ lassen wir an seinen ort gestellet seyn/ und gehen über
zu der betrachtung einiger heilsamen wurtzeln.

Die wurtzel China/ die man im gantzen Käyserthum findet/ aber nicht überall gleich gut und kräff-
tig ist/ wird als die allerbeste in der landschafft
Suchuen gefunden; die so genannte wilde wurtzel aber trifft man überall an. Die erste wächst
aus einem gewissen baumsafft oder gummi/ welcher sich in der wurtzel des pynbaums zusammen
setzet/ und dieselbe zu einem solchen trefflichen artz-
ney=mittel macht/ daß sie in der gantzen welt ge-
rüh-

rühmet wird.   Diese wurtzeln werden sehr groß/
und etliche vielmahls so dick als ein mannskopff.
Die wilde wurtzel hat zwar so viel krafft nicht als
die jetzt benannte/ muß aber dennoch deswegen
nicht vor gar gering geachtet werden/ ob schon die
erste diese letztere an krafft und wirckung weit ü-
bertrifft.

Von der wurtzel ginseng/ daß dieselbe eine gute hertzstärckung und artzney sey/ ist in dem VII capitel in der beschreibung Leaotung/ allwo diese
wurtzel wächset/ meldung gethan/ dahin wir deshalben den leser weisen.

Rabarber wird in China auch sehr häuffig ge-
funden/ nirgends aber ist sie besser als in der landschafft Suchuen/ wie im XII cap. in der beschreibung dieser landschafft gesagt ist.   So daß man
mit grund der warheit sagen kan/ daß in China
nicht allein alles/ was zu des menschen gesundheit/
nothdurfft und unterhalt nöthig ist/ überflüßig gefunden werde; sondern auch über dieses alles das/
was zum vergnügen und wollust kan und mag be-
gehret und gewünschet werden; ja in keinem land
Europa oder Asia ist etwas/ welches nicht auch hier
anzutreffen; und ob schon eins oder das andere
sich nicht finden solte/ so hat doch die natur solchen
mangel doppelt mit bessern dingen ersetzet. Wann
wir aber alles von wurtzeln/ kräutern/ früchten/
bäumen und erdgewächsen/ ja was noch mehr dem
mund oder menschlichen auge nützlich und ver-
gnüglich ist/ hier erzehlen wolten/ so würde solches

die

die ſchrancken unſerer kurtzen beſchreibung über-
ſchreiten/ darinn wir uns vergnügen/ ſelbiges alles gleichſam nur mit einem finger berühret/ und ſo
kürtzlich angewieſen zu haben. Hierauff nun gehen wir über zu beſchreibung einiger umliegenden
inſuln/ und angräntzenden reiche : nach welcher
wir mit anzeigung/ von wannen die letzten Käyſer/
biß auff den letzt regierenden/ herſtammen/ diß
gantze werck beſchlieſſen wollen.

---

† Die Chineſer preſſen aus ihren trauben keinen wein/
ob dieſelbe ſchon datzu ſehr gut ſeynd/ ſondern trucknen
dieſelbe und verführen ſie durchs gantze reich. Ihren
wein machen ſie aus reiß/ welches geträncke dann ſehr gut
iſt/ ſo daß die Europäer/ wann ſie denſelben haben/ keinen
wein verlangen. Dieſer tranck iſt auch ſo gar ſtarck nicht/
doch kan man ſich darinn wohl truncken trincken/ dennoch
aber thut einem davon der kopff nicht wehe.

* Die oliven ſind von denen Europäiſchen unterſchie-
den/ wie ein gewiſſer Scribent meldet/ man preſſet auch aus
ſolchen kein öl / entweder weilen ſolche oliven datzu ſich
nicht ſchicken/ oder weilen die Chineſer/ wie klug ſie auch
ſeyn wollen/ noch nicht wiſſen/ daß in denenſelben ein öl
verborgen ſey.

† Die Portugieſen haben dieſe ſchöne frucht in Europa
gebracht. Der erſte und einige oranienbaum / von wel-
chem/ wie man ſagt/ daſelbſt alle andere herſtammen/ wird
noch auff den heutigen tag zu Liſſabon in dem garten des
Grafen von St. Laurens verwahret.

* Nieuhoff ſagt/ daß dieſe frucht/ da ſie zu erſt in Indien
gebracht worden/ ſo theuer geweſen ſey/ daß ſtück vor ſtück
mit 10 ducaten bezahlet worden.

† Le Comte ſagt/ er habe dieſes probiret mit einem von
ſeiner geſellſchafft ; dann er habe einen kupffern pfennig
mit benannter wurtzel vermenget/ und ſo gleichſam die

Dd   wur-

wurtzel und den pfennig unter einander gerieben oder ge-
knetet; da dann derselbe/ wie er sagt/ der gute zähne hat-
te/ das benannte kupffer und auch die wurtzel in verschiedene stücke zerbiß/ da doch die stücke sehr hart waren/ welches uns dann urtheilen und glauben machte/ daß benannte frucht mehr krafft habe die zähne zu befestigen/ als das
kupffer zu erweichen.

* Die Indianischen schreiber sagen/ daß in Ceilon die
zinnamet-bäume so häuffig wachsen/ daß der gantzen welt
solche bäume oder deren rinden gnugsamen zinnamet liefern können/ ja daß/ wann nicht gantze büscher angezündet
und verbrennt würden/ selbige solchen nicht alle würden
gebrauchen können. Nieuhoff thut noch dieses hinzu/
wann er sagt: Gleichwie diese Insul sehr fruchtbar ist in
herfürbringung des zinnamets/ also wollen im gegentheil
die würtznägelein-und muscaten-nußbäume an diesem orte
nicht wohl gedeyen noch fortkommen.

Das XXIV Capitel
Von denen Ländern und Insulen/so rund um China liegen.

UNter allen morgenländischen Insulen behält Japan billich den vorzug/ welches/ wiewohl davon die Japaner davon nicht gern
hören/ ehemahls unter * der herrschafft China gestanden hat.

Sie leben nach der Chinesischen weise/ lehren
und lesen ihre bücher/ essen auch mit zwey höltzernen oder elffenbeinernen stöckgens; sitzen aber dabey auff der erde/ und sind über dieses von ihnen in
kleidung unterschieden/ tragen lederne stieffelgen/
und

und lassen ihr haar lang wachsen. Es ist diese
Insul ein hohes Fürstenthum/ und der/ welcher es
beherrschet/ trägt den titul eines Käysers. Sie ist
wohl 150 oder 160 meilen breit/und 300 oder 350
lang. Gold/ silber/und kupffer/ nebst allem dem/
was zur nothdurfft und ergötzlichkeit erfodert
wird oder gewünschet werden kan/ ist hier in grossem überfluß; es wird auch diese Insel in viele kleinere insuln oder theile unterschieden / * und lieget
34 oder 35 gradus hoch.

Die einwohner dieser Insul seynd scharffsinni-
ge und sehr kluge leute in der handelschafft / auch
wohl abgerichtet in der politic; halten starck über
ihrer freyheit/ dannenhero ihnen alle völcker verdächtig vorkommen/ darum sie auch nicht einmahl
den geringsten schein/ durch den sie meynen/ daß
dieselbe ihnen könne genommen werden/ leiden
wollen. Deßhalben wann schiffe bey ihnen an-
kommen/ machen sie davon alles das/ was zum
fahren und schiffen nöthig ist/ loß / und benehmen
ihnen selbsten die ruder. Sie seynd sehr reinlich
in allem ihrem thun und wesen/ schimpffen dannenhero die Chineser / und rühmen sich manierlicher
als sie zu seyn. Ehe auch die geschwinde und harte verfolgung der gläubigen angieng/ war fast die
halbe Insul zum Christenthum bekehret: ietzt aber
darff kein Christen-mensch/ der ihnen wegen aus-
breitung des glaubens verdächtig vorkommt/ hinein kommen/ wann er nicht zuvor das crucifix und
die bilder mit füssen getreten hat. Doch sagt man/
Dd 2 daß

daß noch einige drinnen ſeyn / welche den Chriſtlichen glauben heimlich in ihren hertzen haben/ und
einen Gott erkennen; ſelbſt der nahme eines Chriſten iſt ihnen ſo verhaſt/ daß wer mit ihnen handeln
will/ ſelbigen verſchweigen muß / und wann man
gefragt wird/ ob man ein Chriſt ſey/ muß ein Hol-
länder/ welches volck mit ihnen groſſe handlung
treibet/ antworten: Er ſey ein Holländer/ damit er auff ſolche weiſe durch eine art des betrugs
die klippen des anſtoſſes vermeyden möge.   Die
zwepte Inſul oder halbinſul (indem gezweiffelt
wird/ ob es eine Inſul oder ein feſtes land ſey) heiſt
Korea; die Chineſer nennen es Caoli, es giebt dem
Käyſer jährlich tribut oder ſchatzung :** und liegt
von Peking und Xantung gegen morgen. Wann
nun die von Korea ihre ietzt benannte ſchatzung
nach der Käyſerlichen hauptſtadt bringen/ nehmen
ſie ihren weg mehrentheils durch Leaótung/ gar ſel-
ten aber durch Xantung.

Sie folgen in kleidung und im ſchreiben ꝛc. denen alten gewohnheiten der Chineſer / doch ſeynd
ſie im gemeinen umgang in abſicht der weiber/ welche allhier in die geſellſchafft der männer kommen
dürffen / von ihnen unterſchieden; deshalben ſie
auch von denen Chineſern als unmanierliche menſchen beſchimpffet werden.   Es entſtehet daraus
auch ein unterſcheid zwiſchen ihren heyrathen/ indem hierinn von einem jeden nach ſeinem eignen
wohlgefallen und belieben gehandelt wird. Dieſe
Inſul iſt gröſſer als Japan/ in der letztern aber
iſt

ift mehr reichthum; auffer dem aber ift in diefem
auch allerley korn - gewächs im überfluß. Es be-
greifft/ wie die Chinefer fagen/ 460 meilen in der
länge/ und 260 in der breite. Wiewohl nun diefe Inful fehr wohl gelegen und von allem fehr wohl
verfehen ift handeln doch derfelben einwohner fehr
wenig mit andern völckern/ auffer denen Chinefern
und Japanern. Man findet hier goldreiche ber-
ge/ auch wächft hier die wurtzel ginfeng/ von deren
krafft vorhin geredet worden; ingleichen eine ge-
wiffe rothe farbe/ welche die Chinefer Cil oder San-
daracha nennen/ welches hier vor das befte gehalten wird. Es wird aus der rinde eines gewiffen
baums gepreffet/ und ift wie pech oder leim; alles/
was damit beftrichen wird/ fiehet roth/ und giebt
einen fpieglenden fchein von fich: daraus werden
auch fchöne gemählde und papier gemacht.

Nahe an Japan liegen noch zwey Infuln/ deren die eine Chaofien/ die andere Liukin genennt
wird. Beyde Fürften diefer Reiche bezahlen jährlichen tribut oder fchatzung dem käyferthum Chi-
na/ ob fie fchon in fitten und kleidertracht mit denen
Japanern mehr übereinkommen. Diefe Infuln
feynd ziemlich groß/ doch mit Japan nicht zu vergleichen.

Die Inful Tajoan/ fonft Formofa genannt/
gehöret auch zu China/ und wird/ wie oben cap.
XVII gefagt ift/ unter die 9 groffen ftädte der land-
fchafft oder des reichs Fokien gerechnet: Sie begreifft ohngefehr 500 meilen in ihrem umkreiß.

Dd 3 Die

Die Insul Hainan liegt gegen mittag von der
landschafft Canton ab/ und wird unter die städte
dieser landschafft/wie oben angemercket ist/ gezehlet : in der runde hat sie ohngefehr 250 meilen.

Mehr andere Insulen/ als Sanciam, darauff
Franciscus Xavier gestorben ist/und auch begraben
liegt/gehören auch zu der landschafft Quoantung
oder Canton : ingleichen die Insul Macao/ allwo
die Portugiesen eine festung und handelstadt haben ; nebst denen 3 Insuln unter Xantung gehö-
rig/ deren eine berühmt oder vielmehr beruffen
ist durch das erbärmliche umbringen der Chinesischen philosophen/ davon hiebevor im III cap. gesprochen ist.   Ausser noch verschiedenen andern/
liegen und gehören unter dieses großmächtige käyserliche reich noch sehr viele/welche wann sie allzu-
sammen unter eine herrschafft gebracht würden/
ein grosses ansehnliches fürstenthum/ ja gantzes
Königreich ausmachen/ und eine besondere beschreibung herauszugeben/ gnugsame anleitung
darreichen würden.   Wir vergnügen uns solches
alles nur gleichsam im vorübergang berührt zu
haben/und durch die beschreibung einiger zu China
behörigen oder umliegenden Königreiche dieses
capitel zu beschliessen.   Das Königreich Tunking
liegt von China gegen abend/ehemahls wurde es
zu dem Chinesischen Käyserthum als ein unterthä-
niges theil desselben gerechnet/ ietzt aber ist es nur
demselben zinsbar.   Es wird in zwey Reiche/deren
das eine den nahmen Tunking behält/und das andere

dere Cochin China genannt wird/ zertheilet/ darüber herrſchen zwey brüder/ welche beſtändig krieg
mit einander führen. Wiewohl dieſes reich oder
reiche ſehr weit von Japan abliegen/ folgen ſie
doch ihrer kleidung/ ihren ſitten und andern weſen
nach; ſie lehren und leſen die bücher der Chineſer
und üben ſich in denenſelben wie die Japaner und
Koreaner. Es wohnen auch daſelbſt und halten
ſich auff viele Chriſten: die Frantzoſen/ Engländer/
der/ Holländer und andere/ treiben einen groſſen
und ſtarcken handel mit denen einwohnern dieſer
beyden reiche. Das Königreich Laos gräntzet an
die landſchafft Junan/ und iſt China zinßbar; die
königliche haupſtadt heiſt Lanchang: gegen mittag ſtöſſet es an Siam / gegen abend an Pegu/
hier wird aber keine handlung getrieben.

Das Königreich Pegu iſt in ſeinem bezirck ſehr
groß/ darinnen findet man aus dermaſſen viel ru-
binen/ und gräntzet mit Bengalen. Vorzeiten
war es auch China zinßbar: iſt aber nunmehro/
nachdem es von dem reich ſo weit abgelegen/ davon befreyet. Die Portugieſen handeln daſelbſt
ſehr ſtarck.

Siam iſt ein Königreich/ welches ſehr groß in
ſeinem bezirck iſt; gräntzt an Pegu und Laos/ mit
denen es ſich öffters überwirfft und in krieg geräth:
In alten zeiten gehörte es auch zu dem Käyſer-
thum/ und war demſelben zinßbar; weilen es aber
auch ſehr weit abgelegen/ und im reich viele veränderungen vorgiengen/ iſt es anietzo wie Pegu da-

Dd 4 von

von befreyet. Es ist ein fern ausgedehntes reich/
das land aber wüst/unbebauet/und nicht gar wohl
bewohnet. Die menschen halten sich mehrentheils in denen büschen und wildnissen auf/ seynd
deßhalben fast auch mehr denen wilden thieren als
vernünfftigen geschöpffen zu vergleichen. Ihre
hütten bereiten oder machen sie sich von fellen.
Uberall ist alles voll bäume und büsche/ darinnen
sich elephanten/einhörner/ büffel und wilde ochsen/
tyger und bären / wie auch mehr anderes wild
auffhält. Affen werden in grosser menge gefun-
den/ und sind wohl so starck als kleine jungens und
mägdgens. Die wälder stehen dicht und voll
bäume/ welche sehr starck/ groß und manchmahl
wohl 40 biß 50 ellen hoch seynd/ darunter dann etliche so dick gefunden werden/ daß 7 oder 8 menschen einen kaum umspannen können; so daß aus
einem stück vielmahls ein ziemlich starckes schiff/
wann der baum ausgehöhlet wird/ gemacht werden kan. Crocodillen/ welche die menschen lebendig verschlingen/ und 4 oder 5 ellen lang seynd/
trifft man hier unzehlich viel an; deßwegen ist es
daselbst so wohl zu wasser als zu land sehr gefährlich zu reisen: deßgleichen auch in Pegu/ Laos/
Camboja/ ꝛc. Alle diese völcker haben auch mehrentheils einerley kleidung/ gewohnheiten und lebensart; in ihren schrifften aber und in der sprache seynd sie unterschieden. Sie sind auch allzu-
sammen götzendiener/ und verehren ihre pfaffen
auff eine unziemliche/ oder besser zu reden/ abgöttische

ſche weiſe. Ihre bagoden oder tempel ſind von
mauerſteinen/ köſtlich und in groſſer anzahl/ ja
zierlich auffgebauet: Ihre götzenbilder ſind groß/
ſchön und herrlich vergüldet/ deren einige wohl 10
elen hoch ſeyn. Auff denen ſtraſſen und räumli-
chen plätzen ſtehen ſtarcke thürne/ wohl 50 biß 60
ellen hoch/ welche auswendig gantz vergüldet ſeyn.
Dieſe bilder haben die Braminen (ſo werden ihre
prieſter genannt) aus Indien/ wie cap. XXI gedacht iſt/ mitgebracht.

Der König hält hof zu Jutia, welches auch Siam
genannt wird. Die ſtadt iſt ziemlich groß/ und
von auſſen ſchön gnug anzuſehen/ inwendig aber
ſehr verwüſtet. Daſelbſt wird von den Hollän-
dern/ welche einen wohnplatz in der ſtadt Ligor ha-
ben/ wie auch von denen Engländern/ Portugie-
ſen/ Mogolen/ Perſianern und Chineſern groſſe
handlung getrieben. In der ſtadt Siam wohnen
auch viele Portugieſen. Ehemahls genoſſen daſelbſt die Europäer groſſe freyheiten/ ietzt aber nicht
ſo viel mehr als wohl vor dieſem/ welches daher
rühret: Ein gewiſſer Grieche/ Conſtans genannt/
hatte lang mit denen Engländern umgegangen/
und kam endlich in Siam, und in gunſt bey dem
König/ ſo gar/ daß er/ es kürtzlich zu ſagen/ zu denen gröſſeſten und anſehnlichſten ehren-ämtern erhaben wurde/ und alſo auff die höchſte ſtuffe der regierung kam; da ihm dann von dem König die
regierung des landes überlaſſen wurde/ und alſo
alles durch ſeine hände gehen muſte. Indeſſen

Dd 5 geſchä-

geſchahe es/ daß der König hörte / wie Franckreich
dazumahl wider die vereinigten Niederlande im
kriege groſſe ſiege erhalten habe. Deßhalben ſand
dieſer Printz vor gut einen abgeſandten von Siam
zu dem König von Franckreich zu ſenden; weilen
er die Holländer mit ſcheelen augen anſahe/ und
beſorget war/ daß ſie ihm etwa in Siam einen tantz
anfangen/ einen poſſen ſpielen/ und hie oder da einen vortheil abſehen möchten. Er fertigte deßwegen anno 1677 einige ſeiner Mandarynen mit
einem Frantzöſiſchen ſchiff nach Franckreich ab/
man weiß aber biß auff den heutigen tag nicht/ wo
das ſchiff mit denen geſandten geblieben iſt/ man
hat auch davon biß hieher noch nicht das geringſte
gehöret. Indeſſen ruhete der König noch nicht/
ſondern ſandte anno 1681 wiederum mit einem
Frantzöſiſchen ſchiff andre geſandten dahin/ welche glücklich in Franckreich ankamen/ und ſehr
wohl empfangen wurden. Dieſe haben/ aus befehl ihres oberherrns/ dem König von Franckreich
eine freundſchafft von ſeinetwegen angeboten; ihn
auch um die ſeinige erſuchet/ und zugleich von ihm
gebeten/ daß er ihrem König einiges volck überſen-
den möchte / welches zum ſchutz und beſchirmung
ſeines landes daſelbſt allzeit bleiben ſolte. Nach
verflieſſung einiger jahre ſchickte der König von
Franckreich abgeſandten dahin/ welche mit drey
ſchiffen nach Siam übergiengen/ und als ſie daſelbſt
wohl anländeten/ wurden ſie freundlich und herrlich empfangen/ und denen Chriſten groſſe freyheit
ver-

vergönnet. Dann es war mit denen abgeſandten in denen drey ſchiffen auch ein Frantzöſiſcher
Biſchoff/ nebſt verſchiedenen mönchen angelan-
get/ welche die geſandten/ da ſie wieder nach
Franckreich reiſeten/ nebſt noch 3 oder 400 mann/
zu beſchützung und beſchirmung des Königs und
ſeines reichs allda zurücke lieſſen.

Diß verdroß und ärgerte die abgöttiſche pfaf-
ſen allzu ſehr ; doch ſie mehr als das gemeine
volck : auch waren wohl einige der groſſen des
landes/ die dieſes mit ſcheelen augen anſahen. Die
Holländer aber / * nebſt denen Mahometanern/
neideten auch die Frantzoſen/ gaben deßhalb dem
König gifft ein/ davon er kranck wurd und ſtarb.
Darauff ſtunden die kriegs-oberſten nebſt andern
gegen den oberſten regenten auff/ bemeiſterten
ſich der ſtadt/ und hackten den Griechen/ von dem
vorhin geſprochen iſt/ in kochſtücken. Der König war ohne reichserben mit tode abgangen/ und
hinterließ nur eine tochter. † Dannenhero bemühete ſich einer der bemeldten kriegs-obriſten/ mit
gewalt den thron zu beſteigen/ wie auch in ge-
ſchwinder eyl allen da ſeynden Frantzoſen die hälſe
zu brechen ; da ſie aber ſolches merckten/ begaben
ſie ſich in einen feſten/ haltbaren und wohlgelege-
nen ort/ welchen ſie mit bollwercken wohl ver-
wahrten/ und 6 monat lang ſich darinn wider ihren feind ſo tapffer wehrten/ daß derſelbe endlich
genöthigt wurde/ ſie frey abziehen zu laſſen/ oder
ihnen freyen abzug nach hauſe zu vergönnen/ und
über

über dieſes drey ſchiffe zu ihrer abreiſe auszurüſten.

Nach verflieſſung zweyer darauff folgenden jahre/ ſchickt der verräther/ ietzt König in Siam, einen abgeſandten nach Indien/ an den ort/ wo die Frantzoſen ihre feſtungen haben/ und bietet ihnen friede und freundſchafft an. Ob nun ſolcher vortrag von dem König von Franckreich werde angenommen werden / was er darauff antworten/ und wie er ſich gegen ſie werde herauslaſſen/ lehret die zeit. Dann es kan leicht geſchehen / daß der König/ wann er mit den Holländern und Engelländern wird einen guten frieden getroffen/ und ſo lufft bekommen haben/ ſich des alten ſtreichs erinnern/ und denſelben zu revangiren ſich vornehmen mögte. So viel ſey aber vor dieſes mahl genug von Siam, das zukünfftige wird ſich wohl von ſelbſt zeigen.

Die Tartarey gräntzt nord und nord-weſt an China: iſt aber davon durch die groſſe mauer unterſchieden. Die völcker des landes werden in morgen- und abendländiſche Tartarn getheilet. Die abendländiſche Tartarn haben am ende des 12ten Seculi China eingenommen / wurden aber 80 jahr darauff wieder herausgetrieben: Anitzo beſitzen es die morgenländiſche Tartarn / welche es ohngefehr anno 1643 eingenommen haben. Dieſe werden morgenländiſche Tartarn genannt/ nicht in anſehung China/ dann ſie liegen von China mitternachtwerts / ſondern in anſehung der andern

andern Tartarn/ welche gegen abend von ihnen
abliegen/ und deshalb die abendländiſche Tartaren genennt werden.

Benannte morgenländiſche Tartarn waren
ehemahls nicht nur durch die groſſe mauer/
ſondern auch durch Leaotung von China geſchie-
den: Leaotung wurde auch/ ehe durch dieſe provintz die Tartarn in China kamen/ unter die landſchafften China nicht gerechnet/ indeme es über
dieſes/ auſſer der mauer/ wider den anfall der Tartarn gelegen war/ ſo daß wann vorzeiten in China iemand etwas verſehen hatte/ derſelbe wohl
nach Leaotung verbannet/ und gleichſam ins elend
verwieſen wurde; oder aber wann einer oder der
andere das reich räumen muſte/ ſo nahmen ſie
insgemein von ſich ſelbſt ihre zuflucht dahin. Durch
ſolche aus dem reich gewichene und verbannete/
welche dem Printzen Ouſangovei wider den räuber
Li oder Licoung, welcher Peking eingenommen
hatte/ und auff dem käyſerlichen thron ſich zu befe-
ſtigen meynte/ beyſtunden/ ſchmiß Ouſangovei,
durch hülffe der Tartarn/ den benannten räuber
wider von dem thron/ den hernachmahls der Tartar beſtieg. Und dazumahl wurde auch Leao-
tung/ zur erkäntlichkeit/ daß die Tartarn durch
dieſe landſchafft in China gekommen/ und ſo das
reich erlangt hatten/ dem käyſerlichen reiche ein-
verleibet/ und zur ſechzehenden landſchafft China
erkläret/ ſo daß ſie nun alle rechte/ freyheiten und
vortheile/ deren die andern mehr benannte 15 alte
proviń

provintzen China theilhafftig ſeyn / auch genieſ-
ſen/ und dieſelbe haben : Auch beſtehen ihre ſoge-
nante vier ſchaaren oder hohe hofgerichte halb aus
Tartarn ; und ſo ſeynd auch die präſidenten oder
vorſitzer derſelben zertheilet.　Nachdem auch
der Tartar ſich China bemeiſtert hatte/ hat er ſein
reich in der Tartarey nicht weniger ausgebreitet;
dann da er vorhin nur ein kleiner König der mor-
genländiſchen Tartarey war / hat er anietzo nicht
allein die andere morgenländiſche Fürſten/ſondern
auch die abendländiſche Tartarn/ ſich ihrer uneinigkeiten bedienende / einen nach dem andern genöthiget unter ſeiner botmäßigkeit zu ſtehen/ ihm
zu gehorſamen / oder wenigſtens vor ſein ober-
haupt zu erkennen.　Und alſo iſt durch vereinigung zweyer ſo mächtiger reiche und völcker dieſes
Käyſerthum zu einer groſſen hoheit gekommen/
und zu einem entſetzlich mächtigen Fürſtenthum in
der welt geworden.　Indem ſich nun dieſes land
ſo weit ausdehnet/ ſo gräntzt auch China / oder
beſſer zu reden/ die Tartarey mit Moſcau/ welches
gegen mitternacht daran ſtöſſet ; und aus dem anno 1689 zu Nogovium oder Nipchou zwiſchen dem
Moſcowitiſchen und Chineſiſchen Käyſer durch
beyderſeitige abgeſandten getroffenen / geſchloſſe-
nen und befeſtigten frieden erhellet gnugſam/
daß die gräntzpfähle zu beyden ſeiten auff 55 gradus von einander feſtgeſetzet worden ſeyen.　Dieſes kommt vielen/ ja welt-und geſchichtſchreibern
ſelbſten ſehr wunderlich * und frembd vor/ indem

es *

es kaum zu glauben ſtehet / daß China und Moſcau durch die Tartarey aneinander gräntzende reiche ſeyn ſolten. Dann es muſten ja die geſandten ohngeſehr 6 wochen zeit haben/ ehe ſie von Peking biß an die vorbenannte ſtadt / welche auff denen äuſſerſten gräntzen Moſcoviens lag / kommen konten/ indem ſie 300 meilen von einander entfernet waren.

Das reich des groſſen Mogols hat ehemahls auch unter der botmäßigkeit China geſtanden/ nebſt noch mehr andern reichen und ländern / davon noch viele kennzeichen an verſchiedenen. örtern in Indien ein ſattſames zeugniß ablegen können; welche aber alle/ wie ſchon vorhin gedacht/ entweder durch ihre groſſe entfernung/oder nach gewiſſen ſtaats-maximen/ oder durch innerliche unruhen im reiche davon gekommen / und abgeſchieden worden. Es begreifft dieſes Königreich alle länder und reiche/ welche zwiſchen denen flüſſen Ganges und Indus biß an den Golfum von Bengalen gelegen ſind. Die einwohner in Cambaja, Benjalen, und andern zubehörigen örtern treiben groſſe handlung mit denen Chineſern. Mit ihren waaren aber haben ſie zugleich den Mahometaniſchen glauben/welchen ſie bekennen/ in China gebracht. Die hauptſtadt/ wo der groſſe Mogol ſeinen hoff hält/wird/gleich der landſchafft ſelbſten/ Delle genannt; die länder/welche unter ſeinem gebiet ſtehen/ſeynd ſehr fruchtbar/ und vermittelſt des daranſtoſſenden ſee-arms / und der zu beyden ſeiten

vorbey-

vorbeyflieſſenden ſtröme / ſehr wohl zur handlung
und verkauffung derer waaren/ ſo ſie daſelbſt ha-
ben/ gelegen. Auſſer denen erd- und baumfrüch-
ten/ welche allhier überflüßig ſeynd/ lieffert das
land auch viel wachs/ weyrauch und andere ſpece-
reyen / ſelbſt diamanten und andere edelgeſteine.
Elephanten finden ſich auch in groſſer menge / ſo
daß ihre anzahl nicht mit hunderten ſondern mit
tauſenden beſchrieben wird; der reuterey und des
fußvolcks ſtehen auch/ nach landes gebrauch/ etliche 100000 zu des Mogols dienſten/ und ſind lauter wohlgeübte bewaffnete leute/ welche in kurtzer
zeit auffgebracht werden können. Ihre hand-
lung/ die ſie mehrentheils in China treiben/ beſtehet
in unpolirten und andern diamanten / wie auch
mehrern edelgeſteinen / elephanten = zähnen/
wachs/ꝛc. Die handelſtadt/ in welcher ſie und
andere umliegende Indianer/ ſo aus weſten kom-
men/ anländen/ wird/ wie cap. V geſagt iſt / Zun-
ning genannt / und iſt ein berühmter handelplatz
vor alle völcker: Dann ob es ſchon ehemahls keinem frembdling erlaubt war in China zu kommen
noch frey zu handeln/ ſo wird doch ſolches anietzo
von denen Tartarn / welche mehr auff ihren nu-
tzen/ als auff die alten gewonheiten ſehen / allen
völckern zugeſtanden. Alle Indianer ſind ſchwartz/
gehen gantz nacket / und bedecken nur / ſo wohl
manns- als weibsperſonen/ mit einem ſtück tuch
das mitteltheil ihres leibes.

J. G.

* J. G. de Mendoſa, nach dem er geſagt hat/ daß die
Chineſer den gantzen ſtrich landes von China biß zu dem
äuſſerſten theil Indiens beſeſſen haben; meldet er/daß
noch viele gedenckzeichen davon auff der küſte von Cor-
mandel gefunden werden/ daſelbſt noch eine burg/ die
Chineſiſche genannt/ gefunden wird; es wird auch dafür gehalten/ daß ſelbige von denen Chineſern erbauet
worden ſey. In dem reich Calicut findet man auch von
ihnen noch einige reliquien an bäumen und fruchtbaren pflantzen/ welche ſie/ wie die einwohner ſelbſt beken-
nen/ da ſie ſelbiges land beherrſchet/ und zugleich von
Malacca/ Siam ꝛc. meiſter geweſen ſeyn/ ſollen ge-
pflantzet haben; hierzu thut er noch dieſes/ daß/ wie auch
Japan unter der Chineſiſchen regierung geſtanden haben müſſe/ durch viele kennzeichen bewieſen werden
könne/ ins beſonder daher/ weilen die Japaner denen
Chineſern in ſitten und lebensart ſehr gleich ſeyen/ auch
einige geſetze/ welche mit denen Chineſiſchen überein
kommen/ hätten.

* Die Jeſuiten ſagen/ Japan ſey nur allein durch einen arm der ſee von China abgeſchnitten/ auch hätten
ſie durch ihre anmerckungen und obſervationes befun-
den/ daß China und folglich auch Japan/ viel/ und das
wohl auff 500 meilen näher/ als man vorhero gemeinet
hat/ bey Europa liege/ ſo daß nicht zu zweiffeln ſey/ China liege an jener ſeiten Japans/ und Japan bey Mexico:
Da auch daſelbſt gleichſam eine gantze kette von bergen
lieget/ welche ſich ſo weit zwiſchen morgen und mitter-
nacht/ von China und dem äuſſerſten theil des Moſcowitiſchen gebiets in ſee erſtrecket/ vermuthen ſie dahe-
ro/ daß daſſelbe theil Aſiä zweiffelsohne an das feſte
land in America und deſſen landſchafften gehefftet ſey.

** Unſer ſchreiber ſagt anderswo/ nemlich pag. 142:
daß Korea und die andern reiche/ welche er daſelbſt
nahmhafft macht/ in vorigen zeiten dem käyſerlichen
reich unterthänig geweſen ſeyen, nun aber nicht mehr;
und pag. 147 ſagt er/ daß die von Korea (ſo muß dieſes

Ee   an

an statt Corda/ so daselbst stehet / gelesen werden) wie
auch hier / schatzung und jährlichen tribut dem Käyser
bezahlen/ welchen sie über Leaotung nach Peking bringen.   Dieweil nun dieses mit einander zu streiten scheinet / so ist zu wissen / daß sie dem Käyser nicht vollkommen unterthan seyn / als sonst andere seines reichs un-
terthanen/ sondern daß sie nur durch diesen tribut ihn
als einen mächtigern herrn erkennen/ und so als einen
grossen benachbarten Fürsten höfflich verehren.

  * Es scheinet auß erzehlung von dieser gesandt-
schafft und deren ursachen / daß unser schreiber denen
Holländern nicht gar geneigt seyn müsse.   Und das ist
auch zu erkennen daraus/ wann bey erwehnung / daß
der benannte printz mit gifft vergeben worden sey / er
die Holländer und Mahometaner so nahe zusammen-
setzt/ da doch von beyden nicht ein wort wahr ist.   Dieses etwas deutlicher darzuthun/ so sagt davon le Comte,
nachdem er gemeldet/ daß dieser König in der sternkunst
sich sehr belustigt habe; es habe derselbe anno 1687
ernstlich gewolt/ und mit solcher ungedult/ so mehr einen aberglauben, als natürliche neugierigkeit zu erkennen gab / verlangt/ daß man ja wohl auff die conjun-
ction Jovis und Martis, welche damahls sich zutrug/ acht
haben solte; indeme er sich fest einbildete/ daß die vereinigung dieser planeten ihm fatal und vorboten seines
todes seyn würden.   Ob nun wohl/ wie le Comte ferner
meldet/ er nebst andern sich bemühet hatten, dem König
dieses aus dem sinn zu reden/ und ihm durch Herrn Con-
stans zeigen liessen/ daß die dinge dieser welt nichts mit
denen besondern bewegungen der planeten gemein hät-
ten/ oder von ihnen regieret würden/ so war doch alles
vergeblich : ja ob wohl man ihm remonstrirte / daß
wann ja des menschen fata von denen planeten dependiren solten/ so dürffe sich doch davon der König nicht mehr
als alle seine unterthanen einbilden/ über welche die
sonn nebst allen planeten so wohl als über die grösten
Fürsten auffgehe/ und um sie sich bewege; So mochte
doch

doch auch das nicht ihn beruhigen/ sondern er blieb da-
bey/sein reich werde nicht lang mehr bestehen/ und er
selbst werde in kurtzer zeit sein leben verliehren: Und
darauff starb er auch das folgende jahr darauff; hatte
aber vergeblich die ursach seines todes am himmel ge-
sucht/ da er dieselbe schon viele jahre in seinem eigenen
leibe gehabt hatte: dann es griff ihn zur selbigen zeit
eine ihm anhangende gewöhnliche kranckheit/ und zwar
so hefftig an/ daß solches ausser allem zweiffel das wahre fundament/ und die wahrhafftige ursach/ so wohl seiner weissagung von seinem tode/ als der furcht vor dem-
selben/ gewesen ist. So weit redet le Comte ; welchen
wir darum angeführt haben/ damit/ wie im anfang dieser anmerckung gemeldet worden/ die denen Holländern auffgebürdete schmach von ihnen genommen/ und
so dem leser ihre unschuld vor die augen geleget werde.

† Dem zuwider sagt der Ritter Chaumont in seiner
erzehlung von Siam: Der König von Siam habe ausser
seiner printzeßin tochter noch zwey brüder gehabt. Wie
auch daß die hinterlassenen brüder/ vor denen königlichen kindern/kron- und reichs-erben in Siam seyen. Doch
es kan seyn/ daß zwar der König zwey brüder gehabt/
welche aber entweder ehe als er gestorben/ oder in dem
auffruhr im reich umkommen sind.

* Es ist verwunderlich/ was allhier unser autor mel-
det/ daß nemlich anno 1688 oder 89 das/ was er hier
sagt/ von vielen geschichtschreibern selbsten nicht habe
können geglaubet werden; da doch Nieuhoff schreibet/
daß schon zu seiner zeit / da er mit denen gesandten der
Ost-Indischen compagnie/ und in deren gesellschafft zu
Peking gewesen/ sich daselbst Moscowitische abgesandten befunden hätten / welche unverrichteter sache vom
Chinesischen Käyser ihren abschied genommen/ und weggereiset wären: hätten aber nicht eher ihre reise dahin-
wärts fortsetzen können/ biß sie einen paß oder freybrieff
von dem Käyser selbst erhalten hatten. So daß es
schon

ſchon dazumahl/ und alſo ſo lang vor der zeit/ da unſer
ſchreiber dieſes geſchrieben/ bekandt geweſen iſt/ daß
nemlich Moſcau vermittelſt Siberiens an die Tartarey
und alſo an China gräntze.

Noch mehr iſt es zu verwundern/ daß der Chineſiſche
Käyſer ausländiſche geſandten oder Europäer nach
Moſcau abgeſchicket/ und in auffrichtung und ſchlieſ-
ſung des letztern friedens ſich abermahls des dienſts einiger Jeſuiten gebrauchet hat.

Das XXV Capitel
Von dem urſprung der letzten Chineſi-
ſchen Käyſer.

WIewohl das Chineſiſche reich mehr als
4000 jahre alt und bekandt iſt/ auch von
ſelbiger zeit an ſeine eigene Könige oder
Käyſer gehabt hat/ welche biß heut zu tage in 22
familien oder geſchlechten eingetheilet werden;
(welches auch einſtimmig von allen ihren gelehrten befeſtigt/ und von denſelben nicht gezweiffelt
wird/ man könne mit grund der warheit noch wohl
auff ein halb tauſend jahr die benannte zeit weiter
hinausſetzen) ſo haben dannoch die Chineſer biß
auff dieſen tag/ oder wenigſtens biß mitten in das
16 ſeculum, nichts von ihren ſitten/ lehren/ klei-
dungen/ arten/ weiſe zu regieren/ ſprache oder dergleichen etwas verändert.　Es iſt zwar wohl
wahr/ daß durch einheimiſche auffrühre und kriege groſſe verwirrungen/ erſchütterungen und veränderungen im ſelbigen reich vorgefallen ſeyn/ welche

che demſelben/ dem äuſſerlichen anſehen nach/ eine
andere geſtalt gaben/ dannoch blieb alles; oder
kam zum wenigſten bald darnach wiederum in vorigen zuſtand.   Dann bald war das reich in 100/
bald in 300/ bald wieder in 7/ bald nur in 3 theile
unterſchieden und zertheilet.   Endlich aber kam
es wieder zu ſeiner vorigen form/ und iſt ein reich/
welches nur ein oberhaupt erkennet.   Die zeit-
rechnung der Chineſer merckt aus denen oben benannten 22 fürſtlichen familien an 236 Käyſer/
anfangende vom Käyſer Fohi, biß auff den Tartariſchen ſtamm Taicin oder Taicou : Dann der
Fürſt Fohi wird von allen gelehrten einſtimmig/
nach derſelben zeitrechnungen/ vor den grundleger
der ſouverainen herrſchafft über China gehalten;
deren beſchreibungen man vollkommenen glauben
beymeſſen kan / indem ſie durch die gelehrteſten
und vornehmſten miniſters des reichs/ welche dazu
von dem Käyſer ſelbſt befehlichet worden/ einfäl-
tiglich/ und ohne eintzige groſſe zierlichkeiten haben
müſſen auffgeſetzet werden.   Dieſem Fohi wird
die ehre gegeben/ und von ihm geſagt/ daß er ein
ſolcher Fürſt geweſen ſey/ welcher durch ſeinen hohen verſtand/ klug-und erfahrenheit ſelbſt geſetze
vorgeſchrieben/ und zum fundament des wohlſeyns
ſeiner regierung/ und des bürgerlichen zuſtandes/
allerhand gute ſitten/ in erziehung der kinder/ und
auch wie man dieſelbe/ wann man auff die höchſte
ſtuffe der wiſſenſchafft gelangen wolle/ in übung
bringen müſſe/ angewieſen/ ja ſelbſt himmelhoch
erho-

erhoben habe/ er verachtete alle müßiggänger/und rühmte diejenigen/ welche durch verſtand und fleiß ſich vor andern herfür thaten.   Dannenhero brachte ſeine ruhmwürdige regierung/ mit einem hohen alter und vieler erfahrung vergeſellet/ bey ſeinen erkäntlichen nachkommen vor ihn eine ſolche æſtim zu wege/ daß ſie ſeine gegebene regeln/lectiones und geſetze/als GOttes ſtimme verehren; und gewiß/ wann ſie ſelbige recht betrachten/ werden ſie befinden/ daß ſie/ vermittelſt derſelben/ wegen ihrer weißheit/ geſchicklichkeit/ guter regierung und ſtaats-wiſſenſchafft/ vor allen Aſiatiſchen völckern/den ruhm und preiß verdient/ erlangt und behalten haben.   Auff Fohi folgte Chumming, auff den Hoangti, und dieſem Xao, und einige andere/ welche alle/ wie aus denen chronologien ſelbiger zeit erhellet/ wahl-könige geweſen ſeyn.   Gleichwie auch die menſchen zu des patriarchen Noä zeiten/ und einigen ſeculis nach ihm/ insgemein ein langes leben hatten/ ſo ſollen auch dieſe Könige/ iedweder über 100 jahr regieret haben; doch ſoll auch ſolche anzahl der jahre/ eben wie von jenen in der heiligen ſchrifft ſelbſten gemeldet wird/ bey denen nachfolgern immer mehr und mehr verzingert worden ſeyn.Oben benannte zeit-rechnungen oder geſchicht-bücher melden auch/ daß nach denen wahl-königen der König Yvus der erſte geweſen ſey/ deſſen ſohn nach ihm regieret/und von demſelben ferner hin/ biß auff den heutigen tag/ das königreich erblich geworden/
und

und auch ſo geblieben ſey. Der ietzt regierende
Käyſer/ aus dem geſchlecht Taicin oder Taicou/
(welcher oben auch berühret worden) iſt der dritte
Tartariſche Käyſer / deſſen großvater Tſoate
dieſes reich/ nach dem tode Zunchi/ als welcher der
letzte und ſechzehende Käyſer aus dem ſtamm Taiminga war / ſo es bey 276 jahren her beherrſcht/
einnahm/ oder ſich vielmehr in den beſitz des käyſerlichen throns ſtellte / nachdem Li oder Licoung
der räuber und zerſtörer Chinä/ durch den printzen
Ouſangovei / durch beyhülffe der Tartariſchen
trouppen vertrieben und verjagt worden.

Obige ſchrifften melden auch/ daß unter dem regiment des Käyſers Xuni/ die Tartarn das erſte
mahl in China eingefallen ſeyn: der Käyſer aber
ſey ihnen tapffermüthig entgegen gezogen/ und
habe ſie wieder herausgeſchlagen/ und ſo das reich
wieder zur ruhe gebracht / welches dann lang vor
Chriſti geburt geſchehen/ und nur ein krieges-an-
fall oder eine überrumpelung / welche nicht lang
währte/ geweſen iſt. Aber anno 1200 überwäl-
tigten die Tartarn * das käyſerliche reich/ da der
letzte Käyſer vom geſchlecht Sung/ bey deſſen familie das regiment 400 jahr geblieben war/ herr-
ſchete. Sie kamen und nahmen es durch verrä-
therey eines groſſen des landes/ Zlnghay genannt/
ein. Der verräther nahm hierinn ſeinen ſtreich
gar wohl in acht/ und brachte die Tartarn hinein/
da der Käyſer noch ſehr jung war. Und ſo haben
ſie dieſes reich 80 jahr lang beherrſchet / und in

fried

fried und ruh besessen. Darauff aber verfielen
durch die länge der zeit/ der ruhe und der guten ta-
ge/ die sie genossen/ die streitbare Tartaren in ein
gemächliches leben/ und in die wollüste der Chineser. Die krieges-disciplin kam aus der ordnung/
und die furcht vor den obern fieng an zu verschwin-
den; der soldat wurde muthwillig/ verübte ge-
walt/ und wurde nicht gestrafft: Als nun dieses
ein und andermahl geschehen war/ und man so
durch die finger gesehen hatte/ gab solches zu meh-
rerm bösen/ zu strassenrauberey/ plündern und mor-
den/ grosse anleitung; da aber dieses übel zu starck
anwuchs/ fieng man an sich vor schwerer straffe
zu fürchten/ daher entstunden gantze zusammenge-
rottete trouppen/ die sich im anfang in die winckel
des gantzen reichs ausbreiteten/ und so China gantz
unsicher machten: welches aber am allermeisten
darzumahl angieng/ da sich dieselbe/ starck gnug
zu seyn vermeinende/ trouppenweise wie kleine
heerlager im felde sehen liessen.

Weil nun aber über dieses die Chineser der
ausländischen ober-herrschafft müde waren/ welche sie ohne dem nicht vertragen können/ wie aus
folgendem erhellen wird/ murreten sie wider die
grossen/ und machten im gantzen reich einige bewe-
gungen/ dabey sich aber keine grossen des landes
blicken liessen. Dannoch wurden sie nachfolgender gestalt von dem Tartarischen joch befreyet:

Ein gewisser junge aus der stadt Fujangfu/ in
der landschafft Nanking/ gebürtig/ dessen eltern
                                          an

an der peſt geſtorben waren/ hatte ſich theils ſol=
chem übel zu entgehen/ theils auch / weil er ſahe/
daß er nur armſelig würde leben müſſen/ in hoffnung anderwärts mehreres und beſſeres glück zu
finden / in eine bajode oder götzen-tempel bege-
ben/ denen Bonjes oder abgöttiſchen pfaffen zu
dienen: Weilen ſie aber nicht allzu wohl mit ihm
umgiengen/ lieff er davon/ und wurd ein viehhir-
te. Da er nun zu männlichern jahren gekommen
war/ verfügte er ſich als ein ſoldat und kriegsmann
zu denen obenbenannten räubern und kriegs-
trouppen / welche ſchon dazumahl ein entſetzlich
groſſes heer ausmachten. Unter ſelbigem kriegs-
heer war nun ſein vetter ein vornehmer befehlsha-
ber/ welcher ihn/ weil er ſich wohl auffführte/ und
ſo bekandt wurde / immer mehr und mehr zu hö-
hern chargen erhub. Inzwiſchen wurde ſein vetter gar feldoberſter/ und ſtarb einige zeit darnach.
Da nun ſo die feldherrn-ſtelle offen war/ ſtehet er
nach deſſen amte/ und wird endlich an ſeines vet-
ters ſtelle eingeſetzet. So bald er nun feldoberſter
worden/ griffe er nicht lang darnach/ (da er/ ſeinem
gedüncken nach/ ſtarck genung war) mit hülffe der
Chineſer/ die Tartarn an/ und zohe mit ſolcher gewalt und geſchwindigkeit wider ſie aus/ daß in zeit
von ſieben oder acht jahren/ der Tartar gantz China räumen/ und ſo das land verlaſſen muſte. Er
befeſtigte ſich auff dem thron/ wurde zum Käyſer
erkläret/ und reſidirte zu Nanking/ ſtarb endlich/
nachdem er das Käyſerthum gantzer 33 jahre/ un-

ter dem titul und beynahmen Hungvil, das iſt/ der
wegen der waffen trefflichkeit berühmt iſt/ beherrſchet hat. Er war der erſte des ſtams Minchao oder
Tamincha, welcher dieſes blühende reich/ wie ge-
dacht/ ohngefehr 280 jahr lang regieret hat. Nach
ihm iſt ſein ſohn Käyſer worden/ welcher die Käyſerliche reſidentz von Nanking nach Peking verlegt
hat/ dem Tartar deſto näher zu ſeyn/ welchen er
auch mit aller ſeiner macht überfiel/die gantze Tartarey durchſtrich/ und überall/wohin ſich nur ſeine
ſiegende waffen wandten/ alles verheerte und nie-
mands ſchonte/ indem er ſich vorgenommen hatte/
wann es ihm müglich/ die gantze Tartarey auszu-
rotten und umzukehren. Doch da niemand mehr
war/ der ſich ihm widerſetzte/ oder ihn an dem/
das er vorhatte/ hindern konte/ kehrte er wieder
nach China zurück; allwo er nach einer langen regierung ruhig und friedlich geſtorben iſt. Nach
ihm hat ſein ſohn und deſſen nachfolger biß auff
Zunchi , das iſt biß anno 1644/ regieret. Dieſer
Zunchi war der letzte aus dem ſtamm Tamincha,
welcher da er erbärmlich umkam/dem Tartar/den
thron zu beſteigen/ platz machte.

Es iſt anmerckens würdig/ daß der ſtamm/wel-
chen die Tartarn bey nahe vor dreyen ſeculis aus-
getrieben hatte/ ſo viel hundert jahr darnach von
eben demſelben volck (dabey dieſes nur der unterſcheid iſt/ daß dieſe abendländiſche/ und vor morgenländiſche Tartarn waren) wiederum ausgetil-
get werden muſten.

Ehe

Ehe wir zu betrachtung gegenwärtiger regie-
rung/ und veränderung des Käyſerthums überge-
hen/ ſo berühren wir im vorübergang / daß unter
der regierung Käyſers Vanlie/der einer der letzten
Fürſten aus dem mehr gedachten ſtamm Taiminga geweſen/ und anno 1620 / nach einer 48 jährigen regierung/ im 58 jahr ſeines alters verſtorben/
die Tartarn in China eingefallen / und durch ihn
wieder herausgetrieben worden. Unter eben dieſem Käyſer/ ohngeſähr anno 1580/ fing China an/
denen Chriſten erſt recht bekandt zu werden.
Dann nach Franciſco Xavier, welcher ſich aus Japan hieher verfügte/ in hoffnung etwas guts zum
dienſt des Königreichs Chriſti auszurichten / aber
unterwegs auff der Inſul Sancham, welche zu der
landſchafft Canton gehöret/ ſtarb; haben andere
Patres, Herrada, Marino Alfaro, mit einigen brüdern
vom orden Franciſci , nemlich Martino Egnatio,
nebſt Rogero, Paſio, Ricci, und mehr andre / ſolch
werck mit eben demſelben eyffer unternommen.
B. Matthias Ricci leuchtete aber hierinn unter denen
andern allen am meiſten hervor / indeme er ſchon
vorhero zu Macao lang gewohnt/ den Gottesdienſt/
die geſetze und rechte des reichs erforſchet/ und die
ſprach erlernet hatte/ dadurch er dann in gut anſehen bey dem Käyſer / und gantzem hofe gekommen; und fruchtete ſolches ſo viel/ daß ihme zugeſtanden wurde ein hauß (welches das fundament
der ſendungen und aller guten wirckung der lehre
vom creutz Chriſti iſt) zu kauffen/ einen Gottesacker
an-

anzulegen/und ſo ſich daſelbſten feſt zu ſetzen. Doch
fehlte nicht viel/ daß nicht durch neid derer zu Macao, das Chriſtliche gebäu/nebſt dem weinberg des
HErrn mit ſeinen früchten/ auff einmahl / und
durch eine harte verfolgung/ wäre ausgerottet
worden/ wann nicht die hand des HErrn durch
ſtraffung der verfolger mit im ſpiel geweſen wäre.

Nach dem todt des Käyſers Vanli folgte ihme
ſein ſohn Taichan nach / ein tapfferer Printz/wel-
cher in zuſammenziehung einer groſſen krieges-
macht wider die Tartarn/ die ſich zu bewegen an-
fingen/die frucht ſeiner guten erziehung/ da er ihnen heldenmüthig entgegen gieng/ genugſam von
ſich blicken ließ; doch er wurde allzufrühzeitig/ da
er kaum 4 monat regieret hatte/ durch den todt
dahin geriſſen. Nach ihm kam ſein ſohn Thienki,
welcher/ was die tapfferkeit und liebe zum frieden
anlangt/ nicht aus ſeiner voreltern art ſchlug/ auf
den thron/ er ſchlug die Tartarn/ welche in Leaotung eingefallen waren / und verſchiedene ſtädte
eingenommen hatten/ durch beyhülffe ſeiner bun-
desgenoſſen/ wieder heraus/ und ſtarb ruhig/ da er
das Käyſerthum ohngefehr 7 jahr beherrſchet hatte. Ihm folgte in der regierung ſein bruder Zungchi, welcher eines ſanfftmüthigen gemüths war/
die ruhe liebte/ und ſich zu viel auff ſeine amtleute
verließ/welche nicht nur nicht auffrichtig und red-
lich mit ihm umgiengen / ſondern noch dazu ihn
elendiglich umbrachten/ dadurch dann das gantze
Käyſerthum * ſich verkehrte/ und auf einen frem-
den

den ſtamm und geſchlecht fiel. Es war wohl der
Tartar durch den hochgedachten Kaͤyſer Thienki
aus Leaotung und China vertrieben/ und ihm eine
ſchatzung aufferleget/ dennoch aber der innerliche
krieg noch nicht geſtillt/ noch auch ſo auff einmahl
das kriegesfeuer geleſcht/ ſondern es ſchlug bald
darnach in eine noch groͤſſere und hellere flamme
aus; indem die Chineſiſchen land-voͤgte ſich nicht
ſcheueten/ die Tartaren und Tartariſchen kauffleute zu drucken/ mit denen letztern nicht behoͤrlich
ſondern unrecht zu handeln/ und dieſe voͤlcker auff-
zuhetzen/ damit ſie im umgeruͤhrten und truͤben
waſſer deſto beſſer fiſchen koͤnten. Die kauffleu-
te/ nebſt andern/ welche von denen amtleuten ge-
plaget wurden/ beklagten ſich daruͤber/ wurden
aber an dem Kaͤyſerlichen hofe nicht gehoͤret. Der
Koͤnig ſelbſt/ als ſeines kriegesheers haupt/ ſchickte
ein ſchreiben deßhalben an den Kaͤyſer ab/ ehe er
etwas feindliches unternahm/ aber ſeine worte mit
dem ſchwerdt bekraͤfftigte: er ſtellte ihm vor das
unrechtmaͤßige vornehmen ſeiner land-voͤgte und
bedienten/ wie auch daß der hof die klagen ſeiner
kauffleute/ uͤber das ihnen zugefuͤgte unrecht/ nicht
wolte hoͤren/ ſondern in den wind ſchluge; mit
bitte/ daß er deßhalben ſeine amtleute/ die das
volck druckten/ ſtraffen wolle; und ſolche anſtalt
machen/ daß ſolches nicht mehr geſchehe/ wie auch
die aufferlegten jaͤhrlichen ſchatzungen wiederruf-
ſen moͤchte/ damit ihm die kriegs-unkoſten/ welche
er ſchon extragen muſte/ wiederum erſetzt werden
koͤn-

könten; widrigen falls er / wann ihm dieſes alles
geweigert würde/ durch ſeine gerichte waffen ſolches zu erlangen trachten müſte/ indem er dazu
durch die klagen/ gewalt und unrecht/ ſo ſeinen unterthanen geſchahe/verpflichtet wäre.　Der Käy-
ſer/ an ſtatt dieſe ſachen alle ſelbſt zu unterſuchen/
entſchlägt ſich derſelben/ und ſchiebet alles ſeinen
reichsräthen auff den halß; welche den Käyſer
in ſeiner unwiſſenheit und blindheit unterhielten/
und nach ihrem eigenen wohlgefallen ihre rolle
vollends ausſpielten/ und ohne groſſe gegenwehr
den Tartar/ mit einem theil von Leaſtung/ fortkommen lieſſen.　Nach dieſer eroberung ſuchte
der Tartar ſich der gantzen landſchafft zu bemäch-
tigen/ aber er fande einen allzuharten widerſtand;
es wurde auch lang deswegen zwiſchen ihnen ge-
krieget/ bald ein ſieg von dieſen/ bald einer von jenen befochten und erhalten/ und endlich durch einen frieden zu ende gebracht/ und das zu der Tartarn vortheil/ dieweil der Käyſer mit überlaſſung
alles deſſen an die Tartarn/was ſie eingenommen
hatten/ ſolchen frieden einzugehen genöthiget wur-
de/ aus urſache/ daß die räuber oder vielmehr einige groſſe des reichs/ im gantzen lande eine ſolche
rebellion anrichteten/daß ſich der Käyſer mehr vor
dieſen als vor deren Tartarn fürchten muſte.
Welches dann' die erfahrung auch bekräfftiget
hat/ indem der räuber Licoung/ da er viele ſtädte
und gantze landſchafften erobert hatte/ ſo hochmü-
thig ward/ daß er ſich den Käyſer ſelbſt/ in der
haupt-

hauptſtadt Peking/da er wuſte/daß die trouppen auscommandiret waren/oder doch unter ſolchen/ die des Käyſers verräther waren/ ſtunden/ zu beſuchen unterſtund. Da nun der Käyſer ſahe/wie er an der einen ſeite verrathen/ an der andern aber verlaſſen war/und doch nicht lebendig in der räuber hände gerathen wolte/ machte er durch einen ſtrang/ nachdem er vorhero ſeine tochter niedergeſäbelt/ ſeinem leben ein ende.

Darauff bemühete ſich zwar der überwinder des throns ſich zu bemächtigen/und deßhalben den Printzen Ouſangovei, welcher über das Leaōtungiſche kriegsheer / an der groſſen mauer / auff die Tartarn ein wachendes auge zu haben/geſetzt war/ auff ſeine ſeite zu ziehen/oder ihn mit ſeiner groſſen kriegesmacht zu überfallen. Aber dieſer Printz zohe dagegen die Leaōtunger / wie auch alle verbanneten und aus dem reich geflüchteten an ſich/ und fügte ſie zu ſeiner armee. Und da er noch nicht ſtarck genung zu ſeyn urtheilte der faſt unzehlbaren menge/und denen allzugroſſen kräfften der räuber ſich zu widerſetzen/richtete er mit dem Tartariſchen König Zunte oder Tſonte ein bündniß auff/ mit zuſammengeſetzten kräfften ſich dem ſiegenden räuber zu widerſetzen/und ſo den todt ſeines vaters (indem der räuber des hochgedachten Printzens vater ſchrecklich ermordet hatte) zu rächen; wie er auch in der that gethan/da er ihn nach einem blutigen treffen (davon in dem VII cap. allwo wir von Leaōtung handelten/weitläufftiger geredet

redet worden)ſo hart verfolgte/daß man auch nicht
weiß/ wo Licoung geblieben ſey. Währender zeit/
daß der Printz Licoung den räuber verfolget/komt
auch Tſonte in das Käyſerliche reich/ theils dem
Printzen Ouſangovei, wann er unglücklich ſeyn
ſolte/ zu helffen/ theils das land von dem anhang
des räubers zu reinigen/und auch die/ſo ſich zuſammen rotten möchten/ zu zerſtreuen. Da er nun nach
Peking kam / ſand er den thron ledig/ und keine
ſchwierigkeit/ denſelben zu beſteigen/ im wege/dar-
um bemächtigt er ſich deſſelben/und läſt ſich von denen Chineſern/ deren hertzen er ſchon durch ſeinen
freundlichen*umgang gewoñen hatte/und von ſeinen mitgebrachten Tartarn vor Käyſer ausruffen/
ohne einige veränderung in dem regiment vorzu-
nehmen/ auſſer daß die helffte der regierung von
denen Chineſern/ die andre helffte von denen Tartarn dependiren ſolte/ alles andere lieſſe er beym
vorigen bewenden; ausgenommen was die Tartariſche kleidung und ihr haar anlanget/dazu er denen Chineſern (durch eine krieges=liſt/ indem er
vorgab/ dadurch den feind zu betrügen/ und Licoung deſto ehe zu ſchlagen) bald im erſten treffen
gelegenheit gegeben / und hernachmahls gar ſie
dazu gewöhnt hatte. Da inzwiſchen Ouſangovei
von dem nachjagen ſeiner feinde wieder zurück
kam/ ſand er den Tartar auff dem thron / welchen
er zwar erſuchte/ ihrem bündniß zu folge/ und ge-
ſchehenem verſprechen nach/ indem das reich beru-
higet/ und der auffrührer verjagt wäre/ aus dem
reiche

reiche zu weichen/ und nach der Tartarey zuruͤck zu
kehren/ dabenebſt er ihm auch die bey anfang des
krieges ausgedungene geſchencke offerirte: darauff aber der Tartar gantz hoͤfflich antwortete/ es
ſey noch zu fruͤhe/ aus dem reiche zu weichen/ indem
des raͤubers gewalt noch nicht gar gedaͤmpfft waͤ-
re/ und koͤnne leicht geſchehen / daß der raͤuber/
wann er ſeine wegreiſe und wiederkehren in die
Tartarey vernehmen wuͤrde/ ſich viel ſchrecklicher
als vorhero hervor thun/ und alles wegnehmen
moͤchte; da dann er vielleicht nicht alſobald wiederum im ſtande wuͤrde ſeyn koͤnnen/ ihnen bey-
zuſpringen und zu huͤlffe zu kommen.   Es ſey derohalben beſſer/ zufoͤrderſt den raͤuber mit ſeinem
gantzen anhang biß auff die wurtzel auszurotten/
und ſo theils ſein ſelbſt / theils des Chineſiſchen
reichs halber/ rechtmaͤßige rache zu nehmen/ und
dadurch der feinde gewalt zu brechen und ſie zu
hemmen/ damit man hinkuͤnfftig vor ihnen ſich
nicht mehr zu fuͤrchten haben moͤchte. Der Printz
ließ ſich bereden/ und nachdem er wenigſtens ein
verſtelltes weſen angenommen hatte/ zernichtete er
den raͤuber gaͤntzlich/ und verfolge ihn uͤberall der-
maſſen/ daß von dem raubgeſindel nichts uͤbrig
blieb/ und ſo gantz China in ruh und friede geſetzt
ward.   Es hatte aber Kaͤyſer Tſonte kaum den
thron beſtiegen/ ſiehe ſo ſtarb er an. 1644. Er iſt
der erſte geweſen von dem ſtamm Taicim, welcher
das Chineſiſche Kaͤyſerthum mit ſeinem Koͤnigreich
verbunden und vereiniget hat ; dadurch er ſein

Ff   ge-

geſchlecht/ und auch die Mantcheou, mit welchem nahmen ſeine Tartariſche unterthanen belegt werden/ verherrlicht/ und ſeinen nachkommen den weg zu einer groſſen gloire und würde gebah= net hat.

Er hinterließ einen ſohn/ Chunchi genannt/ zum nachfolger im reiche/ welcher nur 6 jahr alt war/ über welchen er die auffſicht ſeinem bruder Ama= vang anbefahl/ und ihme auch zugleich die regie= rung des landes überließ; welches er ſich ſo ſehr an= gelegen ſeyn ließ/daß an ſeiner ſeiten nichts erman= geln muſte/ die widerſetzigen provintzen vollends zu bezwingen ; da indeſſen Ouſangovei fortfuhr den Licoung und ſeinen anhang zu verfolgen/ ſeine gerechte rache von ihm zu nehmen; davon gemel= det wird/ daß er endlich den räuber ſelbſt in einer ſchlacht überwunden/ und zu einem ſöhnopffer der an ſeinem vetter begangenen übelthat ſoll dar= nieder gehauen haben.

Amavang indeſſen/ welchem die oberſte macht in regiments= und kriegesſachen anvertrauet war/ erzeigte ſich in allem/ was er vornahm/ ſo löblich/ daß ihm/ nicht weniger als ſeinem bruder/ die be= ſitzung/ eroberung und erhaltung des reichs zuge= ſchrieben werden muß. Dann er gab zeichen ſei= nes verſtandes und ſeiner vorſichtigkeit von ſich/ nicht nur in regierungsſachen/ ſondern auch in der art und weiſe ſeinen feinden zu begegnen; ja er legte genungſame proben ſeiner tapfferkeit durch geſchwindes angreiffen und glückliches ſchlagen

1000 seiner feinde ab; aber noch vollkommenere
kennzeichen seiner großmüthigkeit und tugend=
hafftigkeit seines gemüths und seiner seele/ ließ er
von sich sehen/ wann er/ zu erweisen/ baß er nicht
mit selbstliebe eingenommen sey/mit eben der hertz=
hafftigkeit/ mit der er das reich an statt seines
vettern regiert/ erhalten und erobert hatte/ dem
jungen Fürsten/ so bald er zu behörigen jahren ge=
kommen war/ das regiment aufftrug; welches ei=
ne sache ist/ die deßhalben ruhmwürdig genennt
werden mag/ weilen keine oder doch gar wenige
dergleichen exempel gefunden werden.*

Chunchi herrschte nicht lang/dann er starb an.
1662; er hatte/ nachdem er die regierung selbst an=
getreten hatte/ wenig andere bekümmerniß/ als
daß er sich/ die sachen des reichs in gute ordnung zu
bringen / am meisten angelegen seyn ließ; dabey
aber erwieß er zugleich/ daß er ein liebhaber der
freyen künste und der wissenschafften/ins besonde=
re der philosophie sey/ deßhalben machte er den
P. Adam Schaal zum præsidenten in selbigem colle=
gio,und würdigte ihn seiner æstim, ✝ ohngeacht der=
selbe ein fremder und dazu ein Christ war; da=
durch er hoffnung machte zu immer mehrerer fort=
pflantzung der Christlichen religion. Dann wann
die Fürsten denen unterthanen mit guten exempeln
vorgehen/und denen lehrern gunst erzeigen/wird
denen/ die solche gunst geniessen/ eine thür geöffnet/
in die gemüther der gemeinen/ ja wohl der grossen
selbst/ desto tieffer einzudringen und sich bey ihnen
zu insinuiren.   Ff 2   Ihm

Ihm folgte in der regierung ſein ſohn Camhi
oder Canchi, das iſt/der friedſame; Er war/da ſein
vater ſtarb/8 jahr alt; und dieſer iſt der ietzt regierende Käyſer/ welcher ſo löblich herrſchet / welcher
gute übungen und die gelehrſamkeit liebet / und
welcher denen Chriſten ſo viel freyheit * in gantz
China vergunt hat / daß man hoffen darff/ dis
mächtige reich werde noch dereinſt durch GOttes
gnade die irrthümer der Heyden verwerffen/ und
den allein ſeligmachenden wahren glauben an JE-
ſum Chriſtum annehmen:welches der gute Gott geben wolle. Es hat ſein vater bald in ſeiner kindheit
gemerckt/was vor ein maß in ihm ſtecke/deßhalben
er auch alle ſeine älteren brüder vorbey gieng/ und
ihn zum reichs - nachfolger erklärte. Da er noch
minderjähriger war/ muſte die gemeine der Chriſten in China ſehr viel ausſtehen/ dann die vier
Herren/ denen die regierung anvertrauet war/
waren mit einem bittern haß wider den Chriſtlichen Gottesdienſt eingenommen; die Chriſten
muſten leiden / P. Adam Schaal kam in ketten und
bande/ und wurde zu dem tode verdammt: aber
durch GOttes wunderbare hand gnädig wieder
erlöſt und befreyet/ ſtarb auch nicht lange darnach
in groſſer ehre/und lebens ſatt; ſeine feinde aber
wurden zu ſchanden/ ſo daß ihrer viele einen harten todt ſterben muſten. Nach ſeinem tode kam
P. Verbieſt bey dem ietzt regierenden Käyſer in
gunſt/ welche er nebſt der præſidenten - ſtelle in der
philoſophie biß an ſein ende behielt. Nach ſeinem
abſter=

abſterben trat B. Grimaldi an ſeine ſtelle/ und in
offenbare gnade des Fürſtens/ von dem nicht ſo
viel lobenswürdiges geſagt werden kan/ daß er
nicht noch mehr verdienen ſolte.

Dann wann man denen/ die ihn gehöret und
geſehen haben/ glauben mag und muß/ ſo iſt es ein
ſolcher Herr/ von dem beſſer zu ſchweigen/als nur
wenig zu ſagen iſt: ſeine tugenden ſeynd zu groß/
dieſelbe auff ein kleines und geringes papier zu
bringen/und unſere feder iſt zu ſchwach/ ihn der
gebühr und ſeiner würden nach zu rühmen: deßhalben entſchlagen wir uns insgeheim der uns
allzuſchwer ſeyenden laſt.   Nur thun wir dem
leſer zu deſto beſſerm unterricht zu wiſſen/ daß kein
Printz von dieſer linie das reich ſo lang als dieſer
beherrſchet hat; dann ſein groß-vater Tſonte be-
herrſchte kaum das neugewonnene Fürſtenthum
ſo lang/daß er alle ſeine landſchafften hätte können
durchreiſen/ und ſtarb anno 1644/und hinterließ
Chunchi, einen Printzen von 6 jahren/mit löblichen
tugenden begabt/ der ſtarb/ da er den gegenwärtigen Käyſer zum reichs-erben/ welches eine der
herrlichſten und gröſten ſachen/ die er jemahls thun
können und auch gethan hat/ erkläret hatte anno
1662. Er war 8 jahr alt/ da ſein vater ſtarb/und
wird Canchi oder der friedſame genannt. Welcher auch ietzt ſein reich friedlich und in ruhe beſitzt/
und geehret/ gefürchtet und geliebet/ beherrſchet.
Im anfang ſeiner regierung muſte er durch viele
gefahren und gleichſam ſtürmende meere/ welche
Ff 3   junge

junge Herren/ ehe sie glücklich in einem hafen an-
langen/ insgemein beschiffen musten/ sich durch-
wickeln. Nicht lange darnach/ da er kaum 20
jahre erreicht hatte/ rebellirte wider ihn Ousangovei und führte wider ihn einen schweren krieg.
Indem er nun von geburt ein Tartar/Ousangovei
dagegen ein Chineser war/ so war auch der letztere
dem gemeinen volck desto angenehmer/ deßhalben
ihm auch dasselbe blind folgte und so sonderlich an-
hieng und zufiel/ daß es zu verwundern war/ daß
er/ da er schon das halbe Käyserliche reich eingenommen hatte/ es nicht völlig wegnahm/ und in seine hände überkam. Doch der junge Käyser wuste durch seine annehmliche liebkosende und hertz=
stehlende gaben die gemüther seiner unterthanen
so lieblich zu fesseln/ an sich zu ziehen/ und zu füh-
ren/ daß er einen rühmlichen frieden mit dem benannten Printzen/ der denselben noch einige jahre
erlebte/ traff. Doch nach dessen todt wuste sich
der Käyser seiner staats-maximen gar wohl zu be-
dienen/ seine söhne nach hof zu locken / und ihre
schwachheiten so zu seinem vortheil zu gebrauchen/
daß er alle seine reiche und herrschafften bald durch
dieses/ bald durch ein anderes mittel/ oder durch
diesen und jenen vorwand wieder an sich zohe/
und so eines reichs einiges haupt und Käyser blieb.
Es hatten sich auch die Könige von Canton und
Fokien des auffstands Ousangovei bedient / und
angefangen wider den Käyser zu kriegen; er aber
wuste so artig ihre bande zu zertrennen/ und unter
denen

denen dreyen Prinẞen/ daʒu noch ſich Coxinga als
der vierdte fügte/ ſolche uneinigkeiten anʒufangen/
ſo daß ſie von einander getheilet wurden/ und ſich
ſelbſt ruinirten ; da ſie doch/ wann ſie an einem
ſtrang geʒogen hätten/ gewißlich der Käyſer/ ohngeacht er ein ſo tapfferer held und dabey in der politique ſo wohl erfahren iſt/ über einen hauffen ge-
worffen/ und von dem thron würden gebracht haben. So aber bekam er durch ſein kluges auff-
führen/ durch gewinnung der ʒeit und durch über-
leben ſeiner feinde/ eine vollkommene gewalt über
ihre oder vielmehr ſeine reiche : Uber das er noch
darʒu /nach dem tode der fürſtlichen eltern/ die hin-
terlaſſenen ſöhne entweder an ſich ʒog/ oder als böſe
und unruhige nachbarn unter ſeine botmäßigkeit
brachte/und ſo allen verderblichen ſaamen/welcher
dem guten acker ſeines reichs einigen ſchaden bringen konte / wegnahm oder gänẞlich ausrottete.

Nachdem er nun ſeine reiche in ruhe geſeẞt hat-
te/machte er eine gute ordnung in ſeiner regierung/
deßhalben er daʒu wackere männer erwehlte / und
die ſo gut thaten ehrte/die aber/welche übel thaten/
ſtraffte. Durch ſein eigen exempel wieß er/ daß
er den müßiggang haſſe / aber den fleiß und gute
übungen liebe. Wann er ſtaats-ſachen abgethan/
iſt er mit der jagt / mit dem fiſchfang oder mit denen ſtudien und der übung in guten künſten be-
ſchäfftigt ; dann indem er ſelbſt ein gelehrter Fürſt
iſt/ liebt er mit groſſem æſtim die männer / welche
vor andern darin excelliren/ſie mögen einheimiſche

　　　Ff 4　　　　　oder

oder fremdlinge seyn; dannenhero er auch solche
zu denen höchsten würden erhebet / und sich nicht
scheuet/ selbst die Europäer zu hohen ämtern zu er-
heben/und zu fürtrefflichen diensten zu gebrauchen/
ja er achtet es sich vor keine schande sich von solchen
leuten in der philosophie/in der sternkunst/ artzney-
kunst/ und in denen verborgenheiten der natur/un-
terrichten zu lassen; davon die P. Jesuiten ein zeugniß ablegen können / von denen er sich nicht schämt
tägliche lectiones zu nehmen. Grimaldi, Gerbillon
und Pereira hat er in gesandtschafften gebraucht;
den ersten fertigte er anno 1686 nach Moscau als
einen gesandten ab; und die beyden letztern fügte
er zu der grossen gesandschafft/ durch welche anno
1689 zwischen dem grossen Czaar und dem Käyser
in China zu Nogovium oder Nipchou ein so rühmlicher vergleich getroffen ward. Die P.P. Schaal,
Verbiest und andre obenbenannte/ hat er mit dem
ehrentitul der Præsidenten der hoffgerichte und mit
dem rang der Mardarynen beehret: über dieses
hört er/ so ferne als sein Printz sohn / von weißheit
und andern guten wissenschafften raisonniren.

Es ist auch diesem grossen Käyser nicht genung/
daß er selbst in allerley künsten und wissenschafften
erfahren ist/ und darinn excelliret / sondern er bemühet sich auch solche seinen kindern/ ins besonder
seinem sohn und Erbprintzen Hoangtaise, welchen
er dann und wann selbsten unterweist/ einzupflantzen. Weilen auch die erziehung der kinder und
das verehren der eltern eine derer grundre-
guln

guln der Chinesischen politique ist/ wie vorhin et-
lichemahl gedacht worden/ so belustigt sich auch
darinn dieser grosse Printz: Sein sohn bezeuget
auch/ daß er nicht aus der art eines so durchlauch-
tigen vaters schlagen wolle; indem er genugsame
zeichen sehen läst/ daß er nicht ungeneigt sey/ auff
denen stuffen der weißheit wenigstens so hoch/ als
sein grosser und berühmter vater/ zu steigen.

Dieser ursachen halber wird/ wann GOtt der
HErr geben wolte/ daß dereinst die Christliche religion in die hertzen dieses großmüthigen vaters
und nicht geringeren sohns eingepflantzt werden
könte/ gehoffet/ daß gantz China sich bald dem gehorsam des creutzes Christi unterwerffen/ und vor
demselben demüthigen werde. Dañ durch den trieb
zur gelehrsamkeit wird denen obgedachten P. P. Jesuit. viele gelegenheit gegeben/ ihre lehren nicht nur
denen gemüthern der beyden benannten Fürsten/
sondern auch andern beyzubringen/ welche durch
das hohe ansehen ihrer landes-obrigkeit nicht allein von selbigen gelehrten männern/ sondern auch
von ihrer lehre selbsten gute meynungen zu haben/
bewogen werden; dazu dann viel contribuiret die
geschicklichkeit und gelehrsamkeit der Jesuiten/
welche sie in denen beyden Moscovitischen gesand-
schafften erwiesen haben / dadurch sie den grund
geleget haben zu der ihnen anno 1692 erwiesenen
gnade (war ohngefehr 3 jahr zuvor/ ehe wir dieses
schrieben) da ihnen vom Käyser und dem hofe/ nach
gewohnheit des reichs/ in absicht der Christlichen
reli-

Ff 5

religions-übung viele freyheiten ertheilet worden;
daß nemlich ihnen gleichſam eine groſſe thür geöffnet ſeyn ſolte/ daß ein jeder/ ohne unterſcheid des
ſtandes und der perſonen/ freyheit haben möge/die
Chriſtliche lehre anzunehmen/ und zu bekennen.
Eine gunſt/ welche deſto höher zu achten iſt / wann
man betrachtet/ daß wann China einmahl bekehret werden möchte/ nichts anders unter und durch
GOttes ſegen zu gewarten ſey / als daß gantz Indien ſich bekehren würde/ nebſt andern umliegenden ländern und völckern; dann in der bekehrung
würden gewißlich China/ als dem haupt aller andern landſchafften / als glieder deſſelben (wie ſo
China bey allen benachbarten völckern und reichen
in abſicht der weißheit/ vortrefflichkeit und politique angemerckt wird) blindling/ wie man zu reden pfleget/ doch mit erleuchteten augen des ver-
ſtandes/ nachfolgen: Dazu der HErr ſeinen ſegen geben wolle !

---

* Das waren abendländiſche Tartarn; die aber/welche
letzt das reich inne habent/ſind morgenländiſche Tartarn/
und werden Mantcheou genannt.

* Die urſachen der Chineſiſchen veränderung im regiment nebſt dem untergang der letzten Chineſiſchen Käyſer
wird auſſer dem/ was unſer ſchreiber davon meldet/ von
vielen nachfolgender weiſe angezeiget.　Daß nemlich der
hof/ oder vielmehr der Käyſer ſelbſt/gantz in allem müßiggang und wollüſtiger ruhe erſoffen geweſen/ vergnügliche
tage geſucht/ dieſelbe mit einer groſſen menge ſchöner töchter und damen zuzubringen/welche im-gantzen Käyſerlichen reiche ausgeſuchet werden / und alle zu des Königs
willen ſeyn muſten; ja es iſt verboten/ſie zu verheyrathen/
　　　　　　　　　　　　　　　　　　　wann

wann ſie nicht zuvor dieſelbe/dem Kåyſer angeboten haben.
Und das hat mehr als einmahl den hof verdorben/ und
viele gelegenheit zu innerlichen auffruhr und auffſtand
von auſſen gegeben: da dann die Kåyſer / welche in denen
hofflaſtern/ weichlichkeiten und wollüſten gantz und gar
erſoffen waren/denen ohnmåchtigen die reichsverwaltung
überlieſſen/und ſich ſelbſt um dieſelbe nicht bemüheten und
bekümmerten. Von andern wird noch hinzu gethan/ daß
auſſer dem/was geſagt iſt/ der Kåyſer ſelbſt ſehr geldbegie-
rig und dazu ſehr karg und geitzig geweſen ſey.

*Es iſt anmerckens würdig / und bey der hiſtorie zu
wiſſen ſehr dienlich/ was von dieſem Fürſten Nieuhof er-
zehlet/ wann er ſagt: Es ſchien daß dieſer Fürſt von natur mit allen vollkommenheiten begabt geweſen ſey/ und
worinn ihm etwas mangelte / das verbeſſerte er durch
kunſt und übung. Ehe er noch den Kåyſerlichen thron be-
ſtieg/ ließ er ſchon von ſich ſehen/ was in ihm verborgen
war: als er noch minderjährig war/ wurde er von ſeinem
vater/ unter auffſicht einiger ſeiner Reichsråthe/in Chineſiſcher kleidung nach China geſandt:da er dann nicht nur/
nach ſeiner natürlichen geſchicklichkeit/ die Chineſiſche
ſprache gantz fertig lernte / ſondern auch ihre höffliche
ſitten ſo wohl annahm/ daß er alle Tartariſche rauh- und
heßlichkeit gantz abgelegt und verlernt zu haben ſchiene.
Als er zur regierung kam / verändert er die harte art zu
herrſchen in eine gelindere weiſe ; weilen er ſahe/ daß er
nach der erſtern art würde verhindert werden/etwas wich-
tiges/in abſicht auff die Chineſer/auszurichten. Er befeſtigte ſich auff ſeinem thron / nicht ſo wohl durch gewalt
der waffen/ als durch auszübung geziemender ſitten und
manieren/dadurch er dann ſich die liebe der unterthanen
erwarb/ und ihre hertzen gewann. Denen Chineſern/
welche ihm zufielen/ begegnete er als ob ſie ſeine eigene
landsleute geweſen wåren. Die gefangenen nahm er/
wann es ihnen anſtund/ in ſeine dienſte/ die aber/ſo dieſes
nicht thun wolten/ließ er von ſich/und gab ihnen nebſt guten worten ſichere begleitung mit ; hierdurch gewann er
die

die hertzen/ so daß die/ welche verstoffen oder auß China
vertrieben waren/ zu ihm ihre zuflucht nahmen.　Welche
ihm auch hernachmahls/ da er sich China bemächtigte/ ge-
fällige dienste erwiesen.　Wann auch einige sich fanden/
welche dem stande nach von andern unterschieden und über
sie erhöhet waren; so gab er ihnen so hohe bedienungen und
grosse geschencke/ deren sie in China nicht würden seyn
theilhafftig worden.　Hiezu fügt er noch dieses: Es hatte
dieser Fürst noch einen sonderlichen griff die hertzen der
menschen an sich zu ziehen/ dessen er sich in eroberung der
städte bediente; dann bey solcher gelegenheit ließ er die
regierung im vorigen stande/ und veränderte darinnen
nichts/ (doch ist dem leser zu wissen nöthig/ daß er Tartarn
mit neben einsetzte) überließ auch die regierung der städte
und landschafften dem willen der philosophorum, welche
sie vorhero gehabt hatten/ nur daß die Tartarn die oberste
gewalt in kriegs-affairen hatten und vor sich allein behielten.

　　* Nieuhof sagt/ Amavang sey anno 1651 verstorben/ dabey er eine historie erzehlet/ die ich nicht weiß woher er sie
genommen haben muß/ indem dieselbe wider alle scriben-
ten/ ja wider ihn selbst ist/ und den tag seines tod-s ange-
het; einmahl ist es gewiß/ daß er irret: dann Chunchi
war anno 1644/ da sein vater Tsonte starb/ nur 6 jahr alt/
und also wäre er nach gefolg anno 1651 nur 13 jahr alt gewesen: und dennoch/ sagt eben derselbe Nieuhoff/ daß er seinem vetter/ da er zu gehörigem alter gekommen war/ die regierung auffgetragen/ und von seiner vormundschafft ab-
gestanden sey; und eben darum ist es desto verwunderli-
cher/ und deuchtet uns so fremd/ daß Nieuhoff von diesem
Amavang/ dem alle welt ein besonderes lob nicht nur in
seinem leben/ sondern auch in seinem tode beyleget/ und
von dem er sonsten selbst so viel löbliches und mit so grossem ruhm gesprochen hat/ erzehlet/ (welches aber/ ohne
kränckung der sonst guten conduite Nieuhoffs, nicht höher
als vor eine erdichtung und fabel/ von der sonst nirgends bey keinem scribenten meldung gethan wird/ auff-
genom-

genommen wird) wann er sagt / daß der Käyser Chunchi, nach dem tode Amavangs/ indem dazumahl erst seine untreue und gefährliche anschläge an den tag gekomen/so heftig über ihn erzürnet worden sey/daß er seine leiche wieder auffgraben/ (welches unter denen Chinesern vor die alle r- schrecklichste u. härteste strafe gehalten/ ja vor einen greuel geachtet wird)sein grab schleifen/ den leichnam heraus neh- men/ mit stecken schlagen/ mit ruthen peitschen/ und mit allem nur bedencklichen größten hohn als einem der schlitm- sten landverräther geschehen könte / habe ansehen lassen : und darauff habe er gar alle dessen verwandten/ die es nach gefolge mit ihm gehalten hatten/ tödten oder ihrer ehren- ämter entsetzen lassen.

† Le Comte sagt/daß der Käyser Chunchi den bemeldten P. Adam innerhalb 2 jahren mehr als 20 mahl besuchet/ und zwey kirchen zu Peking zu erbauen ihm vergönnt ha- be/und alles das erlaubt/was nur zu bestätigung und fortpflanzung des Christlichen glaubens dienen könte; welches auch einen trefflichen fortgang würde gehabt ha- ben/ wann des Käysers gemüth nicht durch eine gewalti- ge regung verändert/ und er uns nicht durch den todt zu eben der zeit/ da wir seines schutzes am meisten benöthigt waren/ wäre entrissen worden : Er starb/ sagt er/ aus betrübniß über den tod einer seiner kebsweiber/welche ihm den götzendienst so sehr eingepräget hatte/ daß er kei- nen wahren GOtt ausser denen götzen erkennen wolte/ darauff auch eine schwere und harte verfolgung kam/ von welcher dieses geliebte ohr-küssen das fundament und er- ste grund war : doch betraff selbige nicht allein die Chri- sten/ sondern war auch denen Bonses fatal, an deren äusser- stem ruin/ so zu reden/ nicht ein daumen breit fehlete.

* Dieses zielet auff die vergönnung der freyheit/ wel- che die Christen anno 1692 erlanget haben / davon im XIX cap. s der ietzt regierende Käyser ꝛc. nachgesehen wer- den kan.

Nach-

Nachbericht.

HJer siehet der begierige leser einen Chine-
ser/ und höret ihn in unserer sprache reden.
Wir haben ihn aus schlimmen und übelm
latein und ein wenig besserm hochteuschen in gut
holländisch übergesetzt. Beyde abschrifften/ indem niemahls diese kurtze beschreibung Chinä in
druck gesehen worden/ waren wohl einig dem verstande nach/ dennoch aber zuweilen hie und da in
den zahlen und andern kleinigkeiten unterschieden/
und mannichmahl ziemlich dunckel. Wir haben
deshalben/ da der verstand nicht gar zu deutlich
war/ oder wo sie allzuweit von einander abwichen/
entweder einen offenen platz gelassen oder besser
angewiesen/ auch wohl die besten schreiber dieser
materie nachgesehen/ und im holländischen nach
unserm vermögen das/ so uns nicht recht vorkam/
verbessert; und ingleichen haben wir das/ was uns
allzudunckel schien/ mit erklärungen deutlicher vor-
gestellet/ damit wir denen sachen selbst mehr licht
geben/ und wo wir es vor nöthig hielten/ und sie
mangelhafft befanden/ sie klärer und deutlicher
anweisen/ und das/ was merckwürdig war/ nicht
unangerührt haben vorbey streichen lassen wollen.
Deshalben ist von uns p. 141 und 142 etwas näher angewiesen/ und sonnen klar dargethan durch
deutliche beweißgründe/ daß die provintz oder
landschafft Leaōtung ausser der grossen mauer liege; wie auch daß sehr gröblich von denen land-
be-

beschreibern in ihren karten ein fehler nach dem andern gemacht/ und so sehr geirret werde. Dieser
nennt Peking Pechely/ einer Xantung Quoan-
tong/ Xanſi Xianſi, Chanſi und Chicouſi, Xenſi
Xienſi, Chenſi und Chienſi, Nanking Nankan,
Quoantung Quanton, Chanton und Canton, Suchuen Sontchoven, und was dergleichen mehr iſt:
deshalben deuchtete uns gut zu ſeyn/ ſolches alles
etwas deutlicher in unſerm autore, darinnen es
verwirret durch einander herſtund/ durch carten
anzuweiſen und vorzuſtellen. Und alle provintzen
und landſchafften nach der ordnung/ wie ſie hier
geſchrieben ſtehen/nach ihren nahmen/u. ſituation/
wie ſie oſt-weſt- ſud-und nordwärts gelegen ſeynd/
p. 148 und 149 zu bezeichnen. Ingleichen haben
wir cap. XXIV gewieſen/ wie es zu verſtehen ſey/
ohne bey der warheit vorbey zu ſpaziren/ wann
von Corea einer Inſul oder halbinſul geſagt wird/
ſie ſtehe nicht mehr unter dem gebiete China/ und
müſte doch ſelbigem reich jährliche ſchatzungen bezahlen. An einem andern ort haben wir auch
weitläufftiger ausgerechnet/ daß in dem Chineſiſchen reiche ſchon ehemahls die Chriſtliche religion
müſte bekandt geweſen ſeyn/ nach anweiſung der
marmorn tafel mit einem creutze/ welche bey Si-
gnanfu gefunden worden/ und auch daſelbſt noch
zu ſehen iſt. Ob ſchon andere von dieſer tafel eben
ſo wenig als von denen alten ſchrifften und chara-
cteren/ welche zu Metz und an andern örtern deutlich und klar zu erweiſen/ daß alle umliegende länder

der und reiche von der kron Franckreich und deren
conquesten dependiren/ seynd erfunden und nach-
gemahlet worden/ halten wollen: meynende daß
es nicht wahrscheinlich sey/ daß diese tafel mit dem
creutze/ welche noch so schön aussiehet/ als ob sie
noch nicht 100 jahr verborgen gewesen wäre/ eine
so sehr lange zeit/ ohngeacht die buchstaben sehr alt
scheinen/ in benanntem orte verborgen geblieben
seyn solle. Wir lassen dieses an seinen ort gestellt
seyn/ und seynd nicht willens hierüber mit andern
uns weitläufftig einzulassen/ indem der leser hiervon mehrern bericht bey unserm Chineser selbsten finden/ und aus denen anmerckungen sehen
wird/ was zu erklärung der sache selbsten dienen
kan. Wie aber die geschichte unsers schreibers in
der lateinischen (wann es anders roh/ nichts tau-
gendes latein genennt werden kan) und hochteutschen sprache heraus kommen sey/ ist uns nicht bewust. Ferner können wir auch dem leser von der
person selbsten/ welche diese beschreibung Chinä
auffgesetzt hat/ keine nähere nachricht ertheilen/
ausser der welche wir schon p. 248 angezeichnet ha-
ben/ da wir selbst seynd versichert worden/ daß dieselbe ein in Canton gebohrner Chineser soll gewesen seyn/ welcher die Christliche religion angenom-
men/ und darauff Siam und Indien durchschiffet/
wie auch seiner handthierung nach ein chirurgus
oder wundartzt gewesen/ und seinem nahmen nach
Dionysius Kao geheissen/ und die benannten ab-
schriff-

schrifften selbst dem an benanntem orte hochge-
meldten Herrn eingehändigt habe ꝛc.

Hier müssen wir auch den leser erinnern/ daß
der scribent p. 147 sagt/ daß wann er von meilen
redete/ dadurch Frantzösische meilen müsten verstanden werden; nach welcher rechnung Nanking
und Peking (siehe p. 190) wohl 7 biß 800 stunden
von einander liegen würde/ da sie doch kaum nicht
mehr als 200 stunden gehens von einander seynd/
(deshalben von uns Italiänische meilen/ an statt
der Frantzösischen/) angemercket seynd/ so daß/ unsern Chineser recht zu verstehen in seinen zahlen/
man nothwendig nicht nur am benannten orte/
sondern auch an vielen andern/ an statt der Fran-
tzösischen/ Italiänische meilen verstehen muß. Deshalben haben wir auch öffters einen fehler weg-
genommen/ und die unmüglichkeit angewiesen
oder einen ledigen platz mit dergleichen...... tip-
pelgen offen gelassen/ wie p. 192 zu sehen ist/ da wir
die breite und länge der daselbst benannten steine/
nach der gleichheit einer stunde gehens auszurech-
nen/ dem leser selbst und dessen urtheil überlassen
haben : Dieser ursache halber haben wir auch
p. 196 nicht ausdrücklich von der geburts-zeit/
todes tage/ und discipulis Confucii sprechen/ noch
uns in die anzahl der jahre/ wie viel er derselben
vor Christi geburt gelebt haben/ einlassen wollen.
Den tag seines todtes habe wir auch nicht gerade auff das 63ste oder 73ste jahr setzen / noch auch
weniger/ ob er 70 oder 500 schüler gehabt habe/

Gg   fest

feſt ſchlüſſen wollen. Mehr andere dinge anzu-
zeigen/ halten wir vor unnöthig; Es wird dieſelbe der leſer mehrentheils hie und da angezeichnet
finden: deshalben wir ihn dahin weiſen/ und hie-
mit/ auff daß wir durch einen langen nachbericht
einer kurtzen beſchreibung keine übele geſtalt geben
mögen/ hiervon kurtz abbrechen: zugleich bitten
wir auch den geneigten leſer/ wann hie oder da
einige fehler gefunden werden ſolten/ ſelbige be-
ſtens zu vermercken/ oder ſie ſelbſten durch die
hierbey gefügte druckfehler zu ver-
beſſern.

Blat-

Blatzeiger

Derer Capitel der kurtzen beschreibung China.

XVI

Gg 2

❈❈)(o)(❈❈

Regi-

Register

Derer in dieser reisebeschreibung enthalte-
nen sachen.

                                        Baikol

Räu-

Regiſter derer fürnehmſten ſachen.

Register derer fürnehmsten sachen.

E N D E.